GIESEKING

Materielles Liegenschaftsrecht im Grundbuchverfahren

Ein Lehr- und Studienbuch

von

Oberregierungsrat a. D.
Dieter Leesmeister

Oberregierungsrat
Robert Ramm

Dozenten an der Fachhochschule
für Rechtspflege Nordrhein-Westfalen
in Bad Münstereifel

4., neu bearbeitete Auflage
des von Dieter Leesmeister
bis zur 3. Auflage verfassten und bearbeiteten Werkes

2016

Verlag Ernst und Werner Gieseking GmbH, Bielefeld

Bibliografische Information der Deutschen Nationalbibliothek
Die Deutsche Nationalbibliothek verzeichnet diese Publikation in der Deutschen Nationalbibliografie; detaillierte bibliografische Daten sind im Internet über http://dnb.d-nb.de abrufbar.

Lektorat: Dr. iur. Jobst Conring

Satz: Fotosatz L. Huhn, Linsengericht/Eidengesäß

Druck: CPI books GmbH, Leck – Germany

ISBN 978-3-7694-1164-5

Herrn Oberregierungsrat
Rudolf Streuer
zum Gedächtnis

Vorwort zur 4. Auflage

Nachdem auch die 3. Auflage von den Lesern äußerst positiv aufgenommen wurde, dabei insbesondere die Verständlichkeit der Ausführungen sowie der didaktisch geschickte Aufbau hervorgehoben wurden, musste zwangsläufig die 4. Auflage auf den Markt.

Dass sich das Studienbuch nicht nur für Studenten der Fachhochschule für Rechtspflege sondern auch für die praktische Arbeit anderer Interessentenkreise hervorragend bewährt hat, ist besonders erfreulich.

Änderungen in Literatur und Rechtsprechung sind berücksichtigt, wobei aber bewusst auf ausführliche Hinweise auf eine kaum noch überschaubare unterschiedliche Rechtsprechung verzichtet wurde. Auch die 4. Auflage hat nämlich zum Ziel, dem Leser – soweit noch nicht vorhanden – solides Grundwissen und insbesondere Problembewusstsein zu verschaffen. Aus diesem Grunde wurde auch die sog. herrschende Meinung „hier und da" in Frage gestellt und kritisch gesehen, ohne den Leser zur Übernahme der Verfasser-Meinungen anregen zu wollen.

Schließlich bleibt noch anzumerken, dass als Mitautor nunmehr Oberregierungsrat Robert Ramm hinzugekommen ist, der schon seit vielen Jahren als Dozent an der Fachhochschule für Rechtspflege NRW tätig ist und dem dort unter anderem auch die Fachleitung Grundbuchrecht obliegt.

Baesweiler, im Mai 2016 Die Verfasser

Einleitung aus der 3. Auflage

Dieses Buch soll alle ansprechen, die im Rahmen von Studium oder Beruf grundsätzliches Verständnis für das Grundbuch und die eintragungsfähigen Grundstücksrechte benötigen.

Es richtet sich nicht nur an *Studenten der Universitäten und Fachhochschulen, Rechtspfleger, Richter, Notare und Rechtsanwälte* sondern auch an *Mitarbeiter der Bau- und Liegenschaftsämter, Kreditinstitute, Architekten als Wertermittler*, schließlich auch an *alle, die – mehr oder weniger – unmittelbar oder mittelbar im oder mit dem Grundbuchamt „zu tun haben"*.

Methodisch ausgerichtet, in überschaubarer Form erhält der Leser u. a. Auskunft über

Bedeutung, Erwerb, Inhalt und Erlöschen eintragungsfähiger Grundstücksrechte und Sicherheiten.

Das Studienbuch soll insbesondere die grundsätzlich notwendige rechtliche Trennung von materiellem Liegenschaftsrecht und formellem Grundbuchverfahrensrecht aufzeigen, gleichzeitig aber auch die Verknüpfung und Berührung beider Rechtsgebiete deutlich machen.

Es soll und will nicht den Anspruch erheben, ein Nachschlagewerk zur Erörterung und Lösung strittiger Rechtsprobleme zu sein. Vielmehr sollen dem Leser umfassendes Wissen sowie Problembewusstsein vermittelt werden, ihn schließlich in die Lage versetzen, sich auf dem kaum noch überschaubaren Markt juristischer Literatur und Rechtsprechung zurechtzufinden.

Fundiertes juristisches Wissen schafft Sicherheit im Rechtsgefühl, fördert juristisches Selbstbewusstsein und ist die Grundlage für den Lernerfolg.

Darin liegt der Sinn dieses Studienbuches.

Baesweiler, im August 2006 Dieter Leesmeister

Inhaltsverzeichnis

8. Kapitel: Reallast

9. Kapitel: Erbbaurecht

10. Kapitel: Hypothek

Literatur- und Abkürzungsverzeichnis

A

a. A.	andere Auffassung
Abs.	Absatz
Abt.	Abteilung

B

Bärmann	Wohnungseigentumsrecht, 13. Auflage, 2015
BauGB	Baugesetzbuch
Baur	Baur/Stürmer, Lehrbuch des Sachenrechts, 17. Auflage, 1998
BayObLG	Bayerisches Oberstes Landesgericht
BayObLGZ	Entscheidungssammlung des BayObLG in Zivilsachen
BGBl.	Bundesgesetzblatt
BGH	Bundesgerichtshof
BGHZ	Entscheidungssammlung des BGH in Zivilsachen
BT-Drs.	Bundestags-Drucksache
BVerwG	Bundesverwaltungsgericht

D

Demharter	Demharter, Kommentar zur Grundbuchordnung, 29. Auflage 2016
Dierck/Morvilius/ Vollkommer	Handbuch des Zwangsvollstreckungsrechts, 2009 d. J. des Jahres
DNotZ	Deutsche Notar-Zeitschrift
DWE	Der Wohnungseigentümer (Zeitschrift)

E

EGBGB	Einführungsgesetz zum BGB
Eickmann/Böttcher	Grundbuchverfahrensrecht, 4. Auflage, 2011
ErbbauRG	Verordnung über das Erbbaurecht

F

ff.	und folgende (Seiten, Paragraphen)

G

GBVfg.	Grundbuchverfügung

GenG	Genossenschaftsgesetz
GmbH	Gesellschaft mit beschränkter Haftung
GmbHG	Gesetz betreffend die Gesellschaften mit beschränkter Haftung
GrstVG	Grundstücksverkehrsgesetz

H

HinterlO	Hinterlegungsordnung
h. M.	herrschende Meinung
HRR	Höchstrichterliche Rechtsprechung

I, J

Ingenstau/Hustedt	Kommentar zum Erbbaurecht, 10. Auflage, 2014
i. V. m.	in Verbindung mit
JFG	Jahrbuch der Entscheidungen in Angelegenheiten der frei-willigen Gerichtsbarkeit

K

K/E/H/E (Autor)	Kuntze/Ertl/Herrmann/Eickmann, Kommentar zur GBO, 6. Auflage, 2006
KG	Kammergericht
KK	KompaktKommentar WEG, Riecke/Schmid, 4. Auflage, 2014

L

lfd. Nr.	laufende Nummer
LG	Landgericht
Lindemeier	Die Unterwerfungserklärung in der notariellen Urkunde, 1999
LM	Nachschlagewerk des Bundesgerichtshofes in Zivilsachen, -herausgegeben von Lindenmaier, Möhring u. a.

M

m. a. W.	mit anderen Worten
Meikel	GBO, 11. Auflage, 2015
MDR	Monatsschrift für Deutsches Recht
MittBayNotK	Mitteilungen der Bayerischen Notarkammer
MittRhNotK	Mitteilungen der Rheinischen Notarkammer
Müko/Autor	Münchener Kommentar zum BGB, 6. Auflage, 2013, 7. Auflage 2015
MüKoZPO/Autor	Münchner Kommentar zur ZPO, 4. Auflage 2012

N

NJW	Neue Juristische Wochenschrift

O

v. Oefele/Winkler	v. Oefele/Winkler, Handbuch des Erbbaurechts, 4. Auflage, 2008
OLG	Oberlandesgericht

P

Palandt (Autor)	Palandt, Kommentar zum BGB, 75. Auflage, 2016
PartGG	Gesetz über Partnerschaftsgesellschaften
Planck	Planck, Kommentar zum BGB, 5. Auflage

R

Rdn.	Randnummer
RG	Reichsgericht
RGRK	Reichsgerichtsräte-Kommentar
RGZ	Entscheidungen des Reichsgerichts in Zivilsachen
Rpfleger	Der Deutsche Rechtspfleger (Jahrgang, Seite)

S

SachrÄndG	Sachenrechtsänderungsgesetz v. 21. 9. 1994 (BGBl. I. S. 2457)
Schöner/Stöber	Grundbuchrecht, 15. Auflage, 2012
Soergel-Baur	Soergel-Baur, Kommentar zum BGB, 13. Auflage
Staudinger (Autor)	Staudinger, Kommentar zum BGB, 2006 ff.
Stein-Jonas	Stein-Jonas, Kommentar zur ZPO, 23. Auflage, 2014
Stöber	Stöber, Forderungspfändung, , 16. Auflage 2013
Stöber	Stöber, Zwangsvollstreckung in das unbewegliche Vermögen, 9. Auflage, 2010

U

u. a.	und andere; unter anderem
u. E.	unseres Erachtens

V

vgl.	vergleiche

W

WEG	Wohnungseigentumsgesetz
Weitnauer	Weitnauer, Kommentar zum Wohnungseigentumsgesetz, 9. Auflage, 2005
WGV	Wohnungsgrundbuchverfügung

Z

ZIP	Zeitschrift für Wirtschaftsrecht (Jahrgang, Seite)
ZMR	Zeitschrift für Miet- und Raumrecht
Zöller	Zöller, Kommentar zur ZPO, 31. Auflage, 2016
ZVG	Zwangsversteigerungsgesetz

1. Kapitel: Grundbuch

§ 1 Bedeutung

Fall:

Die Autohaus Schnell GmbH benötigt zum Ausbau ihres Geschäftslokals 1000.000,– €. Die Bank B ist zu entsprechenden Darlehensverhandlungen bereit, verlangt jedoch für ihre Darlehensforderung eine Sicherheit. Der vertretungsberechtigte Geschäftsführer der GmbH verweist auf ein näher bezeichnetes Grundbuch, in der die GmbH als Eigentümerin eines unbelasteten Grundstücks mit einer Größe von 10.000 qm eingetragen sei.

? Wie wird die Bank reagieren?

Mit dem bloßen Hinweis auf ein bestimmtes Grundbuch wird sich die Bank nicht zufrieden geben. Neben einer Verkehrswertfeststellung des im Grundbuch eingetragenen Grundstücks wird sie zur Überprüfung der Richtigkeit der Angaben des GmbH-Geschäftsführers insbesondere das bezeichnete Grundbuch einsehen wollen.

? Kann sich die Bank auf die Eintragungen im Grundbuch verlassen?

📖 Lesen Sie § 891 Abs. 1, 2 BGB!

Zunächst darf die Bank **vermuten**, dass der eingetragenen GmbH das Eigentum am Grundstück zusteht und dieses –wie angegeben – lastenfrei ist.

? Wie ist die Rechtslage, wenn die als Eigentümerin eingetragene GmbH der Bank B zur Sicherung ihrer Forderung eine Grundschuld bestellt hat und sich später herausstellt, dass die Eintragung der GmbH aufgrund der Verletzung materiellrechtlicher Vorschriften zu Unrecht erfolgt war, wovon die Bank keine Kenntnis hatte?

📖 Lesen Sie § 892 S. 1 BGB!

Derjenige, der z. B. ein Recht an einem Grundstück durch Rechtsgeschäft (Vertrag) erwirbt, darf grundsätzlich auf die Richtigkeit des Grundbuches vertrauen, es sei denn, dass ein Widerspruch gegen die Richtigkeit des Grundbuches eingetragen ist oder ihm die Unrichtigkeit des Grundbuches bekannt ist.

Hier darf die Bank B in Unkenntnis von der unwirksamen Eintragung der GmbH dennoch von der Richtigkeit des Grundbuches ausgehen, m. a. W. sie hat zur Sicherung ihrer Darlehensforderung die Grundschuld wirksam erworben. Insoweit spricht man auch vom **gutgläubigen Erwerb** des Rechts. Folge wäre u. a., dass der wahre Eigentümer nicht die Löschung des Rechts verlangen könnte.

Fall:

Der im Grundbuch eingetragene Eigentümer E räumt in einem wirksamen notariellen Vertrag dem B die Befugnis ein, sämtliche Räume des 1. Obergeschosses des auf dem Grundstück errichteten Gebäudes unter Ausschluss des Eigentümers als Wohnung zu benutzen.

? Welches Interesse wird B noch an der zusätzlichen Eintragung der Vereinbarung im Grundbuch haben, z. B. in Form eines Wohnungsrechtes?

Aus dem zwischen E und B abgeschlossenen wirksamen Vertrag fließen zwar für die Beteiligten schon Rechte und Pflichten, diese bestehen jedoch grundsätzlich nur zwischen diesen Vertragsparteien E und B, haben mithin keine Wirkung gegenüber sog. Sonderrechtsnachfolgern. Würde also E das Grundstück ohne Eintragung des Rechts des B im Grundbuch weiterveräußern, wäre der neue Eigentümer an die zwischen E und B getroffene Vereinbarung nicht gebunden.

Ist aber die Vereinbarung zwischen E und B in Form eines dinglichen Rechts – hier z. B. Wohnungsrecht – im Grundbuch eingetragen, dann „klebt" das Recht am Grundstück unabhängig von der Person des Eigentümers mit der weiteren Folge, dass dieses Recht auch in einem möglichen Zwangsversteigerungsverfahren des Grundstücks in einer bestimmten Rangklasse Berücksichtigung findet (vgl. z. B. § 10 Abs. 1 Z. 4 ZVG).

Zusammenfassend lässt sich sagen: das Grundbuch ist Garant und Spiegel der Rechte am Grundstück. Es lässt erkennen, wer jeweils der Eigentümer ist und gibt im Übrigen Auskunft darüber, welche das Eigentum als das Vollrecht beschränkende dingliche Rechte (z. B. Dienstbarkeiten, Grundpfandrechte) bestehen.

Keine Auskunft gibt es über rein schuldrechtliche Ansprüche, die sich gegen den Inhaber eines Rechts am Grundstück richten; ein Mietverhältnis z. B. oder ein Anspruch aus einem Kaufvertrag über ein Grundstück ist nämlich grundsätzlich nicht eintragbar.

Die Aussagekraft des Grundbuches wird allerdings durch verschiedene öffentlichrechtliche Regelungen z. T. erheblich eingeschränkt. So gehen gewisse öffentlichrechtliche Genehmigungserfordernisse, die die Wirksamkeit des vorzunehmenden Rechtsgeschäfts berühren, nicht aus dem Grundbuch hervor, z. B. Genehmigung nach § 2 Grundstücksverkehrsgesetz.

Noch regelwidriger – vom Sinn des Grundbuchs her gesehen – ist die Möglichkeit der Begründung von Baulasten, wie sie einige Landesbauordnungen vorsehen, denn hier werden dingliche Beschränkungen des Grundstücks geschaffen, die außerhalb des Grundbuches entstehen und seine Aussagekraft empfindlich beeinträchtigen.

§ 2
Abgrenzung materielles Liegenschaftsrecht und formelles Grundbuchverfahrensrecht

Lesen Sie § 873 Abs. 1 BGB!

Die Eintragung im Grundbuch allein hat noch keine rechtsbegründende Kraft. Ob mit der Eintragung im Grundbuch die Rechtsänderung wirklich eingetreten ist, entscheidet nämlich das materielle Liegenschaftsrecht (z. B. BGB), denn die Eintragung ist nur **eine** vom materiellen Liegenschaftsrecht geforderten Entstehungsvoraussetzungen **neben** den erforderlichen rechtsgeschäftlichen Willenserklärungen (z. B. Einigung). Bestimmen sich daher Notwendigkeit und Bedeutung einer Eintragung allein nach materiellem Recht, so beantwortet sich die Frage, unter welchen Voraussetzungen eine Eintragung im Grundbuch im Einzelfall vorzunehmen ist und wie dabei zu verfahren ist, allein nach den Regeln des formellen Grundbuchverfahrensrechts.

Das formelle Grundbuchverfahrensrecht hat mithin eine untergeordnete Funktion, denn es soll der Verwirklichung der im materiellen Recht eröffneten Möglichkeiten der Rechtsbegründung und Rechtsveränderung dienen.

Beispiel

Das materielle Liegenschaftsrecht verlangt zur Übertragung des Eigentums eines Grundstücks gem. §§ 873, 925 BGB u. a. die Abgabe der Einigungserklärungen vor dem Notar, der diese zum Nachweis ihrer Wirksamkeit öffentlich beurkundet. Im Hinblick auf das formelle Grundbuchverfahrensrecht wird der Notar alsdann ggfls. unter Vorlage weiterer Erklärungen als Vertreter der Beteiligten die Eintragung beim Grundbuchamt beantragen. Das Grundbuchamt prüft nun auf der Grundlage des formellen Grundbuchverfahrensrechts die Eintragungs- und Verfahrensvoraussetzungen, in diesem Rahmen zum Teil und je nach Fallkonstellation aber auch in großem Umfang materielles Recht (vgl. nachfolgendes Prüfungsschema).

Während also das materielle Liegenschaftsrecht weitestgehend im BGB und dessen Nebengesetzen (z. B. Erbbaurechtsgesetz) geregelt ist, bestimmt die Grundbuchordnung (GBO), unter welchen Voraussetzungen das Grundbuchamt (zuständig ist der Rechtspfleger) eine Eintragung vornimmt. Nachfolgend ein Überblick über die Eintragungs- und Verfahrensvoraussetzungen:

Prüfungsschema[1]
(Eintragungs- und Verfahrensvoraussetzungen)

1. Antrag
1.1. Antragsberechtigung
1.2. Ordnungsgem. Vertretung
2. Grundlage der Eintragung: in der Regel Eintragungsbewilligung. In diesem Fall

2.1. Bewilligungsberechtigung 2.1.1 Bewilligungsmacht 2.1.2 Bewilligungsbefugnis 2.2. Ordnungsgem. Vertretung 2.3. Evtl. gerichtl. Genehmigungen 2.4. Inhalt der Bewilligung 2.4.1 Eintragungsfähiges Recht 2.4.2 Eintragungsfähiger Inhalt 2.4.3 Zulässiges Anteilsverhältnis mehrerer Beteiligter 2.5. Zustimmung anderer Beteiligter 2.6. Öffentlich-rechtl. Genehmigungen	→	Materielles Liegenschaftsrecht

2.7. Voreintragung des Betroffenen
3. Form
3.1. Erklärungen
3.2. Andere Tatsachen
3.3. Freie Beweiswürdigung (Ausnahme)
4. Weitere notwendige Urkunden (Skizzen, Karten usw.)

! **Merke:** In den Fällen des § 20 GBO ist unter 2. (s. o.) die Wirksamkeit der dinglichen Einigung zu prüfen.

Die formelle Eintragungsbewilligung ist zusätzlich erforderlich. Im Falle beantragter Zwangsvollstreckung (z. B. § 867 ZPO) wird die Bewilligung durch die Zwangsvollstreckungsvoraussetzungen ersetzt.

1 Z. T. aus *Eickmann/Böttcher*, Grundbuchverfahrensrecht, 4. Aufl., 5. Kap., § 1 I.

Liegen die Eintragungs-und Verfahrensvoraussetzungen vor – im Einzelfall kommen noch andere hinzu – nimmt das Grundbuchamt die Eintragung vor. Es prüft also grundsätzlich nicht, ob die nach § 873 Abs. 1 BGB erforderlichen Einigungserklärungen wirksam abgegeben worden sind. Eine Ausnahme gilt aber z. B. bei der Eigentumsumschreibung. In diesem Fall muss die Wirksamkeit der Einigung dem Grundbuchamt nachgewiesen werden (vgl. § 20 GBO).

§ 3
Aufbau

Das Grundbuch ist zzt. folgendermaßen aufgeteilt:

Bestandsverzeichnis:	Grundstück/e des Eigentümers, nummeriert und beschrieben;
Abteilung I:	Eigentümer/in oder Eigentümergemeinschaften;
Abteilung II:	Grundstücksbelastungen (außer Grundpfandrechte) und Verfügungsbeschränkungen des Eigentümers;
Abteilung III:	Grundpfandrechte (Hypothek, Grundschuld, Renten-Schuld).

→ s. a. Anhang „Muster-Grundbuch“, S.373 ff.

§ 4
Begriffsbestimmungen

Grundstück

Ein Grundstück im Rechtssinne (z. B. im Sinne von § 873 Abs. 1 BGB) ist ein räumlich abgegrenzter Teil der Erdoberfläche, der **im Grundbuch im Bestandsverzeichnis unter einer besonderen Nummer eingetragen** ist. Das Grundstück ist im Grundbuch nach einem amtlichen Verzeichnis, dem Kataster, benannt, und zwar in der Regel wie folgt:

Gemarkung

Bei der Gemarkung handelt es sich um einen Vermessungsbezirk. In der Regel bilden die zu einem Gemeindebezirk gehörenden Grundstücke die Gemarkung. Häufig gehören heute jedoch zu einer Gemeinde mehrere Gemarkungen.

Flur

Die Gemarkung wird im Hinblick auf die Übersichtlichkeit (Darstellung auf einer Flurkarte) in Flure aufgeteilt.

Flurstück

Die Flur wird wiederum in Flurstücke aufgeteilt. Bei einem Flurstück handelt es sich um einen Teil der Erdoberfläche, der von einer in sich zurücklaufenden Linie umschlossen wird und in der Flurkarte unter einer besonderen Nummer aufgeführt ist. Es ist die kleinste katasteramtliche Einheit einer Liegenschaft.

! **Merke:** ein Grundstück kann mehrere Flurstücke umfassen, hingegen ein Flurstück nicht mehrere Grundstücke! Vgl. auch Anhang „Muster-Grundbuch“, S. 373 ff.

2. Kapitel: Eigentum

§ 1
Erwerb aufgrund Auflassung vor dem Notar

I.
Besonderheiten gem. §§ 873, 925 BGB

1. Allgemeines

Fragt man den juristischen Laien, auf welchem rechtlichen Wege Eigentum an einem Grundstück erworben werden kann, so hört man nicht selten die Antwort: „z. B. durch Kaufvertrag".

Lesen Sie zunächst § 433 Abs. 1 S. 1 BGB!

? Was erwirbt der Käufer durch den Kaufvertrag?

Der wirksame Kaufvertrag gibt dem Käufer zunächst nur **einen schuldrechtlichen Anspruch** gegen den Verkäufer auf **Verschaffung des Eigentums an der Sache** (hier Grundstück), er ist damit aber noch nicht Eigentümer des Grundstücks. Der Anspruch ist noch zu erfüllen.

Der Eigentumsübergang am Grundstück vollzieht sich vielmehr auf der Grundlage eines sog. **dinglichen Rechtsgeschäfts**, nämlich der Einigung gem. § 873 Abs. 1 BGB. Diese dingliche Einigung nennt man auch **Auflassung**. Auflassung **und** Eintragung im Grundbuch bewirken also letztlich den Eigentumsübergang.

Die **Auflassung** als dinglicher Vertrag ist formgebunden: gem. § 925 Abs. 1 BGB müssen die Erklärungen nämlich *bei gleichzeitiger Anwesenheit vor der zuständigen Stelle* (in der Regel der Notar) abgegeben werden. Zwar ist hier eine Beurkundung nicht vorgeschrieben, gleichwohl wird der Notar insoweit die Erklärungen beurkunden, um dem Grundbuchamt die Wirksamkeit der Erklärungen nachweisen zu können (vgl. §§ 20, 29 GBO). Zu diesem Zwecke legt er dem Grundbuchamt eine beglaubigte Abschrift oder Ausfertigung der Urkunde vor.

Um einem Missverständnis vorzubeugen sei darauf hingewiesen, dass der Eigentumsübergang am Grundstück durch Auflassung und Eintragung selbst dann wirksam stattgefunden hat, wenn zuvor überhaupt kein Kaufvertrag oder sonstiges Verpflichtungsgeschäft abgeschlossen worden ist, d. h. das dingliche Rechtsgeschäft ist in seiner Wirksamkeit völlig unabhängig vom schuldrechtlichen Verpflichtungsgeschäft. Insoweit spricht man auch vom **Abstraktionsprinzip**.

2. Berechtigter

Berechtigter i. S. d. § 873 BGB (§ 20 GBO) ist regelmäßig der *wahre Grundstückseigentümer.* Er ist Rechtsinhaber oder auch Inhaber der **Verfügungsmacht.**

Zum Zwecke der Feststellung der Verfügungsmacht können wir uns grundsätzlich auf die Vermutung des

§ 891 BGB

berufen (s. o.). Diese Vermutung gilt nicht nur für den Rechtsverkehr, sondern auch für das Grundbuchamt, das Vollstreckungsgericht oder auch andere Behörden.

! **Merke:** § 891 BGB lässt die Richtigkeit des Grundbuchs lediglich *vermuten.* Vermutungen sind widerlegbar. Tritt ein Nichteingetragener als Verfügender auf, so kann er gleichwohl Verfügungsmacht besitzen. Dem Grundbuchamt gegenüber muss er aber seine Verfügungsmacht dann beweisen, z. B. der noch nicht im Grundbuch eingetragene Alleinerbe unter Vorlage des Erbscheins (§ 29 Abs. 1 S. 2 GBO).

? Genügt die **Verfügungsmacht** zur Wirksamkeit der Einigungserklärung?

Der Rechtsinhaber (= Inhaber der Verfügungsmacht) muss auch in der Lage sein, seine Verfügungsmacht ausüben zu können, d. h. er muss die

Verfügungsbefugnis

besitzen[1].

Beispiel:

Über das Vermögen des Grundstückseigentümers ist das Insolvenzverfahren eröffnet.

Hier ist dem Inhaber der Verfügungsmacht die Verfügungsbefugnis gänzlich entzogen und einem anderen, dem Insolvenzverwalter, übertragen, der folglich die Einigungserklärung abzugeben hat (§§ 27, 80 InsO).

---

1 Lesen Sie hierzu *Eickmann/Böttcher*, Grundbuchverfahrensrecht, 4. Aufl., 5. Kap., § 3 III, S. 105 zur „Bewilligungsbefugnis".

Im Rahmen der Feststellung der Verfügungsbefugnis empfiehlt sich folgender Prüfungsweg:

Stellen Sie zunächst die

Verfügungsmacht

fest. Ist diese gegeben, prüfen Sie alsdann die

Verfügungsbefugnis

und beachten Sie dabei, dass diese bis zur Vollendung des Rechtserwerbs (Eintragung) vorliegen muss![2] Erlangen Sie Kenntnis vom

Wegfall der Verfügungsbefugnis

so muss dies nicht zwangsläufig ein Erwerbshindernis darstellen, denn Mängel in der Verfügungsbefugnis wirken sich nicht aus, wenn die Anwendung folgender Vorschriften in Betracht kommt:

- § 185 BGB oder
- § 878 BGB – Eintritt einer Verfügungsbeschränkung *nach* Bindungswirkung i. S. d. § 873 Abs. 2 BGB und Antragstellung. In diesem Fall bleibt der Verfügende der Berechtigte. Liegen die Voraussetzungen nicht vor, kommt eine Eintragung unter Anwendung des
- § 892 BGB in Betracht (streitig).

Lesen Sie hierzu *Eickmann/Böttcher*, Grundbuchverfahrensrecht, 4. Aufl., 5. Kap., § 3 III, S. 116–118.

Fall:

Eingetragener Grundstückseigentümer E ist verstorben und von seinem Sohn S allein beerbt worden. S wird als neuer Eigentümer im Grundbuch eingetragen. E hatte aber noch zu Lebzeiten das Grundstück an K aufgelassen. Unter Vorlage dieser Auflassungsurkunde beantragt K, ihn als neuen Eigentümer im Grundbuch einzutragen. S meint, ohne seine Mitwirkung dürfe die Eintragung nicht erfolgen.

? Wie ist die Rechtslage?

Lesen Sie § 130 Abs. 2 BGB!

Wenn der Erklärende nach Abgabe der Erklärung, aber vor Zugang stirbt und alles Erforderliche für den Zugang der Erklärung getan hat, so soll seine Erklärung wirksam bleiben. Hier ist E zwar erst nach Wirksamkeit der Auflassung an K verstorben, dies kann aber für die Anwendung des § 130 Abs. 2 BGB nicht hinderlich sein, wenn schon der Tod vor Zugang der Erklärung ihre Wirksamkeit unberührt

2 BGHZ 27, 366, BayObLG, Rpfleger 1999, 25 (26), u. a.

lässt. Der Erbe ist an diese durch den Erblasser wirksam abgegebene Erklärung gebunden. Seine Rechtsposition ist so zu sehen, als habe er selbst die Erklärung abgegeben. Seine Mitwirkung ist jedenfalls zur Wirksamkeit der Auflassung nicht erforderlich. Auf Grund der Auflassung E an K kann Letzterer als neuer Eigentümer in das Grundbuch eingetragen werden.

! **Merke:** Der Verlust der Verfügungsbefugnis i. S. d. § 130 Abs. 2 BGB fällt nicht unter § 878 BGB. Es handelt sich nicht um eine Verfügungsbeschränkung i. S. dieser Vorschrift.

Zur Lernkontrolle:

Fall:

E ist im Grundbuch als Alleineigentümer eingetragen. Die der Eintragung des E zugrundeliegende Auflassung war jedoch unwirksam. E lässt nunmehr das Grundstück an K auf. Das Grundbuchamt trägt K als neuen Eigentümer ein.

? Hat K wirksam Eigentum erworben?

E war als „Nichteigentümer" (vgl. § 873 Abs. 1 BGB) nicht berechtigt, die Einigungserklärung abzugeben. Er hatte weder Verfügungsmacht noch Verfügungsbefugnis. Gleichwohl kann K wirksam Eigentum erworben haben, wenn er hinsichtlich des „Eigentums" des E im guten Glauben war (§ 892 BGB).

? Hätte das Grundbuchamt bei Kenntnis der Unrichtigkeit des Grundbuchs (Eintragung des E aufgrund unwirksamer Auflassung) K noch eintragen dürfen?

Der im Grundbuchrecht geltende

Legalitätsgrundsatz

verlangt die Prüfung und Beachtung der Rechtmäßigkeit der Eintragung. Die Aussage wird kontrovers behandelt. Eine Meinung lehnt die Mitwirkung des Grundbuchamtes beim gutgläubigen Erwerb ab, die andere Auffassung stellt den gutgläubigen Erwerb qualitativ dem normalen Erwerb gleich und verweist darauf, dass § 892 BGB nicht auf die Gutgläubigkeit des Grundbuchamtes abstellt[3].

Ist die Grundbuchunrichtigkeit dem Grundbuchamt nicht bekannt, so gilt der Eingetragene als Rechtsinhaber (§ 891 BGB).

Fall:

Grundstückseigentümer E lässt das Grundstück an K auf und bewilligt beim Grundbuchamt dessen Eintragung. Kurze Zeit später lässt K – ohne zwischenzeitlich als Eigentümer

3 Zur Anwendung des § 892 BGB im Grundbuchverfahren bzgl. Verfügungsbeschränkungen vgl. *Eickmann//Böttcher*, Grundbuchverfahrensrecht, 4. Auflage S. 116 ff.

eingetragen worden zu sein – dasselbe Grundstück an A auf. Dieser soll nunmehr als Eigentümer eingetragen werden. Gleichzeitig wird der Antrag auf Eintragung des „Ersterwerbers" K zurückgenommen.

Dem Grundbuchamt liegt die Auflassungsurkunde E – K sowie die Auflassungsurkunde K – A vor.

? Welche Überlegungen sind zur „Berechtigung" i. S. v. § 873 BGB anzustellen?

Fall-Skizze: E —§§ 873, 925 BGB→ K —873, 925 BGB→ A

Dem Grundbuchamt ist die Wirksamkeit der gem. §§ 873, 925 BGB notwendigen dinglichen Einigung nachzuweisen (vgl. § 20 GBO). A soll als neuer Eigentümer im Grundbuch eingetragen werden. Eintragungsgrundlage für diese Eintragung ist zunächst die Auflassung K – A.

Da K wegen fehlender Grundbucheintragung das Eigentum nicht erworben hatte, war er zur Abgabe der Auflassungserklärung an A nicht berechtigt. Ihm fehlten Verfügungsmacht und Verfügungsbefugnis.

Mängel der Berechtigung sind aber „über"

§ 185 BGB

heilbar, wenn

- der Nichtberechtigte mit *Einwilligung* des wahren Berechtigten verfügt hat (§ 185 Abs. 1 BGB) oder
- der wahre Berechtigte die Verfügung des Nichtberechtigten *genehmigt* (§ 185 Abs. 2 BGB) oder
- der Nichtberechtigte den Gegenstand erwirbt (§ 185 Abs. 2 BGB) usw.

Hier könnte die *Einwilligung* des wahren Berechtigten E in der ersten Auflassung E – K zu sehen sein; denn in der Auflassung des Grundstücks an K ist das Einverständnis des E in die Weiterübertragung des Grundstücks zu sehen, vorausgesetzt, diese 1. Auflassung ist wirksam, denn nur eine wirksame Auflassung kann eine wirksame Einwilligung darstellen[4] (Besonderheit der sog. „Kettenauflassung").

Einer besonderen Prüfung der *Berechtigung* bedarf es im Falle der Vorlage eines

Auflassungsurteils.

Lesen Sie § 894 ZPO!

Fall:

Grundstückseigentümer E verkauft in ordnungsgem. Form (§§ 433, 311b BGB) das Grundstück an K. Da E sich weigert, die Auflassungserklärung abzugeben, verklagt ihn K

4 BayObLG, Rpfleger 1970, 431 u. a.

auf Auflassung und erwirkt gegen ihn ein rechtskräftiges Urteil auf Abgabe der Einigungserklärung. Unter Vorlage dieses Urteils beantragt K seine Eintragung.

☞ Prüfen Sie die Wirksamkeit der Auflassung!

§ 873 Abs. 1 BGB (§ 20 GBO) verlangt eine wirksame Erklärung des Berechtigten und des anderen Teils.

Die Einigungserklärung des E kann durch ein rechtskräftiges Urteil i. S. d. § 894 ZPO ersetzt werden.

Mit **Rechtskraft** des Urteils **gilt** die Einigungserklärung des Berechtigten als abgegeben.

Das rechtskräftige Urteil ersetzt damit auch die gem. § 925 BGB notwendige *Anwesenheit des Berechtigten,* die des anderen Teils ist noch erforderlich. Hier muss folglich K unter Vorlage des mit Rechtskraftbescheinigung versehenen Urteils vor dem Notar seinerseits noch die Annahme der Auflassungserklärung des E erklären. Sein Antrag an das Grundbuchamt genügt deshalb nicht.

? Muss das Urteil i. S. d. § 894 ZPO auch mit der Vollstreckungsklausel versehen und dem Beklagten (hier: Grundstückseigentümer) zugestellt sein?

Einer Vollstreckungsklausel oder Urteilszustellung bedarf es grundsätzlich nicht. Mit Rechtskraft des Urteils gilt die Einigungserklärung als abgegeben und damit ist der Zwangsvollstreckungsakt schon gesetzlich fingiert (beachten Sie aber die Ausnahmeregelung gem. § 894 Abs. 1 S. 2 ZPO).

? Kann das Grundbuchamt den Nachweis der Erteilung der familiengerichtlichen Genehmigung verlangen, wenn der Beklagte (hier: Grundstückseigentümer) minderjährig ist?

Die zur Wirksamkeit der Auflassung gem. § 1821 Abs. 1 Nr. 1 BGB grundsätzlich erforderliche Genehmigung des Familiengerichts soll keines besonderen Nachweises bedürfen, da diese Prüfung bereits durch das Prozessgericht erfolgt sei[5]. Diese Auffassung überzeugt nicht.

Das rechtskräftige Urteil ersetzt die sonst rechtsgeschäftlich abzugebende Erklärung des Beklagten bzw. seines gesetzlichen Vertreters, nicht weniger, aber auch nicht mehr. Es ist also so zu werten, als hätte der Beklagte bzw. sein gesetzlicher Vertreter die Erklärung selbst rechtsgeschäftlich abgegeben.

Wenn dem Grundbuchamt aber zum Nachweis der Wirksamkeit dieser Erklärung und letztlich der Auflassung bestimmte Nachweisurkunden vorzulegen sind (vgl. S. 24), dann ist kein vernünftiger Grund dafür erkennbar, warum auf diesen Nach-

5 BayObLG, MDR 1953, 561; *Zöller/Stöber*, Rdn. 7 zu § 894 ZPO; a. A. *SteinJonas*, Rdn. 24 zu § 894 ZPO; *Eickmann/Böttcher*, Grundbuchverfahrensrecht, 4. Aufl., Rdn. 213.

weis im Falle der durch rechtskräftiges Urteil lediglich ersetzten rechtsgeschäftlich abgegebenen Erklärung verzichtet werden soll, zumal dem Prozessgericht zu der im rechtskräftigen Urteil angeblich auch zu erblickenden familiengerichtlichen Genehmigung die Kompetenz fehlen dürfte.

3. Erwerber

Der Eigentumserwerb verlangt neben der Verfügungsberechtigung des Veräußerers u. a. auch die Erwerbsberechtigung bzw. -fähigkeit des Erwerbers.

Die Fähigkeit zum Eigentumserwerb (und anderer dinglicher Rechte) besitzen z. B.

- natürliche Personen,
- juristische Personen des privaten und öffentlichen Rechts, Personenhandelsgesellschaften, Partnerschaften, Gesellschaften bürgerlichen Rechts (GbR).

Das Grundbuch soll den wahren Inhaber eines dinglichen Rechts verlautbaren. Wenn der Notar und das Grundbuchamt auf der Seite des Berechtigten (Eigentümer) von Amts wegen Verfügungsmacht und Verfügungsbefugnis zu prüfen haben, so ist hier die Erwerbsfähigkeit des Erwerbers von Amts wegen zuprüfen.

Fall:

Der im Grundbuch eingetragene Eigentümer E lässt das Grundstück wirksam an K auf. Dem Grundbuchamt wird die Auflassungsurkunde sowie der entspr. Antrag auf Eigentumsumschreibung vorgelegt. Aus den Nachlassakten ergibt sich, dass K wenige Tage nach Abgabe der Auflassungserklärung verstorben ist.

? Darf die Eintragung des K noch erfolgen?

Zum Zeitpunkt der Abgabe der Auflassungserklärungen mag die Auflassung wirksam gewesen sein. Die Erwerbsfähigkeit muss aber bis zur Eintragung fortdauern. Da verstorbene Personen keine Rechte mehr erwerben können, fehlt ihnen somit die Erwerbsfähigkeit (Rechtsfähigkeit gem. § 1 BGB). Eine Eintragung des K im Grundbuch würde im Übrigen das Grundbuch unrichtig machen.

? Sehen Sie eine Möglichkeit, die Erben des K als Eigentümer im Grundbuch einzutragen?

Hier ist zunächst der **Antragsgrundsatz** zu beachten: die Eintragung der Erben kommt nur bei entspr. Antrag in Betracht. Darüber hinaus bedarf es noch eines Erbnachweises gem. § 35 GBO. Eine neue Auflassung von E an die Erben ist jedenfalls nicht erforderlich, denn die Auflassung zwischen E und K ist wirksam, die Erben haben gem. § 1922 BGB die Rechtsposition des Erblassers eingenommen (vgl. Rechtsgedanke aus § 130 Abs. 2 BGB).

Fall:

A, B und C gründen eine Gesellschaft mit beschränkter Haftung (GmbH). Der entspr. Gesellschaftsvertrag ist abgeschlossen, die Eintragung der GmbH im Handelsregister aber noch nicht erfolgt. A, der als Alleineigentümer eines Grundstücks im Grundbuch eingetragen ist, lässt sein Grundstück als Sacheinlage auf an die GmbH.

? Welche Besonderheiten sind hier hinsichtlich der Erwerbsfähigkeit erkennbar?

Lesen Sie zunächst § 11 GmbHG i. V. m. § 7 Abs. 3 GmbHG!

A, B und C bilden eine sog. „Vor-GmbH". Die GmbH erlangt ihre Rechtsfähigkeit und damit ihre Erwerbsfähigkeit grundsätzlich erst mit Eintragung in das Handelsregister (§ 11 GmbHG). Die Beteiligung eines Gesellschafters an der Gesellschaft kann auch durch Sacheinlagen erbracht werden (vgl. § 5 Abs. 4 GmbHG). Gem. § 7 Abs. 3 GmbHG sind diese Sacheinlagen grundsätzlich vor der Eintragung der Gesellschaft im Handelsregister zu bewirken. Mit Rücksicht auf diese Möglichkeiten kann die Auflassung eines Grundstücks durch den Gesellschafter auf die „Vor-GmbH" zugelassen werden, wenn im Übrigen die Gesellschaft durch ihre bereits vorhandenen Vertretungsorgane nach außen hin geschlossen auftreten kann[6]. Die Vor-GmbH ist auch insolvenzfähig.[7]

? Unter welcher Bezeichnung wäre die „GmbH" im Grundbuch einzutragen?

Unter der künftigen Firma mit dem Zusatz: „im Gründungsstadium". Das Grundbuchamt wird hierzu die Gründungsurkunde nebst Geschäftsführerbestellung in der Form des § 29 GBO verlangen.

? Könnten die im Grundbuch eingetragenen Erben in Erbengemeinschaft **rechtsgeschäftlich** weitere Grundstücke erwerben?

Fall:

Die eingetragenen Erben haben das Grundstück an K veräußert, der auch als neuer Eigentümer im Grundbuch eingetragen worden ist. Nunmehr beschließen die Erben, das Grundstück zurückzuerwerben. Daraufhin lässt K das Grundstück auf an die Erben in Erbengemeinschaft und beantragt deren Eintragung. Aus der dem Grundbuchamt vorliegenden notariellen Urkunde ist ein Grund für den Rückerwerb des Grundstücks nicht erkennbar.

? Welche Überlegungen stellt das Grundbuchamt an?

Lesen Sie § 2041 BGB!

Die Erben in Erbengemeinschaft sind nur im Rahmen des § 2041 BGB erwerbsfähig.

6 *Böhringer*, Rpfleger 1988, 446; BGH, NJW 1966, 1311 u. a.
7 BGH, NJW 2004, 258.

Im Beispiel ist im Wege der zulässigen teilweisen Erbauseinandersetzung (§ 2040 BGB) das Grundstück an K veräußert worden.

? Welche Wirkungen hat dies auf die Erbengemeinschaft?

Infolge der Übertragung des Grundstücks an K scheidet dieses aus dem Nachlass aus; dies wiederum hat die Auflösung der Erbengemeinschaft an diesem Grundstück zur Folge. Soll das Grundstück nunmehr auf die Erben in Erbengemeinschaft zurückübertragen werden, dann würde die Erbengemeinschaft insoweit **vertraglich** wiederhergestellt. Das aber ist grundsätzlich unzulässig, da eine Erbengemeinschaft nur kraft Gesetzes entstehen kann (§ 1922 BGB)[8].

Die Mitglieder der Erbengemeinschaft könnten in einer gesetzlich zulässigen Gemeinschaftsform das Grundstück erwerben, jedoch nur in einer von der Erbengemeinschaft losgelösten Gemeinschaftsform (z. B. BGB-Gesellschaft oder Bruchteilsgemeinschaft).

! **Merke:** Der rechtsgeschäftliche Erwerb in Erbengemeinschaft ist nur in den im § 2041 BGB genannten Fällen möglich. Entscheidend hierfür ist letztlich ein *erkennbarer* Zusammenhang zwischen Grundstückserwerb und Nachlass sowie ein *erkennbarer* subjektiver Wille der Erbengemeinschaft, das Grundstück im Interesse des Nachlasses zu erwerben[9].

Fall:

A, B und C haben eine Gesellschaft bürgerlichen Rechts gegründet (GbR) und treten im Rechtsverkehr auf unter der Bezeichnung „A GbR".

? Kann die „A GbR" ein Grundstück erwerben?

Die Erwerbsfähigkeit der „A GbR" setzt ihre Rechtsfähigkeit voraus.

Diese Rechtsfähigkeit ist vom BGH[10] bejaht worden, der für den Zivilprozess die Parteifähigkeit der GbR im Rahmen des § 50 Abs. 1 ZPO angenommen hat.

Daraus folgt:

Die „A GbR" kann ein Grundstück erwerben!

? Kann die „A GbR" im Grundbuch als solche auch eingetragen werden?

Lesen Sie §§ 47 Abs. 2 GBO, 899a BGB!

8 OLG Düsseldorf, Rpfleger 1952, 243.
9 Vgl. K/E/H/E/*Ertl*, Rdn. 56 zu § 20 GBO.
10 BGH, DNotZ 2001, 234; Rpfleger 2001, 246.

Hiernach ist nicht nur die Gesellschaft als solche, sondern zusätzlich sind auch die Gesellschafter namentlich im Grundbuch einzutragen. Damit gilt im Übrigen § 891 BGB für die Gesellschaft, § 899a für die Person der Gesellschafter und § 899a S. 2, 892 ff. BGB für Einschränkungen der Vertretungsbefugnis. Die „Gutglaubensnorm" des § 892 BGB gilt dann auch für die Gesellschafter.

Daraus folgt im Übrigen, dass die alleinige Eintragung der Gesellschaft unzulässig ist.

Der Eintragungstext könnte lauten:

A Gesellschaft bürgerlichen Rechts

bestehend aus den Gesellschaftern A, B und C.

4. Einigung durch Vertreter

4.1. Allgemeines

Die Einigung gem. § 873 BGB ist kein „höchstpersönliches" Rechtsgeschäft, d. h. die Einigungserklärungen müssen nicht von den unmittelbar Vertragsbeteiligten (Berechtigter, Erwerber) persönlich abgegeben werden:

Für Beteiligte, die die Einigungserklärungen nicht persönlich abgeben *wollen,* besteht die **Möglichkeit** der Vertretung. Hier spricht man von der

rechtsgeschäftlichen Vertretung.

Für Beteiligte, die die Einigungserklärungen nicht wirksam abgeben *können,* besteht die **Notwendigkeit** der Vertretung. In diesen Fällen haben wir es mit der

gesetzlichen Vertretung

zu tun.

Lesen Sie nun § 164 BGB

und merken Sie sich folgenden Grundsatz:

! **Merke:** Die von einem Vertreter (rechtsgeschäftlicher oder gesetzlicher) abgegebene Einigungserklärung wirkt unmittelbar für bzw. gegen den Vertretenen (Berechtigter, Erwerber), wenn der Vertreter

im Zeitpunkt der *Abgabe*[11] der Einigungserklärung

11 *Müko/Schubert,* Rdn. 16 zu § 177 BGB; *Staudinger/Schilken,* Rdn. 5 zu § 177 BGB; A. A. *Soergel/Leptiem,* Rdn. 5 zu § 177 BGB, der es auf den Zugang abstellen will. Im Hinblick auf den Rechtsgedanken der §§ 130 Abs. 2, 153 BGB ist der Abgabezeitpunkt überzeugender.

Vertretungsmacht besitzt. Das Erlöschen der Vertretungsmacht *nach* diesem Zeitpunkt kann die Wirksamkeit der Erklärung grundsätzlich nicht mehr beeinflussen.

Unter Beachtung dieses Grundsatzes hat das Grundbuchamt die Wirksamkeit der Einigung zu prüfen. Diese Prüfung erstreckt sich insbesondere auf folgende Fragen:

- Tritt der Erklärende als Vertreter auf?
- Ist das Bestehen der Vertretungsmacht zum Zeitpunkt der Abgabe der Erklärung ordnungsgemäß in der Form des § 29 GBO nachgewiesen?
- Handelt der Vertreter innerhalb seiner Vertretungsmacht?

! **Merke:** Tritt der Erklärende nicht als Vertreter sondern als Nichtberechtigter im eigenen Namen auf, so ist § 185 BGB anwendbar, nicht § 177 BGB. Handelt ein Vertreter ohne Vertretungsmacht oder außerhalb des Rahmens der Vertretungsmacht, so ist der Mangel heilbar über §§ 177, 182, 184 BGB. Auch der Zugang der Genehmigung ist nachzuweisen (§ 29 Abs. 1 S. 2 GBO).

4.2. Rechtsgeschäftliche Vertretung

! Vergessen Sie nicht die oben genannten Grundsätze!

Zum Verständnis der Problematik müssen wir wissen, wie die Vollmachtserteilung (rechtsgeschäftliche Vertretung) erfolgt, denn die Art ihrer Erteilung wirkt sich auf ihren Fortbestand aus.

Lesen Sie daher zunächst § 167 BGB und sodann die §§ 170–172 BGB!

Liegen die Merkmale dieser Normen vor, dann darf das Grundbuchamt vom Bestand der Vollmacht ausgehen, falls keine anderweitigen berechtigten Zweifel bestehen sollten.

Der Nachweis des Bestehens der Vollmacht (Vollmacht zum Zeitpunkt der Abgabe der Erklärung) kann erbracht werden:

Grundsätze:

- durch Notarbescheinigung i. S. d. §§ 39, 12 BeurkG, 21 Abs. 3 BNotO
  - Hier erklärt der Notar dem Grundbuchamt gegenüber, dass ihm bei Beurkundung der Auflassung die Urschrift bzw. die Ausfertigung der Vollmachts-

urkunde vorgelegt worden ist. Auf diese Bescheinigung darf sich das Grundbuchamt verlassen.

- durch Vorlage der Urschrift oder Ausfertigung der Vollmachtsurkunde (vgl. § 172 Abs. 1, 2 BGB)

– Die Vorlage einer beglaubigten Abschrift *durch den Vertreter genügt nicht.* Sie weist zwar die Erteilung der Vollmacht nach, nicht aber ihren Fortbestand zum Zeitpunkt der Abgabe der Erklärung, denn im Falle eines Widerrufs der Vollmacht bräuchte eine beglaubigte Abschrift nicht dem Vollmachtgeber zurückgegeben zu werden.

! **Merke:** Legt der *Vertretene* die beglaubigte Abschrift vor, so ist der Nachweis erbracht.

- durch Mitteilung (Kundmachung) an das Grundbuchamt oder den Notar (vgl. § 171 Abs. 1, 2 BGB).

Fall:

Grundstückseigentümer E hat dem V Vollmacht erteilt. Die Urschrift der notariellen Vollmachtsurkunde befindet sich in den Notarakten, eine Ausfertigung hat V erhalten. Bei Abgabe der Einigungserklärung beruft sich V auf die in den Notarakten befindliche Vollmachtsurschrift, während er die ihm erteilte Ausfertigung nicht vorlegt. Der Notar gibt eine entspr. Bescheinigung ab.

? Ist der Nachweis des Bestehens der Vertretungsmacht erbracht?

☞ Wiederholen Sie die obengenannten Grundsätze!

Dem Grundbuchamt gegenüber könnte eine ordnungsgemäße Notarbescheinigung i. S. d. § 39 BeurkG als Nachweis des Bestehens der Vertretungsmacht genügen. Dies setzt aber voraus, dass der Vertreter dem Notar die ihm erteilte Ausfertigung oder Urschrift der Vollmachtsurkunde vorlegt und somit Aushändigung bzw. Besitz der Vollmachtsurkunde nachgewiesen ist (vgl. § 172 Abs. 1, 2 BGB).

? Weist die sich in den Notarakten befindende Vollmachtsurschrift den Bestand der Vertretungsmacht nach?

Wir müssen wissen, dass die Urschrift der notariell beurkundeten Vollmacht selbst im Falle eines möglichen Widerrufs in der Verwahrung des Notars verbleibt (§ 45 BeurkG). Die Berufung auf diese Vollmachtsurschrift kann deshalb die Aushändigung i. S. d. § 172 BGB nicht ersetzen[12]. Vom Fortbestand der Vollmacht kann daher hier nicht ausgegangen werden.

12 BGH, DNotZ 1980, 352 u. a.

? Ist der Fall anders zu beurteilen, wenn der Vertreter V selbst Vertragsbeteiligter ist (Erwerber)?

Lesen Sie § 51 BeurkG!

Wäre die Vollmacht z. B. Gegenstand des notariellen Kaufvertrages, und der Vertreter gleichzeitig Vertragsbeteiligter, so hat er als solcher gem. § 51 BeurkG einen Anspruch auf Erteilung einer Ausfertigung. In diesem Falle kann die Berufung auf die Urschrift der Vollmacht, die der die Auflassung beurkundende Notar erstellt hat, die „Aushändigung" i. S. v. § 172 BGB ersetzen, denn es wäre wohl übertriebener Formalismus, wenn vor Abgabe der Erklärung des Vertreters diesem noch eine Ausfertigung erteilt werden müsste.

Fall:

Grundstückseigentümer E und Erwerber K erteilen im notar. Kaufvertrag dem nicht anwesenden Bürovorsteher V Vollmacht zur Abgabe der erforderlichen Einigungserklärungen. V gibt nunmehr die Einigungserklärungen ab unter Hinweis und Berufung auf die in den Notarakten verwahrte Urschrift der Vollmachtsurkunde.

? Kann sich das Grundbuchamt mit einer entspr. Notarbescheinigung nebst begl. Abschrift der Vollmacht zufriedengeben?

Vom Bestand der Vollmacht darf das Grundbuchamt nur ausgehen, wenn die Notarbescheinigung den Besitz der Vollmachtsurkunde durch den Vertreter erkennen lässt (§ 172 BGB) oder aber der Bestand der Vollmacht über § 171 BGB (Mitteilung an den Dritten) nachgewiesen ist.

Hier war die Vollmacht Gegenstand des Kaufvertrages, eine Aushändigung an den Vertreter ist nicht erfolgt und von den Beteiligten offenbar auch nicht gewollt[13]. Zweck einer solchen Vollmacht ist es, die Abgabe der Auflassungserklärungen vor dem beurkundenden Notar sicherzustellen und dem Notar insoweit eine Möglichkeit zur Kontrolle und Überprüfung der Erklärungen des Bürovorstehers oder anderer Mitarbeiter zu geben. Dieser Zweck könnte aber umgangen werden, wenn hier noch eine Ausfertigung erteilt würde und der Bürovorsteher möglicherweise vor einem anderen Notar die Auflassung erklärt.

? Wie ist die Vollmacht hier erteilt worden?

Offensichtlich haben die Beteiligten hier eine Vollmachtserteilung gem. § 171 Abs. 1 1. Alt. BGB gewollt und vorgenommen. Die Vollmachtserteilung kann in der Erklärung gegenüber dem Notar gesehen werden („Mitteilung an einen Dritten")[14]. Dieser darf vom Bestand der Vollmacht so lange ausgehen, bis ein Widerruf in derselben Weise erfolgt ist.

13 OLG Köln, MittRhNotK 1980, 209.
14 OLG Köln, Rpfleger 1980, 182.

Die entspr. Notarbescheinigung ist deshalb hier ausreichend.

! **Fassen wir zusammen:**

Ist dem Vertreter eine Vollmachtsurkunde ausgehändigt (z. B. Ausfertigung oder Urschrift), dann muss er diese Urkunde dem Notar oder dem Grundbuchamt vorlegen, denn nur auf diese Weise kann er Besitz bzw. Aushändigung nachweisen (§ 172 BGB). Grundbuchamt und Notar sind „Dritte" i. S. dieser Vorschrift. Eine Berufung des Vertreters auf die sich in den Notarakten befindliche Urschrift genügt nicht (Ausnahme: § 51 BeurkG).

Wird der Besitz der Vollmachtsurkunde durch den Vertreter nicht nachgewiesen (Urschrift o. Ausfertigung), so kann der Bestand der Vollmacht durch entsprechende Mitteilung des *Vertretenen* nachgewiesen werden (§ 171 BGB). Notar und Grundbuchamt sind „Dritte" i. S. dieser Vorschrift.

? Bedarf die Vollmacht **materiellrechtlich** einer besonderen Form?

Lesen Sie § 167 Abs. 2 BGB!

Die Vollmacht zur Abgabe der Auflassungserklärung ist materiellrechtlich grundsätzlich formfrei möglich. Sie bedarf nicht der für die Auflassung vorgeschriebenen Form des § 925 BGB. Auch § 311b BGB ist hier grundsätzlich nicht anwendbar, da diese Vorschrift das Verpflichtungsgeschäft erfasst, das vom Grundbuchamt regelmäßig nicht zu prüfen ist.

Nach Rechtsprechung und Literatur unterliegt die Vollmacht zur Auflassung eines Grundstücks aber dann dem Formzwang des § 311b BGB (notarielle Beurkundung), wenn sie z. B. entsprechend dem Inhalt des ihr zugrundeliegenden formbedürftigen Rechtsgeschäfts (z. B. Auftrag) unwiderruflich sein soll oder den Vollmachtgeber derart bindet, dass dessen Entscheidungsfreiheit hinsichtlich der Grundstücksveräußerung letztlich verloren geht[15].

Lesen Sie insoweit *Schöner/Stöber*, Grundbuchrecht, 15. Auflage, Rdn. 3537, 3541!

! **Merke:** Letztlich wird sich aber das Problem für das Grundbuchamt kaum stellen, weil ihm das der Vollmacht zugrundeliegende Rechtsverhältnis in der Regel nicht bekannt sein wird. Die Problematik muss daher hier nicht näher erörtert werden.

Verfahrensrechtlich bedarf die Vollmacht der Form des § 29 Abs. 1 S. 1 GBO.

? Welchen Einfluss hat die Erklärung eines vollmachtlosen Vertreters auf die Wirksamkeit der Auflassung?

Die Auflassung ist hier schwebend unwirksam (§ 177 BGB). Sie kann durch nachträgliche Zustimmung (Genehmigung) des Vertretenen wirksam werden (§§ 182,

15 BGH, DNotZ 1981, 372/374 u. a.

184 BGB). Auch die Genehmigung bedarf materiellrechtlich keiner besonderen Form (§ 182 Abs. 2 BGB), grundbuchrechtlich jedoch der Beachtung des § 29 GBO.

Fall:

Der Bürovorsteher des die Auflassung beurkundenden Notars lässt das Grundstück des Grundstückseigentümers E als dessen vollmachtloser Vertreter an den Erwerber K auf. Der beurkundende Notar beantragt im Namen des E unter Vorlage seiner notariellen Auflassungsurkunde sowie einer das vollmachtlose Handeln des Bürovorstehers V genehmigenden Erklärung des E im Namen aller Beteiligten die Eigentumsumschreibung auf den Erwerber.

? Welche besondere Problematik stellt sich im Rahmen der Prüfung der §§ 20 GBO, 873 BGB hinsichtlich der vorgelegten Genehmigung?

Lesen Sie § 182 Abs. 1 BGB!

Die *Wirksamkeit der Auflassung* hängt von der *wirksamen Genehmigung* des Vertretenen ab. Die Genehmigung als empfangsbedürftige Willenserklärung wird wirksam, wenn sie dem Vertreter oder dem Vertragspartner zugeht („… sowie dem einen als dem anderen Teil", vgl. § 182 BGB). Dieser Zugang ist dem Grundbuchamt nachzuweisen (§ 29 Abs. 1, S. 2 GBO). Legt der Notar die Auflassungsurkunde nebst Genehmigung im Namen der Beteiligten dem Grundbuchamt vor, so ist der Zugang ausreichend nachgewiesen, da die Vermutung des § 15 Abs. 2 GBO sich in der Regel auch auf die Ermächtigung zur Empfangnahme dieser Genehmigung erstreckt[16].

In der Praxis ist es üblich, den beurkundenden Notar ausdrücklich zur Entgegennahme solcher Genehmigungen zu bevollmächtigen.

Bei der Prüfung der Vollmacht ist im Übrigen darauf zu achten, dass sie nach ihrem

Inhalt

mit den Einigungserklärungen übereinstimmt. Sie muss eindeutig, zweifelsfrei und bestimmt sein, wobei insoweit eine Auslegung der Erklärungen nicht nur möglich, sondern evtl. sogar geboten ist. Sollte sie Bedingungen enthalten, deren Eintritt durch das Grundbuchamt nur schwer nachprüfbar ist, wird das Grundbuchamt dies beanstanden. Der Mangel kann jedoch durch Beweis des Bedingungseintritts behoben werden (in der Form des § 29 GBO).

4.3. Gesetzliche Vertretung

4.3.1. Allgemeines

Personen, natürliche oder juristische, bedürfen, soweit sie zur Abgabe einer rechtswirksamen Erklärung außerstande sind, der gesetzlichen Vertretung.

16 BayObLG, DNotZ 1956, 213.

Der Kreis der Vertretungsbedürftigen sowie ihrer Vertreter ergibt sich einerseits aus dem BGB, zum anderen aus dem HGB und dessen Nebengesetzen. Mängel in der gesetzlichen Vertretungsmacht führen auch hier grundsätzlich zur Anwendung des § 177 BGB, also zur schwebend unwirksamen Auflassung.

4.3.2. Gesetzliche Vertretung natürlicher Personen

Notar und das Grundbuchamt haben hier zu prüfen, ob der gesetzliche Vertreter im Rahmen der ihm zustehenden Vertretungsmacht handelt oder durch einen Vertretungsausschluss oder die Notwendigkeit einer gerichtlichen Genehmigung beschränkt ist.

Eine ausführliche und zu detaillierte Darstellung dieser Problematik kann nicht Sinn dieses Studienbuches sein. Aus diesem Grunde sollen nachfolgend nur einige kurze Anmerkungen und Grundsätze Beachtung finden. Im problematischen Einzelfall werden Sie die „Spezialliteratur“ studieren müssen.

Beispiel:

Der beschränkt Geschäftsfähige (§ 106 BGB) soll ein Grundstück unentgeltlich erwerben.

? Wer hat die Auflassungserklärung auf Erwerberseite abzugeben?

Gem. §§ 106, 107 BGB ist hier eine gesetzliche Vertretung *nicht notwendig* (aber möglich); der beschränkt Geschäftsfähige kann die Auflassungserklärung selbst abgeben, da ihm das Rechtsgeschäft (Auflassung) lediglich einen *rechtlichen* Vorteil bringt (Eigentumserwerb). Rein wirtschaftliche Vorteile müssen unberücksichtigt bleiben.

! **Merke:** Ist der rechtliche Vorteil zu verneinen, dann ist die vom beschränkt Geschäftsfähigen abgegebene Erklärung – und damit die Auflassung – nur wirksam, wenn der gesetzliche Vertreter einwilligt oder genehmigt (§§ 106–108, 183, 184 Abs. 1 BGB).

Eine klare Abgrenzung zwischen rechtlichem und wirtschaftlichem Vorteil ist insbesondere im Hinblick auf die unterschiedliche Rechtsprechung und Literatur schwierig. Daher gilt hilfsweise folgender Grundsatz:

Vom Vorliegen eines rechtlichen Vorteils kann das Grundbuchamt grundsätzlich dann ausgehen, wenn der beschränkt Geschäftsfähige von dem zum Zeitpunkt des Vertragsabschlusses vorhandenen rechtlichen Vermögen nichts verliert und zur Entstehung des Vertrages keine neuen ihn beeinträchtigende Verfügungen vornehmen muss.

Bei der Prüfung des **rechtlichen Vorteils** muss letztlich der Schutzzweck des § 107 BGB im Vordergrund stehen und von einer zu engen Anwendung dieser Vorschrift abgesehen werden.

Lesen Sie zum Verständnis der Problematik *Schöner/Stöber* Rdn. 3606 ff.

Hat der gesetzliche Vertreter die Einigungserklärung abgegeben, so bleibt noch zu prüfen, ob er

zur Ausübung seiner gesetzlichen Vertretungsmacht

rechtlich in der Lage war.

? Welche rechtlichen Gründe könnten ihn daran hindern?

Gem. §§ 1629 Abs. 2, 1795 BGB sind z. B. die Eltern an der Ausübung ihrer gesetzlichen Vertretung (§ 1626 BGB) gehindert, wenn der konkrete Auflassungsfall zu den im § 1795 BGB genannten Rechtsgeschäften gehört. Darüber hinaus bleibt § 181 BGB zu beachten.

Beispiel:

Die Eltern als gesetzliche Vertreter ihres minderjährigen Sohnes und Grundstückseigentümers lassen das Grundstück ihres Sohnes auf an ihre volljährige Tochter.

Die Eltern als gesetzliche Vertreter (§§ 1626, 1629 BGB) sind gem. §§ 1629 Abs. 2, 1795 Abs. 1, Nr. 1 BGB an der Ausübung ihrer gesetzlichen Vertretungsmacht gehindert, da die Auflassung hier ein Rechtsgeschäft zwischen den Eltern als gesetzliche Vertreter ihres minderjährigen Sohnes einerseits und ihrer mit *ihnen* in gerader Linie verwandten Tochter andererseits darstellt.

? Wie beurteilen Sie den vorstehenden Sachverhalt, wenn die Tochter gem. § 2174 BGB einen Anspruch auf Eigentumsübertragung gegen ihren minderjährigen Bruder hätte?

In diesem Fall sind die Eltern an der Ausübung ihrer Vertretungsmacht nicht gehindert, da die Auflassung dann eine Verbindlichkeit erfüllt (vgl. Wortlaut des § 1795 Abs. 1, Nr. 1 BGB).

Der Bestand dieser Verbindlichkeit ist dem Grundbuchamt nachzuweisen zum Beweis der Ausübungsbefugnis der gesetzlichen Vertretung.

! **Merke**: Der Ausschluss der Vertretungsmacht nur eines Elternteils hindert auch die Vertretung des anderen Teils[17].

? Welche Entscheidung trifft das Grundbuchamt, wenn der gesetzliche Vertreter an der Ausübung seiner Vertretungsmacht gem. § 1795 oder § 181 BGB gehindert ist?

17 BayObLG, NJW 1960, 577.

Es wird eine Zwischenverfügung gem. § 18 GBO erlassen und den Antragsteller darauf hinweisen, dass es noch der Bestellung eines Ergänzungspflegers gem. § 1909 BGB bedarf. Nach Bestellung durch das Familiengericht ist dieser dann im Rahmen des vom Familiengericht bestimmten Wirkungskreises gesetzlicher Vertreter.

Die Abgabe der Einigungserklärung durch den „berechtigten" gesetzlichen Vertreter muss aber nicht schon zur Wirksamkeit der Auflassung führen. Es bleibt immer noch zu untersuchen, ob der „berechtigte" gesetzliche Vertreter zur Auflassung noch der

Genehmigung des Familiengerichts

bedarf (z. B. §§ 1643, 1821 Abs. 1 Nr. 1, 1. Alt. BGB), denn die ohne erforderliche Genehmigung erklärte Auflassung ist schwebend unwirksam (§§ 1643 Abs. 1–3, 1828, 1829 BGB).

? Welche Voraussetzungen sind dem Grundbuchamt im Rahmen des § 1829 BGB nachzuweisen?

Lesen Sie die §§ 1828, 1829 Abs. 1 BGB!

Hiernach sind folgende Nachweise zu erbringen:

- Wirksamkeit der Genehmigung = Rechtskräftig erteilte Genehmigung (§§ 40 Abs. 2, 46 FamFG) durch das Familiengericht *an den gesetzlichen Vertreter;*
- Mitteilung dieser Genehmigung *vom gesetzlichen Vertreter* an den Vertragspartner;
- Erhalt der Mitteilung durch den Vertragspartner.

Auch diese Nachweise sind in der Form des § 29 GBO zu erbringen.

? Worin besteht der gesetzgeberische Grund für die Notwendigkeit der Mitteilung der Genehmigung vom gesetzlichen Vertreter an den Vertragspartner?

Zum Schutze des Vertretenen hat der gesetzliche Vertreter sowohl bei der Antragstellung auf Erteilung der Genehmigung als auch nach ihrem Erhalt durch das Familiengericht nochmals zu prüfen, ob das abzuschließende oder evtl. schon abgeschlossene Rechtsgeschäft (hier: Auflassung) wirklich den Interessen des Vertretenen dient. Sollte er im Nachhinein eine Gefährdung der Interessen des Vertretenen erkennen, wird er von der Mitteilung der Genehmigung an den Vertragspartner absehen und so das Zustandekommen der wirksamen Auflassung verhindern.

Der gesetzliche Vertreter wie auch der Vertragspartner können sich selbst im Rahmen der §§ 1828, 1829 BGB vertreten lassen. Hier wird in der Praxis oft ein sog. Doppelbevollmächtigter bestellt. Dies ist in der Regel der die Auflassung beurkundende Notar.

? Welchen Inhalt hat die **Doppelvollmacht** und welche Besonderheiten gilt es hier zu beachten?

Die vom *gesetzlichen Vertreter* erteilte Vollmacht erstreckt sich auf die Befugnis zum

- Empfang der Genehmigung des Familiengerichts (§ 1828 BGB) sowie zur
- Mitteilung an den Vertragspartner (§ 1829 BGB);

Die vom *Vertragspartner* erteilte Vollmacht beinhaltet die Befugnis zum

- Empfang der Mitteilung vom Bevollmächtigten des gesetzlichen Vertreters (§ 1829 BGB).

Der Doppelbevollmächtigte „spielt" hier also die Rolle des gesetzlichen Vertreters sowie gleichzeitig die des Vertragspartners. Eine ausdrückliche Befreiung von den Beschränkungen des § 181 BGB ist nicht notwendig.

Das Grundbuchamt hat im Rahmen der Prüfung der Wirksamkeit der Auflassung selbstverständlich auch hier den Schutzzweck des § 1829 BGB zu beachten (s. o.). Es muss daher nach Zugang der Genehmigung beim Doppelbevollmächtigten als dem Vertreter des gesetzlichen Vertreters erkennbar sein, dass er als solcher gewillt ist, die Genehmigung dem Vertreter des Vertragspartners, also sich selbst, mitzuteilen[18]. Über die Möglichkeiten des entspr. Nachweises werden unterschiedliche Meinungen vertreten. Auf jeden Fall würde aber der nachfolgend von *Schöner/Stöber* (Rdn. 3740) auf der für das Grundbuchamt vorgesehenen Beschlussausfertigung vorgeschlagene Vermerk ausreichen:

„Diese mir als Bevollmächtigten des … (gesetzlicher Vertreter) zugegangene Genehmigung mit Rechtskraftzeugnis habe ich heute in dieser Eigenschaft mir selbst als gleichzeitigem Bevollmächtigten des … (Vertragspartner) mitgeteilt und für ihn in Empfang genommen".

4.3.3. Gesetzliche Vertretung juristischer Personen und Personenhandelsgesellschaften einschl. Partnerschaften (Hinweise)

Die Vertretungsbefugnis kann sich hier aus dem Gesellschaftsvertrag, der Satzung oder aus dem Gesetz ergeben:

Beispiele:

Offene Handelsgesellschaft – § 125 HGB Kommanditgesellschaft – §§ 161 Abs. 2, 125 HGB
Partnerschaft – § 7 Abs. 3 PartGG
Aktiengesellschaft – § 78 AktG
Gesellschaft mit beschr. Haftung – § 35 GmbHG
Genossenschaft – §§ 24, 25 GenG
Rechtsfähiger Verein – §§ 26, 30, 55 BGB

18 BayObLG, DNotZ 1983, 369 u. a.

Materiellrechtliche Mängel im Rahmen dieser Vertretungsmacht sind ebenfalls nach allgemeinen BGB-Regeln zu behandeln (s. o.). Die Vertretungsmacht kann hier unter Anwendung des § 32 GBO durch Vorlage eines Registerzeugnisses nachgewiesen werden (§§ 9 Abs. 3 HGB, 4, 5 PartGG, 69 BGB, 26 Abs. 2 GenG). Auch eine Notarbescheinigung gem. § 21 BNotO oder ein begl. Registerauszug kommt als Nachweis der Vertretungsmacht in Betracht. Sollte das Register elektronisch geführt werden, kann auf jedes Register Bezug genommen werden (§ 32 Abs. 2 GBO), also ohne örtliche Beschränkung.

5. Inhalt

5.1. Einigung über Eigentumsübergang

Die zur Übertragung des Eigentums am Grundstück gem. § 873 Abs. 1 BGB erforderliche Einigung verlangt eindeutige übereinstimmende Erklärungen der Vertragsbeteiligten über die dingliche Rechtsänderung. In der Regel wird diese Übereinstimmung durch folgende Erklärungen erreicht:

„Veräußerer und Erwerber sind darüber einig, dass das Eigentum an dem Grundstück ... vom Veräußerer auf den Erwerber übergeht“.

Auf diese bestimmte Formulierung kommt es aber nicht an. Übereinstimmende auf dingliche Rechtsänderung gerichtete Erklärungen können auch dann vorliegen, wenn der Betroffene die Eintragung bewilligt, der Begünstigte sie beantragt[19].

5.2. Einigung über das Gemeinschaftsverhältnis

Lesen Sie zunächst § 47 GBO!

Sollen mehrere Erwerber, die in einem zulässigen Gemeinschaftsverhältnis stehen, im Grundbuch als Eigentümer eingetragen werden, dann soll die Eintragung dieses Gemeinschaftsverhältnis erkennen lassen (Bestimmtheitsgrundsatz).

Daher ist die Angabe des Gemeinschaftsverhältnisses grundsätzlich notwendiger Inhalt der Auflassung[20], wobei es auch im Wege der Auslegung festgestellt werden kann.

Fall:

Grundstückseigentümer E lässt vor dem Notar sein Grundstück auf an die Erwerber X und Y ohne Bezeichnung des Gemeinschaftsverhältnisses. In dem mit der Auflassung verbundenen schuldrechtlichen Vertrag sind X und Y als Käufer zu je ½ Anteil angegeben.

Das Grundbuchamt ist der Meinung, eine ergänzende Auflassung durch alle Beteiligte sei nicht erforderlich. Die Auflassung sei wirksam.

---

19 BayObLG, DNotZ 1975, 686.
20 BayObLGZ 1975, 209.

? Wie ist die Rechtslage?

Der Meinung des Grundbuchamtes sollten wir zustimmen. Einer neuen Auflassung bedarf es nicht, da sie hier bzgl. des Gemeinschaftsverhältnisses dahingehend auslegungsfähig ist, dass das im *mit der Auflassung verbundenen Kaufvertrag* angegebene Gemeinschaftsverhältnis nach dem Willen der Vertragsparteien wohl auch für die Auflassung Geltung haben soll[21].

Beachten Sie aber, dass ein längerer Zeitraum zwischen Kaufvertrag und Auflassung eine solche Auslegung grundsätzlich nicht zulässt. Vorsicht ist also geboten!

? Welche Überlegungen sind anzustellen, wenn in der Auflassung die Angabe eines Gemeinschaftsverhältnisses fehlt?

Hier wird auch die Meinung vertreten, die Auflassung sei unwirksam und eine neue Auflassung unter Angabe des zulässigen Gemeinschaftsverhältnisses und Mitwirkung von Veräußerer und Erwerber notwendig[22].

Dies vermag nicht zu überzeugen.

Der Veräußerer wird sich nur widerwillig auf Bitten der Erwerber erneut zum Notar begeben. Aus seiner Sicht ist der Weg zum Notar überflüssig. Er hat sich mit den Erwerbern über den Eigentumsübergang geeinigt. An einem bestimmten Gemeinschaftsverhältnis wird er in der Regel kaum interessiert sein, hätte er doch auf eine Änderung des Gemeinschaftsverhältnisses durch die Erwerber nach rechtswirksam vollzogenem Eigentumserwerb ohnehin keinen Einfluss mehr. Zwischen ihm und den Erwerbern besteht kein Rechtsverhältnis mehr, für das ein bestimmtes Gemeinschaftsverhältnis auch aus seiner Sicht noch von Bedeutung sein könnte. Die Auflassung ist daher wirksam, aber unvollständig; auf Antrag der Erwerber kann die Eintragung des zutreffenden Gemeinschaftsverhältnisses ohne Mitwirkung des Veräußerers nachgeholt werden.

Lesen Sie hierzu *Rehle*, DNotZ 1979, 196!

Die die Auflassung ergänzenden Erklärungen der Erwerber bedürfen aber der Form des § 925 BGB, grundbuchrechtlich gem. § 29 GBO der öffentlichen Urkunde.

Fall:

Grundstückseigentümer E lässt vor dem Notar sein Grundstück auf an die Eheleute X und Y zu je ½ Anteil. Die Grundbucheintragung weist X und Y als Miteigentümer zu je ½ Anteil aus.

X und Y beantragen nunmehr die Berichtigung des Grundbuches hinsichtlich des eingetragenen Gemeinschaftsverhältnisses, da sie schon zum Zeitpunkt der Abgabe der Auflassungserklärungen im Güterstand der Gütergemeinschaft lebten (Nachweis wird erbracht).

21 OLG Düsseldorf, DNotZ 1977, 611 u. a.
22 OLG Hamm, DNotZ 1965, 468 u. a.

? Wird das Grundbuchamt dem Antrag stattgeben?

Die Auflassung ist wirksam. Da die Eheleute X und Y zum Zeitpunkt der Auflassung und Eintragung im Güterstand der Gütergemeinschaft lebten, können sie gem. § 1416 BGB grundsätzlich auch nur in diesem Gemeinschaftsverhältnis erwerben. Auch hier kann das Gemeinschaftsverhältnis auf Antrag der Erwerber – ohne neue Auflassung – im Grundbuch berichtigt werden[23].

! Fassen wir zusammen:

Die fehlende oder unrichtige Angabe des Beteiligtenverhältnisses führt u. E. nicht zur Unwirksamkeit der Auflassung. Die Erwerber können die fehlenden Angaben in der Form des § 925 BGB (§ 29 GBO) nachholen (nicht h. M.).

Anmerkung:

Vertretbar dürfte auch die Auffassung sein, auf eine erneute Mitwirkung des Veräußerers deshalb zu verzichten, da in seiner Einigungserklärung die stillschweigende Zustimmung zu einer Nachholung bzw. Berichtigung des Beteiligtenverhältnisses zu sehen sei[24].

II. Besonderheiten des § 925 BGB

1. Allgemeines

Die zur Übertragung des Eigentums am Grundstück gem. § 873 Abs. 1 BGB notwendigen Einigungserklärungen von Veräußerer und Erwerber müssen bei

gleichzeitiger Anwesenheit vor der zuständigen Stelle

abgegeben werden. Vertretung ist möglich. § 925 BGB schreibt zur Wirksamkeit der Einigung diese besondere Form vor.

! **Merke:** Eine notarielle Beurkundung ist *materiellrechtlich* zur Wirksamkeit der Auflassung nicht erforderlich.

Zweck dieser Vorschrift ist letztlich die Herstellung eindeutiger und zweifelsfreier Grundlagen für die Eintragung im Grundbuch im Interesse einer Übereinstimmung zwischen materieller und formeller Rechtslage.

Zuständige Stelle i. S. dieser Vorschrift ist regelmäßig der Notar. Die Auflassung kann aber auch in einem gerichtlichen Vergleich erfolgen (vgl. insoweit die Hinweise Seite 29, 30).

23 BayObLG, Rpfleger 1982, 18.
24 OLG Köln, Rpfleger 1980, 16; LG Lüneburg, Rpfleger 1994, 206.

2. Bedingungen und Befristungen

Mit Rücksicht auf den oben beschriebenen Zweck der Vorschrift ist die Auflassung

bedingungsfeindlich.

Die Bedeutung des § 925 BGB verbietet im Übrigen die Auflassung unter einer

Zeitbestimmung (Befristung).

Wir müssen aber wissen, dass nicht jede Bedingung oder Zeitbestimmung zur Unwirksamkeit der Auflassung führt.

Rechtsbedingungen

berühren die Wirksamkeit der Auflassung nämlich nicht:

? Was versteht man unter Rechtsbedingungen?

Von Rechtsbedingungen sprechen wir, wenn die Wirksamkeit der Auflassung vom Eintritt solcher Bedingungen abhängig gemacht wird, die auch ohne diese Abhängigmachung bereits gesetzliche Wirksamkeitsvoraussetzungen darstellen.

Beispiele:

- Auflassung durch einen Nichtberechtigten, vorbehaltlich der Genehmigung des Berechtigten (vgl. § 185 BGB);
- Auflassung durch den gesetzlichen Vertreter, vorbehaltlich der erforderlichen gerichtlichen Genehmigung.
- Auflassung vorbehaltlich der erforderlichen Genehmigung nach dem Grundstücksverkehrsgesetz.

Unzulässige Bedingungen:

Beispiele:

- Auflassung für den Fall der Scheidung;
- Auflassung für den Fall, dass der Erwerber den Kaufpreis gezahlt hat;
- Auflassung für den Fall der Rechtskraft des Bebauungsplanes.

3. Erwerb aufgrund Auflassung im gerichtlichen Vergleich (Hinweis)

Gem. § 925 Abs. 1 S. 3 BGB können die Auflassungserklärungen auch in einem gerichtlichen Vergleich oder in einem rechtskräftig bestätigten Insolvenzplan abgegeben werden.

! **Merke:** Der gerichtliche Vergleich wahrt nur die *Form* der Auflassung. Im Übrigen gelten für die Auflassung im gerichtlichen Vergleich die allgemeinen Grundsätze und Regelungen.

Die Formvorschrift des § 925 Abs. 1 S. 3 BGB ist nur dann gewahrt, wenn die Auflassung in einem *wirksamen Vergleich* erklärt wird. Die „Vergleichs-Merkmale" des § 779 BGB müssen dabei nicht zwangsläufig gegeben sein.

Das Grundbuchamt hat hier folgende Voraussetzungen zu prüfen:

- Die im Vergleich abgegebenen Auflassungserklärungen müssen den Rechtsstreit ganz oder teilweise beenden;
- zwischen Auflassung und Beendigung des Rechtsstreits muss ein sachlicher Zusammenhang bestehen;
- ordnungsgemäße Protokollierung, d. h. Wahrung der prozessrechtlichen Form

Zuständig i. S. d. § 925 Abs. 1 S. 3 BGB ist jedes deutsche Gericht der

streitigen sowie freiwilligen Gerichtsbarkeit,

soweit es im bürgerlichen Rechtsverkehr zu entscheiden hat, also z. B. auch Insolvenzgericht, Vollstreckungsgericht, nicht aber das Strafgericht oder das Verwaltungsgericht[25].

III. Besonderheiten gem. § 20 GBO

1. Allgemeines

Der Rechtsverkehr ist an einer möglichst einfachen und raschen Erledigung des Grundbuchverfahrens interessiert. Aus diesem Grunde lässt der Gesetzgeber für die Eintragung im Grundbuch die einseitige Bewilligung des rechtlich Betroffenen (Benachteiligten) genügen (§ 19 GBO). Er nimmt dabei in Kauf, dass mit der Eintragung das Recht evtl. mangels dinglicher Einigung (§ 873 Abs. 1 BGB) noch nicht entsteht, das Grundbuch also zunächst unrichtig ist. Dieser Regelung liegt der Erfahrungsgrundsatz zugrunde, dass der Betroffene wohl nur dann eine sein Recht beeinträchtigende Eintragung bewilligt, wenn zuvor die dingliche Einigung mit dem anderen Teil (Begünstigten) erfolgt ist (formelles Konsensprinzip).

Von diesem Grundsatz macht der Gesetzgeber im

§ 20 GBO

eine Ausnahme:

25 Str.; a. A.: BVerwG, Beschluss v. 13.03.1995, Rpfleger 1995, 497; OLG Stuttgart, NJW 1964, 110 betr. Strafgericht.

„Im Falle der Auflassung eines Grundstücks … darf die Eintragung nur erfolgen, wenn die erforderliche Einigung des Berechtigten und des anderen Teils erklärt ist".

Dem Grundbuchamt ist hier insbesondere die

Wirksamkeit der dinglichen Einigung (§ 873 Abs. 1 BGB)

nachzuweisen. Es darf sich folglich nicht mit der einseitigen verfahrensrechtlichen Bewilligung (§ 19 GBO) zufriedengeben. § 20 GBO durchbricht somit das formelle Konsensprinzip zugunsten des materiellen Konsensprinzips.

? Worin liegt der gesetzgeberische Grund für diese Besonderheit?

Mit dem Eigentum am Grundstück sind weittragende privatrechtliche sowie öffentlich rechtliche Verpflichtungen verbunden (z. B. Grundsteuerpflichten des Eigentümers). Dem Gesetzgeber war daher besonders viel an der Übereinstimmung zwischen Grundbuch und wahrer Rechtslage gelegen. Diese Übereinstimmung schien ihm aber nur dann gewährleistet, wenn die Verantwortung hierfür eine Behörde, das Grundbuchamt, übernimmt, und nicht – wie in den Fällen des § 19 GBO – der Betroffene, dessen einseitige formelle Bewilligung die materiellrechtliche Einigung nur vermuten lässt.

? Kann die Nichtbeachtung des § 20 GBO den Eigentumserwerb beeinflussen?

Hüten Sie sich vor der im Studentenkreise oft vertretenen Meinung, der Eigentumserwerb habe sich hier in Wirklichkeit nicht vollzogen, das Grundbuch sei aufgrund der Nichtbeachtung des § 20 GBO unrichtig.

Der rechtsgeschäftliche Erwerb eines Rechts am Grundstück (hier: Eigentum) richtet sich nach den Normen des **materiellen** Rechts (vgl. 1. Kapitel § 2).

Hierzu bedarf es gem. § 873 Abs. 1 BGB der

Einigung und Eintragung im Grundbuch.

Ist die Einigung wirksam und die Eintragung erfolgt, so hat damit auch der Eigentumserwerb stattgefunden (ob nun mit oder ohne Beachtung des § 20 GBO). Das Grundbuch gibt dann die wahre Rechtslage wieder und ist folglich richtig.

Daraus folgt:

! **Merke:** § 20 GBO ist nur Ordnungsvorschrift und hat nur verfahrensrechtliche Bedeutung; seine Nichtbeachtung kann die wahre Rechtslage nicht beeinflussen!

2. Verhältnis des § 20 GBO zu § 19 GBO

Lesen Sie die §§ 19, 20 GBO!

? Bedarf es neben des Nachweises der Wirksamkeit der Auffassung zusätzlich noch der Eintragungsbewilligung des Betroffenen?

Wenn der Gesetzgeber im Falle der Auflassung eines Grundstücks ausnahmsweise ein „Mehr" an Prüfungspflichten verlangt als im „Normalfall", dann scheint auf den ersten Blick das Verlangen nach einer zusätzlichen Bewilligung überflüssig zu sein; denn welchen Sinn kann es haben, dass der Eigentümer (Veräußerer) bereits die Einigung wirksam und bindend (§ 873 Abs. 2 BGB) erklärt, die Eintragung der Rechtsänderung im Grundbuch aber dennoch zusätzlich von seiner Bewilligung abhängig sein soll!

Der Sinn für das Erfordernis einer zusätzlichen Bewilligung des Eigentümers zur Eintragung der Eigentumsveränderung kann in seiner Interessenlage gesehen werden.

Beispiel:

Veräußerer und Erwerber haben sich zwar schon gegenseitig gebunden (§ 873 Abs. 2 BGB), die Eintragung des Erwerbers im Grundbuch und damit der Eigentumsübergang soll jedoch nach dem Willen des Veräußerers erst nach Zahlung des Kaufpreises erfolgen.

Hier würde § 925 Abs. 2 BGB eine derartige Bedingung als Gegenstand der Auflassung verbieten; für die Bewilligung wäre sie aber im Rahmen des § 16 Abs. 2 GBO unschädlich. Der Veräußerer könnte mithin den Eigentumsübergang (Eintragung im Grundbuch) noch von der Abgabe seiner Bewilligung abhängig machen und auf diesem Wege z. B. die vorherige Kaufpreiszahlung sicherstellen. Neben der gem. § 20 GBO nachzuweisenden dinglichen Einigung zusätzlich noch eine **ausdrückliche** Bewilligung des Betroffenen zu verlangen, wäre aber übertriebener Formalismus. Daher gilt letztlich:

! **Merke:** Die Bewilligung ist neben dem Nachweis der Einigung erforderlich. Die dingliche Einigung enthält aber regelmäßig schon die Eintragungsbewilligung des Betroffenen, es sei denn, „ein gegenteiliger Wille ist ausdrücklich erklärt oder den Umständen nach erkennbar". Wird z. B. ausdrücklich die Bewilligung vorbehalten, darf die Eintragung aufgrund der „bloßen" Einigung nicht vorgenommen werden (h. u.)[26].

---

26 OLG Köln, Rpfleger 1992, 153; BayOblG, Rpfleger 1975, 27; *Demharter,* § 20 Rdn. 2, u. a. anders: *Eickmann/Böttcher,* Grundbuchverfahrensrecht, 4. Aufl., Rdn. 120 ff. u. a., die eine zusätzliche ausdrückliche Eintragungsbewilligung des Eigentümers verlangen.

3. Erfordernis der Einigung

Oberflächliches Arbeiten im Rahmen des § 20 GBO kann zur Prüfung der materiellrechtlichen Einigung führen, obwohl diese letztlich nicht erforderlich ist. Ein Fall des § 20 GBO liegt nur dann vor, wenn die dingliche Einigung auch nach materiellem Recht notwendig ist.

Die Notwendigkeit der Einigung = Auflassung besteht zur

rechtsgeschäftlichen Eigentumsübertragung eines Grundstücks.

Sie ist insbesondere dann gegeben, wenn die Vertragsparteien nicht personenidentisch sind oder bei Personenidentität verschiedene, voneinander unabhängige Gemeinschaftsformen oder Rechtspersönlichkeiten beteiligt sind.

Beispiele:

- A veräußert sein Grundstück an B
- Gesamthandsgemeinschaft A, B, C „wandelt sich um“ in eine Bruchteilsgemeinschaft A, B, C zu je ⅓; hier übertragen die Eigentümer in Gesamthandsgemeinschaft A, B, C jeweils ⅓ auf die Erwerber in Bruchteilsgemeinschaft A, B, C.
- Der Gesellschafter einer Personenhandels- oder Kapitalgesellschaft überträgt sein Grundstück auf die Gesellschaft.
- Eigentumsübertragung eines Grundstücks von einer Personenhandels- oder Kapitalgesellschaft auf einen oder mehrere Gesellschafter.

? Ist die Einigung auch dann erforderlich, wenn Miteigentümer ihre Miteigentumsanteile (Bruchteile) ändern?

Beispiel:

A und B sind als Miteigentümer zu je ½ Anteil im Grundbuch eingetragen. A soll nunmehr Miteigentümer zu ¾, B Miteigentümer zu ¼ Anteil werden?

Die Veränderung der Miteigentumsanteile verkleinert bzw. vergrößert das Miteigentum des Miteigentümers. Es handelt sich also um eine Übertragung des Eigentums (Miteigentums) von einem Miteigentümer auf einen anderen Miteigentümer, wobei festzuhalten bleibt, dass

ein Miteigentumsanteil (Bruchteil) rechtlich grundsätzlich wie ein Grundstück

behandelt wird.

Fall:

A tritt als neuer Gesellschafter in eine bestehende Personenhandelsgesellschaft ein, die als Eigentümerin im Grundbuch eingetragen ist. Das Grundbuchamt ist der Meinung, die Einigung sei hier nicht erforderlich.

? Wie ist die Rechtslage?

Eigentümerin ist trotz der Erweiterung des Gesellschafterbestandes nach wie vor die Gesellschaft (z. B. Offene Handelsgesellschaft), ein Rechtsübergang des *Eigentums am Grundstück* hat hier nicht stattgefunden.[27]

! **Merke:** Ist ein Rechtsübergang nicht erfolgt oder hat der Rechtsübergang außerhalb des Grundbuchs stattgefunden, so scheidet eine Anwendung des § 20 GBO aus. Im Zweifel: § 20 GBO anwenden!

? Kann im Rahmen der Prüfung des § 20 GBO auch eine Prüfung des Verpflichtungsgeschäfts in Betracht kommen?

Grundsätzlich nicht, es sei denn, dass die Prüfung der Wirksamkeit der Auflassung z. B. die Beachtung des § 181 BGB verlangt. Die verbotswidrig durch Insichgeschäft erklärte Auflassung wäre dann nur wirksam, wenn die Auflassung selbst die „Erfüllung einer Verbindlichkeit" darstellt.

Beispiel:

V lässt als Vertreter des Grundstückseigentümers E dessen Grundstück an sich selbst auf. Die Auflassung wäre hier nur wirksam, wenn sie in Erfüllung einer wirksamen Verbindlichkeit erklärt worden wäre (z. B. Kaufvertrag gem. § 433 BGB).

Hat die Prüfung des § 20 GBO zunächst ergeben, dass eine Einigung (Auflassung) erforderlich ist, so bedarf es nunmehr der Prüfung der Wirksamkeit dieser Einigung sowie ihres Nachweises (s. o. Ausführungen zu §§ 873 BGB).

§ 3
Zur Wiederholung

Fragen und Aufgaben zur Wiederholung 2. Kapitel §§ 1, 2	Antworten und Lösungen auf den Seiten
1. Beschreiben Sie die Begriffe „Verfügungsmacht" und „Verfügungsbefugnis"!	8, 9
2. Unter welchen Voraussetzungen hindert eine Verfügungsbeschränkung des Veräußerers die Eigentumsumschreibung nicht?	9
3. Welche Bedeutung hat § 130 Abs. 2 BGB?	9,10

27 RGZ 65, 227; eine übersichtliche Zusammenstellung zur Problematik finden Sie in K/E/H/E/*Ertl*, Rdn. 21–44 zu § 20 GBO.

Fragen und Aufgaben zur Wiederholung 2. Kapitel §§ 1, 2	Antworten und Lösungen auf den Seiten
4. Was verstehen Sie unter dem Begriff der „Kettenauflassung“ und beschreiben Sie die Besonderheiten!	11
5. Welche Bedeutung hat das rechtskräftige Auflassungsurteil?	11–13
6. Wer ist erwerbsfähig?	13
7. Was fällt Ihnen hinsichtlich der Erwerbsfähigkeit zum Problem der „Vor-GmbH“; „GbR“ ein?	14–16
8. Welcher konkrete Nachweis muss dem Grundbuchamt bei Abgabe der Auflassungserklärungen durch Bevollmächtigte erbracht werden?	17, 18
9. Wie kann der Vollmachtsbestand nachgewiesen werden?	17, 18
10. Warum reicht die Vorlage einer begl. Abschrift der Vollmachtsurkunde durch den Vertreter zum Nachweis des Vollmachtsbestandes nicht aus?	18
11. Begründen Sie, warum die Berufung auf die sich in den Notarakten befindliche Urschrift der Vollmachtsurkunde durch den Vertreter zum Nachweis des Vollmachtsbestandes grundsätzlich nicht genügt! Ausnahme?	18
12. Welche Rechtsfolgen hat eine fehlende oder mangelhafte Vertretungsmacht auf die Wirksamkeit der Auflassung?	20, 21
13. Welche besonderen Voraussetzungen hat das Grundbuchamt bei Vorlage der Genehmigung des Vertretenen zu prüfen?	21
14. Unter welchen Voraussetzungen ist der gesetzliche Vertreter (z. B. Eltern) an der Ausübung der gesetzlichen Vertretung gehindert?	23
15. Welche Voraussetzungen sind vom Grundbuchamt im Rahmen des § 1829 BGB zu prüfen?	24
16. Was verstehen Sie unter dem Begriff der „Doppelvollmacht“? Beschreiben Sie insoweit auch die besondere Bedeutung, Sinn und Zweck des § 1829 BGB!	25

Fragen und Aufgaben zur Wiederholung 2. Kapitel §§ 1, 2	Antworten und Lösungen auf den Seiten
17. Wie kann die gesetzliche Vertretung einer juristischen Person pp. nachgewiesen werden?	25, 26
18. Führt die fehlende oder fehlerhafte Angabe des Gemeinschaftsverhältnisses im Rahmen der Auflassung zur Unwirksamkeit der Auflassung (Begründung)?	26, 27
19. Bedarf die Auflassung zur Wirksamkeit der notariellen Beurkundung (Begründung)?	28
20. Warum ist die Auflassung bedingungs- und befristungsfeindlich?	29
21. Was verstehen Sie unter zulässigen Rechtsbedingungen?	29
22. Welche besonderen Voraussetzungen hat das Grundbuchamt im Falle der Auflassung im gerichtlichen Vergleich zu prüfen?	29, 30
23. Nennen Sie den gesetzgeberischen Grund für die Besonderheit des § 20 GBO!	30, 31
24. Warum und in welchen Fällen bedarf es zur Eigentumsumschreibung neben dem Nachweis der dinglichen Einigung noch der Bewilligung des Betroffenen?	32

§ 4
Zusammenfassung
(2. Kapitel §§ 1, 2)

Berechtigter

Merkmale des § 873 Abs. 1 BGB:

Berechtigter muss Verfügungsmacht (Eigentümer) und Verfügungsbefugnis besitzen. Nachweis des Eigentums grundsätzlich gem. § 891 BGB; diese Vermutung ist aber widerlegbar in der Form des § 29 GBO. Verfügungsbefugnis muss bis zur Vollendung des Rechtserwerbs vorliegen (Eintragung).

Im Falle einer wirksamen Verfügungsbeschränkung Heilung über §§ 185 oder 878 oder 892 BGB möglich. Anwendung des § 892 BGB streitig. Rechtskräftiges Urteil i. S. d. § 894 ZPO ersetzt Abgabe der Auflassungserklärung und Anwesenheit gem. § 925 BGB.

Anderer Teil

Grundbuchamt hat Erwerbsfähigkeit von Amts wegen zu prüfen. Erwerbsfähig sind natürliche und jur. Personen (einschl. Personenhandelsgesellschaften, Partnerschaften gem. PartGG); Erben im Rahmen des § 2041 BGB.).

BGB-Gesellschaft; Vor-GmbH

Rechtsgeschäftliche Vertretung

Fortbestand der Vertretungsmacht zum Zeitpunkt der Abgabe der Auflassungserklärung muss nachgewiesen werden. Nachweis ist erbracht, wenn Vertreter Urschrift oder Ausfertigung der Vollmacht Notar oder dem Grundbuchamt vorlegt (§ 172 BGB) oder Vertretener Bestand der Vollmacht mitteilt (§ 171 BGB, z. B. durch Vorlage einer begl. Abschrift).

Vorlage der begl. Abschrift der Vollmacht durch Vertreter genügt nicht (§ 175 BGB).

Nachweis der Vollmacht durch Notarbescheinigung i. S. d. §§ 39, 12 BeurkG, 21 Abs. 3 BNotO möglich.

Mängel in der Vertretungsmacht heilbar über §§ 177, 182, 184 BGB. Auflassungsvollmacht bedarf grundsätzlich keiner besonderen materiellrechtlichen Form!

Beachte Inhalt und Umfang der Vollmacht!

Gesetzliche Vertretung

a) Natürliche Personen

Gesetzlicher Vertreter ist in den Fällen von §§ 1795, 181 BGB in der Ausübung seiner Vertretungsmacht beschränkt. Dann Bestellung eines Ergänzungspflegers gem. § 1909 BGB erforderlich. Gesetzlicher Vertreter kann im Übrigen durch Erfordernis einer gerichtlichen Genehmigung beschränkt sein (z. B. § 1821, Abs. 1 Nr. 1, 1. Alt. BGB). Im Falle der Erteilung der gerichtlichen Genehmigung: §§ 1828, 1829 BGB prüfen. Auch bei „Doppelvollmacht“ muss Schutzzweck des § 1829 BGB beachtet werden.

b) jur. Personen bzw. Personenhandelsgesellschaften

Nachweis gem. § 32 GBO (§§ 9 HGB, 69 BGB, 26 GenG); auch Notarbescheinigung gem. § 21 BNotO oder begl. Registerauszug möglich.

Gemeinschaftsverhältnis

Angabe ist notwendiger Inhalt der Auflassung. Fehlende Angabe macht Auflassung nicht unwirksam. Ergänzende Angaben der Erwerber in der Form des § 925 BGB möglich (streitig).

Besonderheiten des § 925 BGB

Gleichzeitige, nicht persönliche Anwesenheit erforderlich. Vertretung also möglich. Auflassung ist bedingungs- und befristungsfeindlich. Rechtsbedingungen sind zulässig. Auflassung auch im gerichtlichen Vergleich möglich. Erforderlich: wirksamer Vergleich eines deutschen Gerichts der streitigen oder freiwilligen Gerichtsbarkeit.

Sinn und Zweck des § 20 GBO

Gewährleistung der Übereinstimmung zwischen wahrer Rechtslage und Grundbuch, da aus dem Eigentum privatrechtliche und öffentlich rechtliche Verpflichtungen fließen. § 20 GBO aber nur Ordnungsvorschrift!

Verhältnis des § 20 GBO zum § 19 GBO

Bewilligung ist neben der Auflassung erforderlich; Einigungserklärung des Veräußerers enthält aber grundsätzlich die Bewilligung, es sei denn, gegenteiliger Wille des Veräußerers ist erkennbar (z. B. vorbehaltene Bewilligung). Dann darf die Eigentumsumschreibung nur mit zusätzlichem Einverständnis des Veräußerers erfolgen.

Vertretbar auch die Auffassung von der grundsätzlich notwendigen ausdrücklichen Eintragsbewilligung.

Erfordernis der Einigung gem. § 20 GBO

Einigung nur bei rechtsgeschäftlicher Übertragung des Eigentums am Grundstück oder Bruchteil (§§ 741, 1008 BGB) erforderlich, nicht, wenn Eigentumsumschreibung schon außerhalb des Grundbuchs stattgefunden hat. Im Zweifel: Einigung erforderlich! Ist Erforderlichkeit zu bejahen, dann § 873 BGB prüfen!

§ 5
Erwerb außerhalb des Grundbuchs

I. Erwerb aufgrund Erbfolge

1. Allgemeines

Mit dem Tode des Grundstückseigentümers geht das Eigentum am Grundstück *kraft Gesetzes* auf dessen Erben über, und zwar – bei Vorhandensein mehrerer Erben – in dem Gesamthandsverhältnis der Erbengemeinschaft (§ 1922 BGB).

Der Eigentumserwerb hat sich hier bereits außerhalb des Grundbuchs vollzogen.

Das Grundbuch ist infolge der bereits stattgefundenen Eigentumsveränderung (§ 1922 BGB) in Abteilung I

unrichtig

geworden.

Lesen Sie § 82 GBO!

Sobald das Grundbuchamt von der Unrichtigkeit des Grundbuchs erfährt, wird es in der Regel den wahren Eigentümer zur Grundbuchberichtigung auffordern, es sei denn, dass dieser den Antrag auf

Grundbuchberichtigung

bereits gestellt hat.

Die Berichtigung des Grundbuchs erfolgt unter Anwendung des

§ 22 GBO.

Zum Zwecke der Eintragung des wahren Eigentümers (Erbe oder Erben in Erbengemeinschaft) ist dem Grundbuchamt die Unrichtigkeit der eingetragenen Eigentumsverhältnisse sowie die Richtigkeit der außerhalb des Grundbuchs entstandenen Eigentumsverhältnisse in der Form des § 29 GBO nachzuweisen.

2. Nachweise

Lesen Sie zunächst § 35 Abs. 1 S. 1 GBO!

Der Nachweis der Erbfolge ist grundsätzlich durch einen

Erbschein

zu führen, der vom Antragsteller in Ausfertigung vorzulegen ist. Die Vorlage einer beglaubigten Abschrift genügt nicht.

? Können Sie das begründen? Wenn Sie die Überlegungen zum Vollmachtsnachweis durch den Vertreter verstanden haben, wird Ihnen die Begründung nicht schwer fallen!

Gem. § 2361 Abs. 1 BGB hat das Nachlassgericht einen unrichtigen Erbschein nach Erteilung wieder einzuziehen. Die Einziehung erfasst aber nur die Urschrift und die Ausfertigung, nicht die erteilten beglaubigten Abschriften. Wird dem Grundbuchamt nur die beglaubigte Abschrift des Erbscheins vorgelegt, dann lässt sich die Möglichkeit des Einzugs und damit der unrechtmäßigen Erteilung des Erbscheins nicht ausschließen. Aus diesem Grunde bedarf es zum Nachweis der Erbfolge der Vorlage der Erbscheinsausfertigung, da nur an diese die Vermutung des § 2365 BGB geknüpft ist.

Ist das Grundbuchamt zugleich das Nachlassgericht, so genügt *an Stelle der Vorlage* des Erbscheins die Bezugnahme auf die Nachlassakten (§ 33 Abs. 2 GBO entspr.).

Fall:

Dem Grundbuchamt liegen zum Zwecke der Grundbuchberichtigung die Nachlassakten vor, in denen sich die letztwillige Verfügung (Testament) des Erblassers sowie der aufgrund dieser letztwilligen Verfügung vom Nachlassgericht erteilte Erbschein befinden. Hinsichtlich der Testamentsauslegung ist das Grundbuchamt anderer Meinung als das Nachlassgericht.

? Könnte die beantragte Grundbuchberichtigung abgelehnt werden?

Dem Grundbuchamt dient der *Erbschein* als Eintragungsgrundlage zur Grundbuchberichtigung. Diesen hat es auf seine formelle Richtigkeit sowie inhaltliche Bestimmtheit zu prüfen, d. h.:

! **Merke:** Der Erbschein muss von dem sachlich zuständigen Organ (Nachlassgericht) erteilt und inhaltlich eindeutig, klar und bestimmt sein. Aus ihm muss sich die Erbfolge unzweifelhaft ergeben.

Weitere Prüfungen hat das Grundbuchamt nicht vorzunehmen; denn es ist ausschließlich Aufgabe des Nachlassgerichts, das Erbrecht festzustellen. Daraus folgt, dass das Grundbuchamt, solange der Erbschein nicht eingezogen ist, grundsätzlich von seiner Richtigkeit auszugehen hat und die Eintragung der Erben verfügen muss.

Anders liegt der Fall, wenn das Grundbuchamt offenbare Unrichtigkeiten im Erbschein feststellt oder Kenntnis von Umständen erhalten hat, die die Richtigkeit des erteilten Erbscheins berühren und die dem Nachlassgericht bei Erteilung nicht bekannt waren.

Beispiele:

- Falsches Geburtsdatum
- Unrichtige Namensbezeichnung
- Vorhandensein weiterer Erben

In diesen Fällen empfiehlt sich eine entsprechende Nachricht an das Nachlassgericht, das alsdann eine nochmalige Überprüfung der Erbfolge vornehmen wird.

Lesen Sie zur Problematik BayOblG, DNotZ 1998, 138!

Der Nachweis der Erbfolge kann außer durch Erbschein noch auf andere Weise geführt werden.

Lesen Sie nun § 35 Abs. 1 S. 2 GBO!

Die Vorlage

einer Verfügung von Todes wegen, die in einer öffentlichen Urkunde enthalten ist sowie der Niederschrift über die Eröffnung der Verfügung

können den Erbschein ersetzen. Die vom Nachlassgericht jeweils erstellte beglaubigte Abschrift der vorgenannten Unterlagen genügt. Auch hier ist die Bezugnahme auf die Nachlassakten möglich (s. o.).

? Welche besondere Prüfung obliegt dem Grundbuchamt im Falle des § 35 Abs. 1 S. 2 GBO?

Nach dem Wortlaut des § 35 Abs. 1 S. 2 GBO muss die Verfügung von Todes wegen in einer öffentlichen Urkunde enthalten sein. Das Grundbuchamt hat die

- Formgültigkeit der öffentlichen Urkunde (in der Regel Testament oder Erbvertrag zur Niederschrift eines deutschen Notars) sowie den
- Inhalt der vorgelegten Verfügung von Todes wegen

zu prüfen. Wie schon beim Erbschein bedarf es auch hier eindeutiger und unzweifelhafter Bestimmungen zu den Erben (einschl. Nacherben und Ersatzerben). Darüber hinaus muss er auf das

- Eröffnungsprotokoll achten (§§ 2260 ff., 2273, 2300 BGB).

! **Merke:** Öffentliches Testament i. S. v. § 35 Abs. 1 S. 2 GBO ist auch das privatschriftliche Testament, das durch Übergabe einer offenen oder verschlossenen Schrift vor dem Notar errichtet wurde (§ 2232 BGB). Mit Niederschrift des Notars gem. § 30 BeurkG wird das Testament öffentlich.

? Kann das Grundbuchamt die Vorlage eines Erbscheins verlangen, wenn die Feststellung des Erbrechts aufgrund der Verfügung von Todes wegen rechtliche Schwierigkeiten bereitet?

Gem. § 35 Abs. 1 S. 2, 2. Hs GBO ist das Verlangen nach Vorlage eines Erbscheins nur dann gerechtfertigt, wenn die Erbfolge durch das vorgelegte Testament nebst

Eröffnungsprotokoll nicht für nachgewiesen erachtet wird. Die Anwendung dieser Norm kommt nur dann in Betracht, wenn Schwierigkeiten *tatsächlicher Art* eine eindeutige Feststellung der Erbfolge erschweren oder unmöglich machen.

Beispiel:

Der Erblasser hat bestimmt: „Ich setze meinen ältesten Sohn zum Alleinerben ein".

Hier müsste das Grundbuchamt zur Feststellung der Erbfolge weitere Ermittlungen anstellen. Letzteres gehört jedoch nicht zu seinem Aufgabenbereich, sondern muss vielmehr dem Nachlassgericht vorbehalten sein.

Dagegen rechtfertigen Schwierigkeiten rechtlicher Art das Verlangen nach Vorlage eines Erbscheins nicht.[28]

Im Übrigen ist zu beachten, dass das Grundbuchamt von einer bereits durch das Nachlassgericht getroffenen Verfügung oder Entscheidung, welche den Erben feststellt oder beschränkt, grundsätzlich nicht abweichen darf.

Beispiel:

Dem Grundbuchamt ist bekannt, dass das Nachlassgericht einen Erbscheinsantrag zurückgewiesen hat. Hier muss es die Eintragung der sich aus dem Erbscheinsantrag in Verbindung mit den vorgelegten Urkunden ergebenden Erben ablehnen.

? Welche Überlegungen sind anzustellen, wenn in den Nachlassakten neben dem öffentlichen Testament noch ein früheres oder späteres privatschriftliches Testament vorhanden ist?

Es ist auch das privatschriftliche Testament zu prüfen. Sollte sich dabei herausstellen, dass dieses nichtig (evtl. wegen Formverstoßes) oder durch das öffentliche Testament aufgehoben ist, so dass also letztlich die im öffentlichen Testament getroffenen Bestimmungen unberührt bleiben, dann ist die Grundbuchberichtigung aufgrund des öffentlichen Testaments vorzunehmen. Anders ist aber zu verfahren, wenn das privatschriftliche Testament für die Feststellung der Erbfolge ausschlaggebend ist: dann ist ein Erbschein zu verlangen![29]

Grundbuchunrichtigkeit kann auch aufgrund von Rechtsvorgängen vorliegen, die von den Erben selbst ausgehen bzw. veranlasst werden:

- **Erbanteilsübertragung (§§ 398, 413, 2033 Abs. 1 BGB)**
  Ein an der Erbengemeinschaft nicht Beteiligter wird z. B. durch Erwerb des Erbanteils außerhalb des Grundbuches neuer Miteigentümer, im Falle des Erwerbs aller Erbanteile sogar Alleineigentümer aller Nachlassgegenstände und damit auch des Grundstücks. Dies gilt auch für Erbanteilsübertragungen innerhalb der Erbengemeinschaft. Die Eintragung erfolgt entweder auf der Grundlage der Berichti-

28 BayObLG, Rpfleger 1995, 6.
29 OLG Oldenburg, Rpfleger 1975, 313; *Haegele*, Rpfleger 1975, 154.

gungsbewilligung des/der Betroffenen mit Zustimmung des Erwerbers (§§ 19, 22 Abs. 2 GBO) oder des Erbanteilsübertragungsvertrages (§ 22 Abs. 1 GBO).

- **„Abschichtung"**
  Hier verzichtet ein Miterbe gegenüber den anderen Miterben auf seine Miterbenrechte und scheidet auf diesem Wege aus der Erbengemeinschaft aus, ohne seinen Erbanteil zu übertragen. Die „Abschichtung" bedarf im Gegensatz zur Erbanteilsübertragung (s. o.) materiellrechtlich keiner besonderen Form.[30]
- Die Berichtigung des Grundbuches erfolgt entweder unter Vorlage der Berichtigungsbewilligung *aller* Miterben (Grundbuchunrichtigkeit ist schlüssig vorzutragen) oder der Abschichtungsvereinbarung aller Miterben in der Form des § 29 Abs. 1 S. 1 GBO.

II. Erwerb aufgrund von Rechtsvorgängen bei der BGB-Gesellschaft

1. Allgemeines

Lesen Sie § 705 BGB!

Die Gesellschaft nach bürgerlichem Recht (GbR) gehört zum Kreise der Gesamthandsgemeinschaften. Charakteristisch für diese Gemeinschaftsform ist u. a., dass die Gesellschafter grundsätzlich nur

gemeinschaftlich

zur Verfügung über das Gesellschaftsvermögen befugt sind.

Gehört zum Gesellschaftsvermögen ein Grundstück, so steht das Grundstück im Eigentum der Gesellschaft, die als solche mit zusätzlicher Eintragung der Gesellschafter im Grundbuch verlautbart wird.

Einem Gesellschafter ist es nicht erlaubt, über seinen Anteil am Gesellschaftsvermögen und an den einzelnen Gegenständen des Gesellschaftsvermögens (z. B. Grundstück) zu verfügen.

Lesen Sie nun § 719 BGB!

? Welcher gesetzgeberische Grund steht hinter diesem Verbot?

Die BGB-Gesellschaft ist eine durch Vertrag – § 705 BGB – entstandene Gemeinschaft, welche das Erreichen gemeinsamer Interessen und Ziele verfolgt. Unter den Gesellschaftern besteht daher in der Regel ein enges Vertrauensverhältnis, das grundsätzlich nur durch gemeinschaftliches Handeln aufrechterhalten und gefes-

30 BGH, Rpfleger 2002, 287; DNotZ 1999, 60; *Schöner/Stöber* (Rdn. 976a ff.) verlangt not. Beurkundung i. S. d. § 2033 Abs. 1 BGB.

tigt werden soll. Eine ohne Mitwirkung der anderen Gesellschafter getroffene *Verfügung über den Gesellschaftsanteil* durch einen Gesellschafter könnte dieses Vertrauensverhältnis beeinträchtigen.

Beispiel:

A, B, C bilden eine BGB-Gesellschaft. Der Gesellschafter A überträgt seinen Gesellschaftsanteil an D.

Wäre die Verfügung des A wirksam, würde D an Stelle des A in die Gesellschaft eintreten, obwohl möglicherweise zwischen ihm und den verbleibenden Gesellschaftern B und C keine Vertrauensbasis vorhanden ist. Das aber erschwert das Erreichen gemeinsamer Interessen und Ziele.

Im § 719 BGB steht somit der Schutz der Gesellschafter im Vordergrund.

? Unter welchen Voraussetzungen wird oder ist eine Verfügung über den Gesellschaftsanteil durch einen Gesellschafter entgegen dem Wortlaut des § 719 BGB gleichwohl wirksam? Beachten Sie den Schutzzweck des § 719 BGB!

Wenn § 719 BGB den Schutz der Gesellschafter bezweckt, dann müssen die „Geschützten" die Möglichkeit haben, auf diesen Schutz zu verzichten, d. h.

mit Zustimmung aller Gesellschafter ist die Verfügung über den Gesellschaftsanteil zulässig und wirksam.

Diese Zustimmung kann schon Inhalt des Gesellschaftsvertrages sein. Die Übertragung des Gesellschaftsanteils stellt sich als Übertragung der Mitgliedschaft in der Gesellschaft dar, als eine Veräußerung sämtlicher Rechte und Pflichten des ausscheidenden Gesellschafters an der Gesellschaft[31]. Die Übertragung bedarf im Übrigen keiner besonderen Form.

? Inwieweit können nun diese Überlegungen das Grundbuchverfahren berühren?

Gehört zum Gesellschaftsvermögen auch ein Grundstück, so würde eine wirksame Übertragung des Gesellschaftsanteils (s. o.) die eingetragenen Eigentumsverhältnisse bzgl. der Gesellschafter insoweit verändern, als nunmehr der neue Gesellschafter an die Stelle des bisherigen in Abteilung I des Grundbuchs eingetragenen Gesellschafters getreten ist, und zwar schon außerhalb des Grundbuches.

Der Erwerber des Gesellschaftsanteils wird aufgrund der wirksamen Übertragung außerhalb des Grundbuches Rechtsnachfolger des bisherigen Gesellschafters, d. h.: die in Abteilung I des Grundbuches neben der Gesellschaft noch eingetragenen Gesellschafter entsprechen dann nicht mehr der materiellen Rechtslage, d. h., dass das Grundbuch insoweit

31 BGH, NJW 1975, 166.

unrichtig

ist.

2. Nachweise

Die Berichtigung des Grundbuches durch Eintragung des neuen Gesellschafters kann auf Antrag unter Beachtung der Voraussetzungen des

§ 22 GBO

erfolgen, nämlich

- Unrichtigkeit des Grundbuchs hinsichtlich der Zusammensetzung der Gesellschaft in Abteilung I und
- Nachweis der Unrichtigkeit in der Form des § 29 GBO.

☞ Prüfen Sie, welche konkreten Nachweise zu erbringen sind!

Dem Grundbuchamt ist zu beweisen, dass sich der Rechtsübergang bereits außerhalb des Grundbuches wirksam vollzogen hat. Es sind ihm folglich die zum Erwerb des Gesellschaftsanteils erforderlichen Wirksamkeitsvoraussetzungen nachzuweisen:

- Vorlage des Übertragungsvertrages zwischen ausscheidendem und eintretendem Gesellschafter.
- Vorlage der Zustimmungen der übrigen Gesellschafter.

? In welcher Form sind die genannten Eintragungsunterlagen nachzuweisen?

Materiellrechtlich ist keine besondere Form vorgeschrieben, grundbuchrechtlich ist jedoch § 29 GBO mit der Maßgabe zu beachten, dass die Eintragungsunterlagen zumindest in öffentlich beglaubigter Form vorgelegt werden.

? Kann die Grundbuchberichtigung auch ohne Beachtung des § 22 Abs. 1 erfolgen?

Wird die Unrichtigkeit nicht gem. § 22 Abs. 1 GBO nachgewiesen, so kommt eine Berichtigung aufgrund der Bewilligung des Betroffenen in Betracht (vgl. Wortlaut des § 22 Abs. 1 GBO). Diese Bewilligung wird

Berichtigungsbewilligung

genannt.

Lesen Sie zur Berichtigungsbewilligung *Eickmann/Böttcher,* Grundbuchverfahrensrecht, 9. Kap., § 1 II 1!

? Wer hat die Eintragung des neuen Gesellschafters zu bewilligen?

Es gilt der Grundsatz: alle nur möglicherweise rechtlich Betroffenen! Die Berichtigung des Grundbuches durch Eintragung des neuen Gesellschafters betrifft nicht nur den ausscheidenden Gesellschafter, sondern auch die übrigen verbleibenden Gesellschafter (vgl. die Überlegungen zu § 719 BGB).

§ 22 Abs. 2 GBO entspr. verlangt im Übrigen zur Grundbuchberichtigung aufgrund der *Berichtigungsbewilligung* noch die

Bewilligung des neu einzutragenden Gesellschafters.

Der Grund für dieses Zustimmungserfordernis ist derselbe, der auch dem Rechtsgedanken des § 20 GBO zugrunde liegt. Erinnern Sie sich noch?

☞ Wiederholen Sie kurz die Ausführungen zu § 20 GBO, Seiten 30–32!

! **Merke:** Der Gesellschafterbestand der eingetragenen BGB-Gesellschaft kann sich auch auf andere Weise als durch Übertragung des Gesellschaftsanteils verändern: wenn ein Gesellschafter durch Vereinbarung mit den übrigen Gesellschaftern aus der Gesellschaft ausscheidet, wächst sein freigewordener Anteil den verbleibenden Gesellschaftern an (§ 738 BGB). Das Grundbuch ist insoweit unrichtig, als der noch eingetragene ausscheidende Gesellschafter nicht mehr Gesellschafter ist.

Tritt ein neuer Gesellschafter durch Abschluss eines Gesellschaftsvertrages mit den übrigen Gesellschaftern in die Gesellschaft ein, so wächst ihm am Gesellschaftsvermögen ein Anteil an, den die anderen Gesellschafter insoweit verlieren. Auch in diesem Falle wird das Grundbuch insoweit unrichtig, als der neue Gesellschafter als solcher noch nicht im Grundbuch eingetragen ist.

Die Eintragungen erfolgen aufgrund des Unrichtigkeitsnachweises (Verträge über das Ausscheiden oder Eintreten) bzw. aufgrund der Berichtigungsbewilligungen sämtlicher Gesellschafter.

Zum Zwecke der Grundbuchberichtigung im Falle des Todes eines eingetragenen Gesellschafters muss dem Grundbuchamt mit Rücksicht auf die unterschiedlichen, im Gesellschaftsvertrag bestimmten Rechtsfolgen auch der Gesellschaftsvertrag vorgelegt werden.

📖 Lesen Sie zur Änderung im Gesellschafterbestand Schöner/Stöber Rdn. 4266–4277!

§ 6
Zur Wiederholung

Fragen und Aufgaben zur Wiederholung 2. Kapitel § 5	Antworten und Lösungen auf den Seiten
1. Wie erfolgt der Nachweis der Erbfolge gegenüber dem Grundbuchamt?	39, 40
2. Begründen Sie, warum die begl. Abschrift des Erbscheins zum Nachweis der Erbfolge nicht ausreicht!	40
3. Welche besondere Prüfung obliegt dem Grundbuchamt im Falle des a) § 35 Abs. 1 S. 1 BGB b) § 35 Abs. 1 S. 2 1. Hs. BGB?	41, 42
4. Unter welchen Voraussetzungen kann das Grundbuchamt nach Prüfung des § 35 Abs. 1 S. 2 1. Hs. BGB noch einen Erbschein verlangen? Was fällt Ihnen zur Erbanteilsübertragung und „Abschichtung" ein?	41–43
5. Welchen Sinn und Zweck verfolgt das Verbot des § 719 BGB?	43, 44
6. Unter welchen Voraussetzungen ist/wird die Übertragung des Gesellschaftsanteils wirksam?	44
7. Welche besonderen Nachweise sind im Rahmen der Grundbuchberichtigung durch Eintragung des neuen Gesellschafters zu erbringen?	44, 45
8. Warum muss im Falle der Grundbuchberichtigung aufgrund der Berichtigungsbewilligung auch der neu einzutragende Gesellschafter bewilligen?	45, 46
9. Kann der Gesellschafterwechsel und damit die Veränderung im Grundbuch außer durch Übertragung des Gesellschaftsanteils noch auf andere Weise erfolgen? Nennen Sie die Möglichkeiten!	46

§ 7
Zusammenfassung
(2. Kapitel § 5)

Erwerb aufgrund Erbfolge

Eintragung der Erben geschieht im Wege der Grundbuchberichtigung gem. § 22 Abs. 1 GBO. Erforderlich:

Nachweis der Unrichtigkeit des Grundbuchs hinsichtlich der eingetragenen Eigentumsverhältnisse und Nachweis der Richtigkeit der außerhalb des Grundbuchs entstandenen Eigentumsverhältnisse in der Form des § 29 GBO.

Nachweise

a) § 35 Abs. 1 S. 1 GBO (Erbschein)

Erbschein muss in Ausfertigung vorgelegt werden; beglaubigte Abschrift genügt nicht wegen der Möglichkeit des Erbscheinseinzugs und damit verbundener Rückgabe der erteilten Ausfertigungen. Bezugnahme auf die Nachlassakten möglich, wenn Grundbuchamt und Nachlassgericht zum gleichen Amtsgericht gehören. Nachlassakten müssen aber die genannten Nachweisurkunden enthalten. Grundbuchamt hat formelle Richtigkeit und inhaltliche Bestimmtheit zu prüfen. Erbfolge muss eindeutig und unzweifelhaft bewiesen sein.

b) § 35 Abs. 1 S. 2 GBO (Verfügung v. Todes wegen in öffentl. Urkunde)

Verfügung von Todes wegen muss in öffentlicher Urkunde enthalten (z. B. notarielles Testament gem. § 2232 BGB) und ordnungsgem. eröffnet sein. Bezugnahme auf die Nachlassakten möglich (s. o.). Grundbuchamt hat die Formgültigkeit des Testaments und seinen Inhalt zu prüfen sowie das Eröffnungsprotokoll zu beachten.

Vorlage des Erbscheins kann nur bei Schwierigkeiten tatsächlicher Art verlangt werden (§ 35 Abs. 1 S. 2 2. Hs. GBO).

Erwerb aufgrund von Rechtsvorgängen bei der BGB-Gesellschaft

Verfügung über den Gesellschaftsanteil (§ 719 BGB) mit Zustimmung der übrigen Gesellschafter zulässig. Gehört Grundstück zum Gesellschaftsvermögen, wird mit wirksamer Übertragung des Gesellschaftsanteils das Grundbuch in Abteilung I betr. den Gesellschafterbestand unrichtig. Eintragung des neuen Miteigentümers bzw. Löschung des bisherigen Gesellschafters geschieht im Wege der GB-Berichtigung gem. § 22 GBO in der Form des § 29 GBO.

Nachweise

§ 22 Abs. 1 GBO:

Vorlage des Übertragungsvertrages zwischen bisherigem Gesellschafter und neuem Gesellschafter nebst Bewilligungen der übrigen Gesellschafter zumindest in öffentlich beglaubigter Form.

§§ 19, 22 Abs. 2 analog GBO:

Grundbuchberichtigung auch mit Berichtigungsbewilligung des bisherigen Gesellschafters, Bewilligungen der verbleibenden Gesellschafter und des neuen Gesellschafters möglich. Alle Erklärungen in der Form des § 29 Abs. 1 S. 1 GBO.

Änderung des Gesellschafterbestandes auch möglich durch Ausscheiden oder Eintreten eines Gesellschafters aus bzw. in die Gesellschaft oder auch durch Tod. Grundbuch wird auch hier in Abt. I unrichtig. Nachweis der Unrichtigkeit aufgrund der Vorlage der entspr. Verträge über Ausscheiden bzw. Eintreten oder mit Berichtigungsbewilligungen sämtlicher Gesellschafter; im Falle des Todes eines Gesellschafters auch Vorlage des Gesellschaftsvertrages notwendig (wegen unterschiedlicher Rechtsfolgen). Beachte grundsätzlich § 29 GBO.

3. Kapitel: Wohnungseigentum

Beispiel:

A und B sind im Grundbuch als Miteigentümer zu je ½ Anteil eingetragen. Auf dem Grundstück befindet sich ein Wohnhaus mit zwei in sich abgeschlossenen selbständigen Wohnungen. Vor dem Notar einigen sich A und B dahingehend, dass mit dem ½ Anteil des A das Alleineigentum an der Wohnung im Erdgeschoss, bestehend aus …, mit dem ½ Anteil des B das Alleineigentum an der Wohnung im Obergeschoss, bestehend aus …, verbunden sein soll. Die getroffene Vereinbarung soll durch Eintragung im Grundbuch verdinglicht werden.

§ 1 Begründung von Wohnungseigentum

I. Allgemeines

Lesen Sie die §§ 93, 94 BGB!

Der Eigentümer eines Grundstücks ist grundsätzlich auch Eigentümer des auf dem Grundstück errichteten Gebäudes. Grund und Boden sowie die darauf sich befindenden Gebäude bilden eine Einheit, eine Trennung des Gebäudeeigentums vom Grund- oder Grundstückseigentum oder gar die Verselbständigung des Eigentums an Gebäudeteilen ist daher grundsätzlich unzulässig.

Miteigentümern (= Bruchteilseigentümer) eines Grundstücks wird aber gem. §§ 1010, 745 BGB die Möglichkeit eingeräumt, diese allgemeinen Grundsätze zwar nicht rechtlich aber doch zumindest praktisch hinsichtlich der Grundstücksbenutzung zu umgehen, indem sie untereinander eine Benutzungs- und Verwaltungsregelung treffen. Hier hat dann jeder Miteigentümer das Recht zur ausschließlichen Nutzung einer bestimmten Wohnung mit der Maßgabe, dass mit Eintragung einer solchen Regelung im Grundbuch – als Belastung des jeweiligen Miteigentumsanteils zugunsten des anderen jeweiligen Miteigentümers – der Vereinbarung dingliche Wirkung zukommt, der Sondernachfolger eines Miteigentümers sie also gegen sich gelten lassen muss.

Im vorstehenden Beispiel sind A und B an einer solchen Regelung aber nicht interessiert, vielmehr ist der Erwerb von Alleineigentum an der Wohnung gewollt.

Dieses Ziel lässt sich über die Bestimmungen des Wohnungseigentumsgesetzes erreichen.

Das Wohnungseigentumsgesetz durchbricht die oben genannten allgemeinen Grundsätze (Akzessionstheorie), indem es

in Verbindung mit einem Miteigentumsanteil (Bruchteil) auch selbständiges Raumeigentum (Sondereigentum) zulässt.

Lesen Sie nun die §§ 1 Abs. 1–3; 3 Abs. 1 WEG!

Die nachfolgenden Ausführungen gelten auch für das Teileigentum (§ 1 Abs. 3 WEG). Das Wohnungseigentumsgesetz beruht nicht zuletzt auf den Überlegungen und Rechtsgedanken zu § 1010 BGB und hat diese fortentwickelt[1].

? Worin liegt nun der wesentliche Unterschied zwischen der Regelung des § 1010 BGB und der des § 1 WEG? Lesen Sie diese Vorschriften erneut!

Der wesentliche Unterschied zeigt sich in den rechtlichen Folgen.

Während der gem. § 1010 BGB gesicherte Miteigentümer lediglich schuld- oder besitzrechtliche Ansprüche bzgl. der *Wohnungsbenutzung* geltend machen kann – er ist eben nicht Alleineigentümer der Wohnung – stehen dem Wohnungseigentümer insoweit selbständige Eigentumsansprüche zu (z. B. § 985 BGB).

Gem. § 1 Abs. 2 WEG setzt das Wohnungseigentum immer

einen zum gemeinschaftlichen Eigentum gehörigen Miteigentumsanteil voraus.

Wohnungseigentum ist also eine

Kombination von Alleineigentum an einer bestimmten Wohnung und Gemeinschaftseigentum,

letztlich nichts anderes als Miteigentum nach Bruchteilen, welches insoweit inhaltlich besonders ausgestaltet ist, als *Alleineigentum (= Sondereigentum)* an bestimmten Räumen mit dem Miteigentumsanteil verbunden ist. Man kann auch sagen:

Alleineigentum an einer Wohnung ist nur möglich, wenn der Wohnungseigentümer gleichzeitig Miteigentümer des Grundstücks ist und sich als solcher in einer Bruchteilsgemeinschaft i. S. d. § 741 BGB befindet.

Das Wohnungseigentum stellt sowohl eine Beschränkung als gleichzeitig auch eine Erweiterung des Miteigentumsanteils dar.

? Können Sie das begründen? Betrachten Sie die rechtliche Situation der Miteigentümer vor und nach Begründung des Wohnungseigentums und lesen Sie die §§ 743 Abs. 2 BGB, 13 WEG!

---

1 Zur geschichtlichen Entwicklung: *Weitnauer*, Wohnungseigentumsgesetz, 9. Auflage, Rdn. 12 ff. vor § 1.

Eine Beschränkung liegt insoweit vor, als sich aufgrund des Miteigentumsanteils das Benutzungsrecht des jetzigen Wohnungseigentümers nun nicht mehr auf sämtliche Gebäudeteile und Einrichtungen erstreckt, wie dies vor Begründung des Wohnungseigentums der Fall war (§ 743 Abs. 2 BGB), sondern „nur“ noch auf die im Bereich seines Sondereigentums stehenden Gebäudeteile und Einrichtungen.

Eine Erweiterung ist darin zu sehen, dass der Wohnungseigentümer nunmehr an einer bestimmten Wohnung (Raumeinheit) *unter Ausschluss aller anderen Miteigentümer* das alleinige Benutzungsrecht hat (§ 13 Abs. 1 WEG).

Skizze:

Vor Begründung des Wohnungseigentums:

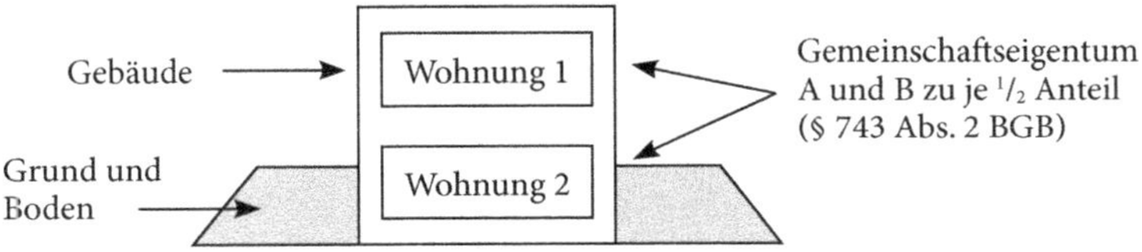

Nach Begründung des Wohnungseigentums:

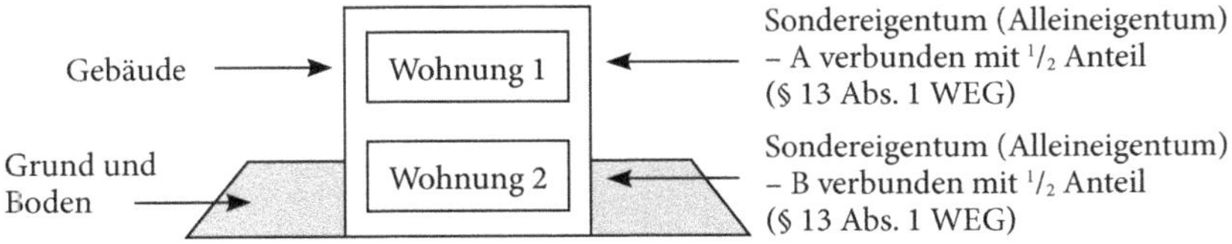

Nach Begründung des Wohnungseigentums:

! **Merke:** Der Wohnungseigentümer ist Miteigentümer, d. h. er muss grundsätzlich Mitglied einer Bruchteilsgemeinschaft i. S. d. §§ 741 ff. BGB sein (vgl. §§ 3 Abs. 1 WEG, 1008 BGB). Zu *jedem Miteigentumsanteil* (Bruchteil) gehört *Sondereigentum* an einer bestimmten Wohnung (Raumeinheit)!

Nicht vergessen!!

Wären im Eingangsbeispiel A und B noch in einer Gesamthandsgemeinschaft (z. B. Erbengemeinschaft) im Grundbuch eingetragen, so ließe sich der von ihnen beabsichtigte Rechtserfolg (Wohnungseigentum) durch Umwandlung der Gesamthandsgemeinschaft (z. B. Erbengemeinschaft) in eine Bruchteilsgemeinschaft erreichen.

Auf welchem rechtlichen Wege diese Umwandlung vorgenommen wird, werden Sie wissen. Erinnern Sie sich noch an unsere Überlegungen zum „Erfordernis der Einigung“? (S. 33, 34).

Die gem. §§ 2032, 2040 BGB verfügungsbefugten Erben übertragen im Wege der Auflassung jeweils einen ½ Anteil des gemeinschaftlichen Eigentums an A bzw. B, die alsdann mit Eintragung im Grundbuch eine Bruchteilsgemeinschaft bilden.

II. Arten der Begründung des Wohnungseigentums

Das Wohnungseigentumsgesetz bietet im § 2 zwei Möglichkeiten der Begründung an:

- die vertragliche Einräumung von Sondereigentum (§ 3 WEG)

oder

- die Teilung durch den Alleineigentümer (§ 8 WEG).

1. Vertragliche Einräumung (§ 3 WEG)

Beispiel:

A, B und C sind als Miteigentümer (Bruchteilseigentümer) zu je ⅓ Anteil im Grundbuch eingetragen. Auf dem Grundstück befindet sich ein Mehrfamilienhaus mit drei selbständigen, in sich abgeschlossenen Wohnungen. Jedem Miteigentümer soll nun das Alleineigentum an einer bestimmen Wohnung eingeräumt werden.

? Wie lässt sich das erreichen?

Lesen Sie § 3 WEG!

Die genannten Beteiligten sind Miteigentümer nach Bruchteilen und erfüllen damit die 1. Voraussetzung des § 3 WEG.

Die Miteigentümer schließen nunmehr einen Vertrag des Inhalts, dass sie ihr Miteigentum (Bruchteil) in der Weise beschränken, dass jedem Miteigentümer das Sondereigentum an einer bestimmten Wohnung eingeräumt wird.

! **Merke:** „Vertrag“ i. S. d. § 3 WEG ist ein dinglicher, nicht ein schuldrechtlicher Vertrag!

? Bedarf dieser Vertrag einer besonderen Form?

Der im § 3 WEG genannte Vertrag ist nichts anderes als die

dingliche Einigung

über die Einräumung von Sondereigentum. Gem. § 4 Abs. 1, 2 WEG bedarf die Einigung der für die Auflassung vorgeschriebenen Form des § 925 BGB, d.h. die entspr. Erklärungen müssen bei gleichzeitiger Anwesenheit vor dem Notar abgegeben werden. Mit

Eintragung im Grundbuch

entsteht dann das Wohnungseigentum.

Im Rahmen des vorgenannten Vertrages sind einige Besonderheiten zu beachten:

- Abgeschlossenheit (§ 3 Abs. 2 WEG)

Sondereigentum *soll* nur dann gebildet werden, wenn die Wohnungen oder sonstigen Räume eine in sich abgeschlossene Raum- oder Wohneinheit bilden.

? Wie ist der Begriff der „Abgeschlossenheit" zu verstehen?

„Abgeschlossene Wohnungen sind solche Wohnungen, die baulich vollkommen von fremden Wohnungen und Räumen abgeschlossen sind, z. B. durch Wände und Decken, die den Anforderungen der Bauaufsichtsbehörde (Baupolizei) an Wohnungstrennwänden und Wohnungstrenndecken entsprechen und einen eigenen abschließbaren Zugang unmittelbar vom Freien, von einem Treppenhaus oder einem Vorraum haben, ... Wasserversorgung, Ausguss und WC müssen innerhalb der Wohnung liegen und verschließbar sein." (Auszug aus der allgemeinen Verwaltungsvorschrift für die Ausstellung von Bescheinigungen gem. § 7 Abs. 4 Nr. 2 und 32 Abs. 2 Nr. 2 WEG, abgedruckt in Weitnauer, Wohnungseigentumsgesetz, 9. Auflage, Anhang III 5.a)[2]

? Kann auch an einer Garage Sondereigentum begründet werden?

Hiergegen bestehen grundsätzlich keine Bedenken, da eine Garage ein in sich abgeschlossener Raum ist. Da aber eine Garage nicht Wohnzwecken dient, kann an ihr das Sondereigentum nur in Form des Teileigentums eingeräumt werden (vgl. § 1 Abs. 1 WEG).

Fall:

Im Kellergeschoss des Wohnhauses befinden sich mehrere Garagenstellplätze, die durch eine farblich gezogene und gekennzeichnete Linie voneinander getrennt sind.

? Sind diese Stellplätze sondereigentumsfähig?

Lesen Sie § 3 Abs. 2 S. 2 WEG!

Die Sondereigentumsfähigkeit von Garagenstellplätzen ist nur dann zu bejahen, wenn ihre Flächen durch dauerhafte Markierungen voneinander getrennt sind. Hier ist insoweit die oben zitierte Verwaltungsvorschrift zu beachten:

---

2 Die Rechtsfrage der Abgeschlossenheit ist jedoch vom gemeinsamen Senat der obersten Gerrichtshöfe dahingehend beantwortet worden, dass bauordnungsrechtliche Gesichtspunkte (z. B. schalldichte Wände, pp.) die Abgeschlossenheit nicht berühren. Entscheidend sei das Vorhandensein einer selbständigen Wohnungs- bzw. Raumeinheit (DNotZ 1993, 48 = NJW 1992, 3290).

„Als dauerhafte Markierung kommen in Betracht:

a) Wände aus Stein oder Metall

b) festverankerte Geländer oder Begrenzungseinrichtungen aus Stein oder Metall

c) festverankerte Begrenzungsschwellen aus Stein oder Metall

d) in den Fußboden eingelassene Markierungssteine

e) andere Maßnahmen, die den Maßnahmen zu a) bis d) gleichzusetzen sind."

Sollte es sich bei der im Fall genannten Farblinie um einen dauerhaften Farbanstrich handeln – ähnlich einer Fahrbahnmarkierung durch Mittelstreifen – bestehen mit Rücksicht auf die genannte Verwaltungsvorschrift gegen die Sondereigentumsfähigkeit solcher Garagenstellplätze keine Bedenken.

Die Frage, ob bei Vorhandensein dauerhafter Markierungen Kfz-Stellplätze *„unter freiem Himmel"* (z. B. auf Garagendecks) sondereigentumsfähig sind, wird überwiegend bejaht.[3]

? Welche Gebäudeteile oder Einrichtungen sind sondereigentumsfähig? Was kann Gegenstand des Sondereigentums sein?

Die Antwort auf diese Fragen gibt

§ 5 WEG,

eine Vorschrift, die die Grenzen für die Bildung des Sondereigentums bestimmt und gleichzeitig auch die Abgrenzung zum gemeinschaftlichen Eigentum festlegt.

Die Sondereigentumsfähigkeit wird also vom Gesetz bestimmt, in dem es die Räume als solche (also den lichten Raum) sowie bestimmte Gebäudeteile oder Einrichtungen für sondereigentumsfähig erklärt. Dabei sind jedoch stets die Einschränkungen des § 5 Abs. 1 und 2 WEG zu beachten.

! **Merke:** Sondereigentum an Räumen kraft Gesetzes gibt es nicht. Insoweit bedarf es einer ausdrücklichen Bestimmung.

Die Frage der Sondereigentumsfähigkeit ist z. T. heftig umstritten. Insoweit wird empfohlen, Literatur und Rechtsprechung zu konsultieren.[4]

Gebäudeteile und Einrichtungen, die nicht sondereigentumsfähig sind, bzw. die nach dem Willen der Wohnungseigentümer die Sondereigentumsfähigkeit nicht besitzen sollen, gehören zum

gemeinschaftlichen Eigentum

aller Wohnungseigentümer (§ 5 Abs. 3 WEG).

3 OLG Frankfurt DNotZ 1977, 635; u.a.; a. A.: LG Aachen MittRhNotK 1984, 103; u. a.

4 *Schöner/Stöber* Rdn. 2823 ff.

2. Teilung durch den Alleineigentümer (§ 8 WEG)

Beispiel:

A ist als Alleineigentümer des Grundstücks im Grundbuch eingetragen. Auf dem Grundstück ist ein Wohnhaus errichtet mit zwei selbständigen, in sich abgeschlossenen Wohneinheiten. A möchte aus diesen Wohneinheiten Wohnungseigentumsrechte bilden.

Gem. § 903 BGB kann der Eigentümer eines Grundstücks mit dem Eigentum grundsätzlich nach Belieben verfahren. Er hat die Möglichkeit, sein Grundstück **real** zu teilen (Folge: mehrere selbständige Grundstücke – § 7 GBO) oder auch sein Alleineigentum **quotenmäßig** aufzuteilen, d. h. selbständige **Bruchteile** i. S. d. § 741 BGB zu schaffen, wenngleich hier eine echte Bruchteilsgemeinschaft i. S. d. § 741 BGB nicht entsteht, sondern vielmehr eine aus ein und derselben Person bestehende „Gemeinschaft".

Diese Teilung des Alleineigentums in Miteigentumsanteile ist je nach Zielvorstellung des Alleineigentümers auch ein wirtschaftliches Bedürfnis; ermöglicht sie doch dem Alleineigentümer, der z. B. ein Mehrfamilienhaus baut mit dem Ziel der Bildung von Wohnungseigentumsrechten und sich anschließender Veräußerung an interessierte Erwerber, jetzt schon die Größe der Miteigentumsquoten und der dazugehörigen Sondereigentumsrechte zu bestimmen und darüber hinaus evtl. Finanzierungs- und Belastungsprobleme zu klären.

📖 Lesen Sie nun § 8 WEG!

? Welche Voraussetzungen muss hiernach A erfüllen?

Zunächst hat der Eigentümer in seiner dem Grundbuchamt gegenüber abzugebenden Teilungserklärung die gewollten Miteigentumsanteile (Bruchteile) anzugeben sowie das Sondereigentum zu bestimmen, welches mit dem jeweiligen Miteigentumsanteil verbunden werden soll.

Im Übrigen ist § 8 Abs. 2 WEG zu beachten mit der Maßgabe, dass auch im Falle der Teilung gem. § 8 WEG grundsätzlich die Voraussetzungen vorliegen müssen, die auch im Falle der Einräumung des Sondereigentums gem. § 3 WEG zu erfüllen sind, z. B.

- Abgeschlossenheit gem. § 3 Abs. 2 WEG
- Beifügung bestimmter Unterlagen (vgl. S. 58, 59).

Darüber hinaus gelten auch hier die §§ 5, 6, 7 Abs. 1, Abs. 3–5 WEG entsprechend.

? Ist die Teilung schon mit Abgabe der Erklärung vollzogen?

Die Teilung wird erst wirksam mit der

Anlegung der Wohnungsgrundbücher
(§ 8 Abs. 2 S. 2 WEG),

und zwar mit der Anlegung des letzten Wohnungsgrundbuches; denn Wohnungseigentum kann nur entstehen, wenn mit jedem vorhandenen Miteigentumsanteil auch Sondereigentum verbunden ist (vgl. Merksatz S. 53).

III. Grundbuchrechtliche Besonderheiten

1. Vertragliche Einräumung (§ 3 WEG)

1.1. Erfordernis der Einigung

Die vertragliche Einräumung des Sondereigentums bedarf gem. § 4 Abs. 1, 2 WEG der dinglichen Einigung in der für die Auflassung vorgeschriebenen Form des § 925 BGB sowie der

Eintragung im Grundbuch.

Diese Regelung entspricht der für die Eigentumsübertragung geltenden Regelung der §§ 873, 925 BGB.

? Muss das Grundbuchamt § 20 GBO prüfen oder darf es sich schon mit den Bewilligungen der Betroffenen gem. § 19 GBO zufrieden geben?

Lesen Sie erneut die Ausführungen zu § 20 GBO (S. 3, 4)!

Unsere Antwort könnte lauten:

Auf die vertragliche Einräumung von Sondereigentum (Begründung von Wohnungseigentum) ist § 20 GBO nicht anzuwenden, denn ein rechtsgeschäftlicher Eigentumswechsel des Grundstücks oder der Miteigentumsanteile findet nicht statt; vielmehr bleiben die bestehenden Eigentumsverhältnisse erhalten (Bruchteilsgemeinschaft). Der Miteigentumsanteil wird nur inhaltlich verändert (vgl. Ausführungen auf den S. 52, 53). Dies steht auch nicht in Widerspruch zu § 4 WEG, da hier nicht die Auflassung als solche, sondern vielmehr die Einhaltung einer bestimmten Formvorschrift für die dingliche Einigung verlangt wird. Zur Eintragung genügen daher die Bewilligungen aller Miteigentümer in öffentlich beglaubigter Form (§§ 19, 29 GBO)[5].

? Erinnern Sie sich noch an den Sinn und Zweck des § 19 GBO sowie den gesetzgeberischen Grund des § 20 GBO? Insoweit lässt sich auch eine andere Meinung vertreten:

5 *Demharter*, Anhang zu § 3 Rdn. 41; *Weitnauer*, § 4 Rdn. 5.

Auch im Rahmen der vertraglichen Einräumung von Sondereigentum (Begründung von Wohnungseigentum) muss der Zweckgedanke des § 20 GBO im Vordergrund stehen, die Übereinstimmung der wahren Rechtslage mit dem Grundbuch, hier die inhaltliche Veränderung des Eigentums (Miteigentums) in der Form des Wohnungseigentums (so auch bei Inhaltsänderung des Erbbaurechts – vgl. Wortlaut des § 20 GBO). Wenn im Übrigen § 19 GBO (formelles Konsensprinzip) im Interesse aller Beteiligter aufgrund einer formlosen Einigung eine beschleunigte Erledigung des Eintragungsverfahrens erreichen will, die Begründung von Wohnungseigentum gem. §§ 3, 4 WEG aber eine formbedürftige Einigung verlangt, dann ist der Zweckgedanke des § 19 GBO ohnehin nicht gegeben[6].

Daraus folgt:

! **Merke:** § 20 GBO ist auch auf die vertragliche Begründung von Wohnungseigentum i. S. d. § 3 WEG anwendbar. Dem Grundbuchamt muss die Wirksamkeit der dinglichen Einigung (§§ 4 Abs. 1, 2 WEG; 925 BGB) in der Form des § 29 Abs. 1 S. 1 GBO (öffentliche Urkunde) nachgewiesen werden.

1.2. Gegenstand und Inhalt des Sondereigentums

Lesen Sie § 7, Abs. 3; 5 WEG!

Bestimmungen der Miteigentümer über den Gegenstand des Sondereigentums sowie Vereinbarungen über den Inhalt des Sondereigentums sind eintragungsfähig.

Falls die Miteigentümer Bestimmungen und Vereinbarungen treffen, bleibt die Eintragungsfähigkeit der Bestimmungen zu prüfen. Die Sondereigentumsfähigkeit bestimmter Gegenstände und Einrichtungen regelt § 5 WEG, indem er das Sondereigentum bestimmten Kriterien unterwirft und damit gleichzeitig die Grenzen zum gemeinschaftlichen Eigentum absteckt.

Lesen Sie hierzu *Schöner/Stöber*, Rdn. 2818–2823!

? Welche Bestimmungen gehören zum Inhalt des Sondereigentums?

Lesen Sie § 5 Abs. 4 WEG!

Hierzu gehören „Vereinbarungen über das Verhältnis der Wohnungseigentümer untereinander".

Lesen Sie jetzt § 10 Abs. 2 WEG!

---

6 *Schöner/Stöber*, Rdn. 2842; *Müko/Commichau*, Rdn. 5 zu § 4 WEG; u a.

Die von den Miteigentümern getroffenen Vereinbarungen wirken *gegen* den Sondernachfolger eines Wohnungseigentümers (z. B. rechtsgeschäftlicher Erwerber) nur dann, wenn sie als Inhalt des Sondereigentums im Grundbuch eingetragen sind. Zugunsten eines Sondernachfolgers treten die Wirkungen auch ohne Eintragung ein.

? Welche rechtlichen Beziehungen bestehen unter den Wohnungseigentümern, wenn besondere Regelungen nicht getroffen wurden?

Die Rechtsbeziehungen der Wohnungseigentümer untereinander bestimmen sich dann zunächst nach den Spezialvorschriften des WEG (§ 10 Abs. 1 WEG), z. B. §§ 14, 16, 21 WEG.

Falls das Wohnungseigentumsgesetz keine besonderen Bestimmungen enthält, muss auf die §§ 741 ff. BGB zurückgegriffen werden.

! **Merke:** Die Wohnungseigentümer können ihr Verhältnis untereinander grundsätzlich frei gestalten. Es ist aber zu beachten, dass der Grundsatz der freien Gestaltbarkeit durch § 10 Abs. 2 WEG begrenzt wird. Danach sind in bestimmten vom Gesetzgeber genannten Fällen vom Wohnungseigentumsgesetz abweichende Vereinbarungen nicht möglich (z. B. §§ 11 Abs. 1, 2; 20 Abs. 2; 27 Abs. 3; 18 Abs. 1, 4 WEG).

? Können die Wohnungseigentümer ihre Rechtsbeziehungen auch auf andere Weise als durch Vereinbarungen regeln?

§ 10 Abs. 4 WEG sieht auch die Möglichkeit von

Beschlüssen

vor, mit denen die Wohnungseigentümergemeinschaft ihr Verhältnis untereinander bestimmen kann (oder auch eine richterliche Entscheidung i. S. v. § 43 WEG). Hierbei ist zu beachten, dass von dieser Möglichkeit nur dann Gebrauch gemacht werden kann, wenn entweder das Gesetz dies ausdrücklich erlaubt (z. B. §§ 15 Abs. 2; 18 Abs. 3; 21 Abs. 3; 26 Abs. 1 WEG) oder nach dem Inhalt der von der Wohnungseigentümergemeinschaft getroffenen Vereinbarungen eine bestimmte Angelegenheit durch Beschluss geregelt werden soll.

Beispiel:

Aufstellen einer Hausordnung soll nach dem Inhalt der Vereinbarungen durch Beschluss geregelt werden.

Die genannten zulässigen Beschlüsse wirken gegen den Sondernachfolger auch ohne Eintragung im Grundbuch (vgl. § 10 Abs. 4 WEG).

? Wodurch unterscheiden sich Vereinbarung und Beschluss?

Vereinbarungen sind letztlich nichts anderes als die Grundordnung der Wohnungseigentümergemeinschaft, ähnlich einer Vereinssatzung (einstimmiges Statut), während die Beschlüsse Regelungen des Gemeinschaftslebens aufstellen, die die genannte Grundordnung nicht betreffen[7]. Hier ist auch ein Mehrheitsbeschluss möglich, es sei denn, dass Gesetz sieht Einstimmigkeit vor.

Fall:

Die Wohnungseigentümer vereinbaren, dass eine Veräußerung des Wohnungseigentums nur mit Zustimmung aller anderen Wohnungseigentümer zulässig sein soll.

? Ist die getroffene Vereinbarung eintragungsfähig?

§ 137 BGB schließt die Zulässigkeit einer solchen Regelung grundsätzlich aus.

§ 12 WEG

enthält jedoch insoweit eine Ausnahme von diesem Verbot, als aufgrund einer Vereinbarung aller Wohnungseigentümer eine

Veräußerungsbeschränkung

zum Inhalt des Sondereigentums gemacht werden kann. Das Grundbuchamt wird die Eintragung dieser Vereinbarung unter Anwendung der §§ 5 Abs. 4; 10 Abs. 1, 2; 12 WEG zulassen.

? Welche Bedeutung hat die Veräußerungsbeschränkung für die Wohnungseigentümergemeinschaft?

Die Veräußerungsbeschränkung gibt den Wohnungseigentümern zunächst einen gewissen Schutz vor personellen und evtl. damit verbundenen wirtschaftlichen Veränderungen innerhalb der Gemeinschaft. Ein in die Gemeinschaft eintretender neuer Wohnungseigentümer könnte die im Interesse der Gemeinschaft liegende persönliche und wirtschaftliche Zuverlässigkeit vermissen lassen (vgl. z. B. die Regelung in § 16 Abs. 2 WEG).

? Welche Nachteile hat die Veräußerungsbeschränkung für die Wohnungseigentümergemeinschaft?

Lesen Sie § 12 Abs. 3 S. 2 WEG!

Wenn z. B. in einem Zwangsversteigerungsverfahren eines Wohnungseigentums die Zuschlagsentscheidung von der Zustimmung bestimmter Personen abhängig

---

7 Zur Abänderung von Gemeinschaftsordnung durch unangefochtenen Mehrheitsbeschluss sowie zur Zulässigkeit von Beschlüssen vgl. *Bärmann*, WEG, 14. Auflage, § 10 Rdn. 134.

gemacht werden muss, dann kann dies die Beleihbarkeit des Wohnungseigentums und damit letztlich seinen Wert nachteilig beeinflussen.

§ 12 WEG erfasst nach Sinn und Zweck auch die Übertragung eines ideellen Anteils am Wohnungseigentum[8], also eines Teils des Miteigentumsanteils, an ein Mitglied der Wohnungseigentümergemeinschaft. Im Übrigen muss sich die Veräußerungsbeschränkung nicht auf die Veräußerung des Wohnungseigentums schlechthin erstrecken, sondern kann auch bestimmte Veräußerungen ausnehmen und diese somit „beschränkungsfrei" machen.

Beispiel:

Veräußerungsbeschränkung gilt nicht für den Fall der Veräußerung im Wege der Zwangsvollstreckung oder durch den Insolvenzverwalter.

1.3. Aufteilungsplan

Lesen Sie § 7 Abs. 4 Nr. 1 WEG!

Den Eintragungsbewilligungen, die in den Einigungserklärungen enthalten sind (s. o.), muss ein Aufteilungsplan beigefügt werden. Hierbei handelt es sich um eine behördliche Bauzeichnung, welche die Grenzen des Sondereigentums vom gemeinschaftlichen Eigentum genau erkennen lassen soll.

Der Aufteilungsplan hat insbesondere Angaben zur Lage sowie Größe der im Sondereigentum und im gemeinschaftlichen Eigentum stehenden Gebäudeteile zu enthalten und daher auch sämtliche Gebäudeteile zu erfassen.

Auch diese Prüfung obliegt dem Grundbuchamt. Zu hohe Ansprüche an die Bauzeichnung sollten aber nicht gestellt werden.

1.4. Abgeschlossenheitsbescheinigung

Lesen Sie § 7 Abs. 4 Nr. 2 WEG!

Das Grundbuchamt hätte die Möglichkeit, die zur Begründung des Sondereigentums gem. § 3 Abs. 2 WEG notwendigen Voraussetzungen der Abgeschlossenheit (vgl. Ausführungen auf S. 55) „an Ort und Stelle" zu überprüfen. Die Überprüfung tatsächlicher Verhältnisse gehört jedoch grundsätzlich nicht zu seinem Aufgabenkreis. Die Beteiligten haben von sich aus die entsprechenden Beweise zu erbringen.

Die Abgeschlossenheit wird durch Vorlage einer Erklärung der zuständigen Baubehörde nachgewiesen. Das Grundbuchamt hat hier grundsätzlich von der Richtigkeit der Angaben der Baubehörde auszugehen, es sei denn, sie stimmen mit den im Aufteilungsplan gemachten Angaben nicht überein (s. o.).

8 OLG Celle, Rpfleger 1974, 438.

Eine Gegenüberstellung von Aufteilungsplan und Abgeschlossenheitsbescheinigung ist daher unverzichtbar.

2. Teilung durch den Alleineigentümer (§ 8 WEG)

2.1. Teilungserklärung

Zur Eintragung des Sondereigentums i. S. d. § 8 WEG bedarf es außer des gem. § 13 GBO notwendigen Antrags insbesondere noch der Teilungserklärung des Eigentümers (Bewilligung). Die Erklärung muss inhaltlich die zu bildenden Bruchteile und das mit diesen jeweils zu verbindende Sondereigentum bezeichnen und dem Grundbuchamt in der Form des § 29 GBO vorgelegt werden.

☞ Wiederholen Sie die Ausführungen auf den S. 57!

? Hat auch eine in Abt. I des Grundbuches eingetragene Bruchteilsgemeinschaft die Möglichkeit, unter Anwendung des § 8 WEG Wohnungseigentum zu begründen?

Wenn § 8 WEG vom „Eigentümer eines Grundstücks" spricht, so bedeutet das nicht zwangsläufig Alleineigentum einer einzelnen Person. „Eigentümer" i. S. dieser Vorschrift kann auch eine Bruchteilsgemeinschaft oder auch Gesamthandsgemeinschaft sein. In diesem Falle setzt sich die vor der Bildung der Wohnungseigentumsrechte vorhandene Rechtsgemeinschaft an den von dieser zu bildenden Miteigentumsquoten fort.

Beispiel:

Auf dem Grundstück der in Abt. I eingetragenen Miteigentümer A und B (zu je ½ Anteil) befindet sich ein Wohnhaus mit zwei in sich abgeschlossenen selbständigen Wohneinheiten. A und B teilen das Alleineigentum der Bruchteilsgemeinschaft auf in einen ⅔ und einen ⅓ Anteil und verbinden diese jeweils mit dem Sondereigentum an einer bestimmten Wohnung. Der Bruchteilsgemeinschaft A und B zu je ½ Anteil steht nunmehr ein ⅔ bzw. ⅓ Anteil mit dem dazugehörigen Sondereigentum zu.

Skizze:

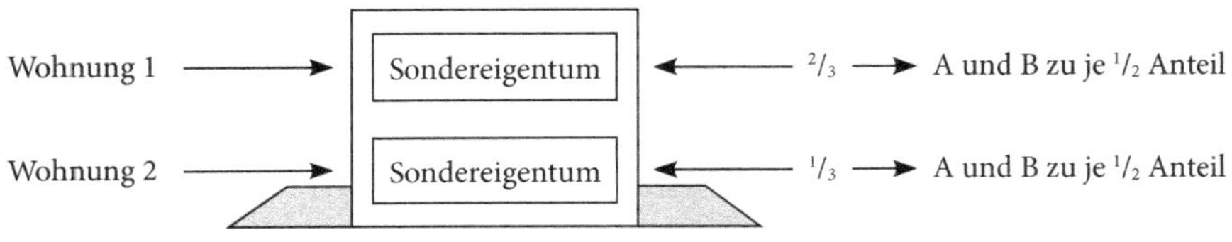

2.2. Anzuwendende Vorschriften

Auf die Begründung des Wohnungseigentums i. S. d. § 8 WEG sind die §§ 3 Abs. 2 sowie 5, 6, 7 Abs. 1, 3–5 WEG entsprechend anzuwenden. Insoweit wird auf die vorstehenden Ausführungen Bezug genommen.

3. Zustimmungserfordernis Dritter

Fall:

Im Grundbuch sind A, B und C zu je ⅓ Anteil eingetragen. Das Grundstück ist mit einer Hypothek in Höhe von 100.000 € zugunsten der Bank G, der ⅓ Anteil des A zusätzlich noch mit einer Hypothek i. H. v. 20.000 € zugunsten der Bank H belastet. Mit jedem Miteigentumsanteil soll das Sondereigentum an einer bestimmten Wohnung verbunden werden.

Das Grundbuchamt verlangt vor Anlegung der Wohnungsgrundbücher noch die Bewilligung der Bank H.

? Ist das Verlangen gerechtfertigt?

Die Begründung des Wohnungseigentums – sei es nun gem. §§ 3, 4 WEG oder gem. § 8 WEG – stellt nicht nur eine Erweiterung des Miteigentums, sondern gleichzeitig auch eine Beschränkung des Miteigentums dar infolge der Einräumung von Sondereigentum zu den übrigen Miteigentumsanteilen (vgl. die Ausführungen auf S. 52, 53).

In entsprechender Anwendung der §§ 877, 876 BGB muss daher ein Gläubiger, dessen Grundpfandrecht nicht das ganze Grundstück belastet, sondern nur einen oder mehrere Miteigentumsanteile der Begründung des Wohnungseigentums zustimmen. Eine Verschlechterung der Befriedigungsaussichten dieses Gläubigers im Falle der Verwertung des Wohnungseigentums (z. B. in der Zwangsversteigerung) kann nicht ausgeschlossen werden. Die Verwertung des Wohnungseigentums muss nicht zwangsläufig erfolgreicher für den genannten Gläubiger verlaufen als eine mögliche Verwertung eines ohne Sondereigentum bestehenden Miteigentums.

Wenn aber mit Rücksicht auf diese Überlegungen materiellrechtlich die Zustimmung der Grundpfandrechtsgläubiger an einem oder mehreren Miteigentumsanteilen erforderlich ist, bedarf es auch formellrechtlich gem. § 19 GBO deren Mitwirkung.

Das Verlangen des Grundbuchamtes nach Vorlage der Bewilligung des Gläubigers H ist daher gerechtfertigt.

Eine Mitwirkung des Gläubigers G ist hingegen nicht notwendig!

? Können Sie das begründen?

Das Grundpfandrecht des Gläubigers G erstreckt sich auch nach Begründung des Wohnungseigentums auf das ganze Grundstück bzw. auf alle Wohnungseigentumsrechte, so dass sich der Haftungsgegenstand insoweit nicht verkleinert.

4. Anlegung der Wohnungsgrundbücher (§ 7 Abs. 1 WEG)

Jedes Wohnungseigentum (Miteigentumsanteil nebst Sondereigentum) wird gem. § 7 Abs. 1 WEG in einem besonderen Grundbuchblatt gebucht (Wohnungsgrundbuch). Dies gilt sowohl für den Fall der Begründung des Wohnungseigentums durch Vertrag (§ 3 WEG) als auch für den Fall der Teilung (§ 8 WEG).

Jedes Wohnungsgrundbuch wird unter dieser Bezeichnung in der Aufschrift geführt,

das Grundstücksgrundbuch von Amts wegen geschlossen.

Das Bestandsverzeichnis jedes Wohnungsgrundbuchs muss folgende Eintragungen enthalten:

- Bezeichnung des Miteigentumsanteils (Bruchteil);
- Grundstücksbezeichnung;
- Angabe des zum Miteigentumsanteil gehörigen Sondereigentums sowie die Beschränkung des Miteigentumsanteils durch diejenigen Sondereigentumsrechte, welche zu den anderen Miteigentumsanteilen gehören;
- Bezeichnung von Gegenstand und Inhalt des Sondereigentums (insoweit ist eine ausdrückliche Eintragung entbehrlich); gem. § 7 Abs. 3 WEG kann auf die Eintragungsbewilligung (in der Einigung enthalten) Bezug genommen werden.

In *Abteilung I* ist der zu dem betreffenden Wohnungseigentum „gehörende" Eigentümer einzutragen.

? Was geschieht mit den im Grundstücksgrundbuch noch eingetragenen Belastungen?

Soweit es sich hierbei um Grundpfandrechte handelt, die das ganze Grundstück belasten, sind diese als Gesamtgrundpfandrechte (jeder Miteigentumsanteil ist mit dem Recht belastet) auf sämtliche Wohnungsgrundbücher zu übertragen, und zwar unter Beachtung des § 48 GBO (Mithaftvermerk in jedem Wohnungsgrundbuch).

Dies gilt auch für Dienstbarkeiten, deren tatsächliche Ausübung sich auf das *ganze Grundstück* erstreckt sowie für die das *ganze Grundstück* betreffenden Verfügungsbeschränkungen. In entsprechender Anwendung des § 48 GBO ist in jedem Wohnungsgrundbuch auf die entspr. Eintragungen in den übrigen Wohnungsgrundbüchern hinzuweisen (vgl. auch § 4 WEGGBVfg.).

Dingliche Rechte, die zulässigerweise nur einen Miteigentumsanteil belasten (z. B. § 1114 BGB), dürfen nur in dem zu diesem Miteigentumsanteil gehörenden Wohnungsgrundbuch eingetragen werden.

§ 2
Belastung eines Wohnungseigentums (Hinweise)

Da das Wohnungseigentum ein besonders ausgestaltetes Miteigentum darstellt, beurteilt sich die Frage nach seiner Belastbarkeit grundsätzlich nach den Möglichkeiten der Belastung eines Miteigentumsanteils.

! **Merke:** Das Wohnungseigentum als besonders ausgestaltetes Miteigentum ist mit dinglichen Rechten insoweit belastbar, als auch ein *Miteigentumsanteil* mit dinglichen Rechten belastet werden kann.

Die Möglichkeit der Belastung eines Miteigentumsanteils (und damit des Wohnungseigentums) ergibt sich aus dem Gesetz:

Lesen Sie die §§ 883, 1066, 1095, 1106, 1114, 1192, 1200 BGB!

Demnach ist die Belastung des Wohnungseigentums mit anderen Rechten grundsätzlich unzulässig.

! **Merke:** Im Übrigen können jedoch Dienstbarkeiten dann ein einzelnes Wohnungseigentum belasten (Miteigentum und Sondereigentum), wenn sich ihre tatsächliche Ausübung auf die im Sondereigentum stehenden Räume beschränkt[9].

Beispiel:

Wohnungsrecht auf dem Miteigentumsanteil, welches die Benutzung des zum Miteigentumsanteil gehörenden Sondereigentums zum Inhalt hat.

9 BGH DNotZ 1990, 493; BayOblG 1976, 218; u. a.

§ 3
Übertragung eines Wohnungseigentums
(Hinweise)

Wohnungseigentum ist inhaltlich besonders ausgestaltetes Miteigentum. Die Übertragung des Wohnungseigentums erfolgt demnach durch

Veräußerung des Miteigentumsanteils,

an dem das Sondereigentum „klebt" (§ 6 WEG).

Die Veräußerung des Miteigentumsanteils wiederum geschieht wie die Veräußerung eines Grundstücks unter Anwendung der §§ 873, 925 BGB. Es handelt sich um einen Fall der Auflassung, der vom Grundbuchamt die Anwendung des

§ 20 GBO

und damit die Prüfung der Wirksamkeit der dinglichen Einigung verlangt.

! **Merke:** Die Veräußerung eines Miteigentumsanteils ohne Sondereigentum bzw. die Veräußerung des Sondereigentums ohne Miteigentum *innerhalb der Wohnungseigentümergemeinschaft,* also an ein Mitglied der Gemeinschaft, ist zulässig. Darin liegt kein Verstoß gegen das Verbot des § 6 WEG. Diese Vorschrift will nur den Erwerb von Miteigentum bzw. Sondereigentum durch Dritte verhindern, die nicht Mitglied der Wohnungseigentümergemeinschaft sind.

Beachten Sie aber, dass im Falle der getrennten Veräußerung das frei werdende Sondereigentum wieder mit anderen Miteigentumsanteilen, bzw. das frei werdende Miteigentum mit anderen Sondereigentumsanrechten verbunden werden muss.

§ 4
Aufhebung des Wohnungseigentums
(Hinweise)

Lesen Sie § 4 WEG!

Die Aufhebung des Wohnungseigentums erfolgt in gleicher Weise wie die Begründung, nämlich durch Einigung und Eintragung im Grundbuch.

Wenn wir uns bei der Begründung des Wohnungseigentums für die Anwendung des § 20 GBO entschieden haben, so müssen wir diese Vorschrift auch im Falle der Aufhebung des Wohnungseigentums anwenden (Inhaltsänderung des Miteigentums).

! **Merke:** Ist ein einzelnes Wohnungseigentumsrecht selbständig belastet (also keine Gesamtbelastung aller Wohnungseigentumsrechte), so bedarf es zur Aufhebung der Mitwirkung der betroffenen Berechtigten (§§ 876 BGB, 19 GBO). Das betroffene Recht ist dann auf dem entspr. Miteigentumsanteil in Abt. II bzw. III des Grundbuchs zu übertragen, soweit das Recht einen Miteigentumsanteil belasten kann (vgl. vorstehend S. 66).

Im Falle der vertraglichen Aufhebung der Wohnungseigentümergemeinschaft werden die Wohnungsgrundbücher von Amts wegen geschlossen und wieder ein Grundstücks-Grundbuch angelegt, in dem die Miteigentümer in Abt. I als Bruchteilsgemeinschaft und die dinglichen Belastungen in Abt. II und III eingetragen werden.

Eine einseitige Aufhebung der Wohnungseigentümergemeinschaft ist grundsätzlich nicht möglich (§ 11 Abs. 1 S. 1 WEG).

§ 5
Dauerwohnrecht, Dauernutzungsrecht (Hinweise)

Lesen Sie § 31 WEG!

Dauerwohnrecht (§ 31 Abs. 1 WEG) und Dauernutzungsrecht (§ 31 Abs. 2 WEG) sind

veräußerliche und vererbliche Rechte
(§ 33 Abs. 1 WEG)

und daher vergleichbar mit dem Wohnungs- bzw. Teileigentum. Wenn auch nicht in rechtlicher, so doch zumindest in wirtschaftlicher Hinsicht steht der Berechtigte „auf einer Stufe“ mit dem Wohnungseigentümer.

Die inhaltliche Ausgestaltung dieser beschränkten dinglichen Rechte ähneln der des Erbbaurechts (vgl. z. B. §§ 33–36 WEG und die Bestimmungen der Erbbaurechtsverordnung).

§ 6
Sondernutzungsrechte

Fall:

Dem Wohnungseigentümer A soll das dingliche Recht eingeräumt werden, den im gemeinschaftlichen Eigentum aller Wohnungseigentümer stehenden Hausgarten allein benutzen zu dürfen.

? Auf welchem rechtlichen Weg lässt sich das erreichen?

Da der Hausgarten nicht sondereigentumsfähig ist (vgl. §§ 1, 3, 5 WEG), gehört er zum gemeinschaftlichen Eigentum aller Wohnungseigentümer. Unter Mitwirkung aller Wohnungseigentümer i. S. d. § 873 Abs. 1 BGB (grundbuchrechtlich gem. § 19 GBO) könnte das Grundstück mit einer entsprechenden beschränkten persönlichen Dienstbarkeit zugunsten des A belastet werden. Eine Verdinglichung lässt sich aber auch durch Einräumung eines sog.

Sondernutzungsrechts

erreichen.

I. Begriff und Bedeutung

Lesen Sie § 15 WEG!

Sondernutzungsrechte werden verstanden als Gebrauchsrechte zur alleinigen Nutzung gemeinschaftlichen Eigentums unter Ausschluss der übrigen Wohnungseigentümer.[10]

Sie enthalten demgemäß sowohl eine negative Komponente (Entzug der Nutzungsbefugnis bei den nicht berechtigten Wohnungseigentümern) als auch eine positive Komponente (Zuordnung der Nutzungsbefugnis bei dem begünstigten Wohnungseigentümer). Auch eine Mehrzahl von Wohnungseigentümern kann gemeinschaftlich zur Nutzung berechtigt sein (bei Mehrhausanlagen z. B. am jeweiligen Treppenhaus).

! **Merke:** Sondernutzungsrechte können *nur Wohnungseigentümern* eingeräumt werden!

10 Im Einzelnen streitig; so bejahen z. B. Literatur und Rechtsprechung unter Berufung auf den Wortlaut teilweise auch die Einräumung von Sondernutzungsrechten am Sondereigentum; vgl. BayObLG, MittBayNot 1994, 438 und MittBayNot 1995, 132.

Seit der BGH-Entscheidung vom 20.09.2000[11] wird maßgeblich auf den Nutzungsentzug im Rahmen des § 13 Abs. 2 WEG abgestellt.

Lesen Sie § 13 WEG!

Sondernutzungsrechte können daher nur durch eine **Vereinbarung aller Wohnungseigentümer** (oder durch einseitige Bestimmung im Rahmen des § 8 WEG) begründet werden, nicht aber durch einen Mehrheitsbeschluss.

Eine solche Vereinbarung versteht sich als schuldrechtlicher Entstehungstatbestand außerhalb des Grundbuchs, der zunächst lediglich die unmittelbar an der Vereinbarung beteiligten Wohnungseigentümer bindet.[12]

Soll das Sondernutzungsrecht auch den Sondernachfolger im Eigentum binden, kann dies nur über eine Eintragung der Regelung als Inhalt des Sondereigentums in das Grundbuch erfolgen.

Lesen Sie § 5 Abs. 4 und § 10 Abs. 3 WEG!

II. Begründung

Sondernutzungsrechte können bereits mit der Anlegung der Wohnungsgrundbücher oder auch erst nachträglich zur Eintragung in das Grundbuch beantragt werden. Die Einräumung erfolgt üblicherweise subjektivdinglich, d. h. „für den jeweiligen Eigentümer" einer Wohnungseigentumseinheit.

1. Originäre Begründung

Sie setzt den Abschluss einer entsprechenden Vereinbarung der Wohnungseigentümer im Rahmen des Teilungsvertrages (§ 3 WEG) oder eine dem gleichstehende einseitige Bestimmung durch den teilenden Eigentümer (§ 8 WEG) voraus.

? Müssen im Grundbuch eingetragene dinglich Berechtigte mitwirken?

Mitwirkungspflichten seitens im Grundbuch eingetragener dinglich Berechtigter (§§ 876, 877 BGB) bei der Einräumung eines Sondernutzungsrechts bestehen nicht, denn diese müssen bereits der Begründung des Wohnungseigentums zustimmen (vgl. insoweit die Ausführungen auf S. 64).

11 Rpfleger 2001, 19.
12 Vgl. auch BGH, Rpfleger 2001, 69.

2. Nachträgliche Begründung

Sie setzt materiellrechtlich den formlos möglichen Abschluss einer entsprechenden Vereinbarung sämtlicher Wohnungseigentümer zum Zwecke der Inhaltsänderung des eingetragenen Sondereigentums voraus. Verfahrensrechtlich bedürfen die zur Grundbucheintragung erforderlichen Eintragungsbewilligungen zumindest der Unterschriftsbeglaubigung (§ 29 GBO).

? Müssen im Grundbuch eingetragene dinglich Berechtigte mitwirken?

Hier bestehen Zustimmungspflichten (§§ 876, 877 BGB) für alle aus dem Grundbuch ersichtlichen dinglich Berechtigten, die durch die nachträgliche Vereinbarung eines Nutzungsausschlusses möglicherweise eine Beeinträchtigung erfahren könnten (das sind typischerweise Grundpfandrechtsgläubiger, Reallastberechtigte pp. an Einzelobjekten).

III. Aufhebung und Löschung

Es ist grundsätzlich zwischen der materiellrechtlichen Aufhebung eines Sondernutzungsrechtes und der lediglich verfahrensmäßigen Löschung des Erstreckungsvermerkes im Grundbuch zu unterscheiden.[13]

Der BGH lässt zur Löschung des Vermerks über ein Sondernutzungsrecht im Grundbuch die einseitige Bewilligung desjenigen Wohnungseigentümers genügen, zu dessen Wohnungseigentum das Sondernutzungsrecht bisher zugeordnet war. Zustimmungspflichten kommen daher nur für dinglich Berechtigte an dem betroffenen Wohnungseigentum in Betracht, soweit sie durch die Löschung beeinträchtigt werden können. Ob mit der grundbuchmäßigen Löschung des Sondernutzungsrechtes gleichzeitig auch die materiellrechtliche Aufhebung im Wege einer entsprechenden Vereinbarung verbunden ist, kann demgemäß offen bleiben. Der Nachweis der vereinbarungsgemäßen – materiellrechtlichen – Aufhebung des Sondernutzungsrechtes ist gegenüber dem Grundbuchgericht nicht zu führen. Für die Löschung ist ausschließlich auf die verfahrensrechtliche Norm des § 19 GBO abzustellen.

IV. Übertragung

Die Übertragung von Sondernutzungsrechten kommt nur innerhalb derselben Wohnungseigentümergemeinschaft in Betracht; eine Berechtigung zugunsten Außenstehender ist nicht möglich.

? Wie erfolgt die Übertragung des Sondernutzungsrechts?

---

13 BGH, Rpfleger 2001, 69.

Die Übertragung eines Sondernutzungsrechts kann zum einen durch Übertragung des damit verbundenen Wohnungseigentums nach den allgemeinen für eine solche Übertragung geltenden Grundsätzen erfolgen.

Möglich ist aber auch eine isolierte Übertragung nur des Sondernutzungsrechtes (= Änderung der Zuordnung). Diese vollzieht sich materiell-rechtlich nach den Regelungen der §§ 873, 897 BGB. Verfahrensrechtlich stellt der BGH[14] zur Beurteilung der Mitwirkungspflichten Dritter (§§ 876, 877 BGB) maßgeblich auf die negative Komponente eines Sondernutzungsrechts ab. Die bereits von der Nutzung ausgeschlossenen Wohnungseigentümer sollen durch eine Veränderung in der Nutzungsberechtigung nicht mehr beeinträchtigt werden können, so dass ihre Zustimmungen zur isolierten Übertragung entbehrlich sind. Daraus folgt, dass auch nur Zustimmungspflichten dinglich Berechtigter am verlierenden Wohnungseigentum in Betracht kommen können.

Für die isolierte Übertragung kann eine Zustimmungspflicht gem. § 12 WEG analog vereinbart werden.[15] Fehlt eine solche ausdrückliche Regelung, ist das Sondernutzungsrecht innerhalb der Gemeinschaft frei übertragbar; die Vereinbarung einer allgemeinen Veräußerungsbeschränkung für das Wohnungseigentum insgesamt erfasst nicht auch die separate Übertragung eines zugeordneten Sondernutzungsrechts.

Der schuldrechtliche Anspruch auf Übertragung eines Sondernutzungsrechts kann im Grundbuch vorgemerkt werden.[16]

V. Inhaltliche Änderungen

Veränderungen des Umfangs eines eingetragenen Sondernutzungsrechts durch Erweiterung oder Beschränkung der Nutzungsbefugnis des Sondernutzungsberechtigten sind im vorstehenden Sinne als nachträgliche Einräumung bzw. Aufhebung eines Sondernutzungsrechts zu behandeln.

Bei Unterteilungen von Sondernutzungsrechten sind die vom Mitgebrauch bereits ausgeschlossenen Wohnungseigentümer und auch deren dinglich Berechtigte verfahrens*rechtlich* nicht mehr betroffen. Auch eine evtl. Vermehrung der Sondernutzungsrechte kann allenfalls zu Nachteilen *tatsächlicher* Art führen.[17]

Auch bei Grenzverschiebungen zwischen einzelnen Sondernutzungsbereichen brauchen die ohnehin von der Nutzung ausgeschlossenen Miteigentümer nicht mitzuwirken.[18]

14 Rpfleger 1979, 57.
15 BGH, Rpfleger 1979, 57.
16 BayObLG, DNotZ 1979, 307.
17 BayObLG, Rpfleger 1986, 257.
18 BayObLG, MittBayNot 1999, 180.

VI. Eintragung im Grundbuch

Die Eintragung inhaltlicher Bestimmungen des Sondereigentums erfolgt gem. § 874 BGB, § 7 Abs. 3 WEG grundsätzlich unter Bezugnahme auf die Eintragungsbewilligung (Ausnahme: vereinbarte Veräußerungsbeschränkung gem. § 12 WEG).

Lesen Sie § 874 BGB und § 7 WEG!

Problematisch ist bei einer Eintragung lediglich unter Bezugnahme jedoch die Erkennbarkeit von Sondernutzungsrechten.[19] Eine solche Eintragung erfordert u. U. umfangreiche Recherchearbeiten (Aufbewahrung der Teilungserklärung pp. regelmäßig im ersten Aktenband der jeweiligen WE-Serie, bei älteren Teilungen bisweilen auch in den Akten des geschlossenen – aufgeteilten – Grundbuchblattes).

In der Praxis finden sich deshalb heute insbesondere bei den großstädtisch geprägten Gerichten überwiegend Grundbucheintragungen, die zumindest auf die Existenz von Sondernutzungsrechten hinweisen (schlagwortartige Bezeichnung der negativen Komponente in allen Grundbuchblättern). Zunehmend erfolgen auch Eintragungen der positiven Zuordnung bei den begünstigten Einheiten.

§ 7
Zur Wiederholung

Fragen und Aufgaben zur Wiederholung 3. Kapitel	Antworten und Lösungen auf den Seiten
1. Definieren Sie den Begriff „Wohnungseigentum"	52
2. Inwieweit ist die Begründung des Wohnungseigentums sowohl eine Erweiterung als auch eine Beschränkung des Miteigentums?	52, 53
3. Nennen Sie die Möglichkeiten zur Begründung des Wohnungseigentums!	54
4. Welche Entstehungsvoraussetzungen sind im Falle der Begründung des Wohnungseigentums gem. § 3 bzw. § 8 WEG zu erfüllen?	54–57
5. Beschreiben Sie den Begriff der „Abgeschlossenheit!"	55
6. Unter welchen Voraussetzungen sind Garagenstellplätze sondereigentumsfähig?	55, 56

19 *Ertl*, Rpfleger 1979, 81, 83.

Fragen und Aufgaben zur Wiederholung 3. Kapitel	Antworten und Lösungen auf den Seiten
7. Welche Vorschrift regelt den Gegenstand des Sondereigentums?	56
8. Begründen Sie die Anwendung des § 20 GBO im Falle der vertraglichen Einräumung des Sondereigentums!	58, 59
9. Welche besondere Prüfung obliegt dem Grundbuchamt im Rahmen des § 20 GBO?	59–62
10. Was gehört zum Inhalt des Sondereigentums?	59, 60
11. Welche gesetzlichen Bestimmungen beschränken den Grundsatz der freien Gestaltbarkeit des Inhalts des Sondereigentums? (Beispiele!)	60
12. Unter welchen Voraussetzungen können die Wohnungseigentümer ihr Verhältnis untereinander auch durch Beschluss regeln?	60, 61
13. Welche Bedeutung hat die Veräußerungsbeschränkung i. S. d. § 12 WEG? (Vor- und Nachteile für die Wohnungseigentümer!)	61, 62
14. Welche besonderen Eintragungsunterlagen nach dem WEG sind den Eintragungsbewilligungen beizufügen?	62
15. Unter welchen Voraussetzungen müssen dingliche Gläubiger/Berechtigte der Begründung des Wohnungseigentums zustimmen und gem. § 19 GBO bewilligen? (Begründung!)	64, 65
16. Was geschieht im Falle der Begründung des Wohnungseigentums mit den Grundstücksbelastungen?	64
17. Welche dinglichen Rechte können das Wohnungseigentum belasten?	66
18. Unter welchen Voraussetzungen ist die Belastung des Wohnungseigentums mit einem Wohnungsrecht möglich?	66
19. Wie erfolgt die Übertragung des Wohnungseigentums?	67

Fragen und Aufgaben zur Wiederholung 3. Kapitel	Antworten und Lösungen auf den Seiten
20. Unter welchen Voraussetzungen ist die Übertragung des Miteigentums ohne Sondereigentum bzw. des Sondereigentums ohne Miteigentum zulässig und welche Besonderheiten sind hier zu beachten?	67
21. Wie erfolgt die Aufhebung des Wohnungseigentums?	67, 68
22. Was versteht man unter Sondernutzungsrechten?	69
23. Wie erfolgt die Begründung von Sondernutzungsrechten?	70, 71
24. Was fällt Ihnen zur Übertragung von Sondernutzungsrechten ein?	71, 72
25. Wie sind Sondernutzungsrechte im Grundbuch verlautbart?	73

§ 8
Zusammenfassung
(3. Kapitel)

Begriff

Wohnungseigentum = *Sondereigentum* an einer Wohnung in Verbindung mit dem *Miteigentumsanteil* (Bruchteil) am gemeinschaftlichen Eigentum (§ 1 Abs. 2 WEG); Miteigentumsanteil wird erweitert und gleichzeitig beschränkt.

Arten der Begründung

vertragliche Einräumung (§ 3 WEG):

- dingliche Einigung in der Form des § 925 BGB notwendig und Eintragung im Grundbuch (§ 4 Abs. 1, 2 WEG).
- Grundbuchamt hat § 20 GBO anzuwenden (str.): Nachweis der Wirksamkeit der dinglichen Einigung notwendig, da Zweckgedanke des § 19 GBO nicht gegeben. Mit jedem Miteigentumsanteil muss Sondereigentum verbunden sein.

Teilung durch Alleineigentümer (§ 8 WEG):

- Erklärung gegenüber dem Grundbuchamt (Bewilligung) in der Form des § 29 GBO.
- Eigentümer i. S. d. § 8 WEG kann auch eine Eigentümergemeinschaft sein (Gesamthands- oder Bruchteilsgemeinschaft).

Gegenstand u. Inhalt des Sondereigentums

Gegenstand des Sondereigentums regelt § 5 WEG; Inhalt des Sondereigentums:

- Vereinbarungen über das Verhältnis der Wohnungseigentümer untereinander; insoweit gilt der Grundsatz der freien Gestaltbarkeit (beachte aber Ausnahmen in den §§ 11, 18, 20, 27 WEG).
- Grundbuchamt hat die Eintragungsfähigkeit hinsichtlich des Gegenstandes und des Inhalts des Sondereigentums zu prüfen (vgl. §§ 5, 10 Abs. 2, 7 Abs. 3 WEG).
- Zulässige Vereinbarungen der Wohnungseigentümer untereinander wirken gegen den Sondernachfolger eines Wohnungseigentümers nur mit Eintragung im Grundbuch (§ 10 Abs. 3 WEG);
- Wohnungseigentümerverhältnis kann in bestimmten Fällen auch durch Beschluss geregelt werden (§§ 15 Abs. 2, 18 Abs. 3, 21 Abs. 3, 26 Abs. 1 WEG oder nach dem Willen der Wohnungseigentümergemeinschaft);
- Veräußerungsbeschränkung i. S. v. § 12 WEG ist als Inhalt des Sondereigentums eintragungsfähig (§§ 5 Abs. 4, 10 Abs. 1, 2 WEG). Sinn: Schutz der Wohnungseigentümer vor personellen und wirtschaftlichen Veränderungen. Veräußerungsbeschränkung kann sich auf bestimmte Veräußerungen beziehen.

Aufteilungsplan und Abgeschlossenheitsbescheinigung

Aufteilungsplan (§ 7 Abs. 4 Z. 1 WEG):

behördliche Bauzeichnung über die Grenzen des Sondereigentums zum gemeinschaftlichen Eigentum sowie über Lage und Größe von Sondereigentum und gemeinschaftlichem Eigentum.

Abgeschlossenheitsbescheinigung
(§ 7 Abs. 4 Z. 2 WEG):

Sondereigentum nur an Räumen möglich, die baulich von fremden Wohnungen und Räumen getrennt sind mit abschließbarem Zugang. Unter den Voraussetzungen des § 3 Abs. 2 WEG sind auch Garagenstellplätze sondereigentumsfähig. Abgeschlossenheit wird von der zuständigen Baubehörde bescheinigt; hierauf kann sich das Grundbuchamt grundsätzlich verlassen. Aufteilungsplan und Abgeschlossenheitsbescheinigung müssen den Bewilligungen als Anlage beigefügt sein.

Zustimmungserfordernis Dritter	Dinglich Berechtigte an einem oder mehreren Miteigentumsanteilen (nicht allen) müssen gem. §§ 877, 876 BGB der Begründung des Wohnungseigentums zustimmen und daher gem. § 19 GBO als Betroffene bewilligen, denn Wohnungseigentum ist auch Beschränkung des Miteigentums.
Anlegung der Wohnungsgrundbücher	Jedes Wohnungseigentum (Miteigentum – Sondereigentum) erhält gem. § 7 Abs. 1 WEG ein eigenes Grundbuchblatt (Wohnungs-Grundbuch). Grundstücks-Grundbuch wird von Amts wegen geschlossen.
	Bestandsverzeichnis des Wohnungs-Grundbuchs muss bestimmte Angaben enthalten; in Abteilung I wird der Wohnungseigentümer eingetragen.
	Grundpfandrechte, die das ganze Grundstück belasten, sind in allen Wohnungs-Grundbüchern einzutragen (beachte § 48 GBO); so auch Dienstbarkeiten, wenn tatsächliche Ausübung sich auf das ganze Grundstück erstreckt (sonst übertragen nur auf das Wohnungs-Grundbuch, dessen Sondereigentum der tatsächlichen Ausübung dient).
	Andere Rechte, die zulässigerweise nur einen Miteigentumsanteil belasten, sind nur in dem entspr. Wohnungs-Grundbuch einzutragen.
Belastungen des Wohnungseigentums	Möglich mit Vormerkungen und dinglichen Rechten, soweit diese einen Miteigentumsanteil belasten können. Besonderheiten: auch Dienstbarkeiten, soweit sich ihre tatsächliche Ausübung ausschließlich auf den Bereich des Sondereigentums erstreckt.
Übertragung eines Wohnungseigentums	Übertragung erfolgt durch Übertragung des Miteigentumsanteils gem. §§ 873, 925 BGB. Fall des § 20 GBO. Auch Veräußerung des Miteigentums ohne Sondereigentum bzw. Sondereigentums ohne Miteigentum möglich innerhalb der Wohnungseigentümergemeinschaft: beachte aber, dass zu jedem Miteigentumsanteil Sondereigentum gehört.
Vertragliche Aufhebung	Wie die Begründung: § 4 WEG, § 925 BGB (§ 20 GBO); Zustimmung dinglich Berechtigter erforderlich, wenn Recht nicht auf allen Wohnungseigentumsrechten lastet. Einseitige Aufhebung der Wohnungseigentümergemeinschaft grundsätzlich nicht möglich (§ 11 Abs. 1 S. 1 WEG).

Dauerwohnrecht, Dauernutzungsrecht	Veräußerlich und vererblich (§ 33 WEG). Inhaltliche Ausgestaltung ähnlich wie Erbbaurecht (§§ 33–36 WEG).
Sondernutzungsrechte	Gebrauchsrechte zur alleinigen Nutzung gemeinschaftlichen Eigentums unter Ausschluss der übrigen Wohnungseigentümer (§ 15 WEG). Einräumung nur zugunsten von Wohnungseigentümern zulässig (Vereinbarung oder einseitige Bestimmung gem. § 8 WEG, nicht Mehrheitsbeschluss); Einräumung in der Regel subjektiv-dinglich.
Begründung	originäre Begründung aufgrund Vereinbarung (§ 3 WEG) oder einseitige Bestimmung (§ 8 WEG) ohne Mitwirkung dinglich Berechtigter, die aber ggf. der Begründung des Wohnungseigentums zustimmen müssen. Nachträgliche Begründung durch Vereinbarung aller Wohnungseigentümer mit Zustimmungspflichten dinglich Berechtigter, soweit beeinträchtigt (§§ 876, 877 BGB).
Aufhebung	Aufhebung materiellrechtlich aufgrund Vereinbarung, formellrechtlich mit Bewilligung des betroffenen Wohnungseigentümers (§ 19 GBO) und dinglich Berechtigter an dem betroffenen Wohnungseigentum.
Übertragung	Übertragung nur innerhalb der WE-Gemeinschaft durch Übertragung des Wohnungseigentums oder isoliert gem. §§ 873, 877 BGB. Evtl. Mitwirkungspflicht Dritter (§§ 876, 877 BGB) am „verlierenden Wohnungseigentum“.
Inhaltliche Veränderungen	Zu behandeln als nachträgliche Einräumung bzw. Aufhebung.
Grundbucheintragung	Gem. §§ 874 BGB, 7 Abs. 3 WEG; bei Bezugnahme Sondernutzungsrecht aber kaum erkennbar; daher ausdrücklicher Hinweis auf Existenz von Sondernutzungsrechten sinnvoll.

4. Kapitel: Grunddienstbarkeit

Beispiel:

Auf dem Grundstück des Grundstückseigentümers H befinden sich mehrere Garagen. Da H über keine ausgebaute Zufahrt verfügt, möchte er den auf dem Grundstück seines Nachbarn D verlaufenden Weg als Garagenzufahrt benutzen. Die Nutzungsbefugnis soll nach seiner Vorstellung dem jeweiligen Eigentümer seines Grundstücks zustehen.

Auf seine Bitte hin ist D zur Einräumung eines entsprechenden Nutzungsrechts bereit und beantragt in öffentlich beglaubigter Form beim Grundbuchamt die Eintragung einer Grunddienstbarkeit (Geh- und Fahrrecht).

§ 1 Allgemeines

Die Eintragungsfähigkeit der Grunddienstbarkeit ergibt sich aus den §§ 873, 1018 BGB. Ihre Entstehung erfordert eine wirksame

Einigung

zwischen dem Eigentümer des zu belastenden Grundstücks und dem Berechtigten= Eigentümer des begünstigten Grundstücks sowie die

Eintragung
im Grundbuch.

Kennzeichnend für dieses dingliche Recht ist die „Beteiligung" mehrerer Grundstücke, nämlich eines belasteten sowie eines begünstigten Grundstücks.

Skizze (vgl. Eingangs-Beispiel):

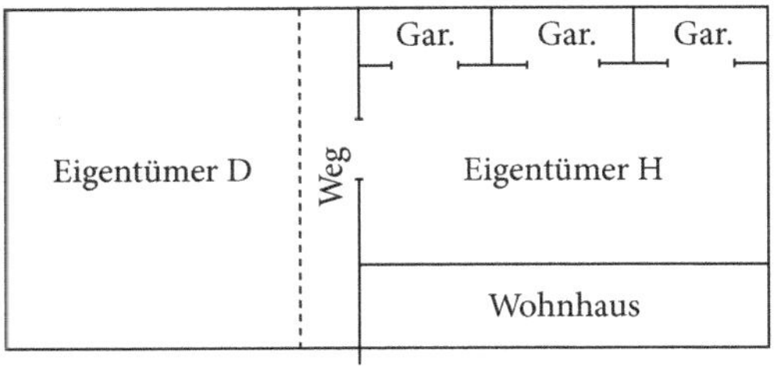

Das mit der Grunddienstbarkeit belastete Grundstück, welches der Ausübung der Grunddienstbarkeit dient, wird

dienendes Grundstück

genannt. Bei dem begünstigten Grundstück, dessen *jeweiligem Eigentümer* die „Herrschaft" über das Recht zusteht, spricht man vom

herrschenden Grundstück.

Dienendes und herrschendes Grundstück sind daher nicht nur rechtstypisch, sondern zur Entstehung und zum Bestand des Rechts rechtsnotwendig.

Die praktische Bedeutung der Grunddienstbarkeit liegt in der Regelung und Klarstellung nachbarschaftlicher Grundstücksbeziehungen. Aber auch im wettbewerblichen Rahmen kann sie die Interessen des Begünstigten sichern.

§ 2
Inhalt

I. Die Alternativen des § 1018 BGB

Lesen Sie § 1018 BGB!

Zugunsten des jeweiligen Eigentümers des herrschenden Grundstücks (Berechtigter) bietet § 1018 BGB drei Möglichkeiten der dinglichen Absicherung an:

1. § 1018 BGB, 1. Alt.

Der Eigentümer des herrschenden Grundstücks darf das dienende Grundstück

in einzelnen Beziehungen benutzen.

Beispiele:

- Geh- und Fahrrecht (Wegerecht)
- Recht auf Verlegung und Benutzung von Leitungen, z. B. Strom, Wasser (Leitungsrecht)
- Recht auf Entnahme von Kies oder Sand

! **Merke:** Für den Eigentümer des dienenden Grundstücks müssen noch Nutzungen übrig bleiben.

2. § 1018 BGB, 2. Alt.

Dem Eigentümer des dienenden Grundstücks wird die

Ausübung gewisser Handlungen auf seinem Grundstück verboten,

zu der er gem. § 903 BGB als Eigentümer grundsätzlich berechtigt ist.

Beispiele:

- Bauverbot
- Baubeschränkungen
- Wettbewerbsverbot

Fall:

H betreibt auf seinem Grundstück eine Bierbrauerei und erzielt mit dem Verkauf der Sorte „Kellersberger Urpils" große Gewinne.

Grundstückseigentümer D möchte in demselben Ort auf seinem Grundstück einen Getränkemarkt errichten und betreiben.

Um zu verhindern, dass D Geschäftsbeziehungen zu einem Konkurrenzunternehmen aufnimmt, das die Biersorte „Rur-Pils" vertreibt, bittet H den D um Einräumung einer Grunddienstbarkeit folgenden Inhalts: Dem Eigentümer des belasteten Grundstücks ist verboten, die Biersorte „Rur-Pils" zu vertreiben.

? Mit welcher Begründung wird das Grundbuchamt eine entspr. beantragte Eintragung ablehnen?

Lesen Sie erneut § 1018 BGB, 2. Alt.!

Entscheidend für die Anwendung dieser Norm sind die Merkmale „Grundstück" und „Handlung".

Dem Eigentümer des dienenden Grundstücks können nur diejenigen („gewissen") Handlungen verboten werden, die aus seiner Rechtsstellung als *Grundstückseigentümer* fließen und den *tatsächlichen Gebrauch* des Grundstücks betreffen. Unzulässig hingegen ist die Eintragung einer Grunddienstbarkeit zur Beschränkung seiner rechtsgeschäftlichen Handlungsfreiheit oder seiner Handlungsfreiheit allgemein.

Wenn hier D in dem Recht beschränkt werden soll, zu einem *bestimmten Warenlieferanten* geschäftliche Beziehungen aufzunehmen, so ist diese Beschränkung nicht Ausfluss des Eigentumsrechts am Grundstück, sondern vielmehr der Vertrags- bzw. Gewerbefreiheit und kann folglich so nicht dinglich abgesichert werden.

Die Interessen des H lassen sich aber auf andere Weise dinglich verwirklichen!

Die Grunddienstbarkeit könnte mit dem Inhalt eingetragen werden, dass dem D verboten ist, das Getränk Bier zu vertreiben. Dies würde sich nämlich auf die *tatsächliche Benutzung* des Grundstücks auswirken und den eigentlichen Verkehrscharakter des Grundstücks verändern.

! **Merke:** Ausgehend von BGH, NJW 1962, 486 sind als sog. Wettbewerbsverbote sicherbar Verbote

- aller Gewerbe schlechthin (Gewerbebetriebsverbot)
- einzelner Gewerbe (z. B. Gaststättenbetriebsverbot)
- zum Vertrieb bestimmter *Warenarten* (z. B. Bier).

Unzulässig aber das Verbot zum Vertrieb von Waren bestimmter Herkunft (s. o.).

3. § 1018 BGB, 3. Alt.

Der Eigentümer des dienenden Grundstücks wird

von Rechten ausgeschlossen, die sich aus dem Eigentum seines Grundstücks (dienendes) dem anderen Grundstück (herrschendes) gegenüber ergeben.

Beispiel:

Verzicht des Eigentümers des dienenden Grundstücks auf die Geltendmachung von Ansprüchen aus den §§ 906 ff. BGB wegen Lärm- oder Geruchsbelästigungen, die vom herrschenden Grundstück ausgehen.

Skizze:

D	H
Dienendes Grundstück *Grunddienstbarkeit:* Verzicht auf Abwehransprüche wegen Lärmbelästigung pp.	Herrsch. Grundstück Sägewerk

Der jeweilige Eigentümer des herrschenden Grundstücks will sich vor der Geltendmachung von Abwehransprüchen aus dem dienenden Grundstück schützen. Gegen Abfindung räumt D dem jeweiligen Eigentümer des herrschenden Grundstücks eine entsprechende Grunddienstbarkeit ein (vgl. Skizze).

! **Merke:** Allen Alternativen des § 1018 BGB ist gemeinsam, dass dem Eigentümer des dienenden Grundstücks (belastetes Grundstück) grundsätzlich keine Leistungspflichten obliegen (beachte aber die Ausnahmeregelungen S. 85). Vielmehr bestehen seine Pflichten in einem

Dulden oder Unterlassen.

Diese Pflichten schließen ihn aber von der eigenen Nutzung des dienenden Grundstücks nicht aus.

Fall:

Die Bewilligung zur Eintragung der Grunddienstbarkeit hat im Wesentlichen folgenden Inhalt:

- Geh- und Fahrrecht auf einem näher beschriebenen Weg;
- Verbot für den Eigentümer des dienenden Grundstücks, dieses zu bebauen;

Könnte bei entsprechender Antragstellung eine „einheitliche" Grunddienstbarkeit eingetragen werden?

Verschiedenartige Beschränkungen des Eigentümers des dienenden Grundstücks zugunsten des jeweiligen Eigentümers des herrschenden Grundstücks müssen nicht zwangsläufig durch verschiedene selbständige Grunddienstbarkeiten dinglich gesichert sein. Es besteht auch die Möglichkeit, mehrere Alternativen des § 1018 BGB in ein und derselben Grunddienstbarkeit zugunsten ein und desselben Berechtigten zusammenzufassen.

Ob nun ein einheitliches Recht zur Sicherung mehrerer Belastungsarten i. S. d. § 1018 BGB oder mehrere selbständige dingliche Rechte gewollt sind, hängt von dem im Eintragungsantrag (§ 13 GBO) geäußerten Willen ab.

II. Vorteil für das herrschende Grundstück (§ 1019 BGB)

Fall:

H ist Eigentümer des mit einem Wohnhaus bebauten Grundstücks 1. Bei dem Nachbargrundstück 2 des Eigentümers D handelt es sich um ein Wiesengrundstück. H, der ein Reitpferd besitzt, vereinbart mit D, dass dem jeweiligen Eigentümer des Grundstücks 1 die Befugnis zusteht, das Grundstück 2 täglich von 9.00 Uhr bis 15.00 Uhr als Pferdeweide zu benutzen.

Das Grundbuchamt lehnt die beantragte Eintragung unter Hinweis auf § 1019 BGB ab.

Zu Recht?

Lesen Sie § 1019 BGB!

Diese Vorschrift ist *zwingender Inhalt* der Grunddienstbarkeit. Entstehung und Bestand des Rechts hängen davon ab, ob die Grunddienstbarkeit

„für die Benutzung des Grundstücks des Berechtigten" (herrschendes Grundstück) von Vorteil ist.

Ein Vorteil ist in vorstehendem Fall zwar erkennbar, diesen Vorteil hat jedoch nur der augenblickliche Eigentümer des Grundstücks 1.

Wie ist also § 1019 BGB zu verstehen?

Der Wortlaut des § 1019 BGB ist eindeutig. Die Grunddienstbarkeit muss einen Vorteil für die *Benutzung* des herrschenden Grundstücks darstellen:

§ 1018 BGB, 1. Alt. →
§ 1018 BGB, 2. Alt → Vorteil gem. § 1019 BGB
§ 1018 BGB, 3. Alt. →

Entscheidend für die Beurteilung des „Benutzungsvorteils" sind Lage, Beschaffenheit sowie Zweckbestimmung des *herrschenden* Grundstücks. Mit Rücksicht auf diese Kriterien muss voraussehbar sein, dass die Grunddienstbarkeit auch für den künftigen Eigentümer des herrschenden Grundstücks einen Vorteil in der Benutzung des herrschenden Grundstücks darstellt.

☞ Begründen Sie nun die Entscheidung des Grundbuchamtes in vorstehendem Fall!

Der Hauptzweck des herrschenden Grundstücks besteht offensichtlich nicht in der Pferdehaltung, sondern vielmehr steht das Wohnen im Vordergrund. Die Interessen eines möglichen Erwerbers des herrschenden Grundstücks werden auf das mit dem Wohnhaus bebaute Grundstück, nicht auf Besitz und Haltung eines Pferdes gerichtet sein (anders, wenn H auf seinem Grundstück eine Pferdezucht mit großen Stallungen betreiben würde).

! **Merke:** Fällt nach Eintragung der Grunddienstbarkeit der Vorteil i. S. d. § 1019 BGB fort, so führt dies grundsätzlich zum Erlöschen des Rechts.

Ist der Vorteil bei Bestellung des Rechts nicht gegeben, so ist die Bestellung nichtig.

III. Eintragungsfähiger Inhalt im Übrigen

Fall:

Der Eigentümer des dienenden Grundstücks bewilligt und beantragt die Eintragung einer Grunddienstbarkeit (Wegerecht) mit u. a. folgendem Inhalt:

- das Wegerecht darf nur als Geh- und Fahrrecht ausgeübt werden. Verboten ist die Ausübung des Fahrrechts mit LKW;
- das Wegerecht erstreckt sich nur auf den betonierten 5 m breiten, in der beigefügten Skizze beschriebenen Weg;
- der Eigentümer des dienenden Grundstücks hat die Unterhaltungskosten des Weges zu tragen und den Weg in einem jederzeit befahrbaren Zustand zu halten.

☞ Prüfen Sie unter Beachtung der §§ 1018, 1020 ff. BGB die Eintragungsfähigkeit dieser Bestimmungen. Die Voraussetzungen des § 1019 BGB sollen vorliegen.

Bei dem bewilligten Wegerecht handelt es sich um die 1. Alternative des § 1018 BGB (Benutzen in einzelnen Beziehungen).

Das bezeichnete Fahrverbot stellt eine Konkretisierung der 1. Alternative des § 1018 BGB dar, beschreibt das „Benutzen in einzelnen Beziehungen". Falsch wäre es, die Eintragungsfähigkeit des Fahrverbots unter Anwendung der 2. Alternative des § 1018 BGB zuzulassen, denn das dort genannte Verbot betrifft den Eigentümer des dienenden Grundstücks, während im genannten Fall dem Eigentümer des herrschenden Grundstücks ein Verbot auferlegt wird.

Die Beschreibung des realen Grundstücksteils, welcher der Ausübung des Rechts dienen soll, stellt eine inhaltliche Beschränkung des Rechts in der *tatsächlichen Ausübung* dar. Die Zulässigkeit einer solchen Regelung ergibt sich aus den §§ 1023, 1026 BGB.

Die bewilligte Kostentragungs- und Unterhaltungspflicht verlangt vom Eigentümer des *dienenden* Grundstücks ein positives Handeln. Hier müssen wir uns fragen, ob eine Leistung des Eigentümers des dienenden Grundstücks mit dem Inhalt einer Grunddienstbarkeit vereinbar ist, denn zur Natur des Rechts gehört grundsätzlich nur ein

Dulden oder Unterlassen.

📖 Lesen Sie §§ 1020, 1021 BGB!

§ 1021 S. 1 BGB lässt eine von § 1020 S. 2 BGB abweichende Bestimmung und damit ein positives Tun des Eigentümers des dienenden Grundstücks zu. Eine solche Bestimmung (sog. Nebenpflicht), die auch nachträglich vereinbart werden kann, bedarf zur dinglichen Wirkung der Eintragung ins Grundbuch. Sie wird damit Inhalt des Rechts und hat die Befreiung des Berechtigten (Eigentümer des herrschenden Grundstücks) von dessen gesetzlicher Erhaltungspflicht i. S. d. § 1020 S. 2 BGB zur Folge.

? Was ist unter dem Begriff der „Anlage" i. S. d. genannten Vorschriften zu verstehen?

„Anlage" ist jede zur Ausübung der Dienstbarkeit geschaffene Einrichtung, auch ein Weg, eine Brücke oder Stauschleuse, ein Kanal, eine Rohrleitung usw.[1]

? Kann die Grunddienstbarkeit auch bedingt oder befristet bestellt werden?

Die §§ 158, 163 BGB lassen entsprechende Regelungen zu, ein ausdrückliches Verbot – wie z. B. im Fall des § 925 BGB – sieht der Gesetzgeber hier nicht vor.

1 *Schöner/Stöber*, Rdn. 1153.

§ 3
Belastungsgegenstand

Mit der Grunddienstbarkeit kann belastet werden

- ein Grundstück

  oder auch

- ein grundstücksgleiches Recht (z. B. Erbbaurecht).

Die Eintragung des Rechts auf einem Miteigentumsanteil (Bruchteil i. S. d. §§ 741, 1008 BGB) ist wegen der Unmöglichkeit der tatsächlichen Ausübung grundsätzlich unzulässig.

Die Belastung eines

realen Grundstücksteils

mit der Grunddienstbarkeit verlangt grundbuchrechtlich die Beachtung des

§ 7 GBO.

Voraussetzung ist, dass der näher bezeichnete Grundstücksteil zunächst als selbständiges Grundstück gebucht wird, es sei denn, dass „Verwirrung nicht zu besorgen ist" (vgl. § 7 Abs. 1, 2 GBO). Auf jeden Fall bedarf es aber der Vorlage einer beglaubigten Karte der zuständigen Behörde, aus der sich Lage und Größe des realen Grundstücksteils ergeben müssen (§ 7 Abs. 1, 2 i. V. m. § 2 Abs. 3 GBO).

Da die gesetzliche Notwendigkeit zur Vorlage einer Karte nicht zuletzt auch mit Rücksicht auf die gesetzlichen Anforderungen an die Karte (vgl. § 2 Abs. 3 GBO) zu einigen Umständlichkeiten führt, wählen die Beteiligten oft einen anderen rechtlichen Weg, der dem Berechtigten letztlich in tatsächlicher Hinsicht denselben Vorteil verschafft wie im Falle der Belastung eines realen Grundstücksteils:

Die Grunddienstbarkeit belastet das ganze Grundstück, die *tatsächliche Ausübung* beschränkt sich hingegen auf einen näher bezeichneten realen Grundstücksteil.

Diese Möglichkeit ergibt sich aus § 1023 BGB, der die Vorlage einer Karte i. S. d. § 2 Abs. 3 GBO nicht verlangt. Es genügt stattdessen, dass in der dem Grundbuchamt vorzulegenden Bewilligung der betreffende reale Grundstücksteil, der der *tatsächlichen Ausübung* dienen soll, hinreichend konkretisiert ist.

§ 4
Berechtigter

Rechte, die dem jeweiligen Eigentümer eines Grundstücks zustehen, werden auch als subjektiv dingliche Rechte

bezeichnet. Die Eintragung im Grundbuch verlautbart nicht eine bestimmte Person als Berechtigten sondern den

jeweiligen Eigentümer eines bestimmten Grundstücks (oder grundstücksgleichen Rechts: z. B. Erbbaurecht).

Verstirbt z. B. der Eigentümer des herrschenden Grundstücks oder findet ein rechtsgeschäftlicher Eigentumswechsel des herrschenden Grundstücks statt, so steht „automatisch" dem Rechtsnachfolger die Grunddienstbarkeit und deren Ausübungsbefugnis zu.

? Könnte auch ein Mieter oder Pächter des herrschenden Grundstücks die Grunddienstbarkeit ausüben?

Die BGH-Rechtsprechung stellt es bei der Prüfung des Inhalts und Umfangs der Grunddienstbarkeit nicht allein auf den Zeitpunkt der Bestellung bzw. die persönlichen Vorteile des Eigentümers des herrschenden Grundstücks ab, sondern vielmehr auf das *jeweilige Ausübungsbedürfnis.* Daher kann sich der Umfang der Ausübungsbefugnis auch insoweit verändern, als ein Ausübungsbedürfnis auch für eine Person besteht, die zum ausübungsbefugten Eigentümer des herrschenden Grundstücks in einem besonderen Verhältnis steht.[2]

Beispiel:

Der Eigentümer des herrschenden Grundstücks vermietet seine Garagen. Das auf dem dienenden Grundstück lastende Wegerecht, welches der Garagennutzung dienen soll, kann auch vom Mieter oder Pächter des herrschenden Grundstücks ausgeübt werden.

Letzteres gilt jedoch nur, wenn anderweitige Vereinbarungen nicht getroffen wurden.

Die Bestellung einer einheitlichen Grunddienstbarkeit zugunsten der jeweiligen Eigentümer **mehrerer Grundstücke** wird mit Rücksicht auf die Regelung in § 1025 BGB für zulässig gehalten.[3]

Hier müssen wir uns allerdings im Hinblick auf

§ 47 GBO

fragen, in welchem Beteiligtenverhältnis die begünstigten Grundstückseigentümer stehen. Hier wird eine Gesamtberechtigung oder auch Bruchteilsgemeinschaft für zulässig gehalten[4] oder eine modifizierte Gesamtberechtigung.[5]

2 BGH, DNotZ 1976, 20, 21.
3 BayObLG, DNotz 2002, 950; u. a.
4 LG Traunstein, Rpfleger 1987, 202; u. a.
5 *Müko/Joost,* Rdn. 23 zu § 1018 BGB; *Staudinger/Mayer,* Rdn. 51 zu § 1018 BGB.

Dennoch bleiben letztlich Bedenken hinsichtlich der Zulässigkeit der Gesamthandsgemeinschaft, da diese nicht nur eine gesamthänderische Verbundenheit mehrerer Berechtigter, sondern auch Leistungen des Grundstückseigentümers des belasteten Grundstücks an die Berechtigten (Eigentümer der herrschenden Grundstücke) voraussetzen. Gesamthänderische Beziehungen zwischen den Eigentümern der herrschenden Grundstücke sind aber wohl kaum erkennbar, da im Rahmen der Ausübung der Grunddienstbarkeit jeder Eigentümer seine eigenen rechtlichen und wirtschaftlichen Interessen verfolgen wird. Darüber hinaus können Leistungspflichten des Eigentümers des belasteten Grundstücks nicht Hauptinhalt einer Grunddienstbarkeit sein.

Es wäre hier sinnvoller, statt eines einheitlichen Rechts für mehrere Eigentümer in dem „gemischten" Beteiligtenverhältnis der §§ 428, 432 BGB mehrere selbständige und gleichrangige Grunddienstbarkeiten zu bestellen. Grundbuchrechtlich bereitet dies keine besonderen Schwierigkeiten und kostenrechtliche Gesichtspunkte müssen hinter dem Argument der Rechtssicherheit zurückstehen. Dieser Lösungsweg könnte aber möglicherweise nur ein vorläufiger sein, denn spätestens im Falle der Teilung eines herrschenden Grundstücks i. S. d. § 1025 BGB und sich anschließender Veräußerungen der neuen Grundstücke stellt sich die Frage nach dem Beteiligtenverhältnis erneut, es sei denn, dass man in Konsequenz zu den vorstehenden Überlegungen in diesem Falle vom Entstehen mehrerer selbständiger und gleichrangiger Grunddienstbarkeiten ausgeht (str.).

? Welche Bedenken bestehen hinsichtlich der Bestellung einer Grunddienstbarkeit zugunsten des jeweiligen Eigentümers eines **ideellen** Miteigentumsanteils (Bruchteil)? Aufmerksames Lesen des § 1019 BGB wird Ihnen die Antwort erleichtern!

§ 1019 BGB verlangt einen Vorteil für die *Benutzung des herrschenden Grundstücks.* Als Grundstück i. S. dieser Vorschrift kommt nur das Grundstück gem. § 2 Abs. 2 GBO in Betracht, also ein „räumlich abgegrenzter Teil der Erdoberfläche", der im Bestandsverzeichnis des Grundbuchs gebucht ist.

Die Bestellung einer Grunddienstbarkeit zugunsten des jeweiligen Eigentümers eines realen Grundstücksteils ist ebenso unzulässig.

§ 5
Übertragung

Lesen Sie die §§ 93, 96 BGB!

Die Grunddienstbarkeit ist wesentlicher Bestandteil des herrschenden Grundstücks, d. h. sie ist untrennbar mit diesem verbunden, in ihrem rechtlichen Bestand von diesem Grundstück abhängig. Aus diesem Grunde ist sie selbständig weder belastbar noch übertragbar.

Der Eigentumsübergang am herrschenden Grundstück zieht die Grunddienstbarkeit „automatisch“ mit.

§ 6
Erlöschen

I. Rechtsgeschäftliche Aufhebung

Das Grundbuchamt wird die beantragte Löschung der Grunddienstbarkeit verfügen, wenn insbesondere alle von der Löschung des Rechts Betroffenen die Löschung bewilligen (§ 19 GBO). Dies sind in der Regel diejenigen Beteiligten, die nach materiellem Recht als rechtlich Benachteiligte die Aufhebung zu erklären haben bzw. als solche bei der Aufhebung mitwirken müssen. Dieser Grundsatz gilt für die Aufhebung aller beschränkten dinglichen Rechte!

! Nicht vergessen!!

Die Grunddienstbarkeit erlischt mit

- Aufgabeerklärung des Berechtigten (Eigentümer des herrschenden Grundstücks)

und

- Eintragung im Grundbuch (§ 875 BGB).

Weitere Beteiligte müssen der Aufhebung zustimmen, wenn sie davon rechtlich „berührt“ werden (s. o.).

Beispiel:

Beantragt und bewilligt wird die Löschung einer Grunddienstbarkeit (Wegerecht). Das herrschende Grundstück ist mit einer Grundschuld zugunsten der Bank B belastet, die der Aufhebung zustimmen und daher gem. § 19 GBO grundsätzlich bewilligen muss.

Zur Begründung: Lesen Sie die §§ 1120, 93, 96 BGB!

Ein Grundpfandrecht belastet nicht nur das Grundstück als solches, sondern erstreckt sich nach den genannten Bestimmungen u. a. auch auf

wesentliche Bestandteile

des Grundstücks. Zu den wesentlichen Bestandteilen des Grundstücks gehören gem. §§ 93, 96 BGB beschränkte *dingliche Rechte, die mit dem Eigentum an diesem Grundstück verbunden sind.*

Skizze:

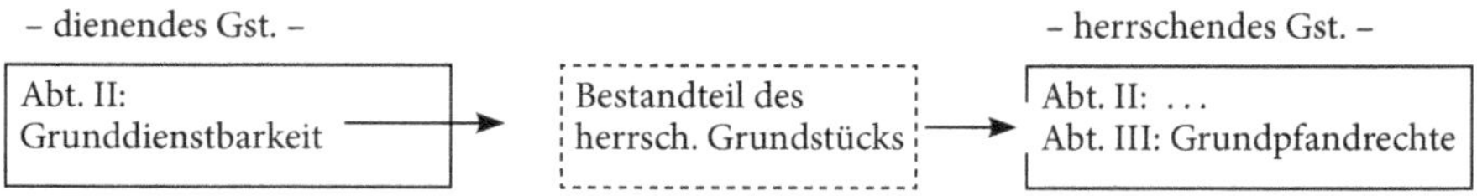

Man kann auch sagen, der Eigentümer des herrschenden Grundstücks hat mit der Grunddienstbarkeit sein Grundstück zwar nicht räumlich, aber letztlich doch rechtlich und wirtschaftlich vergrößert. Dies wiederum hat auch eine Erweiterung der Haftungsgrundlage des Gläubigers am *herrschenden* Grundstück zur Folge und damit eine größere Sicherheit für seine Ansprüche (Grundstück und Grunddienstbarkeit). Im Falle des Verkaufs und der Veräußerung oder auch einer Zwangsversteigerung des herrschenden Grundstücks würde auch der Bestandteil mitverkauft bzw. versteigert, was sich positiv auf den Kaufpreis bzw. den Versteigerungserlös auswirken kann.

Lesen Sie jetzt § 876 S. 2 BGB!

Der zuvor beschriebene Vorteil ginge dem Gläubiger am herrschenden Grundstück verloren. Daher ist er „Dritter“ im Sinne der genannten Vorschrift. Ohne seine Zustimmung kann das Recht grundsätzlich nicht aufgehoben werden.

Das Erfordernis seiner materiellrechtlichen Zustimmung müsste nunmehr auch seine Mitwirkung gem. § 19 GBO notwendig machen.

Lesen Sie § 21 GBO!

Das Grundbuchamt wird aus Gründen der Verfahrenserleichterung die Bewilligung des „Dritten“ nur dann verlangen, wenn die werterhöhende Tatsache auf dem herrschenden Grundstück gem. § 9 GBO vermerkt ist (Bestandsverzeichnis). Die Eintragung dieses Vermerks kann der „Dritte“ zur Wahrung seiner Rechte beantragen (§ 9 GBO).

Lesen Sie zur Frage der verfahrensrechtlichen Mitwirkung mittelbar Betroffener *Eickmann/Böttcher,* Grundbuchverfahrensrecht, 4. Auflage, 5. Kap. § 3 III Rdn. 136–139!

Zum Verständnis:

? Der „Herrschvermerk“ gem. § 9 GBO ist nicht eingetragen. Geht in vorstehendem Beispiel das subjektiv dingliche Recht dem Gläubiger am herrschenden Grundstück verloren, wenn ohne seine Mitwirkung das Recht unter Anwendung des § 21 GBO gelöscht wird?

Prüfen Sie die Voraussetzungen für das Erlöschen des Rechts!

- Aufgabeerklärung des Berechtigten (§ 875 BGB)
- Zustimmung des Grundpfandrechtsgläubigers (§ 876 S. 2 BGB)
- Eintragung im Grundbuch (§ 875 BGB)

Ist nur eine dieser Voraussetzungen nicht erfüllt, kann das Erlöschen nicht eintreten. Die Entscheidung des Grundbuchamtes gem. § 21 GBO, auf die Bewilligung des Grundpfandrechtsgläubigers zu verzichten, wäre zwar richtig, diese Entscheidung führt jedoch infolge fehlender Zustimmung des Grundpfandrechtsgläubigers (§ 876 S. 2 BGB) zur Grundbuchunrichtigkeit, da die formelle Grundbuchlage (gelöschtes Recht) die wahre materielle Rechtslage (Bestehen des Rechts) nicht wiedergibt.

? Welche Rechtsnachteile könnten dem Gläubiger entstehen, wenn doch die Grunddienstbarkeit „nach wie vor" besteht?

Spätestens im Falle einer Weiterveräußerung des *dienenden* Grundstücks an einen im Hinblick auf das „Erlöschen" gem. §§ 891 Abs. 2; 892 BGB gutgläubigen Dritten würde die Grunddienstbarkeit als Bestandteil des herrschenden Grundstücks untergehen.

? Wie könnte der Gläubiger den möglichen Rechtsnachteil verhindern?

Im Hinblick auf die Regelung in § 17 GBO ist dem Gläubiger zu empfehlen, möglichst schnell einen Antrag auf Grundbuchberichtigung zu stellen und einen gutgläubigen Erwerb durch Eintragung eines Widerspruchs zu verhindern.

Die vorstehenden Überlegungen zeigen, dass der in § 876 S. 2 BGB genannte „Dritte" die Gefahr eines Rechtsverlustes zwar nicht ganz ausschließen, aber doch zumindest begrenzen kann, indem er sein Interesse an dem subjektiv dinglichen Recht dadurch zum Ausdruck bringt, dass er die Eintragung des Herrschvermerks gem. § 9 GBO beantragt.

Zu „Dritten" i. S. d. § 876 S. 2 BGB gehören nicht nur Grundpfandrechtsgläubiger, sondern auch andere dinglich Berechtigte am herrschenden Grundstück, *wenn sie von der Aufhebung des subjektiv dinglichen Rechtes berührt werden.* Im Falle der Eintragung des Herrschvermerks gem. § 9 GBO müssen daher auch sie die Eintragung der Aufhebung bzw. anderer rechtlicher Beeinträchtigungen des subjektiv dinglichen Rechts (§§ 877, 880 Abs. 3 BGB) gem. § 19 GBO bewilligen.

II. Gesetzliches Erlöschen

Das Erlöschen des Rechts kann auch außerhalb des Grundbuches eintreten, ohne dass es einer Mitwirkung der zu 1. genannten Beteiligten bedarf. In diesem Fall ist das Grundbuch

unrichtig

geworden und grundsätzlich auf Antrag unter Nachweis der Unrichtigkeit (Erlöschen des Rechts) zu berichtigen (§§ 22, 29 GBO).

? Was könnte zum Erlöschen des Rechts außerhalb des Grundbuchs geführt haben?

Beispiele:

- Eintritt einer auflösenden Bedingung bei auflösend bedingter Grunddienstbarkeit (§ 158 Abs. 2 BGB);
- Ablauf der Frist bei befristeter Grunddienstbarkeit (§ 163 i. V. m. § 158 Abs. 2 BGB);
- *Endgültiger* Wegfall des Vorteils i. S. d. § 1019 BGB (so auch im Falle des § 1025 S. 2 BGB);
- Teilung des dienenden Grundstücks, wenn die tatsächliche Ausübung des Rechts auf einen realen Teil beschränkt war: Erlöschen des Rechts auf dem Teil, der außerhalb des Bereichs der Ausübung liegt (§ 1026 BGB);
- Zuschlag in der Zwangsversteigerung unter den Voraussetzungen des § 91 Abs. 1 ZVG.

§ 7
Abgrenzung zur beschränkten persönlichen Dienstbarkeit (§ 1090 BGB)

Die *inhaltliche Ausgestaltung* dieses Rechts entspricht im Wesentlichen der Grunddienstbarkeit (vgl. Wortlaut des § 1090 Abs. 1 BGB).

? Welche Unterscheidungsmerkmale kennzeichnen dennoch beide Rechte?

Lesen Sie die §§ 1090–1092 BGB und stellen Sie die Unterscheidungsmerkmale fest!

	Grunddienstbarkeit	Beschr. pers. Dienstbarkeit
Inhalt	§ 1019 BGB: Entstehungs- u. Bestandsvoraussetzung	§ 1019 BGB nicht anwendbar, vielmehr § 1091 BGB, d. h. es genügt ein eigenes schutzwürdiges wirtschaftliches oder
Inhalt (forts.)		ideelles Interesse des Berechtigten oder ein entspr. fremdes, das der Berechtigte fördern will (z. B. Wohnungsbesetzungsrecht für eine Gemeinde).

	Grunddienstbarkeit	Beschr. pers. Dienstbarkeit
Berechtigter	jeweiliger Eigentümer eines anderen Grundstücks	bestimmte natürliche oder juristische Person oder Personenhandelsgesellschaft
Erlöschen	nicht durch Tod des Eigentümers des herrsch. Grundstücks	Tod des Berechtigten (§§ 1090 Abs. 2; 1061 BGB).
Übertragbarkeit	nicht übertragbar. Ausübung aber möglich durch z. B. Mieter, Pächter des herrsch. Grundstücks, wenn nichts anderes vereinbart	nicht übertragbar (§ 1092 Abs. 1 S. 1 BGB; Ausnahme: § 1092 Abs. 2, 3 BGB), tatsächliche Ausübung kann einem anderen überlassen werden, wenn Überlassung *gestattet* ist (§ 1092 Abs. 1 S. 2 BGB).

Weitere Besonderheiten zur

beschränkten persönlichen Dienstbarkeit

werden im 5. Kapitel – Wohnungsrecht – angesprochen.

§ 8
Zur Wiederholung

Fragen und Aufgaben zur Wiederholung 4. Kapitel	Antworten und Lösungen auf den Seiten
1. Nennen Sie Beispiele zu den Alternativen des § 1018 BGB!	80–82
2. Warum können Leistungspflichten des Eigentümers des dienenden Grundstücks grundsätzlich nicht Inhalt einer Grunddienstbarkeit sein? Nennen Sie Ausnahmeregelungen!	85
3. Was fällt Ihnen zum Begriff „Wettbewerbsverbot" und den sich dazu ergebenden Besonderheiten ein?	81, 82
4. Wie ist § 1019 BGB zu verstehen?	83, 84

Fragen und Aufgaben zur Wiederholung 4. Kapitel	Antworten und Lösungen auf den Seiten
5. Beschreiben Sie den Begriff „Anlage“ i. S. d. § 1021 BGB (Beispiele)!	85
6. Welche besonderen Voraussetzungen sind im Falle der Belastung eines realen Grundstücksteils zu erfüllen?	86
7. Wer kommt als Berechtigter in Betracht?	86, 87
8. Warum ist die Bestellung einer Grunddienstbarkeit zugunsten des jeweiligen Eigentümers eines ideellen Miteigentumsanteils grundsätzlich unzulässig?	87, 88
9. Begründen Sie die Unzulässigkeit der Übertragung der Grunddienstbarkeit!	88, 89
10. Begründen Sie die Mitwirkungspflicht dinglich Berechtigter am herrschenden Grundstück im Falle der rechtsgeschäftlichen Aufhebung bzw. anderer rechtlicher Beeinträchtigungen der Grunddienstbarkeit!	89
11. Unter welchen Voraussetzungen müssen die in § 876 S. 2 BGB genannten Berechtigten gem. § 19 GBO bewilligen?	88, 90, 91
12. Nennen Sie Beispiele für das Erlöschen des Rechts kraft Gesetzes!	91, 92
13. Worin unterscheiden sich Grunddienstbarkeit und beschränkte persönliche Dienstbarkeit?	92, 93

§ 9
Zusammenfassung
(4. Kapitel)

Allgemeines	Entstehung gem. § 873 Abs. 1 BGB: Einigung zwischen dem Eigentümer des dienenden und herrsch. Grundstücks mit zulässigem Inhalt (beachte § 1019 BGB).
Inhalt	Alternativen des § 1018 BGB – Benutzen in einzelnen (nicht allen) Beziehungen; – Verbot zur Vornahme gewisser (nicht aller) *Handlungen,* die sich aus der Grundstücks*eigentümerstellung* ergeben; – Ausschluss einer Rechtsausübung, die sich aus dem dienenden Grundstück dem herrschenden Grundstück gegenüber ergibt; Vorteil für die Benutzung des herrschenden Grundstücks (§ 1019 BGB); – auf die Person des augenblicklichen Eigentümers des herrschenden Grundstücks kommt es nicht an sondern auf Art, Beschaffenheit, Zweckbestimmung des herrschenden Grundstücks; Hauptinhalt kann nur Dulden oder Unterlassen sein; – Pflichten des Eigentümers des dienenden Grundstücks nur ausnahmsweise als Nebenpflichten eintragungsfähig; Einheitliche Grunddienstbarkeit zur Sicherung mehrerer Belastungsarten i. S. v. § 1018 BGB möglich.
Belastungsgegenstand	Grundstück oder grundstücksgleiches Recht (z. B. Erbbaurecht); Realer Grundstücksteil unter Beachtung der §§ 7, 2 Abs. 3 GBO. Unzulässig auf ideellem Miteigentumsanteil, da Ausübung nicht möglich (Ausnahme: Wohnungseigentum).

Berechtigter

Nur der jeweilige Eigentümer des herrschenden Grundstücks. Zulässig auch die Bestellung und Eintragung für Eigentümer mehrerer Grundstücke, wenn § 1019 BGB für alle begünstigten Grundstücke zutrifft. Unzulässig für jeweiligen Eigentümer eines ideellen Miteigentumsanteils, da Benutzungsvorteil i. S. d. § 1019 BGB nicht erkennbar.

Unzulässig für jeweiligen Eigentümer eines realen Grundstücksteils.

Übertragung

Grunddienstbarkeit ist wesentlicher Bestandteil des herrsch. Grundstücks, mit diesem hinsichtlich ihres Bestandes untrennbar verbunden. Übertragung daher unzulässig.

Erlöschen

Rechtsgeschäftliche Aufhebung:

- § 875 BGB: Aufgabeerklärung des Berechtigten und Eintragung im Grundbuch;
- § 876 S. 2 BGB: Zustimmung dinglich Berechtigter am herrschenden Grundstück, wenn durch Aufhebung berührt;

Bewilligung der dinglich Berechtigten *des § 876 S. 2 BGB* nur erforderlich, wenn Herrschvermerk eingetragen (§ 21 GBO). Eigentümer des herrsch. Grundstücks muss gem. § 19 GBO immer bewilligen;

Gesetzliches Erlöschen:

- außerhalb des Grundbuches durch Eintritt einer auflösenden Bedingung, Ablauf der Frist, Wegfall des Vorteils gem. § 1019 BGB; auch in den Fällen der §§ 1025, 1026 BGB, 91 ZVG.

5. Kapitel: Wohnungsrecht

Beispiel:

Grundstückseigentümer E will sein Grundstück an seinen Sohn S veräußern, bis zu seinem Tode aber alle Räume im 1. Obergeschoss des auf dem Grundstück stehenden Wohnhauses bewohnen.

Nach Eigentumsübertragung auf S wird die Eintragung eines entspr. Wohnungsrechts zugunsten des E beantragt und bewilligt.

§ 1 Allgemeines

Das Wohnungsrecht entsteht wie jedes andere beschränkte dingliche Recht mit

Einigung und Eintragung im Grundbuch (§ 873 Abs. 1 BGB).

Lesen Sie § 1093 Abs. 1 BGB und stellen Sie die besonderen Merkmale des Wohnungsrechts fest!

Das Wohnungsrecht stellt eine besondere Form der

- beschränkten persönlichen Dienstbarkeit (§ 1090 BGB)

dar. Der Berechtigte hat die Befugnis,

- ein Gebäude oder einen Teil eines Gebäudes
- als Wohnung
- zu benutzen,
- unter Ausschluss des Eigentümers.

Ist der Eigentümerausschluss nicht gewollt, wird es sich in der Regel um ein Wohnrecht i. S. d. § 1090 BGB handeln, also um ein bloßes Mitbenutzungsrecht neben dem aus dem Eigentum des Grundstückseigentümers erwachsenden Nutzungsrecht. Kennzeichnend für das Wohnungsrecht i. S. d. § 1093 BGB ist also insbesondere der

Eigentümerausschluss.

Dieses besondere Merkmal hat die als Wohnrecht bestellte beschränkte persönliche Dienstbarkeit nicht aufzuweisen. Das Wohnungsrecht ist daher verwandt mit dem Nießbrauch, dem es in vielen Bestimmungen und Regeln unterstellt wird (vgl. § 1093 Abs. 1 S. 2 BGB).

? Worin besteht der wesentliche Unterschied zwischen Wohnungsrecht und Dauerwohnrecht?

Das Dauerwohnrecht ist ein veräußerliches und vererbliches Recht (§ 33 Abs. 1 WEG). Hingegen kann das Wohnungsrecht grundsätzlich *weder übertragen noch vererbt werden* (§§ 1093, 1092, 1090 Abs. 2, 1061 BGB).

Im Hinblick auf die unterschiedlichen Rechtsinhalte und Rechtsfolgen sollten die Beteiligten (Eigentümer und Berechtigter) klare und unmissverständliche Vereinbarungen treffen. Allein schon der Gebrauch des Begriffs „Wohnungsrecht“ in den Eintragungsunterlagen lässt jedoch auf ein gewolltes Wohnungsrecht i. S. d. § 1093 BGB schließen, selbst dann, wenn der Eigentümerausschluss nicht ausdrücklich erklärt sein sollte. Zweifel am gewollten Parteiwillen rechtfertigen aber den Erlass einer Zwischenverfügung i. S. d. § 18 GBO.

§ 2
Inhalt

I. Bestimmung der Wohnung

Der im Grundbuchrecht geltende Bestimmtheitsgrundsatz zwingt die Beteiligten, die Räume, in denen das Wohnungsrecht ausgeübt werden soll, so genau zu bezeichnen, dass eine tatsächliche Feststellung durch neutrale Dritte ohne Schwierigkeiten möglich ist[1] (anders bei der „normalen“ beschr. pers. Dienstbarkeit: hier gilt § 1020 BGB i. V. m. § 1090 Abs. 2 BGB).

Beispiele:

- Wohnungsrecht in allen Räumen des Erdgeschosses;
- Wohnungsrecht an *den* drei Räumen im 1. Stockwerk, rechts vom Treppenaufgang, bestehend aus Küche, Schlaf- und Wohnzimmer.

Unzulässig ist es, dem Berechtigten eine Wahlmöglichkeit hinsichtlich der zu benutzenden Räume zu geben oder die Bestimmung dem Grundstückseigentümer zu überlassen[2].

1 OLG Köln, Rpfleger 1988, 237 u. a.
2 BayObLG, DNotZ 1965, 166; LG Aachen, MittRhNotK 1975, 12.

Fall:

Der Grundstückseigentümer beantragt und bewilligt die Eintragung eines Wohnungsrechts i. S. v. § 1093 BGB an allen Räumen des 1. Stockwerks, bestehend aus Küche, Diele, Bad, Wohnzimmer, Schlafzimmer sowie einem weiteren Raum, den der Berechtigte zum Betreiben eines Steuerberatungsbüros benutzen darf.

? Welche inhaltlichen Bedenken könnten hier der Eintragung des Rechts entgegenstehen?

Lesen Sie erneut § 1093 Abs. 1 BGB!

§ 1093 BGB gibt dem Berechtigten die Befugnis zum **Wohnen.** Deshalb muss sich das Recht in seiner inhaltlichen Ausgestaltung *hauptsächlich* auf das Wohnen erstrecken.

In vorstehendem Fall soll jedoch ein Raum zu gewerblichen Zwecken genutzt werden. Dies wird nach der h. M.[3] für zulässig gehalten, solange das Wohnen Hauptzweck bleibt und die Nutzung im Übrigen dem Wohnen untergeordneter Nebenzweck darstellt.

II. Mitbenutzungsrechte

? Kann sich das Wohnungsrecht auch auf die Benutzung von Grundstücksteilen erstrecken, die außerhalb der Wohnung liegen?

Wenn Sie sich ein Wohnungsrecht an bestimmten Räumen im Obergeschoss eines Wohnhauses vorstellen, wird die Frage leicht zu beantworten sein, denn der Wohnungsberechtigte wird zur Ausübung seines Rechtes zwangsläufig den Treppenaufgang benutzen müssen.

Gem. § 1093 Abs. 3 BGB ist der Berechtigte befugt, und zwar ohne besondere Vereinbarung, die Grundstücks- oder Gebäudeteile mitzubenutzen, die er zur ordnungsgemäßen Ausübung seines Wohnungsrechts benötigt. Insoweit entscheiden die Grundstücks- und Gebäudeverhältnisse und die Lebensgewohnheiten.

In der grundbuchrechtlichen Eintragungsbewilligung brauchen daher die im § 1093 Abs. 3 BGB genannten Anlagen und Einrichtungen nicht genannt zu werden, da ihre Benutzung zum Wesen des Wohnungsrechts gehört.

? Warum wird es dennoch sinnvoll sein, in der Bewilligung das Mitbenutzungsrecht des § 1093 Abs. 3 BGB zu konkretisieren?

Die Feststellung, ob ein Grundstücksteil Gemeinschaftsanlage i. S. d. § 1093 Abs. 3 BGB darstellt, bereitet oft Schwierigkeiten. Es ist daher den Beteiligten zur Ver-

3 RG, HRR 1932, 1660.

meidung von Streitigkeiten und Zweifeln zu raten, zumindest diejenigen Anlagen zu bestimmen, die zu Zweifeln Anlass geben könnten.

Beispiel:

Die Bewilligung könnte folgende Bestimmung enthalten:

„Das Mitbenutzungsrecht des Wohnungsberechtigten i. S. d. § 1093 Abs. 3 BGB erstreckt sich auch auf die Einzelgarage".

Zu den Anlagen und Einrichtungen i. S. d. § 1093 Abs. 3 BGB gehören z. B.[4]

- Zentralheizungsanlage
- Wasserversorgungsanlage
- Treppenhaus nebst Beleuchtung
- Trockenboden
- Entsorgungsanlagen.

III. Eintragungsfähiger Inhalt im Übrigen

Im Hinblick auf die Prüfung der Eintragungsfähigkeit bestimmter, aus der Eintragungsbewilligung sich ergebender Regelungen, müssen wir uns zunächst mit dem gesetzlichen Inhalt des Wohnungsrechts befassen, denn was schon gesetzlich geregelt ist, bedarf keiner zusätzlichen Eintragung in das Grundbuch.

Fall:

In der Wohnung des Berechtigten wird wegen unsachgemäßer Behandlung durch den Berechtigten eine Reparatur der Zimmertüren erforderlich.

? Wer hat die notwendigen Reparaturmaßnahmen zu veranlassen und die entstehenden Kosten zu tragen?

Auf das Wohnungsrecht sind bestimmte Nießbrauchvorschriften anzuwenden, insbesondere auch

§ 1041 BGB (§ 1093 Abs. 1 BGB).

Hiernach ist der Wohnungsberechtigte gesetzlich verpflichtet, „für die Erhaltung der Sache (Wohnung) in ihrem wirtschaftlichen Bestand zu sorgen". Die erforderlich werdenden Maßnahmen hat somit er zu treffen und die damit verbundenen Kosten zu tragen.

? Gilt dies auch für Maßnahmen zur Wohnungsrenovierung?

Eine Wohnungsrenovierung (z. B. neue Wandverkleidung) stellt wohl eine Ausbesserung dar, die zur gewöhnlichen Unterhaltung der Sache (Wohnung) gehört. Gem.

4 BGH, NJW 1969, 1847, 1849; BayObLG, DNotZ 1992, 303.

§§ 1093 Abs. 1 S. 2, 1041 BGB fällt diese Pflicht in den „Zuständigkeitsbereich“ des Wohnungsberechtigten.

Letztlich entscheidet wohl immer der Einzelfall. Daher kann § 1041 BGB dann nicht zu Lasten des Berechtigten angewandt werden, wenn Erhaltungsmaßnahmen trotz ordnungsgem. Wohnungsbenutzung notwendig werden und den Berechtigten keine „Schuld“ trifft.

Fall:

Die Eintragungsbewilligung enthält folgende Bestimmung: „Die zum gemeinschaftlichen Gebrauch bestimmte Heizungsanlage hat der Eigentümer des Grundstücks zu unterhalten (Instandhaltung, Instandsetzung)“.

? Ist die Bestimmung als Inhalt des Wohnungsrechts eintragungsfähig?

Eine Dienstbarkeit kann dem Grundstückseigentümer des mit ihr belasteten Grundstücks grundsätzlich keine Leistungen auferlegen. Er ist lediglich verpflichtet, die Ausübung des Wohnungsrechts zu

dulden.

Leistungen des Eigentümers, also ein positives Tun, sind jedoch ausnahmsweise als Inhalt des Rechts eintragbar, wenn es sich um Nebenpflichten handelt.

Lesen Sie §§ 1093, 1090 Abs. 2, 1020 ff. BGB!

Die in der Bewilligung getroffene Bestimmung lässt sich unter Anwendung des § 1021 BGB verdinglichen, zumal das Interesse des Berechtigten dies erfordert. Diese Nebenpflicht wird als „unselbständige Unterhaltsreallast“ mit dem Wohnungsrecht eingetragen, d. h. sie ist aus dem Eintragungstext nicht ersichtlich.

? Wäre eine Verdinglichung der in der Bewilligung enthaltenen Bestimmungen auch auf andere rechtliche Weise erreichbar?

§ 1093 Abs. 1 S. 2 BGB verweist auf § 1041 BGB. Diese Vorschrift verpflichtet zwar grundsätzlich den Berechtigten (s. o.), ist jedoch abdingbar, wenn die von ihr abweichenden Bestimmungen das Wesen des Rechts (hier Wohnungsrecht) unberührt lässt. Letzteres ist hier zu bejahen.

? Macht es im Hinblick auf die Unterhaltungspflichten einen Unterschied, ob die zu unterhaltende Anlage ausschließlich zum Gebrauch des Wohnungsberechtigten bestimmt ist oder Gemeinschaftsanlage i. S. d. § 1093 Abs. 3 BGB darstellt?

Lesen Sie die §§ 1020 ff., 1041, 1093 Abs. 3 BGB!

Soweit die Anlage ausschließlich dem Gebrauch des Berechtigten dient, trifft ihn die *gesetzliche* Unterhaltungspflicht (§§ 1020 S. 2, 1041 BGB).

Gemeinschaftsanlagen hingegen haben Eigentümer *und* Berechtigter im eigenen Interesse *kraft Gesetzes* zu unterhalten (§ 1021 S. 2 BGB: Umkehrschluss).

! **Merke:** § 1021 BGB lässt von den gesetzlichen Bestimmungen abweichende Vereinbarungen zu. Eine Verdinglichung solcher Regelungen lässt sich aber nur durch Eintragung in das Grundbuch erreichen.

Fall:

Der Wohnungsberechtigte möchte seine Lebensgefährtin in seine Wohnung aufnehmen. Der Eigentümer meint, dies sei bei Bestellung des Rechts nicht vereinbart worden und folglich nicht Inhalt des Wohnungsrechts.

? Wie ist die Rechtslage?

Lesen Sie die §§ 1092 Abs. 1 S. 2, 1093 Abs. 2 BGB! Welche wesentlichen Unterscheidungsmerkmale können Sie hier feststellen?

§ 1093 Abs. 2 BGB bestimmt den Personenkreis, den der Wohnungsberechtigte auf Dauer in seine Wohnung

aufnehmen

darf. Zu diesem Personenkreis gehören nur

Familienmitglieder

sowie Personen, die zur standesgemäßen Bedienung und Pflege erforderlich sind.

Zwischen dem Berechtigten und den bezeichneten Personen besteht eine Art Untermieterverhältnis. Der Begriff der Familie darf nicht zu eng ausgelegt werden, eine Unterhaltspflicht ist hier z. B. nicht zwingende Voraussetzung, sondern vielmehr die „gewöhnliche Lebensauffassung". „Aufnahme" bedeutet im Übrigen nicht alleinige Benutzung, sondern lediglich Mitbenutzung.

§ 1092 Abs. 1 S. 2 BGB gibt dem Berechtigten die Befugnis,

sonstigen Dritten

die Allein- oder auch Mitbenutzung der Wohnung auf Dauer zu überlassen, falls Letzteres gestattet, also zwischen Eigentümer und Berechtigten vereinbart ist.

Ergebnis:

Zum Personenkreis des § 1093 Abs. 2 BGB gehört – bei dauerhafter Beziehung – auch die Lebensgefährtin des Berechtigten[5]. Einer Vereinbarung i. S. d. § 1092 Abs. 1 S. 2 BGB bedurfte es deshalb nicht.

5 BGH, NJW 1982, 1868.

! **Merke:** Die für das Wohnungsrecht geltenden Bestimmungen sind abdingbar. Von der gesetzlichen Regel abweichende Vereinbarungen dürfen jedoch das Wesen des Wohnungsrechts nicht berühren und letztlich das Wohnen nicht in Frage stellen (unzulässig z. B.: Ausschluss des § 1092 Abs. 1 S. 1 BGB oder des § 1061 BGB i. V. m. § 1090 Abs. 2 BGB).

Mit Eintragung im Grundbuch erlangen zulässige abweichende Vereinbarungen auch Wirkung gegenüber dem Sonderrechtsnachfolger des Grundstückseigentümers.

§ 3
Belastungsgegenstand

Während die tatsächliche Ausübung des Wohnungsrechts sich auf bestimmte Räume, Einrichtungen und Anlagen erstreckt, erfasst die rechtliche Belastung als solche das

- Grundstück (oder ein grundstücksgleiches Recht).

Die Belastung eines

realen Grundstücksteils

ist wiederum nur unter Beachtung des § 7 GBO möglich, wobei eine Verselbständigung des realen Teils zum Grundstück nur dann unterbleiben kann, wenn „Verwirrung nicht zu besorgen ist" und der real zu belastende Teil aus dem amtlichen Verzeichnis i. S. d. § 7 Abs. 2 GBO zweifelsfrei hervorgeht. Das Grundbuchamt wird von der Ausnahmeregelung des § 7 Abs. 2 GBO wenig Gebrauch machen, da sie zu Unübersichtlichkeiten des Grundbuchs und damit zu Schwierigkeiten im Rahmen eines möglichen Zwangsversteigerungsverfahrens führen kann.

Die Belastung eines

ideellen Miteigentumsanteils (z. B. ½)

mit dem Wohnungsrecht ist grundsätzlich unzulässig.

☞ Wenn Sie die entsprechenden Ausführungen zur Grunddienstbarkeit aufmerksam gelesen haben, werden Sie die Unzulässigkeit begründen können!

Das Wohnen ist nur in Räumen möglich. Der Miteigentumsanteil stellt aber keine reale, vorstellbare Größe, sondern vielmehr eine Berechtigung an einer gemeinschaftlichen Sache dar (vgl. §§ 741 ff. BGB).

Die Belastung eines ideellen Miteigentumsanteils mit einem Wohnungsrecht kommt nur dann in Betracht, wenn ein realer Teil den Miteigentumsanteil „verkörpert“ (z. B. § 1 WEG).

§ 4
Berechtigter

Das Wohnungsrecht kann

natürlichen und juristischen Personen, (auch Personenhandelsgesellschaften, Partnerschaftsgesellschaften und einer GbR

eingeräumt werden.

Da aber eine juristische Person oder Personenhandelsgesellschaft selbst zur Ausübung des Wohnungsrechts nicht in der Lage ist, wird sie die Ausübung natürlichen Personen überlassen.

Soll das Recht für mehrere eingetragen werden, muss die Bewilligung das einzutragende

Beteiligtenverhältnis

erkennen lassen, denn das Gesetz bietet vielfältige Beteiligtenverhältnisse an, die hinsichtlich der Verfügungsbefugnis ihrer Mitglieder unterschiedliche Regelungen zum Inhalt haben können.

Das Grundbuchamt hat im Rahmen der Prüfung der Bewilligung nicht nur auf die bloße Angabe des Beteiligtenverhältnisses zu achten, sondern mit Rücksicht auf die unterschiedliche inhaltliche Ausgestaltung der beschränkten dinglichen Rechte insbesondere auf seine

Zulässigkeit.

Die Prüfung der Zulässigkeit des Beteiligtenverhältnisses wirft z. T. schwierige Fragen auf. Rechtsprechung und Literatur gehen hier z. T. verschiedene Wege. Dabei bleibt nicht selten das Gebot der Rechtssicherheit „auf der Strecke“.

- Wohnungsrecht für mehrere als Gesamtberechtigte gem. § 428 BGB?

Lesen Sie § 428 BGB und stellen Sie die für dieses Beteiligtenverhältnis maßgeblichen Merkmale und Kriterien fest!

§ 428 BGB hat zum Inhalt:

mehrere Gläubiger, von denen
jeder die ganze Leistung fordern kann, die der

Schuldner
nur einmal bewirken muss
nach seinem Belieben an jeden Gläubiger.

§ 428 BGB bringt dem Schuldner den Vorteil, durch *Leistung* an einen von mehreren Gläubigern seine Verpflichtung erfüllen zu können.

Auf den Fall der Dienstbarkeit (hier Wohnungsrecht) abgestellt, würde dies bedeuten, dass jeder Berechtigte die **Nutzung** für sich selbst beanspruchen könnte, die Nutzung durch *einen* einzelnen Berechtigten aber gleichzeitig auch die Nutzung durch den anderen Berechtigten darstellt, denn der Schuldner (Eigentümer) wird ja schon durch **Leistung** an einen Berechtigten frei.

Schon hier dürfen nach hiesiger Auffassung Zweifel an der Zulässigkeit dieses Beteiligtenverhältnisses beim Wohnungsrecht aufkommen. Scheidet nämlich einer der Berechtigten aus der Gemeinschaft aus (z. B. durch Tod), so wird das Recht für den anderen nicht unbeschränkt fortbestehen können, denn der Eigentümer (Schuldner) hat seine Leistung an einen Berechtigten (Gläubiger) bereits erbracht – der sie für sich alleine fordern konnte (s. o.) – und muss folglich „frei“ geworden sein. Zwischen dem Eigentümer und dem verbleibenden Berechtigten müssten für diesen Fall neue Vereinbarungen getroffen werden.

§ 428 BGB geht im Übrigen von einer „Leistung“ des Eigentümers aus, die jedoch grundsätzlich nicht zum Inhalt eines Wohnungsrechts gemacht werden kann. Auch aus diesem Grunde bestehen Bedenken gegen die Anwendung des § 428 BGB beim Wohnungsrecht.

Der BGH[6] hat sich allerdings für die Zulässigkeit dieses Beteiligtenverhältnisses ausgesprochen und die vorerwähnten Bedenken mit der Begründung auszuräumen versucht, dass der Eigentümer im Rahmen der Gesamtgläubigerschaft des § 428 BGB das gleichzeitige Wohnen aller Berechtigten dulden müsse.

Die Begründung zur möglichen Anwendung dieser Norm ist wenig überzeugend. Darüber hinaus ist weder ein rechtliches noch ein praktisches Bedürfnis für die Anwendung des § 428 BGB im Rahmen des Wohnungsrechts ersichtlich, zumal gegen die Bestellung und Eintragung mehrerer selbständiger (gleichrangiger) Wohnungsrechte keinerlei rechtliche Bedenken bestehen.

Im Vordergrund sollte die Übersichtlichkeit des Grundbuches und damit letztlich die Rechtssicherheit stehen. § 428 BGB sollte daher nur bei den beschränkten dinglichen Rechten zur Anwendung kommen, die „echte“ Leistungspflichten des Eigentümers (Schuldner) gegenüber mehreren Gläubigern zum Hauptinhalt haben.

- Wohnungsrecht für mehrere in Bruchteilsgemeinschaft?

Lesen Sie die §§ 741 ff. BGB!

---

6 BGH, Rpfleger 1967, 143; DNotZ 1997, 401 (402); a. A. OLG Hamm, DNotZ 1966, 372; *Woelki*, Rpfleger 1975, 208.

Diese Vorschriften gehen grundsätzlich von

teilbaren Rechten

aus (vgl. §§ 741–743 BGB). Darüber hinaus gehört insbesondere auch § 747 BGB zum Wesen der Bruchteilsgemeinschaft mit der Maßgabe, dass jeder Teilhaber über seinen Anteil verfügen kann. Demgegenüber aber steht das Verbot der Übertragung des Wohnungsrechts (§§ 1093, 1092 BGB). Im Übrigen mangelt es an der Teilbarkeit des Wohnungsrechts, denn *jedem* Berechtigten gebührt die

ungeteilte Nutzung.

Nur in der tatsächlichen Ausübung wird jeder Berechtigte durch das gleichzeitige Ausübungsrecht des anderen beschränkt. Die Bruchteilsgemeinschaft kommt daher nur bei teilbaren Rechten in Betracht. Beim Wohnungsrecht jedenfalls muss ihre Zulässigkeit abgelehnt werden.

- Wohnungsrecht für Eheleute in Gütergemeinschaft?

Leben Eheleute in Gütergemeinschaft, dann wird gem. § 1416 BGB das für sie bestellte Wohnungsrecht zum Gesamtgut.

Bei Bestellung des Rechts für nur einen Ehegatten fällt das Recht in das Sondergut dieses Ehegatten (§ 1417 Abs. 1, 2 BGB), denn das Wohnungsrecht ist nicht übertragbar (§§ 1093, 1092 BGB).

§ 5
Übertragung

Das Wohnungsrecht ist grundsätzlich weder übertragbar noch vererblich (§§ 1093, 1092, 1090 Abs. 2, 1061 BGB; Ausnahme: § 1092 Abs. 3 BGB).

Fall:

Grundstückseigentümer E hat sein Grundstück mit einem Wohnungsrecht für B belastet. Nach Eigentumsübertragung des Grundstücks auf K will der Wohnungsberechtigte B seine Wohnung vermieten und beruft sich insoweit auf eine zwischen ihm und dem ursprünglichen Eigentümer E entsprechend getroffene Vereinbarung.

? Muss der neue Eigentümer K dies dulden?

Das Wohnungsrecht ist zwar nicht übertragbar, jedoch kann der Berechtigte die *tatsächliche Ausübung* einem anderen überlassen; diese Befugnis steht ihm allerdings nur mit Einverständnis des Grundstückseigentümers zu.

Dieses Einverständnis hat hier der frühere Eigentümer erklärt. Die zwischen ihm und dem Wohnungsberechtigten getroffene Vereinbarung wirkt gegenüber dem jetzigen Eigentümer K jedoch nur, wenn sie Inhalt des Wohnungsrechts ist und damit jeden Eigentümer des belasteten Grundstücks zum Dulden der Ausübungsüberlassung zwingt.

Die Befugnis, die Ausübung des Wohnungsrechts einem anderen zu überlassen (z. B. Vermieten), gehört nicht zum gesetzlichen Inhalt des Wohnungsrechts und muss folglich zum Zwecke dinglicher Wirkung vereinbart *und* eingetragen werden (§§ 1092 Abs. 1 S. 2, 873 BGB).

Ohne Einverständnis des K ist hier B zur Überlassung der Ausübung nicht berechtigt.

? Ist das Wohnungsrecht vollstreckungsrechtlich pfändbar?

Lesen Sie § 857 Abs. 3 ZPO!

Hiernach ist die Pfändung eines unübertragbaren Rechts nur zulässig, wenn die Ausübung einem anderen überlassen werden kann. Ist eine solche Regelung zwischen dem Eigentümer und dem Berechtigten getroffen, hat nach Pfändung der Ausübungsbefugnis der Pfandgläubiger die Möglichkeit, zur Wahrung seiner Interessen die Wohnung zu vermieten.

? Welches Interesse wird der Pfandgläubiger an der Eintragung der Pfändung im Grundbuch haben?

Ohne Eintragung der Pfändung besteht für den Pfandgläubiger die Gefahr, dass das Wohnungsrecht ohne seine Zustimmung gelöscht und das Grundstück von einem gutgläubigen Dritten insoweit lastenfrei erworben wird.

Die Pfändung ist im Wege der Grundbuchberichtigung auf entsprechenden Antrag des Pfandgläubigers eintragbar (§ 894 BGB; § 22 GBO).

§ 6
Erlöschen

Das natürlichen Personen zustehende Wohnungsrecht erlischt

- rechtsgeschäftlich
  - mit Aufgabeerklärung des Berechtigten und Eintragung im Grundbuch (§ 875 BGB); das Grundbuchamt wird hier die Löschung insbesondere mit Bewilligung des/der Betroffenen (§ 19 GBO) verfügen;
- kraft Gesetzes z. B.
  - mit dem Tode des Berechtigten (§§ 1093, 1090 Abs. 2, 1061 BGB);
  - mit Eintritt einer auflösenden Bedingung (§ 158 Abs. 2 BGB);
  - mit Ablauf der Frist (§§ 163, 158 Abs. 2 BGB).

Hier erfolgt die Löschung im Grundbuch aufgrund des Unrichtigkeitsnachweises gem. §§ 22, 29 GBO.

Fall:

Der eingetragene Wohnungsberechtigte ist am 1. 4. verstorben. Unter Vorlage der Sterbeurkunde beantragt der Grundstückseigentümer am 1. 6. desselben Jahres die Löschung des Rechts.

? Unter welchen Voraussetzungen bedarf es zur Löschung noch der Bewilligung des Rechtsnachfolgers des Wohnungsberechtigten?

Die Anwendung des § 19 GBO müssen wir ablehnen, da ein Übergang des Rechts auf den Rechtsnachfolger gem. den §§ 1093, 1090 Abs. 2, 1061 BGB ausgeschlossen ist.

Die Vorlage der Sterbeurkunde weist die Unrichtigkeit des Grundbuchs (Erlöschen des Rechts) nach und das Grundbuchamt könnte die Löschung des Rechts grundsätzlich verfügen (§§ 22, 29 GBO).

Lesen Sie §§ 23, 24 GBO!

Unter den hier genannten Voraussetzungen bedarf es zur Löschung des Rechts noch der Bewilligung des/der Rechtsnachfolger/s (§ 1922 BGB, § 35 GBO) des Wohnungsberechtigten:

- lebenslängliches Recht
- Möglichkeit von Leistungsrückständen
- Löschung soll *innerhalb* eines Jahres seit dem Tode des Berechtigten erfolgen oder Widerspruch des Rechtsnachfolgers gegen die Löschung
- Kein Löschungserleichterungsvermerk gem. § 23 Abs. 2 GBO.

Im Fall stellt sich letztlich die Frage, ob bei einem Wohnungsrecht *Leistungsrückstände* des Eigentümers *denkbar* sind.

Wiederholen Sie die Ausführungen auf S. 101!

Aus vereinbarten *und eingetragenen* Unterhaltungspflichten des Eigentümers (§§ 1093, 1090 Abs. 2, 1021 BGB) könnten rückständige Leistungen entstanden sein,[7] an deren Geltendmachung dieser ein Interesse haben kann, weil die dingliche Haftung des Grundstücks für evtl. Leistungsrückstände dann fortbesteht.

! **Merke:** Das Recht erlischt nicht im Falle seiner Nichtausübung z. B. bei dauerndem Aufenthalt in einem Pflegeheim.

7 OLG Düsseldorf, Rpfleger 1995, 248; u. a.

§ 7
Zur Wiederholung

Fragen und Aufgaben zur Wiederholung 5. Kapitel	Antworten und Lösungen auf den Seiten
1. Nennen Sie die besonderen Merkmale des Wohnungsrechts.	97
2. Worin liegt der wesentliche Unterschied zwischen dem Wohnungsrecht gem. § 1093 BGB und dem Wohnrecht gem. § 1090 BGB?	97, 98
3. Was unterscheidet das Wohnungsrecht des § 1093 BGB vom Dauerwohnrecht gem. § 31 WEG?	98
4. Unter welchen Voraussetzungen kann sich das Wohnungsrecht auch auf andere als zu Wohnzwecken dienende Räume erstrecken?	99
5. Was verstehen Sie unter Mitbenutzungsrechten des Wohnungsberechtigten?	99, 100
6. Wer ist gesetzlich zur Unterhaltung einer Anlage verpflichtet, die a) nur der Wohnungsberechtigte benutzt? b) Wohnungsberechtigter und Grundstückseigentümer gemeinsam benutzen?	100, 101
7. Unter welchen Voraussetzungen ist der gesetzliche Inhalt des Wohnungsrechts abdingbar?	103
8. Beschreiben Sie den Unterschied zwischen der Regelung des § 1093 Abs. 2 BGB und der des § 1092 Abs. 1 S. 2 BGB!	102
9. Begründen Sie die Unzulässigkeit der Belastung eines ideellen Miteigentumsanteils mit dem Wohnungsrecht und nennen Sie die Ausnahmeregelung!	103, 104
10. Welche Bedenken bestehen hinsichtlich der Eintragung des Wohnungsrechts für mehrere Berechtigte in dem Beteiligtenverhältnis a) der Gesamtberechtigung gem. § 428 BGB? b) der Bruchteilsgemeinschaft gem. § 741 BGB?	104–106

Fragen und Aufgaben zur Wiederholung 5. Kapitel	Antworten und Lösungen auf den Seiten
11. Unter welchen Voraussetzungen kann der Wohnungsberechtigte die Ausübung des Rechts einem anderen überlassen?	106
12. Wirkt eine zwischen dem Eigentümer und dem Wohnungsberechtigten gem. § 1092 Abs. 1 S. 2 BGB getroffene Regelung ohne Weiteres auch gegen den Sonderrechtsnachfolger des Grundstückseigentümers?	106, 107
13. Unter welchen besonderen Voraussetzungen sind die §§ 23, 24 GBO auf das Wohnungsrecht anwendbar?	108

§ 8
Zusammenfassung
(5. Kapitel)

Allgemeines

Das Wohnungsrecht des § 1093 BGB wird im Wesentlichen durch den Ausschluss des Eigentümers gekennzeichnet; insoweit besteht Ähnlichkeit mit dem Nießbrauch; bestimmte Nießbrauchvorschriften anwendbar (vgl. § 1093 Abs. 1 BGB).

Inhalt

Die Räume, in denen das Recht ausgeübt werden soll, müssen in der Bewilligung genau bezeichnet sein (anders bei „normaler" beschr. pers. Dienstbarkeit i. S. d. § 1090 BGB);

Wohnungsrecht an Räumen, die nicht Wohnzwecken dienen, nur möglich, wenn die Nutzung dieser Räume Nebenzweck darstellt.

Der Wohnungsberechtigte hat gem. § 1093 Abs. 3 BGB (kraft Gesetzes) Mitbenutzungsrechte an gemeinschaftlichen Anlagen, die zur Vermeidung von Zweifeln und Streitigkeiten in der Bewilligung bezeichnet werden sollten (nicht müssen);

Von den Beteiligten getroffene Vereinbarungen, die die gesetzlichen Regelungen ausschließen, sind eintragbar, wenn sie das Wesen des Wohnungsrechts nicht berühren (unzulässig z. B.: Abweichung von § 1092 Abs. 1 S. 1 BGB oder § 1061 BGB i. V. m. § 1090 Abs. 2 BGB);

Bedingungen und Befristungen sind zulässig; Überlassung und Ausübung nur möglich aufgrund Gestattung (§ 1092 Abs. 1 S. 2 BGB); Gestattung muss vereinbart sein und erlangt mit Eintragung im Grundbuch Wirkung gegenüber dem Sonderrechtsnachfolger des Grundstückseigentümers).

Belastungsgegenstand
Nur Grundstück oder grundstücksgleiches Recht (z. B. Erbbaurecht); realer Teil nur unter den Voraussetzungen des § 7 Abs. 2 GBO (Ausnahmevorschrift); unzulässig auf ideellem Miteigentumsanteil, da hier Ausübung nicht möglich (Ausnahme: § 1 WEG).

Berechtigter
Natürliche und juristische Personen auch Personenhandelsgesellschaften, Partnerschaftsgesellschaften, GbR; bei mehreren Berechtigten § 47 GBO beachten: zulässiges Beteiligtenverhältnis notwendig; Gesamtberechtigung gem. § 428 BGB zulässig (aber bedenklich); Bruchteilsgemeinschaft i. S. d. § 741 BGB unzulässig, da Wohnungsrecht nicht teilbar und nicht übertragbar; Gütergemeinschaft.

Übertragung
Wohnungsrecht ist grundsätzlich weder übertragbar noch vererblich (s. o.); zur Ausübungsüberlassung vgl. oben: Inhalt; Ausübungsüberlassung kann gepfändet werden (§ 857 Abs. 3 ZPO); Pfändung zum Schutze des Pfandgläubigers eintragbar.

Erlöschen
Aufgabeerklärung des Berechtigten (evtl. unter Beachtung des § 876 BGB) und Eintragung im Grundbuch (§ 875 BGB); Eintragung im Grundbuch erfolgt u. a. aufgrund der Bewilligung aller Betroffenen.

Kraft Gesetzes u. a. durch Tod, Eintritt einer auflösenden Bedingung oder Fristablauf; beachte §§ 23, 24 GBO im Falle *eingetragener* Leistungspflichten des Grundstückseigentümers.

6. Kapitel: Nießbrauch

Beispiel:

Das Grundstück des Eigentümers E ist mit einem Mehrfamilienhaus bebaut, in dem sich drei selbständige Wohneinheiten befinden, die E zu einem monatlichen Mietzins von jeweils 400 € vermietet hat. Zum Grundstück gehört im Übrigen noch ein großer Nutzgarten sowie eine sich daran anschließende Obstwiese.

E überträgt das Grundstück auf seinen Sohn S. Da E und S im Rahmen des Übertragungsvertrages vereinbart hatten, dass dem E bis zu seinem Tode die Grundstücksnutzungen zustehen sollen, beantragt und bewilligt S die Eintragung eines Nießbrauchs zugunsten des E.

§ 1 Allgemeines

Der Grundstücksnießbrauch entsteht gem. § 873 Abs. 1 BGB mit

Einigung und Eintragung

im Grundbuch. Er gehört als **Nutzungsrecht** von seinem Wesen her zur Gruppe der Dienstbarkeiten.

📖 Lesen Sie § 1030 Abs. 1 BGB!

? Worin besteht der wesentliche Unterschied zwischen dem Nießbrauch und der beschr. persönlichen Dienstbarkeit des § 1090 BGB?

Während die beschr. persönliche Dienstbarkeit dem Berechtigten nur das Benutzen in einzelnen Beziehungen gestattet – neben dem Nutzungsrecht des Eigentümers (Ausnahme: § 1093 BGB) – stehen dem Nießbraucher gem. § 1030 Abs. 1 BGB grundsätzlich

sämtliche Nutzungen des Grundstücks

zu. Den Nießbraucher könnte man deshalb auch als „Fast-Eigentümer" bezeichnen, weil ihm letztlich nur noch die Verfügungsbefugnis über das Grundstück fehlt, die dem Grundstückseigentümer bleibt, für den aber das Grundstück keine bzw. nur noch geringe wirtschaftliche Bedeutung hat.

Gem. § 1036 Abs. 1 BGB ist der Nießbraucher zum

Besitz

des Grundstücks berechtigt, eine notwendige Voraussetzung des umfassenden Nutzungsrechts, das ohne Besitzrecht (mittelbarer Besitz genügt) nicht realisierbar wäre. Die Verfügungsbefugnis über das Grundstück steht dem Nießbraucher nicht zu (s. o.); auch eine dahingehende vertragliche Regelung kann nicht Inhalt des Nießbrauchs sein, der seinem Wesen nach *Nutzungsrecht* bleiben muss. Unberührt bleibt hingegen das gesetzliche Recht des Nießbrauchers, im Rahmen des § 1048 BGB über nicht in seinem Eigentum stehendes Inventar innerhalb einer ordnungsgemäßen Wirtschaft zu verfügen.

Beispiel:

Verfügung über landwirtschaftliche Geräte bei Nießbrauchbestellung an einem landwirtschaftlichen Grundstück[1].

In der Praxis kommt dem Nießbrauch als höchstpersönlichem Recht insbesondere im Rahmen erbrechtlicher Regelungen Bedeutung zu (z. B. Nießbrauchvermächtnis als Ersatz für Vor- und Nacherbfolge).

§ 2
Inhalt

I. Nutzungen

Dem Berechtigten steht gem. § 1030 Abs. 1 BGB die Befugnis zu,

sämtliche Nutzungen

des Grundstücks zu ziehen, d. h. ihm gebühren die Früchte sowie Vorteile, die der Gebrauch des Grundstücks gewährt (§ 100 BGB).

Beispiele:

- Wohnen
- Verwalten
- Vermieten
- Verpachten
- Ernten

! Merke: Die Nutzungen zieht der Nießbraucher aus *eigenem* (nicht abgeleitetem) Recht.

1 RGZ 142, 202.

Der Grundstückseigentümer hat grundsätzlich nur Duldungspflichten (*nicht* Leistungspflichten).

§ 1030 Abs. 2 BGB erlaubt die Beschränkung des Nießbrauchs durch den Ausschluss einzelner Nutzungen. Diese Beschränkung darf jedoch nicht dazu führen, dass das Recht nur noch einzelne Nutzungen erfasst. Hierin ist ein Verstoß gegen die Natur und das Wesen des Nießbrauchs zu sehen, der ein umfassendes Nutzungsrecht gewähren muss. Soll eine dingliche Sicherheit nur einzelne Nutzungen beinhalten, so lässt sich der dahingehende Wunsch der Beteiligten durch Eintragung einer beschr. persönlichen Dienstbarkeit oder evtl. Grunddienstbarkeit erreichen.

Der Ausschluss einzelner Nutzungen i. S. d. § 1030 Abs. 2 BGB kann im Rahmen der Bestellung des Rechts oder auch später als Inhaltsänderung vereinbart und im Grundbuch eingetragen werden. Damit erlangt die vereinbarte Regelung Wirkung gegen den Sonderrechtsnachfolger des Eigentümers.

Fall:

Grundstückseigentümer E und der Berechtigte B vereinbaren im Rahmen der Nießbrauchbestellung, dass B von der Nutzung der Räume im 1. Obergeschoss ausgeschlossen sein soll. Die bezeichneten Räume werden auch weiterhin vom Grundstückseigentümer E genutzt.

? Lässt sich diese Vereinbarung unter Anwendung des § 1030 Abs. 2 BGB als Inhalt des Nießbrauchs verdinglichen?

§ 1030 Abs. 2 BGB ermöglicht den Ausschluss

einzelner Nutzungen, d. h. einzelner Nutzungsarten.

Beispiel:

Ausschluss des Rechts auf Vermietung oder Verpachtung des ganzen Grundstücks.

Wenn aber – wie hier – die Benutzung bestimmter Räume ausgeschlossen werden soll, so ist darin nicht der Ausschluss einer bestimmten Nutzungsart zu sehen, sondern vielmehr der Ausschluss aller Nutzungen an einem bestimmten realen Grundstücksteil[2].

Der ausgeschlossene reale Grundstücksteil stünde dann aber für andere Rechte zur Verfügung. Bestimmte Räume als realer Teil eines einheitlichen Ganzen gehören jedoch zu den wesentlichen Bestandteilen des Grundstücks und können nicht Gegenstand besonderer Rechte sein (vgl. §§ 93, 94 BGB).

? Lässt sich das von den Beteiligten beabsichtigte Ziel auf andere Weise erreichen?

Eigentümer E könnte sich selbst eine beschr. persönliche Dienstbarkeit i. S. d. §§ 1090 ff. BGB bestellen, die ihn zum Benutzen bestimmter Räume (z. B. Woh-

2 BGH NJW 2006, 1881.

nung) berechtigt (vgl. § 889 BGB). Mit Rang nach diesem Eigentümerrecht wären die Nutzungsrechte des B in Form eines Nießbrauchs sicherbar.

Der Nießbrauch kann im Übrigen bedingt oder auch befristet bestellt werden (§§ 158, 163 BGB).

II. Eintragungsfähiger Inhalt im Übrigen

In den §§ 1030 ff. BGB ist u. a. das zwischen dem Nießbraucher und dem Eigentümer bestehende

Schuldverhältnis gesetzlich geregelt.

Hier werden, ohne dass es besonderer Vereinbarungen bedarf, bestimmte gesetzliche Rechte und Pflichten der Beteiligten festgelegt.

Beispiele:

- Erhaltungspflicht des Nießbrauchers (§§ 1036, 1041 BGB);
- Umgestaltungsverbot (§ 1037 BGB);
- Versicherungspflicht des Nießbrauchers (§ 1045 BGB);
- Lastentragungspflicht des Nießbrauchers (§ 1047 BGB).

Die Beteiligten haben jedoch die Möglichkeit, das zwischen ihnen bestehende gesetzliche Schuldverhältnis durch anderweitige Vereinbarungen zu ändern[3]. Mit Eintragung im Grundbuch kommt diesen vereinbarten Regelungen dingliche Wirkung zu.

Das Grundbuchamt muss deshalb die Bewilligung daraufhin prüfen, ob die getroffenen abweichenden Vereinbarungen eintragbar sind. Letzteres wird nur zu bejahen sein, wenn sie das

Wesen des Nießbrauchs unberührt lassen.

Diesem Grundsatz sind wir schon im Rahmen der Ausführungen und Überlegungen zum Wohnungsrecht begegnet (Merksatz S. 102).

Die Feststellung, ob eine von den gesetzlichen Regeln abweichende Vereinbarung dem vorstehenden Grundsatz genügt und eintragungsfähig ist, bereitet oft Schwierigkeiten. Hier werden wir auf Rechtsprechung und Literatur zurückgreifen und uns z. T. auf unser juristisches Fingerspitzengefühl verlassen müssen.

Nicht abdingbar und daher *nicht eintragungsfähig* sind (Beispiele):

- § 1036 Abs. 1, 2 BGB, da das Besitzrecht Wesensmerkmal des Nießbrauchs darstellt und ein gänzlicher Ausschluss eine Ausübung des Rechts unmöglich macht; der Ausschluss des Absatzes 2 verstößt gegen den Grundsatz der Substanzerhaltung[4].

---

3 BayObLG, DNotZ 1973, 299 u. a.
4 *RGRK/Rothe*, Rdn. 7 zu § 1030 BGB.

- § 1037 Abs. 1 BGB
  - mit dem Wesen des Nießbrauchs nicht vereinbar, es sei denn, dass das vereinbarte Umgestaltungsrecht mit der gesetzlichen Erhaltungspflicht zusammenfällt;
- § 1041 S. 1 BGB
  - Verstoß gegen den Erhaltungsgrundsatz;
- § 1053 BGB
  - Verstoß gegen das Wesen des Nießbrauchs;
- § 1059 S. 1 BGB
  - diese Vorschrift hat wesenstypischen Charakter;
- § 1061 BGB
  - wie § 1059 S. 1 BGB.

Abdingbar und *eintragungsfähig* sind (Beispiele):

- § 1041 S. 2 BGB[5]
  - wenn z. B. eine Vereinbarung dahingehend getroffen wird, dass der Nießbraucher auch die Kosten für außerordentliche (nicht nur gewöhnliche) Ausbesserungen und Erneuerungen zu tragen hat.
- § 1047 BGB
  - wenn z. B. der Eigentümer zur Tragung der öffentlichen Lasten verpflichtet sein soll;
  - öffentliche Lasten: Grundsteuern, Beiträge zum Flurbereinigungsverfahren, Kehrgebühren;
  - außerordentliche Lasten: einmalige bzw. nicht ständig wiederkehrende Abgaben (Kanalanschlusskosten);
  - privatrechtliche Lasten: Grundpfandrechtszinsen;
- § 1051 BGB
  - da dem Eigentümer noch das Recht aus § 1052 BGB verbleibt;
- § 1059 S. 2 BGB[6]
  - als Ausschluss einzelner Nutzungen i. S. d. § 1030 Abs. 2 BGB.

5 BayObLG, Rpfleger 1985, 285.
6 LG Mönchengladbach, NJW 1969, 140.

§ 3
Belastungsgegenstand

☞ Prüfen Sie zunächst selbst, welcher Belastungsgegenstand für den Nießbrauch in Betracht kommt!

Mit dem Nießbrauch belastbar ist

- ein Grundstück oder
- ein grundstücksgleiches Recht (z. B. Erbbaurecht – vgl. §§ 11 ErbbauRG, 873 BGB).

Die Belastung eines realen Grundstücksteils verlangt wiederum die Beachtung der §§ 7, 2 Abs. 3 GBO.

§ 1066 BGB ermöglicht darüber hinaus die Bestellung eines Nießbrauchs an einem

- ideellen Miteigentumsanteil (z. B. ½ Anteil).

In diesem Falle stehen dem Nießbraucher die Rechte des Miteigentümers hinsichtlich der Verwaltung des Grundstücks und der Art seiner Benutzung zu.

📖 Lesen Sie hierzu die §§ 743–745 sowie § 1011 BGB!

Beispiel:

A und B sind als Miteigentümer zu je ½ Anteil im Grundbuch eingetragen. Die Mieteinnahmen aus dem Grundstück belaufen sich auf 1.000 € monatlich. Belastet nunmehr A seinen ½ Anteil mit einem Nießbrauch, wird an seiner Stelle nunmehr der Nießbraucher an den Mieteinnahmen teilhaben.

? Könnte auch der Alleineigentümer eines Grundstücks einen ideellen Miteigentumsanteil mit dem Nießbrauch belasten?

📖 Lesen Sie die §§ 1066, 1095, 1106, 1114 BGB!

Diese Vorschriften gehen nach ihrem Wortlaut vom „Anteil eines Miteigentümers" aus und lassen demnach die Belastung eines ideellen Miteigentumsanteils (Bruchteil) nur bei vorhandener Miteigentümergemeinschaft (Bruchteilsgemeinschaft) zu.

Für den Nießbrauch gilt diese Beschränkung jedoch nicht!

? Wie lässt sich diese Ausnahme begründen? Überlegungen zur Natur und zum Wesen des Nießbrauchs werden Ihnen die Begründung erleichtern.

Wenn der Alleineigentümer eines Grundstücks dem Nießbraucher hinsichtlich *sämtlicher Nutzungen wirtschaftlich* eine Art Eigentümerstellung einräumen kann, dann muss er auch die Möglichkeit haben, ihm nur ein anteiliges Nutzungsrecht einzuräumen. *Hinsichtlich der Nutzungen* wird praktisch dasselbe Ergebnis erreicht wie im Falle einer möglichen Veräußerung eines Miteigentumsanteils durch den Alleineigentümer.[7]

! **Merke:** Die Belastung eines ideellen Miteigentumsanteils (Bruchteil) ist nie ein Fall des § 7 GBO. Diese Vorschrift erfasst **reale** Grundstücksteile, die in der Wirklichkeit aufgrund von Karten, Skizzen und anderen Beschreibungen identifizierbar sind.

Die Belastung mehrerer Grundstücke mit einem Nießbrauch ist zwar zulässig, führt jedoch *nicht* zu einer echten Gesamtbelastung, d. h. der Nießbrauch stellt in diesem Falle nicht ein einheitliches Recht an mehreren Grundstücken dar, sondern vielmehr muss es sich um

mehrere selbständige Einzelrechte

handeln. Die Begründung hierfür liefern die sachenrechtlichen Grundsätze zum Wesen eines Gesamtrechts:

Lesen Sie § 1132 BGB!

Diese Vorschrift beinhaltet die Wesensmerkmale des Gesamtrechts

ein Recht für grundsätzlich *eine Forderung* an *mehreren Grundstücken.*

Folge: Der Berechtigte kann nach seinem Belieben die von dem Eigentümer zu erbringende *Leistung* aus jedem der belasteten Grundstücke in voller Höhe bis zur vollständigen Tilgung seiner Forderung verlangen.

Dem Nießbrauch sind aber diese Merkmale fremd, da er einerseits nicht auf Leistung (sondern Dulden) gerichtet ist und andererseits das Dulden aus *einem* Grundstück wohl kaum die Duldungspflicht des Eigentümers eines anderen Grundstücks ersetzen kann. Vielmehr besteht *an jedem Grundstück* zugunsten des Nießbrauchers eine von den anderen Grundstücken unabhängige Duldungspflicht.

! **Merke:** Die Bestellung eines Nießbrauchs an mehreren Grundstücken kann gem. § 133 BGB als Bestellung mehrerer Einzelrechte ausgelegt werden[8].

---

7 Zum Quotennießbrauch vgl. LG Köln, MittRheinNotK 1999, 246; *Staudinger/Frank,* § 1030 BGB, Rdn. 39; BGH, DNotZ 2004, 140.

8 LG Düsseldorf, MittRheinNotK 1973, 658.

§ 4
Berechtigter

Als Berechtigte des Nießbrauchs kommt jede

natürliche oder juristische Person, auch Personenhandelsgesellschaft und Partnerschaftsgesellschaft sowie die GbR

in Betracht.

Erfolgt die Bestellung für mehrere Berechtigte, so müssen auch hier Eintragungsbewilligung und Grundbucheintragung die Angabe eines zulässigen

Beteiligtenverhältnisses

enthalten (§ 47 GBO).

- Nießbrauch für mehrere in Bruchteilsgemeinschaft (§§ 741 ff. BGB) ist zulässig[9], denn Nutzungen können teilbar sein (vgl. § 100 BGB).

Jedem Berechtigten gebührt ein seinem Anteil entsprechender Bruchteil der Früchte (§ 99 BGB).

Unter dem Begriff der Früchte hat man sowohl

natürliche Früchte

als auch

Früchte eines Rechts (z. B. Mieteinnahmen)

zu verstehen.

? Lässt sich die Teilung der Nutzungen auch ohne Vereinbarung einer Bruchteilsgemeinschaft mit dinglicher Wirkung erreichen?

Die *Belastung* bestimmter Miteigentumsanteile (§ 1066 BGB) *jeweils* zugunsten eines Berechtigten führt zum selben Ergebnis. In diesem Falle sind die Berechtigten allerdings nicht Mitglieder einer Bruchteilsgemeinschaft, weil jedem ein selbständiger Nießbrauch zusteht. Insoweit dürften die §§ 741 ff. BGB aber entsprechend anzuwenden sein mit der Maßgabe, dass die Berechtigten im Hinblick auf das Verhältnis untereinander wie Bruchteilsberechtigte behandelt werden.

? Wem stehen die Nutzungen zu, wenn im Rahmen von § 1066 BGB der Nießbrauch eines einzelnen Anteilsnießbrauchers erlischt?

Da der Nießbrauch nicht übertragbar ist, lebt das Nutzungsrecht des Grundstückseigentümers *insoweit* neben dem noch bestehenden Recht des/der anderen Berechtigten wieder auf.

---

9 OLG Düsseldorf, Rpfleger 1975, 409.

- Nießbrauch für mehrere als Gesamtberechtigte gem. § 428 BGB

wird für zulässig gehalten[10].

- Nießbrauch für in Gütergemeinschaft lebende Eheleute

ist zulässig; mit Rücksicht auf den möglichen Fall der Auflösung der Gemeinschaft durch Tod eines Ehepartners und der damit verbundenen Frage nach den Nutzungsbefugnissen des Überlebenden ist eine dahingehende Regelung ratsam, dass nach dem Tode eines Ehepartners der Überlebende das alleinige Nutzungsrecht innehaben soll[11].

§ 5
Übertragung

Zwischen dem Eigentümer und dem Nießbraucher wird in der Regel im Hinblick auf die umfassenden Nutzungsbefugnisse des Berechtigten ein enges Vertrauensverhältnis bestehen. Letzteres könnte aber im Falle einer Übertragung des Rechts an eine dem Eigentümer nicht genehme Person beeinträchtigt werden.

Der Nießbrauch ist daher grundsätzlich

nicht übertragbar (§ 1059 BGB).

Ausnahme: das Recht steht einer juristischen Person oder rechtsfähiger Personengesellschaft zu; die Möglichkeit der Übertragung ergibt sich hier aus § 1059a BGB.

Dem Berechtigten steht jedoch *kraft Gesetzes,* also ohne besondere Vereinbarung, die Befugnis zu,

die tatsächliche Ausübung einem anderen zu überlassen (§ 1059 S. 2 BGB).

Auch insoweit unterscheidet sich der Nießbrauch von der beschr. persönlichen Dienstbarkeit.

Lesen Sie § 1092 Abs. 1 S. 2 BGB!

Die Befugnis zur Ausübungsüberlassung setzt dort ein Gestatten voraus und bedarf zum Zwecke dinglicher Wirkung der Eintragung ins Grundbuch. Beim Nießbrauch hingegen bedarf nur die von der gesetzlichen Regel des § 1059 S. 2 BGB zulässige abweichende Vereinbarung der Eintragung im Grundbuch, um dingliche Wirkung entfalten zu können.

---

10 BGH, Rpfleger 1980, 464 u. a.; bedenklich, da Nießbrauch nicht auf Leistung gerichtet ist.
11 *Dammertz*, MittRheinNotK 1970, 95.

? Ist der Nießbrauch der Pfändung unterworfen?

Es gilt zunächst der Grundsatz:

pfändbar sind nur übertragbare Rechte oder Forderungen; denn der Pfandgläubiger hat gewissermaßen die Stellung eines Zessionars.

Der Nießbrauch gehört zu den grundsätzlich

nicht übertragbaren Rechten und wäre folglich unpfändbar.

Lesen Sie nun § 857 Abs. 3 ZPO!

Da gem. § 1059 S. 2 BGB die tatsächliche Ausübung des Nießbrauchs einem anderen überlassen werden kann, ist auch das Recht selbst (und nicht nur seine Ausübungsbefugnis[12]) der Pfändung unterworfen[13]. § 857 Abs. 3 ZPO ist so zu verstehen, dass aus dem Kreise der grundsätzlich unübertragbaren Rechte die gleichwohl pfändbaren bestimmt werden.

Zur rechtsgeschäftlichen Aufhebung des Nießbrauchs bedarf es dann der Mitwirkung des Pfandgläubigers (materiellrechtlich gem. § 876 BGB, grundbuchrechtlich gem. § 19 GBO). Die Pfändung selbst ist im Wege der Grundbuchberichtigung eintragbar.

? Könnte eine von § 1059 S. 2 BGB abweichende Vereinbarung die Pfändung des Rechts verhindern?

§ 857 Abs. 3 ZPO trifft keine Aussage über die Folgen einer von § 1059 S. 2 BGB zulässigen abweichenden Vereinbarung auf die Pfändbarkeit des Rechts. Die gestellte Frage lässt sich aber über die Anwendung der

§§ 857 Abs. 1; 851 Abs. 2 ZPO

beantworten.

Ist also der geschuldete Gegenstand von seiner Art her grundsätzlich der Pfändung unterworfen (z. B. Geld oder andere Sachen; beachte aber §§ 811, 850 ff. ZPO), dann ist auch die Forderung – Nießbrauch –, obwohl die Ausübungsüberlassung ausgeschlossen wurde, pfändbar.

? Welchen Zweck verfolgt diese Ausnahmeregelung des § 851 Abs. 2 ZPO?

Ohne diese Regelung könnte aufgrund einer Vereinbarung zwischen Schuldner und Drittschuldner (Nießbraucher und Eigentümer) der Gläubiger insoweit be-

12 *Strutz*, Rpfleger 1968, 145; u. a.
13 BGH, NJW 1974, 796; vgl. insoweit auch *Stöber*, Forderungspfändung, Rdn. 1710.

nachteiligt werden, als ihm der Zugriff auf grundsätzlich pfändbare Vermögensgegenstände verwehrt würde. Die Vorschrift will dies verhindern.

§ 6
Erlöschen

Die häufigsten Erlöschensgründe sind:

- rechtsgeschäftlich:
  - Aufgabeerklärung des Berechtigten und Eintragung im Grundbuch (§§ 875, 876 BGB);
  - die Eintragung erfolgt insbesondere unter Vorlage der Bewilligungen aller Betroffener (§ 19 GBO);
- kraft Gesetzes:
  - Tod des Berechtigten (§ 1061 BGB);
  - Eintritt einer auflösenden Bedingung (§ 158 Abs. 2 BGB);
  - Ablauf der Frist (§§ 158 Abs. 2; 163 BGB);
  - Zuschlag in der Zwangsversteigerung (§ 91 Abs. 1 ZVG);

in diesen Fällen wird die Löschung im Grundbuch aufgrund des Unrichtigkeitsnachweises vorgenommen (§§ 22, 29 GBO).

Fall:

Der Berechtigte verstirbt am 1. 4. des Jahres. Unter Vorlage der Sterbeurkunde des Berechtigten beantragt der Eigentümer am 2. 5. desselben Jahres die Löschung des Rechts. Obwohl der Rechtsnachfolger des Nießbrauchers der Löschung widersprochen hat, will das Grundbuchamt das Recht unter Anwendung des § 22 GBO löschen.

? Ist seine Entscheidung richtig?

Unter den Voraussetzungen des § 23 Abs. 1 GBO wäre die Löschung nur mit Bewilligung des Rechtsnachfolgers des verstorbenen Berechtigten zulässig. Letztlich werden wir uns auch hier die Frage stellen müssen, ob beim Nießbrauch rückständige Leistungen denkbar sind.

Diese Frage wird von Literatur und Rechtsprechung bejaht.[14] Eine überzeugende Begründung findet sich jedoch nicht; insbesondere ist nicht ersichtlich, welche **Leistungen** der Eigentümer des Grundstücks im Rahmen des Nießbrauchs an den

14 *Schöner/Stöber,* Rdn. 1391; Demharter, § 23 GBO, Rdn. 10; *K/E/H/E/Münzig,* § 23 GBO, Rdn. 22, u. a.

Berechtigten erbringen muss. Selbst ein insbesondere auf Ziehung der Mietzinsen gerichteter Nießbrauch beinhaltet keine Leistungspflicht des Grundstückseigentümers. Die Mietzinsen erhält der Nießbraucher nämlich nicht vom Grundstückseigentümer, sondern vielmehr – aus eigenem Recht – vom Mieter. Dem Eigentümer obliegen nur Duldungspflichten. Er hat auf die Zahlung der Mieten keinen Einfluss. Ebenso wenig ist eine Grundstückshaftung für evtl. noch ausstehende Mieten erkennbar, denn Miet- oder Pachtzinsforderungen werden von der Beschlagnahme in der Zwangsversteigerung grundsätzlich nicht erfasst (§ 21 Abs. 2 ZVG), so dass auch insoweit eine nach dem Tode des Nießbrauchers zeitweilig noch weiterbestehende Grundstückshaftung, die gem. § 23 GBO (§ 24 GBO) gewährleistet und gesichert werden soll, nicht in Betracht kommt.

In der Zwangsverwaltung wird sich das Problem der Grundstückshaftung insoweit nicht stellen, als bei bestehendem Nießbrauch und damit Besitzrecht des Nießbrauchers (§ 1036 BGB) die für die Zwangsverwaltung notwendige Besitzverschaffung des Zwangsverwalters kaum möglich sein wird, d. h. der besserrangige Nießbraucher wird eine gedeihliche Abwicklung des Zwangsverwaltungsverfahrens verhindern oder zumindest erschweren. Im Übrigen:

Wollte man Leistungen des Eigentümers beim Nießbrauch bejahen, müssten diese auch in einem evtl. Zwangsversteigerungsverfahren Berücksichtigung finden, und zwar schon zu Lebzeiten des Nießbrauchers. Niemand wird aber auf die Idee kommen, in einem Zwangsversteigerungsverfahren dem Nießbrauchberechtigten im geringsten Gebot wiederkehrende Leistungen aus dem Erlös zuzuteilen.

Wenn auch die Entscheidung des Grundbuchamtes in vorstehendem Fall mit der GBO-Literatur sowie der Handhabung in der Praxis nicht konform geht, werden wir sie gleichwohl für zumindest vertretbar halten müssen.

Anmerkung:

Allenfalls könnten Leistungen als Nebenpflichten aus dem gesetzlichen Schuldverhältnis entstehen (vgl. §§ 1041, 1049 BGB). Solchenfalls wäre § 23 GBO anwendbar[15]

15 RG, HRR 1937, 1444.

§ 7
Zur Wiederholung

Fragen und Aufgaben zur Wiederholung 6. Kapitel	Antworten und Lösungen auf den Seiten
1. Welcher wesentliche Unterschied besteht zwischen Nießbrauch und beschr. persönlicher Dienstbarkeit?	113
2. Beschreiben Sie den Begriff „Nutzungen" i. S. d. § 1030 BGB!	114
3. Welche grundsätzlichen Pflichten obliegen dem Grundstückseigentümer?	115
4. Wie ist § 1030 Abs. 2 BGB zu verstehen und „wo" liegen die Grenzen der zulässigen Beschränkung?	115
5. Unter welchen Voraussetzungen sind die den gesetzlichen Inhalt des Nießbrauchs abändernden Regelungen eintragungsfähig?	116
6. Nennen Sie Beispiele für a) nicht abdingbare u. nicht eintragungsfähige Regelungen; b) abdingbare und eintragungsfähige Regelungen!	116, 117
7. Begründen Sie die Zulässigkeit der Belastung eines ideellen Miteigentumsanteils des Alleineigentümers eines Grundstücks!	118
8. Kann der Nießbrauch als Gesamtrecht bestellt werden (Begründung)?	119
9. Unter welchen Voraussetzungen kann mit dinglicher Wirkung die Ausübung einem anderen überlassen werden a) beim Nießbrauch; b) bei der beschr. pers. Dienstbarkeit?	121, 122
10. Begründen Sie die Pfändbarkeit des Nießbrauchs und das Interesse des Pfandgläubigers an der Eintragung der Pfändung im Grundbuch!	122, 123
11. Unter welchen Voraussetzungen ist selbst im Falle des zulässigen Ausschlusses des § 1059 S. 2 BGB der Nießbrauch pfändbar?	122

Fragen und Aufgaben zur Wiederholung 6. Kapitel	Antworten und Lösungen auf den Seiten
12. Welche Bedenken bestehen hinsichtlich der Anwendung der §§ 23, 24 beim Nießbrauch?	123, 124

§ 8
Zusammenfassung
(6. Kapitel)

Inhalt	Sämtliche Nutzungen an Stelle des Eigentümers. Nießbraucher ist eine Art „wirtschaftlicher Eigentümer". Eigentümer hat grundsätzlich nur Duldungspflichten! Ausschluss einzelner Nutzungsarten (nicht reale Grundstücksteile) gem. § 1030 Abs. 2 BGB möglich. Es muss aber noch eine weitreichende Nutzungsbefugnis übrig bleiben, sonst wesenswidrig. Bedingung und Befristung zulässig. Gesetzliche Regelungen durch abweichende Vereinbarungen abdingbar, soweit das Wesen des Nießbrauchs hierdurch nicht berührt wird. Nicht eintragungsfähig sind Vereinbarungen, die gegen den Grundsatz der Substanzerhaltung verstoßen.
Belastungsgegenstand	Grundstück oder grundstücksgleiches Recht; realer Grundstücksteil nur unter den Voraussetzungen des § 7 GBO; ideeller Miteigentumsanteil gem. § 1066 BGB, auch wenn Grundstück im Alleineigentum einer Person steht; Gesamtnießbrauch unzulässig, da mit dem Wesen des Gesamtrechts (§ 1132 BGB) nicht vereinbar.
Berechtigter	Natürliche oder juristische Personen auch Personenhandelsgesellschaften, Partnerschaftsgesellschaft, GbR; bei mehreren Berechtigten § 47 GBO beachten: zulässiges Beteiligtenverhältnis! § 428 BGB zulässig, aber bedenklich mangels Leistungspflichten des Eigentümers.

Übertragung	Nießbrauch gem. § 1059 S. 1 BGB nicht übertragbar (Ausnahme: § 1059a BGB). Tatsächliche Ausübung kann aber schon kraft Gesetzes (1059 S. 2 BGB) einem anderen überlassen werden. § 1059 S. 2 BGB abdingbar, Pfändung aber dennoch möglich (§§ 857 Abs. 1, 3; 851 Abs. 2 ZPO).
Erlöschen	rechtsgeschäftlich – gem. § 875 BGB (evtl. § 876 BGB beachtlich) mit Aufgabeerklärung des Berechtigten und Eintragung im Grundbuch; grundbuchrechtlich mit Bewilligungen aller Betroffenen (§ 19 GBO); kraft Gesetzes – Tod des Berechtigten (§ 1061 BGB); – Eintritt einer auflösenden Bedingung oder Fristablauf; Anwendung der §§ 23, 24 GBO möglich, aber bedenklich. – in der Zwangsversteigerung gem. § 91 Abs. 1 ZVG. Eintragung des Erlöschens erfolgt aufgrund des Unrichtigkeitsnachweises gem. §§ 22, 29 GBO; Anwendung der §§ 23, 24 GBO u. E. bedenklich.

7. Kapitel: Vorkaufsrecht

Beispiel:

Grundstückseigentümer E verspricht dem Pächter P seines Grundstücks für den Fall einer Verkaufsabsicht, das Grundstück nur an ihn verkaufen zu wollen.

P will E an sein Versprechen binden und wünscht zur Wahrung seiner Interessen eine dingliche Sicherheit.

E bestellt ihm daraufhin ein Vorkaufsrecht und beantragt in öffentlich begl. Form die entsprechende Grundbucheintragung.

§ 1 Allgemeines

Die Eintragungsfähigkeit des Vorkaufsrechts ergibt sich aus den §§ 873 Abs. 1; 1094 BGB. Das Recht entsteht mit

Einigung und Eintragung

im Grundbuch.

Der Inhaber ist

- dem Eigentümer gegenüber
- zum Vorkaufe

berechtigt mit der Maßgabe, das Grundstück vom Eigentümer unter den Vertragsbedingungen **kaufen zu** können, die der Eigentümer bereits mit einem Dritten vereinbart hat.

? Welchen praktischen Hintergrund kann die Einräumung eines Vorkaufsrechts haben?

Die Interessen des Berechtigten an einem friedlichen nachbarschaftlichen Zusammenleben wären im Falle eines möglichen Eigentumswechsels durch die Person eines neuen Eigentümers evtl. gefährdet (unangenehmer Nachbar). Das Vorkaufsrecht ermöglicht ihm insoweit, die Verkaufsentscheidung des Eigentümers zu beeinflussen und einen Erwerb durch eine ihm nicht genehme Person zu verhindern.

Auf Grund der Ausübung seines Vorkaufsrechts wird der Berechtigte dann selbst zum Käufer.

Darüber hinaus könnten aber auch seine Interessen „von Anfang an“ auf persönlichen Grundstückserwerb gerichtet sein, die er vielleicht zunächst aus wirtschaftlichen Gründen nicht zu realisieren vermochte.

? Unter welchen Voraussetzungen kann der Berechtigte von seinem Vorkaufsrecht Gebrauch machen?

Der Berechtigte muss wissen, dass die bloße Geltendmachung des Vorkaufsrechts gegenüber dem Eigentümer noch nicht zum Erfolg führt. Die Ausübung des Rechts ist nämlich erst möglich, wenn der

Verkaufsfall

vorliegt, d. h. sobald der Eigentümer einen wirksamen

Kaufvertrag

mit einem Dritten abgeschlossen hat. Jetzt kann er durch einseitige Erklärung gegenüber dem Verpflichteten (Eigentümer) die Entstehung eines

neuen Kaufvertrages

zwischen ihm und dem Verpflichteten bewirken. Dieser Kaufvertrag enthält dieselben Bedingungen wie der Kaufvertrag mit dem Dritten. Der Vorkaufsberechtigte wird insbesondere den Kaufpreis zahlen müssen, den der Dritte zu zahlen verpflichtet ist. Ein Vertragsverhältnis zwischen dem Vorkaufsberechtigten und dem Dritten entsteht jedoch nicht.

§ 2
Inhalt

I. Ausübung des Vorkaufsrechts

Das Rechtsverhältnis zwischen dem Vorkaufsberechtigten und dem Vorkaufsverpflichteten (Eigentümer) bestimmt sich gem. § 1098 BGB nach den §§ 463–473 BGB, somit nach den Regeln über das schuldrechtliche Vorkaufsrecht. Hier sind Rechte und Pflichten der genannten Beteiligten gesetzlich festgelegt. Davon abweichende Vereinbarungen können grundsätzlich nicht zum Inhalt des dinglichen Rechts gemacht werden.

Fall:

Im Rahmen der Bestellung des Vorkaufsrechts vereinbaren Eigentümer und Berechtigter für den Fall der Ausübung des Vorkaufsrechts einen Kaufpreis i. H. v. 200.000 €; diese

Bestimmung wird auch zum Gegenstand der Eintragungsbewilligung des Eigentümers gemacht.

? Mit welcher Begründung wird das Grundbuchamt eine dahingehend beantragte Eintragung ablehnen?

Lesen Sie die §§ 1098, 463, 464 Abs. 2 BGB!

Die Ausübung des Vorkaufsrechts bewirkt zwar die Entstehung eines neuen Kaufvertrages zwischen dem verpflichteten Eigentümer und dem Vorkaufsberechtigten, dieser Kaufvertrag ist aber inhaltlich so ausgestaltet wie der Kaufvertrag mit dem Dritten, d. h. die in *diesem* Kaufvertrag vereinbarten Kaufpreisbestimmungen gelten auch für den neuen Kaufvertrag zwischen Eigentümer und Vorkaufsberechtigtem. Dies hindert die Beteiligten zwar nicht, *schuldrechtlich* abweichende Vereinbarungen zu treffen (Vertragsfreiheit)[1], eine Verdinglichung dieser Bestimmungen mit Wirkung gegenüber dem jeweiligen Rechtsnachfolger muss aber mit Rücksicht auf die das dingliche Vorkaufsrecht „beherrschenden zwingenden Rechtsnormen" außer Betracht bleiben.[2]

II. Eintragungsfähiger Inhalt im Übrigen

Fall:

Das Grundstück des E ist mit einem Vorkaufsrecht für V belastet. Eine Bezugnahme i. S. d. § 874 BGB geht aus dem Eintragungstext nicht hervor.

E verkauft das Grundstück nunmehr an X. V hatte nach Empfang der Mitteilung (§§ 1098 Abs. 1; 469 Abs. 1, 2 BGB) sein Vorkaufsrecht nicht ausgeübt. X ist daraufhin aufgrund der Auflassung gem. den §§ 873, 925 BGB als neuer Eigentümer im Grundbuch eingetragen worden.

V meint, er könne bei einem späteren Verkauf das Vorkaufsrecht auch gegenüber X ausüben.

? Wie ist die Rechtslage?

Lesen Sie § 1097 BGB!

Der Vorkaufsberechtigte ist zur Ausübung des Vorkaufsrechts befugt, sobald der

Eigentümer (Besteller) oder dessen **Erben**

die Vorkaufslage (Abschluss eines Kaufvertrages mit einem Dritten) herbeiführen. Übt der Berechtigte in diesem Falle sein Vorkaufsrecht nicht aus, dann muss das Recht untergehen, es sei denn, das Recht war für

1 RGZ 104, 123; 110, 334.

2 Zur Umdeutung eines unzulässigen preislimitierten dinglichen Vorkaufsrechts in eine Vormerkung vgl. LG Darmstadt, Rpfleger 2004, 349.

mehrere oder **alle Verkaufsfälle**

bestellt worden.

Lesen Sie § 1097 BGB, 2. Hs.!

Hier hat der Berechtigte die Möglichkeit der Vorkaufsrechtsausübung gegenüber **jedem** Rechtsnachfolger des Eigentümers (Bestellers). Diese Befugnis muss aber durch **Eintragung im** Grundbuch gesichert sein. Insoweit genügt eine Bezugnahme auf die Eintragungsbewilligung i. S. d. § 874 BGB.[3]

Wenn in vorstehendem Fall von der Möglichkeit des § 1097 BGB 2. Hs. i. V. m. § 874 BGB kein Gebrauch gemacht wurde, dann muss es sich bei dem eingetragenen Recht um ein Vorkaufsrecht i. S. d. § 1097 BGB 1. Hs. handeln, also um ein Vorkaufsrecht für *einen* Verkaufsfall, welches infolge Nichtausübung erloschen war (vgl. insoweit die Ausführungen zu § 5: Erlöschen).

Das Vorkaufsrecht für *einen* Verkaufsfall verpflichtet nicht nur den Besteller, sondern auch seine Erben (§ 1097 BGB 1. Hs.). Die Vererblichkeit dieser *Verpflichtung* (nicht zu verwechseln mit der Frage nach der Vererblichkeit des Vorkaufsrechts) kann aber durch abweichende Vereinbarung abbedungen werden.

Beispiel:

Vorkaufsrecht soll mit dem Tode des *Bestellers* erlöschen.

Das Vorkaufsrecht stellt sich dann als „auflösendes bedingtes" Recht dar. Dingliche Wirkung dieser von der gesetzlichen Regel abweichenden Bestimmung kann aber nur mit Eintragung im Grundbuch erreicht werden.

! **Merke:** § 1097 BGB enthält trotz seines Wortlauts keine begrenzten inhaltlichen Regelungen, sondern lässt im Rahmen zulässiger Bedingungen vielfältige Gestaltungsmöglichkeiten zu. Abweichungen von der gesetzlichen Regel des § 1097 BGB 1. Hs. bedürfen zur Wirksamkeit gegenüber Sonderrechtsnachfolgern der Grundbucheintragung.

Fall:

Nach Bestellung und Eintragung eines Vorkaufsrechts für B beantragt und bewilligt der Grundstückseigentümer die Eintragung eines weiteren Vorkaufsrechts für C an demselben Grundstück.

Das Grundbuchamt hält die Eintragung mehrerer Vorkaufsrechte mit unterschiedlichem Rang für verschiedene Berechtigte an demselben Grundstück für zulässig.

? Ist seine Entscheidung zutreffend?

3 OLG Köln, Rpfleger 1982, 16.

Gegen die Eintragung mehrerer Vorkaufsrechte mit unterschiedlichem Rang an demselben Grundstück bestehen letztlich keine Bedenken. Der rangschlechtere Vorkaufsberechtigte wird seine Interessen allerdings nur dann verwirklichen können, wenn der rangbessere Berechtigte sein Recht nicht ausübt. Die Ausübung durch den rangbesseren Vorkaufsberechtigten führt zum Erlöschen des Rechts des rangschlechteren Berechtigten, es sei denn, sein Recht war für mehrere oder alle Verkaufsfälle bestellt (s. o.).

? Hätten Sie Bedenken gegen die Eintragung mehrerer gleichrangiger Vorkaufsrechte an demselben Grundstück?

Gem. § 1098 Abs. 2 BGB sind auf das Vorkaufsrecht die §§ 883, 888 BGB anzuwenden. Tritt die Vorkaufslage ein, so könnte jeder Berechtigte sein Vorkaufsrecht ausüben und dabei letztlich von dem anderen die Mitwirkung zur Realisierung seines Anspruchs auf Eigentumsübertragung verlangen. In diesem Falle wäre aber ein Eigentumserwerb weder für den einen noch den anderen Berechtigten möglich, da die Rechte miteinander konkurrieren. Aus diesem Grunde wird die Zulässigkeit mehrerer gleichrangiger Vorkaufsrechte z. T. abgelehnt[4]. Dem kann nicht gefolgt werden. Wenn es dem Eigentümer freisteht, sein Grundstück mehrmals zu verkaufen und er sich hierbei der Geltendmachung von Schadenersatzansprüchen durch die „Nichterwerber" aussetzt, dann muss er auch die Möglichkeit haben, sein Grundstück mit mehreren gleichrangigen Vorkaufsrechten zu belasten. Üben alle Berechtigten im Verkaufsfalle ihr Vorkaufsrecht aus, so bleibt dem Verpflichteten die Entscheidung überlassen, an welchen Berechtigten er das Grundstück gem. den §§ 873, 925 BGB auflässt. Der oder die „Verlierer" sind auf die Geltendmachung von Schadenersatzansprüchen angewiesen[5].

III. Wirkungen

Fall:

Nach Eintragung des Vorkaufsrechts belastet der Grundstückseigentümer das Grundstück mit einem Grundpfandrecht in Höhe von 100.000 €.

? Ist die Verfügung dem Vorkaufsberechtigten gegenüber wirksam?

Lesen Sie § 1098 Abs. 2 BGB!

Das Vorkaufsrecht wirkt Dritten gegenüber wie eine Vormerkung i. S. d. § 883 BGB

„zur Sicherung des durch die *Ausübung des Rechts entstandenen Anspruchs auf Übertragung des Eigentums*".

---

4 LG Darmstadt, MDR 1958, 35 u. a.; für die Zulässigkeit: OLG Hamm, DNotZ 1990, 178 u. a.

5 So bei gleichrangigen Eigentumsvormerkungen: *Palandt/Bassenge*, § 883 Rdn. 29 u. a.; letztlich streitig.

Die Wirkungen des § 883 Abs. 2 BGB entstehen nicht schon mit Eintragung des Vorkaufsrechts, sondern erst mit Eintritt der Vorkaufslage, d. h. sobald der Vorkaufsberechtigte die Möglichkeit zur Ausübung seines Rechts hat, also ab Wirksamkeit des Kaufvertrages zwischen dem Eigentümer (Vorkaufsverpflichteter) und dem Dritten.

Der Vorkaufsberechtigte hat daher grundsätzlich alle Belastungen des Grundstücks, die vor dem Eintritt der Vorkaufslage (s. o.) entstanden sind, gegen sich gelten zu lassen. Letzteres muss ihm aber nicht zwangsläufig zum Nachteil gereichen, da Grundstücksbelastungen in der Regel die Höhe des Kaufpreises beeinflussen.

Die Wirkung bei der Eigentumsvormerkung ist hingegen eine andere: Hier sind gem. § 883 Abs. 2 BGB alle den Berechtigten beeinträchtigende Verfügungen über das Grundstück, die *nach* Eintragung der Vormerkung bewirkt werden, diesem gegenüber unwirksam.

! **Merke:** Eine *Eigentumsübertragung*, die nach Eintragung des Vorkaufsrechts erfolgt, ist dem Vorkaufsberechtigten gegenüber unwirksam. Hier hat das Vorkaufsrecht dieselbe Wirkung wie die Eigentumsvormerkung, d. h. der Berechtigte ist in diesem Fall schon vor Entstehung der Vorkaufslage geschützt, nämlich ab Entstehung des Vorkaufsrechts.

Beispiel:

Nach Eintragung des Vorkaufsrechts wird das Grundstück aufgelassen und auf den Dritten umgeschrieben. Der Kaufvertrag mit dem Dritten wird aber erst später abgeschlossen (theoretischer Fall).

Das Vorkaufsrecht bewirkt im Übrigen keine Grundbuchsperre. Nach seiner Eintragung können ohne Mitwirkung des Berechtigten aus der Sicht des Grundbuchamtes weitere Eintragungen erfolgen. Dabei ist jedoch darauf zu achten, dass im Falle einer Eigentumsumschreibung auf ein anderes Blatt das Vorkaufsrecht mitzuübernehmen ist (vgl. § 46 Abs. 2 GBO).

? Unter welchen Voraussetzungen erwirbt der Vorkaufsberechtigte nach Ausübung des Vorkaufsrechts das Eigentum am Grundstück?

Zum Eigentumserwerb des Grundstücks bedarf es gem. § 873 Abs. 1 BGB der wirksamen Einigung zwischen dem

Eigentümer des Grundstücks und dem anderen Teil

sowie der Eintragung in das Grundbuch. Selbst im Falle einer bereits vollzogenen Eigentumsübertragung auf einen Dritten kann der Vorkaufsberechtigte seine Eigentumseintragung noch herbeiführen, denn ihm gegenüber ist aufgrund der Vormerkungswirkung der §§ 1098 Abs. 2; 883 Abs. 2 BGB nach wie vor der ursprüngliche Vorkaufsverpflichtete (Eigentümer) wahrer Grundstückseigentümer. Dieser muss an ihn auflassen, während der zwischenzeitlich als Eigentümer eingetragene Dritte („relativ unwirksamer Eigentümer") gem. § 888 BGB der Eigentumseintragung des Vorkaufsberechtigten zustimmen bzw. seine Eintragung bewilligen muss.

§ 3
Belastungsgegenstand

Als Belastungsgegenstand kommen in Betracht

- ein Grundstück oder
- ein grundstücksgleiches Recht (z. B. Erbbaurecht – vgl. §§ 11 ErbbauRG, 873 BGB).

Die Belastung eines realen Grundstücksteils setzt gem. § 7 GBO die vorherige Verselbständigung des Grundstücksteils zum Grundstück voraus (§ 2 Abs. 3 GBO). Die Bestellung eines Vorkaufsrechts an einem

- ideellen Miteigentumsanteil (z. B. ½ Anteil)

ist zulässig.

☞ Prüfen Sie die hierzu notwendigen Voraussetzungen!

Der zu belastende Miteigentumsanteil muss gem. § 1095 BGB zu einer

Bruchteilsgemeinschaft

gehören. Dem Alleineigentümer des ganzen Grundstücks ist es daher grundsätzlich nicht möglich, einen ideellen Miteigentumsanteil mit dem Vorkaufsrecht zu belasten[6] (anders beim Nießbrauch, vgl. S. 118).

? Können Sie sich gleichwohl eine zulässige Grundbucheintragung vorstellen, die die Belastung eines Miteigentumsanteils verlautbart, obwohl das Grundstück im Eigentum nur einer Person steht?

§ 1095 BGB erfasst den Tatbestand der

Belastung eines Bruchteils,

also der *Erstbestellung* eines Vorkaufsrechts an einem Bruchteil. Ist dieser Bruchteil aber bereits zulässig belastet und vereinigen sich später alle Bruchteile (Miteigentumsanteile) zum Alleineigentum einer Person, so bleibt auch weiterhin der ursprüngliche Bruchteil belastet.

6 A. A. *Schöner/Stöber*, Rdn. 1400.

Beispiel:

Abteilung I	A ⅓	B ⅓	C ⅓
Abteilung II	Vorkaufsrecht auf Anteil A (§ 1095 BGB)		

Nunmehr übertragen B und C ihre Anteile auf A. Folge:

Abteilung I	A – Alleineigentümer
Abteilung II	Vorkaufsrecht auf ⅓ Anteil

Die Eintragung bleibt zulässigerweise erhalten mit der Maßgabe, dass bei Eintritt der Vorkaufslage (Verkauf eines ⅓ Miteigentumsanteils) der Berechtigte sein Vorkaufsrecht bzgl. des ⅓ Miteigentumsanteils ausüben kann.

§ 4
Berechtigter

Das Vorkaufsrecht kann gem. § 1094 Abs. 1, 2 BGB zugunsten

- einer natürlichen und juristischen Person auch einschl. Personenhandelsgesellschaft und Partnerschaftsgesellschaft sowie GbR

oder auch für

- den jeweiligen Eigentümer eines anderen Grundstücks

bestellt werden. Während sich das subjektiv persönliche Vorkaufsrecht (§ 1094 Abs. 1 BGB) grundsätzlich als höchstpersönliches Recht darstellt (Ausnahme: §§ 1098 Abs. 1; 473 S. 1 BGB), geht die *tatsächliche Ausübungsbefugnis* beim subjektiv dinglichen Vorkaufsrecht (§ 1094 Abs. 2 BGB) mit Übergang des Eigentums am herrschenden Grundstück auf den neuen Grundstückseigentümer über. Beachten Sie aber, dass nicht das Vorkaufsrecht übertragen wird, sondern vielmehr das Eigentum am herrschenden Grundstück.

Mit Rücksicht auf die unterschiedliche Rechtsbehandlung und die unterschiedlichen Rechtsfolgen sollten die Beteiligten in der Eintragungsbewilligung die gewollte Berechtigung klar und unmissverständlich zum Ausdruck bringen, wenn auch ihre Entscheidung (Bewilligung) der Auslegung fähig ist.

Fall:

Bewilligt wird ein Vorkaufsrecht für V und seine Rechtsnachfolger.

? Ist hier ein subjektiv persönliches oder ein subjektiv dingliches Vorkaufsrecht gewollt?

Benennt der Bewilligende eine bestimmte Person zum Berechtigten, so wird er ein subjektiv persönliches Vorkaufsrecht gewollt haben (gesetzliche Regel des § 1094 Abs. 1 BGB), welches jedoch aufgrund einer zulässigen Vereinbarung übertragbar sein soll (§§ 1098, 473 BGB).[7]

! **Merke:** Zweifel am Beteiligtenwillen rechtfertigen den Erlass einer Zwischenverfügung!

Zum Verständnis:

Fall:

Beantragt und bewilligt wird ein subjektiv persönliches Vorkaufsrecht. Die Grundbucheintragung verlautbart jedoch ein subjektiv dingliches Recht.

? Ist nun ein subjektiv persönliches oder ein subjektiv dingliches Vorkaufsrecht entstanden?

Ausschlaggebend ist der Wille der Beteiligten (§ 873 BGB). Ist dieser auf ein subjektiv persönliches Recht gerichtet, so wird Letzteres auch entstanden sein, wenngleich das Grundbuch ein subjektiv dingliches ausweist[8].

Das Vorkaufsrecht kann auch

- **mehreren Berechtigten**

eingeräumt werden. Dies wiederum verlangt vom Grundbuchamt die Prüfung der Zulässigkeit des in der Bewilligung angegebenen Beteiligtenverhältnisses (§ 47 GBO).

? Welche Bedenken bestehen gegen die Zulässigkeit der Bruchteilsgemeinschaft?[9]

Wenn jeder Bruchteilsberechtigte i. S. d. §§ 741 ff. BGB selbständig über seinen Bruchteil verfügen kann, würde die „anteilige“ Ausübung nur eines Bruchteilsberechtigten (die des anderen erlischt durch Nichtausübung beim Vorkaufsrecht für nur einen Verkaufsfall) dazu führen, dass dem Grundstückseigentümer die von der Ausübung nicht betroffenen Grundstücksbruchteile verbleiben und er alsdann in eine Gemeinschaft mit dem ausübenden Vorkaufsberechtigten eintreten müsste.

7 BGH, DNotZ 1963, 235.
8 RGZ 104, 316; BayObLG, NJW 1961, 1263, 1265.
9 *Haegele*, Rpfleger 1975, 156; OLG Frankfurt/M., NJW 1999; BayOblGZ 1967, 275.

Dieses für den Grundstückseigentümer unbefriedigende Ergebnis soll

§ 472 S. 1 BGB i. V. m. § 1098 Abs. 1 BGB

verhindern. Das Vorkaufsrecht kann daher nur

im Ganzen ausgeübt

werden.

Dies bedeutet, dass sich mehrere Vorkaufsberechtigte in einer Art

Gesamthandsgemeinschaft

befinden müssen, die eine gesamthänderische Bindung, grundsätzlich also eine übereinstimmende Willenslage aller Gemeinschafter beinhaltet. Erlischt das Vorkaufsrecht für einen Berechtigten (z. B. durch Tod) oder übt er es nicht aus, dann steht das „ganze Ausübungsrecht" dem/den anderen Berechtigten zu (§ 1098 Abs. 1 BGB i. V. m. § 472 S. 2 BGB); man kann auch sagen, dass das nicht ausgeübte Vorkaufsrecht dem/den anderen Berechtigten anwächst[10].

Aus diesen Überlegungen muss sich wohl auch die Zulässigkeit der

- Gesamtgläubigerschaft des § 428 BGB

ableiten lassen. In diesem Fall ist jeder Berechtigte im Interesse des anderen zur Ausübung des Vorkaufsrechts im Ganzen befugt mit der Maßgabe, dass die Erfüllung des durch die Ausübung entstandenen Übereignungsanspruchs eines Berechtigten den Grundstückseigentümer von seiner Leistungspflicht befreit (streitig[11]). Das Vorkaufsrecht kann auch für Eheleute in

- Gütergemeinschaft (§ 1416 BGB)

bestellt werden (§ 1416 BGB).

§ 5
Übertragung

Während der Vorkaufsberechtigte aufgrund der Ausübung des Rechts den endgültigen Erwerb des Grundstücks durch einen Dritten verhindern kann, soll das subjektiv persönliche Vorkaufsrecht gleichzeitig den Besteller (Vorkaufsrechtsverpflichteter) vor einer Übertragung des Vorkaufsrechts auf eine *ihm* nicht genehme Person schützen.

10 BayObLG, DNotZ 1953, 262; str.: LG Mönchengladbach, MittRhNotK 1992, 273, legt Bruchteilsgemeinschaft dahingehend aus, dass nach gemeinschaftlicher Ausübung Anspruch auf Übertragung zu Bruchteilen entsteht. Zum Meinungsstreit: *Schöner/Stöber* Rdn.1406 ff.

11 A. A.: *K/E/H/E/Eickmann*, Rdn. 10 zu § 47 GBO; *Demharter*, § 47 GBO Anm. 3; bejahend: *Schöner/Stöber*, Rdn. 1406; OLG Frankfurt, DNotZ 1986, 239.

Die §§ 1098 Abs. 1, 473 S. 1 BGB bestimmen daher die grundsätzliche

Nichtübertragbarkeit des Vorkaufsrechts.

Auch ein Übergang auf die Erben ist ausgeschlossen.

Ein Verzicht auf diesen Schutz ist jedoch möglich, d. h.

Übertragbarkeit sowie Vererblichkeit

können vereinbart und dinglich gesichert werden.

Fall:

Im Grundbuch ist ein Vorkaufsrecht für V auf die Dauer von zehn Jahren eingetragen. Als V nach Ablauf von acht Jahren verstirbt, beantragt der Eigentümer unter Vorlage der Sterbeurkunde die Löschung des Rechts.

☞ Prüfen Sie § 22 Abs. 1 GBO!

Das Grundbuch ist zwar hinsichtlich der Vorkaufsberechtigung nicht aber hinsichtlich des Vorkaufsrechtsbestandes unrichtig, denn eine Befristung des Rechts macht es im Zweifel vererblich (§§ 1098 Abs. 1; 473 S. 2 BGB). Die Löschung des

Rechts darf daher nur mit Bewilligung des jetzt berechtigten Erben vorgenommen werden (§§ 19, 35 GBO).

! **Merke:** Die zulässige Befristung des Vorkaufsrechts macht es im Zweifel *vererblich,* jedoch nicht rechtsgeschäftlich übertragbar!

? Unterliegt das subjektiv persönliche Vorkaufsrecht der Pfändung? Wir haben diese Frage bereits bei anderen dinglichen Rechten untersucht. Erinnern Sie sich noch?

Die Zulässigkeit der Pfändung eines dinglichen Rechtes hängt grundsätzlich von seiner Übertragbarkeit ab. Nicht übertragbare Rechte sind insoweit der Pfändung unterworfen, als ihre Ausübung einem anderen überlassen werden kann.

Lesen Sie erneut die §§ 857 Abs. 1, 3; 851 ZPO!

Das *nicht übertragbare* Vorkaufsrecht ist folglich nicht pfändbar. Aus § 1274 Abs. 2 BGB ergibt sich im Übrigen die grundsätzliche Unzulässigkeit der rechtsgeschäftlichen Verpfändung.

Das subjektiv dingliche Vorkaufsrecht gehört zum Bestand des herrschenden Grundstücks, ist mit diesem untrennbar verbunden (§ 1103 BGB) und kann daher nicht Gegenstand eines besonderen Pfandrechts sein (§§ 93, 96 BGB). Als Bestandteil des herrschenden Grundstücks unterliegt es wie dieses der Immobiliarvollstreckung, d. h. es wird im Rahmen der Zwangsvollstreckung in das herrschende

Grundstück als Bestandteil dieses Grundstücks z. B. mitversteigert (§§ 865 ZPO, 20 Abs. 2 ZVG, 1120 BGB).

Letztlich pfändbar ist daher nur das *übertragbare* subjektiv persönliche Vorkaufsrecht.

§ 6
Erlöschen

Das Vorkaufsrecht – ob nun subjektiv persönlich oder dinglich, für einen oder alle Verkaufsfälle bestellt – erlischt gem. § 875 BGB mit

- Aufgabeerklärung des Berechtigten

und

- Eintragung im Grundbuch.

Grundlage für die Eintragung im Grundbuch stellt hier insbesondere die Bewilligung aller Betroffenen dar (§ 19 GBO), ggf. unter Beachtung der §§ 876 BGB, 21 GBO.

Das Erlöschen des Rechts kann auch

kraft Gesetzes

eintreten.

☞ Nennen Sie Beispiele für das Erlöschen kraft Gesetzes! Beachten Sie dabei die unterschiedlichen Regelungen zwischen dem Vorkaufsrecht für einen Verkaufsfall und dem für mehrere bzw. alle Verkaufsfälle!

Das Vorkaufsrecht erlischt kraft Gesetzes z. B. durch

- Ausübung, und zwar unabhängig davon, ob es für einen oder alle Verkaufsfälle bestellt war;
- Nichtausübung innerhalb der Frist der §§ 1098, 469 BGB, sofern das Recht nur für *einen* Verkaufsfall bestellt war;

! **Merke:** Die Nichtausübung kann beim Vorkaufsrecht für mehrere oder alle Verkaufsfälle kein Erlöschensgrund sein!

- Grundstücksveräußerung, der kein Verkaufsfall zugrunde liegt (Beispiel: Schenkungsvertrag) und Vorkaufsrecht für *einen* Verkaufsfall;

In § 1097 BGB finden Sie die Begründung!

Wenn das auf *einen* Verkaufsfall beschränkte Vorkaufsrecht nur im Falle des Verkaufs durch den Eigentümer, dem das Grundstück z. Z. der Bestellung des Rechts gehört (oder dessen Erben) ausgeübt werden kann, dieser aber das Grundstück z. B. auf der Grundlage eines Schenkungsvertrages veräußert, dann muss das Recht infolge Eigentumswechsels erlöschen.

- Eintritt einer auflösenden Bedingung oder des Ablaufs einer Frist (§§ 158 Abs. 2; 163 BGB);
- Zuschlag in der Zwangsversteigerung unter den Voraussetzungen des § 91 ZVG;
- Tod des Berechtigten bei unübertragbarem, unvererblichem Vorkaufsrecht (§§ 1098, 473 BGB).

Übersicht über mögliche Erlöschensgründe kraft Gesetzes

(ja = Erlöschen; nein = kein Erlöschen)

Beispiele	Vorkaufsrecht für einen Verkaufsfall	Vorkaufsrecht für mehrere oder alle Verkaufsfälle
Wirksame Ausübung	ja	ja
Nichtausübung	ja	nein
Grundstücksveräußerung ohne Verkaufsfall	ja	nein
Eintritt auflösender Bedingung	ja	ja
Fristablauf	ja	ja
Zuschlag in der Zwangsversteigerung (§ 91 ZVG)	ja (vgl. §§ 1098, 471 BGB)	ja (es sei denn, es ist Teil des geringsten Gebots)
Tod des Berechtigten	ja (Ausnahme: vererbliches Recht	ja (Ausnahme: vererbliches Recht)

Ist das Erlöschen des Rechts bereits außerhalb des Grundbuches eingetreten, wird das Grundbuchamt die beantragte Löschung in der Regel unter Anwendung des § 22 GBO verfügen.

Dies setzt aber voraus, dass der entsprechende Tatbestand in der Form des § 29 GBO nachgewiesen wird.

Dieser allgemeine Grundsatz hinsichtlich der Anwendung des § 22 GBO kann nicht für alle vorstehenden Erlöschensgründe gelten. Hier ist Vorsicht geboten.

Fall:

Der eingetragene Vorkaufsberechtigte V ist am 01.02. verstorben (unvererbliches Vorkaufsrecht). Unter Vorlage der Sterbeurkunde beantragt der Grundstückseigentümer am 01.04. desselben Jahres die Löschung des Rechts.

? Welche Überlegungen stellt das Grundbuchamt an?

Das Vorkaufsrecht ist gem. §§ 1098, 473 BGB grundsätzlich unvererblich. *Die Befugnis zur Ausübung* erlischt also spätestens mit dem Tode des Berechtigten.

Hatte der Berechtigte aber zu Lebzeiten sein Recht bereits ausgeübt, so entsteht in seiner Person der Auflassungsanspruch mit dem Vormerkungsschutz gegenüber Dritten (§ 1098 Abs. 2 BGB).

? Welche Auswirkung hat dies auf das eingetragene Vorkaufsrecht?

Das Vorkaufsrecht *als solches* wäre zwar infolge Ausübung erloschen, es sichert aber nunmehr wie eine Vormerkung den *übertragbaren* Auflassungsanspruch (s. o.). Man könnte auch sagen: das unübertragbare, unvererbliche Vorkaufsrecht hätte sich infolge Ausübung in eine übertragbare Eigentumsvormerkung umgewandelt.

? Kann die im Fall beantragte Löschung des Vorkaufsrechts unter Anwendung des § 22 GBO erfolgen?

Die Vorlage der Sterbeurkunde weist zwar den Verlust der *Rechtsinhaberschaft* des eingetragenen Vorkaufsberechtigten nach (*insoweit* wäre das Grundbuch unrichtig), materiellrechtlich könnte aber der *Rechtsbestand* – in umgewandelter Form als Vormerkung – noch gegeben sein, denn infolge Ausübung des Vorkaufsrechts wäre der hierdurch entstandene übertragbare Auflassungsanspruch nebst Vormerkungswirkung z. B. auf den/die Erben übergegangen. Die Löschung des Vorkaufsrechts kann daher nur mit Bewilligung des wahren Rechtsinhabers (des/der Erben) gem.

§ 19 GBO

erfolgen. Die Anwendung des § 22 GBO muss insoweit außer Betracht bleiben[12].

12 Zur Anwendung des § 23 GBO bejahend: OLG Hamm, Rpfleger 1989, 148 u. a.

§ 7
Zur Wiederholung

Fragen und Aufgaben zur Wiederholung 7. Kapitel	Antworten und Lösungen auf den Seiten
1. Welche tatsächlichen Interessen des Berechtigten können der Bestellung des Vorkaufsrechts zugrunde liegen?	129
2. Unter welchen Voraussetzungen ist die Ausübung des Vorkaufsrechts möglich?	130
3. Welche Rechtsfolge hat die Ausübung des Vorkaufsrechts?	130
4. Warum ist die Vereinbarung eines festen Kaufpreises im Rahmen der Vorkaufsrechtsbestellung grundsätzlich unzulässig?	130, 131
5. Beschreiben Sie die Bedeutung des Vorkaufsrechts für alle Verkaufsfälle aus der Sicht des Berechtigten!	132
6. Wen verpflichtet das Vorkaufsrecht für *einen* Verkaufsfall?	132
7. Unter welchen Voraussetzungen kann im Falle der Bestellung mehrerer rangverschiedener Vorkaufsrechte der rangschlechtere Berechtigte seine Rechte ausüben?	133
8. Welche Bedenken bestehen gegen die Bestellung mehrerer ranggleicher Vorkaufsrechte und mit welcher Begründung kann die Zulässigkeit dennoch bejaht werden?	133
9. Worin besteht hinsichtlich der Wirkung des § 883 Abs. 2 BGB der wesentliche Unterschied zwischen Vorkaufsrecht und Eigentumsvormerkung?	133, 134
10. Unter welchen Voraussetzungen ist ein ideeller Miteigentumsanteil mit dem Vorkaufsrecht belastbar?	135
11. Welche Bedenken bestehen gegen die Eintragung eines Vorkaufsrechts für mehrere in Bruchteilsgemeinschaft?	137, 138
12. Unter welchen Voraussetzungen ist das Vorkaufsrecht übertragbar und vererblich?	138, 139

Fragen und Aufgaben zur Wiederholung 7. Kapitel	Antworten und Lösungen auf den Seiten
13. Begründen Sie die Unzulässigkeit der Pfändung des a) subjektiv persönlichen Vorkaufsrechts (nicht übertragbares), b) subjektiv dinglichen Vorkaufsrechts!	139, 140
14. Nennen Sie Beispiele für das Erlöschen kraft Gesetzes!	140, 141

§ 8
Zusammenfassung
(7. Kapitel)

Inhalt	Berechtigung zum Vorkauf gegenüber dem Eigentümer (§ 1094 BGB), Rechtsverhältnis zwischen Verpflichteten und Berechtigten richtet sich nach den §§ 463–473 BGB (§ 1098 BGB); Bei wirksamer Ausübung entsteht Kaufvertrag zwischen Verpflichteten und Berechtigten zu den Bedingungen des Kaufvertrages mit dem Dritten; Vorkaufsrecht für mehrere oder alle Verkaufsfälle möglich (§ 1097 BGB); mehrere Vorkaufsrechte an demselben Grundstück zulässig (auch gleichrangige, aber streitig); Bedingungen und Befristungen möglich.
Belastungsgegenstand	Grundstück oder grundstücksgleiches Recht; realer Grundstücksteil unter Beachtung des § 7 GBO, ideeller Miteigentumsanteil (§ 1095 BGB); kein Gesamtvorkaufsrecht.
Berechtigter	natürliche Personen, juristische Personen oder Personenhandelsgesellschaften; Partnerschaftsgesellschaft, GbR; bei mehreren Berechtigten kann Vorkaufsrecht nur im Ganzen ausgeübt werden (§ 472 BGB); zulässige Beteiligtenverhältnisse i. S. d. § 47 GBO: Gesamtgläubigerschaft gem. § 428 BGB, § 432 BGB (str.); Gütergemeinschaft; Bruchteilsgemeinschaft (str.).

Übertragung	grundsätzlich nicht übertragbar und nicht vererblich, wenn nichts anderes bestimmt ist (§§ 1098, 473 BGB); Pfändung möglich bei übertragbarem Vorkaufsrecht (§§ 851, 857 ZPO); nicht bei subjektiv dinglichem Vorkaufsrecht.
Erlöschen	– § 875 BGB (beachte evtl. §§ 876 BGB, 21 GBO); – Ausübung; – Nichtausübung bei einmaligem Vorkaufsrecht; – Grundstücksveräußerung ohne Verkaufsfall bei einmaligem Vorkaufsrecht; – Eintritt auflösender Bedingungen oder Fristablauf; – Zuschlag im Zwangsversteigerungsverfahren (§ 91 ZVG); – Tod des Berechtigten bei unvererblichem Vorkaufsrecht (zu § 23 GBO: streitig).

8. Kapitel: Reallast

Beispiel:

B hat gegen den Grundstückseigentümer E einen Kaufpreisanspruch, der vereinbarungsgemäß wie folgt zu zahlen ist:

E zahlt monatlich im Voraus am 1. eines Kalendermonats, erstmals am 01.02. d. J., an B eine Rente i. H. v. 1.000 €. Die Rente ist auf Lebenszeit zu zahlen.

Zur Sicherung der Rentenzahlungen beantragt und bewilligt E die Eintragung einer Reallast zugunsten des B.

§ 1 Allgemeines

Die gem. den §§ 873, 1105 BGB eintragungsfähige Reallast hat zum Inhalt, dass

- an den Berechtigten
- wiederkehrende Leistungen
- aus dem Grundstück

zu entrichten sind.

☞ Vergleichen Sie den gesetzlichen Inhalt der Reallast mit dem der Dienstbarkeit (z. B. § 1090 BGB)! Erkennen Sie den wesentlichen Unterschied?

Während die Dienstbarkeiten vom Grundstückseigentümer grundsätzlich nur ein *Dulden* verlangen – er muss „tatenlos" zusehen, dass der Berechtigte die Nutzungen zieht –, macht die Reallast den Grundstückseigentümer zum Aktivbeteiligten, denn er,

der Grundstückseigentümer, hat *Leistungen* an den Berechtigten zu erbringen.

Die von ihm zu entrichtenden einzelnen Leistungen sind mit Eintragung der Reallast dinglich gesichert.

Darüber hinaus stellt die Reallast als solche – neben den aus ihr fließenden Einzelleistungen – eine eigenständige Grundstücksbelastung dar.

? Wie ist das zu verstehen? Welcher Unterschied besteht zwischen den einzelnen Reallastleistungen und der Reallast?

Lesen Sie noch einmal den Eingangsfall!

Würde nach Eintragung der Reallast das Grundstück von einem anderen Gläubiger zwangsweise versteigert und die Reallast aufgrund der gesetzlichen Versteigerungsbedingungen erlöschen (§ 91 ZVG; das ist z. B. der Fall, wenn die Reallast dem die Zwangsversteigerung betreibenden Gläubiger *nicht* im Range vorgeht), so haftet das Grundstück bzw. der Versteigerungserlös des Grundstücks für den

Wert der „ganzen“ Reallast (Stammrecht)

unter Berücksichtigung bereits vom Eigentümer erbrachter Leistungen.

Aus den ebenfalls verdinglichten Einzelleistungen kann der Berechtigte bei Fälligkeit dingliche Befriedigung aus dem Grundstück im Wege der Zwangsvollstreckung suchen. Darüber hinaus haftet der Grundstückseigentümer für die Einzelleistungen auch *persönlich* (§ 1108 BGB) mit der Maßgabe, dass diese persönliche Haftung grundsätzlich nach einem Eigentumswechsel gegen den früheren Eigentümer (Besteller der Reallast) fortbesteht, soweit die einzelnen Leistungen in der Zeit seines Eigentums fällig geworden sind.

! **Merke:** Die Reallast (Stammrecht) ist die Summe aller zu erbringenden Leistungen. Je mehr Leistungen erbracht werden, desto „kleiner“ wird die Reallast.

Die Reallast ist nicht selten Gegenstand eines sog.

Altenteils.

Beispiel:

Landwirt E veräußert seinen landwirtschaftlichen Betrieb einschließlich aller dazugehörigen Grundstücke an seinen Sohn S. Letzterer räumt seinem Vater an dem erworbenen Hausgrundstück ein Wohnungsrecht ein und verpflichtet sich im Übrigen, ihm eine monatliche Geldrente i. H. v. 1.000 € zu zahlen, ihn zu pflegen und zu beköstigen.

Die hier eingeräumten Rechte könnten unter dem Oberbegriff des Altenteils dinglich gesichert werden, nämlich in der Regel in Form

- eines Wohnungsrechts sowie
- einer lebenslänglichen Reallast

mit dem Zweck der lebenslänglichen persönlichen Versorgung des Berechtigten.

Grundbuchrechtlich gelten für das Altenteil einige Besonderheiten.

Lesen Sie § 49 GBO!

- Die Bezeichnung „Altenteil" („Leibgeding", „Leibzucht") im Eintragungstext genügt, wenn zur Bezeichnung der vom Altenteil erfassten Rechte (Wohnungsrecht, Reallast) auf die Bewilligung Bezug genommen wird. Insoweit wird § 874 BGB durch § 49 GBO erweitert. *Zweck:* Vermeidung einer Überfüllung des Grundbuches.
- Die Angabe eines Gemeinschaftsverhältnisses i. S. d. § 47 GBO im Eintragungstext ist aus dem zuvor genannten Zweckgedanken ebenfalls nicht erforderlich. Die Angabe in der Bewilligung und die entsprechende Bezugnahme im Eintragungstext genügen.
- Die Bezeichnung der mit dem Altenteil belasteten Grundstücke in der Spalte 2 der Abteilung II ist grundsätzlich auch dann ausreichend, wenn die im Altenteil zusammengefassten Rechte verschiedene Grundstücke belasten.

  Beispiel:

  Altenteil, bestehend aus einem Wohnungsrecht auf dem Hausgrundstück Nr. 1 sowie einer Reallast auf dem Grundstück Nr. 2 (Ackerland).

- Hier können in der Spalte 2 (Belastungsgegenstand) die Grundstücke 1 und 2 vermerkt werden. Zu beachten bleibt allerdings, dass in der Bewilligung das nicht für Wohnzwecke geeignete Grundstück 2 (Ackerland) ausgenommen wird[1]. Dies muss auch aus dem Eintragungstext ausdrücklich hervorgehen. Eine Bezugnahme i. S. d. § 874 BGB ist insoweit unzulässig, da der Belastungsgegenstand von der Bezugnahmemöglichkeit des § 874 BGB (Art und Inhalt des *Rechts*) nicht erfasst wird[2].

§ 2
Inhalt

I. Leistungen

Gem. § 1105 BGB sind an den Berechtigten

Leistungen

aus dem Grundstück zu entrichten, was nicht bedeutet, dass die Leistungen aus dem Grundstück zu erwirtschaften sind. Vielmehr **haftet** das Grundstück für die Entrichtung der Leistungen des Eigentümers mit der Folge, dass Letzterer insoweit die Zwangsvollstreckung in sein Grundstück zu dulden hat (§§ 1107, 1147 BGB).

1 A. A.: BGH, Rpfleger, 1972, 89.
2 *K/E/H/E/Eickmann*, Rdn. 6 zu § 49 GBO (str.).

Die Reallast ist daher kein Nutzungsrecht sondern stellt – ähnlich einem Grundpfandrecht – ein Verwertungsrecht dar.

? Für welche Leistungen haftet das Grundstück?

Bei den im § 1105 BGB genannten Leistungen kann es sich handeln um

- Geldleistungen (z. B. monatliche Rente),
- Sachleistungen (z. B. jährlich 10 Zentner Kartoffeln),
- Dienstleistungen (z. B. Verpflichtung zur Unterhaltung eines Zaunes).

Auf die rechtliche Behandlung der einzelnen Leistungen sind gem.

§ 1107 BGB

die Vorschriften über Hypothekenzinsen anzuwenden. Das bedeutet:

die einzelnen Realleistungen verhalten sich zur Reallast (Stammrecht) so wie die Hypothekenzinsen zur Hypothek oder mit anderen Worten, der Reallastberechtigte hat an den einzelnen Reallastleistungen dieselben Rechte wie der Hypothekengläubiger an den Hypothekenzinsen.

Dies wird insbesondere im Falle der Übertragung der Reallastleistungen relevant.

Beispiel:

Die Abtretung *bereits fälliger* übertragbarer Reallastleistungen erfolgt wie die Übertragung fälliger Hypothekenzinsen gem. §§ 1159, 398 BGB durch formlos möglichen Übertragungsvertrag, während es zur Abtretung noch *nicht fälliger* Einzelleistungen der Übertragung der Reallast (Stammrecht) gem. § 873 BGB bedarf.

Fall:

B hat gegen den Grundstückseigentümer E einen Anspruch i. H. v. 10.000 €. Beide vereinbaren, dass E zur Begleichung seiner Schuld dem B eine Doppelgarage baut. E beantragt und bewilligt zum Zwecke der dinglichen Sicherung der Ansprüche des B zu dessen Gunsten die Eintragung einer Reallast auf seinem Grundstück mit dem zuvor beschriebenen Inhalt (Bau einer Doppelgarage).

? Mit welcher Begründung wird das Grundbuchamt die Eintragung ablehnen?

Lesen Sie erneut § 1105 BGB und stellen Sie das für die Entscheidung des Grundbuchrechtspflegers maßgebliche Kriterium fest!

Bei den aus der Reallast fließenden Leistungen muss es sich um

wiederkehrende

handeln.

Die Errichtung einer Doppelgarage – wenn der Bau selbst auch wiederkehrende Leistungen erforderlich macht – stellt letztlich eine einmalige Leistung dar, die grundsätzlich nicht Inhalt einer Reallast sein kann (anders, wenn die Leistung darin besteht, jährlich eine Garage zu bauen; ein wohl nur theoretischer Fall).

! **Merke:** Die Reallast sichert *wiederkehrende Leistungen,* also solche, die erwartungsgemäß in gewissen Zeitabständen wiederkehren, wobei die „Wiederkehr" nicht regelmäßig sein muss.

Da die Reallast Leistungen vielfältiger Art sichern kann (s. o.), verlangt der im Grundbuchrecht geltende

Bestimmtheitsgrundsatz

in der Eintragungsbewilligung die konkrete Angabe der zu sichernden Leistung.

Beispiel:

- monatliche Rente i. H. v. 1.000 €;
- jährlich zehn Zentner Kartoffeln.

Fall:

Grundstückseigentümer E beantragt und bewilligt die Eintragung der Reallast für B mit folgendem Inhalt:

E zahlt an B eine monatliche Rente i. H. v. 1.000 €. Im Falle einer wesentlichen Änderung der allgemeinen wirtschaftlichen Verhältnisse behalten sich die Beteiligten die Vereinbarung einer Rentenanpassung vor mit der Maßgabe, dass jede Partei von der anderen die Aufnahme von Verhandlungen zur Rentenneufestsetzung verlangen kann, sobald der vom statistischen Bundesamt festgestellte Preisindex für die Lebenshaltung eines Zwei-Personen-Haushalts von Rentenempfängern gegenüber dem Vorjahr sich um mehr als 5 % geändert hat.

? Welche Überlegungen stellt das Grundbuchamt an?

Mit Rücksicht auf den zuvor genannten Bestimmtheitsgrundsatz müssen die zu sichernden Reallastleistungen auf jeden Fall ihrer *Art* nach bestimmt sein. Diesem Erfordernis ist vorstehend Genüge getan (monatliche Geldrente). Aus der dem Grundbuchamt vorliegenden Bewilligung geht jedoch im Übrigen hervor, dass sich die

Höhe der einzelnen Reallastleistung

verändern kann.

Der Bestimmtheitsgrundsatz erfasst in der Regel auch die *Höhe* der dinglich gesicherten Leistung.

Wenn aber über einen längeren Zeitraum an den Berechtigten der Höhe nach nur feststehende Geldleistungen zu entrichten wären, würde dies die Veränderlichkeit der allgemeinen wirtschaftlichen Verhältnisse (z. B. steigende Lebenshaltungskosten) unberücksichtigt lassen. Aus diesem Grunde wird der Berechtigte ein Interesse daran haben, dass seine ihm in der Regel zum Lebensunterhalt dienende Rente der allgemeinen Wirtschaftslage angepasst wird. Insoweit macht der Gesetzgeber in § 1105 S. 2 BGB von dem Bestimmtheitsgrundsatz eine Ausnahme und lässt die

Bestimmbarkeit

der Leistungshöhe zu. Auch andere Leistungen als Geldleistungen unterliegen dieser Ausnahmeregelung, wenn sie in einen bestimmbaren Geldwert umwandelbar sind[3], denn in der Immobiliarvollstreckung erfolgt die Befriedigung des Berechtigten durch Erlösverteilung in Geld.

Der Begriff der Bestimmbarkeit ist allerdings nicht endlos dehnbar, sondern unterliegt bestimmten Kriterien:

! **Merke:** Der Geldwert der aus dem Grundstück zu entrichtenden Leistungen muss bestimmt oder zumindest zweifelsfrei bestimmbar sein. Zum Zwecke der Feststellung der Höhe der jeweils gesicherten Leistung können dabei auch „außerhalb der Grundbucheintragung und der Eintragungsbewilligung liegende Umstände herangezogen werden, *soweit sie nachprüfbar sind und auf sie im Grundbuch oder in der Eintragungsbewilligung hingewiesen wird*“[4].

Beispiel für eine zulässige Wertsicherungsvereinbarung:

Der Eigentümer zahlt an den Berechtigten eine monatliche Rente i. H. v. 1.000 € ab dem 01.02. d. J. Die Rente soll wertbeständig sein. Sollte sich der vom statistischen Bundesamt festgestellte Verbraucherpreisindex für einen Zwei-Personen-Arbeitnehmerhaushalt mittleren Einkommens gegenüber der zuletzt veröffentlichten Monatsindexzahl um 5 % oder mehr verändern, so erhöht oder ermäßigt sich die Rente in demselben Verhältnis.

Im vorstehendem Beispiel ist die Bestimmbarkeit zu bejahen, da insbesondere auch einem nachrangigen Gläubiger mit Hilfe des Verbraucherpreisindexes (Veröffentlichung) eine Feststellung der jeweiligen Rentenhöhe zweifelsfrei möglich ist.

Lesen Sie nun erneut vorstehenden Fall! Bestehen Bedenken gegen die Eintragungsfähigkeit der bewilligten Regelung?

Die bewilligte Reallast entspricht nicht den zuvor erwähnten Bestimmbarkeitsvoraussetzungen, da die objektiven Umstände für die Bestimmung der Höhe der Rentenleistungen hier nicht nachprüfbar sind. Zwar soll die Rentenhöhe variabel sein, sich aber gem. der Bewilligung nicht automatisch in Anlehnung an einen bestimmten Wertmaßstab verändern, sondern vielmehr von dem Ergebnis der Par-

3 BayObLG, Rpfleger, 1981, 106.
4 BGH, DNotZ 1991, 803; Rpfleger 1990, 453.

teiverhandlungen abhängen. Für einen unbeteiligten Dritten (z. B. nachrangiger Gläubiger) wird aufgrund des Ermessensspielraumes der Parteien im Rahmen evtl. Vertragsverhandlungen die Höhe der Rente kaum bestimmbar sein.

Anders liegt der Fall, wenn die Beteiligten gem. vereinbarter und bewilligter Wertsicherungsklausel eine Anpassung der Rente an einen *bestimmten Wertmaßstab* (z. B. Beamtengehalt) verlangen können. Der zulässige Anpassungsrahmen (Umfang) ergibt sich hier aus dem in der Klausel genannten Wertmaßstab.

📖 Lesen Sie hierzu *Schöner/Stöber* Rdn. 1296 ff.!

Die zulässigen Wertsicherungsklauseln bedürfen gem. Preisklauselgesetz[5] seit 14.9.2007 keiner behördlichen Genehmigung mehr.

Die vom Grundbuchamt vorzunehmende Prüfung des eintragungsfähigen Inhalts der Reallast verlangt letztlich mit Rücksicht auf Artikel 115 EGBGB auch die Beachtung

landesgesetzlicher Vorschriften.

📖 Lesen Sie insoweit *Schöner/Stöber*, Grundbuchrecht, 15. Auflage, Rdn. 1318!

Auf die unterschiedlichen Regelungen in den Bundesländern soll hier nicht näher eingegangen werden.

II. Eintragungsfähiger Inhalt im Übrigen

Die Beteiligten können den Inhalt der Reallast grundsätzlich frei gestalten, soweit nicht zwingende gesetzliche Vorschriften dem entgegenstehen.

So kann die Reallast auch unter einer

- Bedingung und Befristung

bestellt werden. Auch Bestimmungen über

- Beginn und Fälligkeit

der einzelnen Reallastleistungen gehören zum eintragungsfähigen Inhalt des Rechts, da sie die zu entrichtenden Leistungen näher beschreiben.

Fall:

Die Eintragungsbewilligung enthält folgende Bestimmung: „Im Falle des Verzuges sind die rückständigen Reallastleistungen mit 10 % zu verzinsen."

? Mit welcher Begründung wird das Grundbuchamt die Eintragung dieser Bestimmung ablehnen?

5 Vvgl. auch *Schöner/Stöber*, Rdn. 3254 ff.

Lesen Sie erneut § 1107 BGB und wiederholen Sie die Ausführungen auf S. 150!

Die rechtliche Behandlung der **Reallastleistungen** entspricht der der Hypothekenzinsen, so dass wir uns hier die Frage nach der Zulässigkeit der Verzinsung von Hypothekenzinsen stellen müssen.

Die §§ 248, 289 BGB verbieten dies. Hieraus folgt, dass auch eine Verzinsung rückständiger Reallastleistungen, wenn wir sie wie Zinsen behandeln müssen, nicht zum Inhalt des Rechts gemacht werden kann[6].

Fall:

Die in einer notariellen Urkunde enthaltene Eintragungsbewilligung enthält u. a. folgende Bestimmung:

„In Ansehung der einzelnen Reallastleistungen unterwirft sich der Eigentümer der sofortigen Zwangsvollstreckung in das Grundstück, und zwar in der Weise, dass die Zwangsvollstreckung gegen den jeweiligen Eigentümer zulässig ist."

Das Grundbuchamt lehnt die Eintragung dieser Bestimmung ab.

Zu Recht?

Lesen Sie § 800 ZPO!

Welchen Zweck verfolgt diese Vorschrift?

Dem Gläubiger eines *Grundpfandrechts* soll die Durchsetzung seines *Befriedigungsanspruchs aus dem Grundstück* gegen den *jeweiligen Eigentümer* (Sonderrechtsnachfolger) erleichtert werden, denn ohne diese sog. dingliche Unterwerfungserklärung benötigt er zur Zwangsvollstreckung gegen einen späteren Eigentümer (Sonderrechtsnachfolger, nicht Gesamtrechtsnachfolger) einen neuen Titel.

Will der Reallastberechtigte aus der im Fall genannten Urkunde, die aufgrund der *Vollstreckungsunterwerfung* des Eigentümers zunächst einen Vollstreckungstitel gegen *diesen* darstellt (§ 794 Abs. 1 Nr. 5 ZPO), gegen einen Gesamtrechtsnachfolger (Erbe) des Eigentümers vorgehen, so hat er die Möglichkeit, die notarielle Urkunde schon gem. den §§ 727, 750, 797 ZPO gegen den Gesamtrechtsnachfolger umschreiben zu lassen und nach Zustellung der notariellen Urkunde einschließlich der Vollstreckungsklausel sowie der die Rechtsnachfolge nachweisenden Urkunden (begl. Grundbuchauszug) die Zwangsvollstreckung zu betreiben.

Die Unterwerfung unter die sofortige Zwangsvollstreckung wegen der *einzelnen Reallastleistungen* ist zwar grundsätzlich zulässig – eine Unterwerfung hinsichtlich der Reallast selbst (Stammrecht) wäre ohne Bedeutung, da nur wegen fälliger Ein-

6 BGH, NJW 1980, 2519, 2520 (zur Erbbauzinsreallast).

zelleistungen die Zwangsvollstreckung betrieben werden kann –, ihre Eintragung im Grundbuch muss aber abgelehnt werden, da § 800 ZPO nur Grundpfandrechte, nicht Reallastleistungen erfasst[7].

§ 3
Belastungsgegenstand

Als Haftungsgrundlage für die Reallast kommt wie auch bei allen anderen dinglichen Rechten zunächst

- ein Grundstück oder
- ein grundstücksgleiches Recht

in Betracht.

Die Belastung eines realen Grundstücksteils ist nur unter den Voraussetzungen der §§ 7 Abs. 2; 2 Abs. 3 GBO zulässig.

Fall:

E, der im Grundbuch als Alleineigentümer eingetragen ist, beantragt und bewilligt die Eintragung einer Reallast auf einem ½ Anteil.

? Mit welcher Begründung wird das Grundbuchamt die Eintragung dieser Bestimmung ablehnen?

Lesen Sie § 1106 BGB!

Diese Vorschrift verlangt zur Belastung eines

- ideellen Miteigentumsanteils

das Bestehen einer Bruchteilsgemeinschaft am Grundstück. E ist aber nicht Miteigentümer, sondern Alleineigentümer des Grundstücks.

? Welchen gesetzgeberischen Grund hat die Beschränkung des § 1106 BGB (vgl. auch §§ 1095, 1114 BGB)?

Der Gesetzgeber ist der Meinung, dass ein Verkehrsbedürfnis für eine Anteilsbelastung durch den Alleineigentümer des Grundstücks nicht besteht. Die Haftung des *ganzen* Grundstücks für ein dingliches Recht könne er auch auf andere Weise verhindern, nämlich durch *reale* Teilung des Grundstücks und sich daran anschließender Verselbständigung des Grundstücksteils zum Grundstück, welches alsdann zur Belastung zur Verfügung steht. Darüber hinaus wollte er Schwierigkeiten in

7 BayObLG, DNotZ 1959, 402; a. A.: *Müko/Joost*, Rdn. 58 zu § 1105 BGB.

einer möglichen Immobiliarvollstreckung vermeiden. Es waren also letztlich weniger rechtliche Überlegungen, sondern vielmehr „Zweckmäßigkeitsgründe“, die zur Schaffung der oben genannten Vorschriften geführt haben[8].

Auch

- mehrere Grundstücke

können mit ein und derselben Reallast belastet werden, sodass sich die Reallast als echtes Gesamtrecht darstellt (ein Recht für eine Forderung an mehreren Grundstücken).

☞ Begründen Sie die Zulässigkeit der Gesamtreallast sowie die grundsätzliche Unzulässigkeit der Gesamtdienstbarkeit! Wiederholen Sie insoweit die Ausführungen zum Wesen der Reallast auf den S. 147!

Die Dienstbarkeit ist für den Berechtigten Nutzungsrecht. Bei mehreren Grundstücken besteht dieses Nutzungsrecht als selbständiges individuelles Recht, ohne dass die Nutzungsziehung aus dem einen Grundstück (z. B. Wohnen) die aus dem anderen Grundstück beeinflussen kann.

Die Reallast hingegen ist Leistungs- und Verwertungsrecht, ähnlich dem Grundpfandrecht, mit der Maßgabe, dass die ein Gesamtrecht gem. § 1132 BGB kennzeichnenden Merkmale auch auf die Reallast zutreffen.

§ 4 Berechtigter

§ 1105 BGB kennt zwei Berechtigtenformen, nämlich

- die subjektiv persönliche Reallast (§ 1105 Abs. 1 BGB) sowie
- die subjektiv dingliche Reallast (§ 1105 Abs. 2 BGB).

Als Berechtigte der *subjektiv persönlichen Reallast (§ 1105 Abs. 1 BGB)* kommen

- jede natürliche und juristische Person,

Personenhandelsgesellschaft und Partnerschaftsgesellschaft sowie GbR in Betracht.

8 RGZ 68, 80.

☞ Nennen Sie Beispiele für zulässige Beteiligtenverhältnisse i. S. d. § 47 GBO!

- Bruchteilsgemeinschaft (§§ 741 ff. BGB)
  – die vom Eigentümer zu entrichtenden Leistungen sind grundsätzlich teilbar –
- Gesamtberechtigung gem. § 428 BGB
  – die Reallast verlangt, wie § 428 BGB, Leistungen des Eigentümers –
- Mitberechtigung gem. § 432 BGB[9]
  – diese Vorschrift spricht von unteilbaren Leistungen!

? Können Sie sich eine Reallast zur Sicherung unteilbarer Leistungen vorstellen?

☞ Wiederholen Sie die Ausführungen auf S. 150!

Beispiel:

Reallast auf Unterhaltung eines Zaunes oder einer anderen Anlage.

Die unteilbare Leistung i. S. d. § 432 BGB kann *jeder Berechtigte* an *alle* fordern, der Eigentümer muss an *alle gemeinschaftlich* leisten.

- Gütergemeinschaft (§ 1416 BGB)

Die subjektiv dingliche Reallast (§ 1105 Abs. 2 BGB) wird nicht für einen bestimmten Berechtigten bestellt, sondern zugunsten des jeweiligen Eigentümers eines anderen Grundstücks. Das Recht wird mit seiner Entstehung zum wesentlichen Bestandteil des herrschenden Grundstücks (§§ 96, 1110 BGB) mit der sich daraus ergebenden möglichen Anwendung und Beachtung der §§ 9, 21 GBO, die ihrerseits wiederum die Beachtung materiellrechtlicher Vorschriften verlangen (z. B. §§ 876 S. 2; 877, 880 Abs. 3 BGB).

? Welche Bedenken bestehen gegen die Umwandlung einer subjektiv dinglichen Reallast in eine subjektiv persönliche Reallast und umgekehrt?

📖 Lesen Sie erneut § 1105 Abs. 1 und 2 BGB!

Hieraus müssen wir schließen, dass es sich bei den bezeichneten Rechten um Rechte eigener, selbständiger Art handelt. Die §§ 1110, 1111 BGB bestätigen das, denn

die subjektiv dingliche Reallast ist mit dem Eigentum am herrschenden Grundstück untrennbar verbunden (§ 1110 BGB),

während

die subjektiv persönliche Reallast nicht mit dem Eigentum am herrschenden Grundstück verbunden werden kann (§ 1111 Abs. 1 BGB).

---

9 BGH, DNotZ 1979, 499.

☞ Vergleichen Sie die entsprechende Regelung beim Vorkaufsrecht in § 1103 BGB!

Eine „Umwandlung“ lässt sich nur durch

Aufhebung der eingetragenen subjektiv dinglichen Reallast

und

Neubestellung einer subjektiv persönlichen Reallast

erreichen.

§ 5
Übertragung

Auch hier bedarf es der Unterscheidung zwischen der

Übertragung der einzelnen Reallastleistungen

und der

Übertragung der Reallast (Stammrecht).

☞ Wiederholen Sie insoweit die Ausführungen auf den S. 147, 148!

Die Reallast (Stammrecht) ist nur dann übertragbar, wenn

- der Anspruch auf die einzelne Leistung

übertragbar ist (§ 1111 Abs. 2 BGB).

Fall:

Der Reallastberechtigte B beantragt und bewilligt die Eintragung der Übertragung der Reallast auf X. Lt. Grundbucheintragung sichert die Reallast den Anspruch auf tägliche Beköstigung.

? Welche Überlegungen stellt das Grundbuchamt an?

Das Grundbuchamt hat im Rahmen der Prüfung des eintragungsfähigen Inhalts der Bewilligung zu untersuchen, ob der durch die Reallast konkret gesicherte Anspruch auf die einzelne Leistung als solcher übertragbar bzw. veräußerlich ist. Führt diese Prüfung zu einem positiven Ergebnis, stehen der Eintragung der Übertragung der *Reallast* insoweit keine Hindernisse entgegen.

📖 Lesen Sie § 399 BGB und ergänzen Sie insoweit § 1111 Abs. 2 BGB!

Der in vorstehendem Fall genannte Anspruch des Reallastberechtigten (Beköstigungsanspruch) wäre gem. § 399 BGB nicht übertragbar,

„wenn die Leistung an einen anderen als den ursprünglichen Gläubiger nicht ohne Veränderung ihres Inhalts erfolgen kann".

Hier soll die „Höchstpersönlichkeit" des Leistungsanspruchs sowie der Leistungsverpflichtung im Vordergrund stehen. Gem. §§ 399, 613 S. 2 BGB ist daher der Anspruch grundsätzlich nicht übertragbar und somit letztlich auch die Reallast nicht.

☞ Nennen Sie weitere Beispiele für nicht übertragbare Ansprüche!

- Pflegeanspruch
- Unterhaltsrente i. S. d. §§ 850 b ZPO, 400 BGB.

Die Übertragbarkeit des Anspruchs und damit der Reallast ist auch dann ausgeschlossen, wenn die Nichtübertragbarkeit vereinbart ist (§ 399 2. Alt. BGB).

? Wie erfolgt nun die Übertragung der übertragbaren Reallast?

Die Übertragung der Reallast wird gem. § 873 Abs. 1 BGB mit Einigung und Eintragung im Grundbuch bewirkt. Die Eintragung selbst bedarf u. a. der Bewilligung des wahren Reallastberechtigten gem. § 19 GBO.

? Ist die übertragbare Reallast pfändbar?

Zur Beurteilung dieser Frage müssen wir Reallast (Stammrecht) und Einzelleistungen gegenüberstellen.

Die einzelnen Reallastleistungen werden gem. § 1107 BGB wie Hypothekenzinsen behandelt. Daraus folgt der Grundsatz: die übertragbaren Einzelleistungen werden auch wie Hypothekenzinsen gepfändet, nämlich

- künftige Einzelleistungen (als Inhalt des Stammrechts) durch Pfändungsbeschluss und Eintragung im Grundbuch (§§ 857 Abs. 6, 830 Abs. 1 S. 3 ZPO);
- bereits fällige (rückständige) Einzelleistungen durch Zustellung des Pfändungsbeschlusses an den Drittschuldner[10] (§§ 1107, 1159 BGB, 851, 829 Abs. 3, 830 Abs. 3 ZPO).

Die subjektiv persönliche Reallast unterliegt der Pfändung, wenn der Anspruch auf die einzelne Leistung pfändbar ist (§ 851 Abs. 1 ZPO).

Die Pfändung des Stammrechts (und damit der künftig fällig werdenden Einzelleistungen) erfolgt dann gem. §§ 857 Abs. 6, 830 ZPO, nämlich

- durch Pfändungsbeschluss und Eintragung im Grundbuch.

10 KG, HRR 1932 Nr. 1003.

! **Merke:** *Die Zustellung* des Pfändungsbeschlusses ist *insoweit* ohne Bedeutung (vgl. die Regelung in § 830 Abs. 2 ZPO).

- *Die subjektiv dingliche Reallast* ist nicht pfändbar, da sie als Bestandteil des herrschenden Grundstücks vom Eigentum an diesem Grundstück nicht getrennt werden kann (§§ 1110 BGB, 851 ZPO).
- Dieses „Verbot" muss auch die künftig fällig werdenden Einzelleistungen erfassen; denn Berechtigter des Stammrechts (Reallast) kann nur derjenige sein, dem auch die künftig fällig werdenden Einzelleistungen zustehen. Diese Leistungen geben dem Stammrecht (Reallast) seine „Existenzberechtigung". Ist also das Stammrecht (Reallast) gem. § 1110 BGB nicht übertragbar (pfändbar), so muss dies zwangsläufig auch die künftig fällig werdenden Einzelleistungen betreffen. Welche Bedeutung könnte sonst das Stammrecht (Reallast) noch für den Berechtigten haben, wenn – ggf. – sämtliche zukünftig fällig werdenden Einzelleistungen einem Dritten zustehen!

! **Merke:** Ist die Reallast *übertragbar,* dann wird sie im Regelfall auch *vererblich* sein, es sei denn, die Vererblichkeit ist ausgeschlossen oder den Umständen nach nicht gewollt (z. B. im Rahmen eines Altenteils, das seiner Natur nach mit dem Tode des Berechtigten untergeht).

§ 6
Erlöschen

☞ Stellen Sie selbst mögliche Erlöschensgründe und deren Besonderheiten in materiellrechtlicher und grundbuchrechtlicher Hinsicht fest!

Die Reallast erlischt z. B. mit

- Aufgabeerklärung des Berechtigten und Eintragung im Grundbuch (ggf. unter Beachtung und Anwendung des § 876 BGB und des § 21 GBO bei der subjektiv dinglichen Reallast),
- Tod des Berechtigten bei der subjektiv persönlichen, lebenslänglichen Reallast.

Fall:

Im Grundbuch ist eine lebenslängliche Reallast (monatliche Geldrente) für B eingetragen. B verstirbt am 01.02. d. J. Der Eigentümer E beantragt am 01.04. d. J. unter Vorlage der Sterbeurkunde die Löschung des Rechts.

? Kann aufgrund der Sterbeurkunde die Löschung erfolgen?

Der gesetzliche Inhalt der Reallast besteht in der Entrichtung von Leistungen durch den Eigentümer an den Berechtigten. Als lebenslängliches Recht ist sie hier das klassische Beispiel für die Anwendung des § 23 GBO. Neben dem Nachweis der Unrichtigkeit des Grundbuches i. S. d. § 22 GBO bedarf es daher noch der Bewilligung des Rechtsnachfolgers des eingetragenen Berechtigten, es sei denn, bei der Reallast ist der Löschungserleichterungsvermerk des § 23 Abs. 2 GBO eingetragen.

- Eintritt einer auflösenden Bedingung oder Fristablauf (beachte § 24 GBO);
- Zuschlag in der Zwangsversteigerung (§ 91 ZVG), es sei denn, das Recht ist Gegenstand eines Altenteils.

§ 7
Zur Wiederholung

Fragen und Aufgaben zur Wiederholung 8. Kapitel	Antworten und Lösungen auf den Seiten
1. Welchen gesetzlichen Inhalt hat die Reallast?	147
2. Worin besteht der wesentliche inhaltliche Unterschied zwischen Reallast und Dienstbarkeit?	147
3. Beschreiben Sie den Unterschied zwischen Reallast und Reallastleistungen!	147, 148
4. Was verstehen Sie unter dem Begriff „Altenteil?“	148, 149
5. Wer haftet für die einzelnen Reallastleistungen?	149, 150
6. Welche Leistungsarten kann die Reallast sichern?	150
7. Nennen Sie Beispiele für die Anwendung des § 1107 BGB!	150
8. Was fällt Ihnen zum Bestimmtheitsgrundsatz ein?	151–153
9. Beschreiben Sie die Zulässigkeitsvoraussetzungen für die eintragungsfähige Wertsicherungsklausel!	152
10. Begründen Sie die Unzulässigkeit der Verzinsung der einzelnen Reallastleistungen!	154

Fragen und Aufgaben zur Wiederholung 8. Kapitel	Antworten und Lösungen auf den Seiten
11. Mit welcher Begründung muss die Eintragung der Vollstreckungsunterwerfung des jeweiligen Eigentümers abgelehnt werden?	154, 155
12. Begründen Sie die Zulässigkeit der Gesamtreallast!	156
13. Nennen Sie zulässige Beteiligtenverhältnisse i. S. d. § 47 GBO!	156, 157
14. Begründen Sie die Unzulässigkeit der Umwandlung einer subjektiv persönlichen Reallast in eine subjektiv dingliche Reallast und umgekehrt!	157, 158
15. Wovon hängt die Übertragbarkeit der Reallast ab?	158, 159
16. Welche Ansprüche sind nicht übertragbar (Beispiele und Begründung)?	158, 159
17. Begründen Sie die Unpfändbarkeit künftiger Einzelleistungen einer nicht pfändbaren subjektiv dinglichen Reallast!	160
18. Wie erfolgt die Pfändung der a) übertragbaren Einzelleistungen, b) übertragbaren Reallast?	159
19. Welche Gründe können zum Erlöschen der Reallast führen? Nennen Sie auch die grundbuchrechtlichen Besonderheiten!	160, 161

§ 8
Zusammenfassung
(8. Kapitel)

Inhalt

Entrichtung wiederkehrender Leistungen (Geld-, Sach- oder Dienstleistungen) durch den Eigentümer an den Berechtigten. Grundstück haftet für die Leistungen sowie für die Reallast (Stammrecht); Eigentümer haftet für die während seiner Eigentumszeit fällig gewordenen Leistungen auch persönlich (§ 1108 BGB);

Bestimmbarkeit der Leistung genügt (§ 1105 S. 2 BGB);

auf die rechtliche Behandlung der einzelnen Leistungen sind die für Hypothekenzinsen geltenden Vorschriften entspr. anwendbar (§ 1107 BGB);

Bedingungen und Befristungen zulässig und eintragungsfähig; § 800 ZPO auf Reallast und Reallastleistungen nicht anwendbar.

Belastungsgegenstand

Grundstück; realer Grundstücksteil (§ 7 GBO beachten!); ideeller Miteigentumsanteil (§ 1106 BGB); Gesamtreallast möglich.

Berechtigter

Subjektiv persönliche Reallast: natürliche und juristische Personen, Personenhandelsgesellschaften und Partnerschaftsgesellschaften sowie die GbR; zulässige Beteiligtenverhältnisse: Bruchteilsgemeinschaft, Gesamtgläubiger gem. § 428 BGB oder § 432 BGB, Gütergemeinschaft (§ 1416 BGB);

subjektiv dingliche Reallast: jeweiliger Eigentümer des herrschenden Grundstücks.

Übertragung

Reallast übertragbar, wenn Anspruch auf die einzelne Leistung übertragbar (§ 1111 Abs. 2 BGB) (beachte insoweit §§ 399, 400 BGB, 851 ZPO!);

subjektiv dingliche Reallast nicht übertragbar und daher nicht pfändbar; mithin auch nicht die künftigen Einzelleistungen;

übertragbare, subjektiv persönliche Reallast pfändbar; Pfändung erfolgt gem. §§ 857 Abs. 6, 830 ZPO.

Erlöschen	§ 875 BGB (beachte § 876 BGB, evtl. § 21 GBO!); Tod des Berechtigten bei subjektiv persönlicher lebenslänglicher Reallast oder nicht übertragbarer Reallast (beachte § 23 GBO!); Eintritt auflösender Bedingung oder Fristablauf (beachte § 24 GBO!); Zuschlag in der Zwangsversteigerung (§ 91 ZVG), es sei denn, Recht ist Gegenstand eines Altenteils.

9. Kapitel: Erbbaurecht

Beispiel:

B möchte das Grundstück des E erwerben, um darauf ein Einfamilienhaus zu bauen. Die Kaufpreisvorstellungen des E übersteigen jedoch seine finanziellen Möglichkeiten bei weitem. Schließlich finden beide folgende Lösung:

E räumt dem B gegen Zahlung einer monatlichen Entschädigung i. H. v. 200 € das Recht ein, auf seinem Grundstück ein (näher bezeichnetes und beschriebenes) Einfamilienhaus zu errichten und zu haben. Das Grundstück (Grund und Boden) verbleibt im Eigentum des E.

Beide einigen sich über die Bestellung eines Erbbaurechts am Grundstück des E zugunsten des B sowie einer Reallast (monatlich 200 €) am Erbbaurecht zugunsten des jeweiligen Grundstückseigentümers.

Unter Vorlage der notwendigen Nachweisurkunden werden die entsprechenden Eintragungen beantragt.

§ 1 Allgemeines

Das im Eingangsbeispiel dem B eingeräumte Recht auf Errichtung (und Haben) eines Einfamilienhauses auf dem Grundstück des E kann durch Eintragung eines

Erbbaurechts

am Grundstück des E dinglich gesichert werden.

Lesen Sie § 1 Abs. 1 ErbbauRG!

Dem Berechtigten steht das

- veräußerliche und vererbliche Recht

zu,

- auf oder unter der Grundstücksoberfläche
- ein Bauwerk zu haben.

Sinn und Zweck des Erbbaurechts sollte u. a. die Förderung des Wohnungsbaus insbesondere für sozial schwächere Bevölkerungskreise sein. Im Rahmen dieser Zielsetzung mussten eindeutige Rechtsverhältnisse zwischen dem Grundstückseigentümer und dem Berechtigten geschaffen werden. Das Erbbaurecht sollte für den Berechtigten dieselbe rechtliche und wirtschaftliche Bedeutung haben wie das Grundstück für den Grundstückseigentümer, ihm insbesondere auch die Beleihbarkeit ermöglichen.

Aus der Sicht des

Grundstückseigentümers

ist das Erbbaurecht eine Grundstücksbelastung, die gem. § 873 Abs. 1 BGB mit Einigung und Eintragung in Abteilung II seines Grundbuchs zur Entstehung gelangt.

Nach Begründung des Rechts und Errichtung des Bauwerks steht das Eigentum am Bauwerk entgegen § 94 BGB nicht mehr dem Grundstückseigentümer, sondern vielmehr dem Erbbauberechtigten zu, das Eigentum am Bauwerk ist also vom Eigentum am Grundstück getrennt (vgl. auch § 95 Abs. 1 S. 2 BGB).

Das Grundstück hat für den Grundstückseigentümer zwar nach wie vor noch eine rechtliche Bedeutung – er kann darüber verfügen –, und auch die wirtschaftliche Nutzung des Grundstücks geht ihm nicht gänzlich verloren, letztlich werden aber rechtliche und wirtschaftliche Bedeutung des Grundstücks aufgrund des Erbbaurechts erheblich geschmälert. Betrachtet man das Erbbaurecht aus der Sicht des

Erbbauberechtigten,

so erwirbt er Bauwerks- oder Gebäudeeigentum. Aus diesem Grunde wird für das Erbbaurecht ein besonderes Grundbuchblatt angelegt, das

Erbbaugrundbuch (§ 14 ErbbauRG).

! **Merke:** Das Erbbaurecht ist ein **grundstücksgleiches** Recht; es wird grundsätzlich wie ein Grundstück behandelt (vgl. § 11 Abs. 1 ErbbauRG).

Skizze:

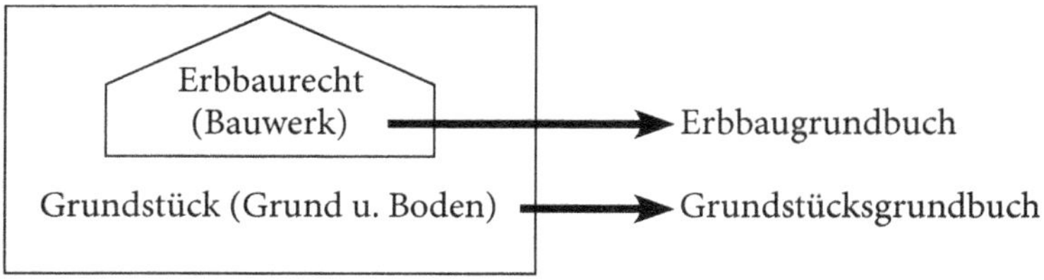

? Welche Vorteile bringt das Erbbaurecht dem Grundstückseigentümer bzw. dem Erbbauberechtigten?

Vorteile für den *Grundstückseigentümer:*

- er bleibt Eigentümer des Grund und Bodens;
- ihm kommen Wertsteigerungen des Grund und Bodens zugute;
- er erhält in der Regel eine Gegenleistung für die Bestellung des Erbbaurechts, den sog. Erbbauzins.

Vorteile für den *Erbbauberechtigten:*

- er hat den Kaufpreis für das Grundstück gespart;
- er ist Eigentümer eines Bauwerks, wohnt im eigenen Haus;
- er kann das Erbbaurecht beleihen.

§ 2
Entstehung

I. Materiellrechtliche Besonderheiten

1. Dingliche Einigung

Das Erbbaurecht ist für den Grundstückseigentümer ein beschränktes dingliches Recht, das gem. § 873 BGB mit Einigung und Eintragung in *seinem* Grundbuch entsteht (vgl. auch § 11 ErbbauRG).

Während der schuldrechtliche Vertrag, durch den sich der Grundstückseigentümer zur Bestellung, der Erwerber zum Erwerb des Erbbaurechts verpflichtet, gem. § 11 Abs. 2 ErbbauRG der Beachtung der Formvorschrift des § 311b BGB bedarf, ist die

dingliche Einigung **formlos**

möglich, so dass § 925 BGB auf das Erbbaurecht nicht anzuwenden ist (§ 11 Abs. 1 ErbbauRG).

? Erkennen Sie den gesetzgeberischen Grund für die Nichtanwendung des § 925 BGB?

Das Erbbaurecht ist in erster Linie ein beschränktes dingliches Recht, nicht eine Sache. Dieses Recht erfasst zwar Gebäude- oder Bauwerkseigentum, Letzteres untersteht aber dem Erbbaurecht und ist *sein* Bestandteil, wenngleich das Bauwerk *wirtschaftlich* vordergründig zu betrachten ist (vgl. § 12 Abs. 1 S. 1 ErbbauRG).

Wenn wir also das *Erbbaurecht* grundsätzlich als beschränktes dingliches Recht behandeln müssen, dann scheidet eine Anwendung des § 925 BGB aus.

Die dingliche Einigung erstreckt sich auf

- gesetzliche Regelungen i. S. d. § 1 ErbbauRG sowie
- vertragliche Vereinbarungen i. S. d. §§ 2 ff. ErbbauRG.

☞ Stellen Sie die besonderen Merkmale des gesetzlichen Inhalts des Erbbaurechts fest!

Zum gesetzlichen Inhalt des Erbbaurechts, der zum Gegenstand der dinglichen Einigung gemacht werden *muss*, gehören Erklärungen über

- Veräußerlichkeit und Vererblichkeit;
- Haben eines Bauwerks
- auf oder unter der Erdoberfläche eines Grundstücks.

Fall:

Die Beteiligten vereinbaren, „dass der Berechtigte auf dem belasteten Grundstück ein Gebäude errichten darf."

? Welche Bedenken stehen der Wirksamkeit der Einigung entgegen?

Die Bestimmung über das vom Erbbauberechtigten zu errichtende Bauwerk oder Gebäude ist zu ungenau. Vielmehr bedarf es einer möglichst konkreten Beschreibung des Bauwerks zumindest seiner Art nach.

! **Merke:** Art, Inhalt und Umfang des Erbbaurechts gehören im Rahmen des § 1 ErbbauRG zum *zwingenden* Inhalt der dinglichen Einigung.

Unter einem „Bauwerk" versteht das Reichsgericht[1]

„eine unbewegliche, durch Verwendung von Arbeit und Material in Verbindung mit dem Erdboden hergestellte Sache".

Beispiele:

- Wohnhaus, Geschäftshaus, Kirche;
- Brücke (nicht bloß Brückenstege);
- Keller;
- Tankstelle.

? Wie ist der Begriff „Haben" i. S. d. § 1 Abs. 1 ErbbauRG zu verstehen?

1 RGZ 56, 43; nach BGH, Rpfleger 1994, 11 ist die Befugnis zur Errichtung „eines Bauwerkes jeder baurechtlich zulässigen Art" bestimmt genug.

Das „Haben“ eines Bauwerks erfasst Errichtung, Besitzen, Benutzen, Abbruch und Wiederherstellung.

2. Rang des Erbbaurechts

Fall:

Grundstückseigentümer E bestellt dem B ein Erbbaurecht. Beide beantragen unter Vorlage der erforderlichen Nachweisurkunden die Eintragung des Erbbaurechts.

Das Grundbuchamt lehnt die Eintragung ab, da die 1. Rangposition im Grundbuch des E bereits besetzt ist.

? Ist seine Entscheidung richtig?

Lesen Sie § 10 ErbbauRG!

Das Erbbaurecht muss zur wirksamen Entstehung grundsätzlich an

1. Rangposition

im Grundbuch des Grundstückseigentümers eingetragen werden. Eine nachträgliche Änderung ist unzulässig (Ausnahme: § 10 Abs. 2 ErbbauRG)[2].

? Können Sie die Notwendigkeit der 1. Rangstelle begründen? Wiederholen Sie die Ausführungen zu „Vorteile für den Erbbauberechtigten“ auf S. 167!

Das Erfordernis der 1. Rangstelle des Erbbaurechts soll seine Beleihbarkeit gewährleisten und somit auch dem Erbbauberechtigten die wirtschaftlichen Vorteile erhalten. Ohne die vorgenannte Norm bestünde für den Erbbauberechtigten die Gefahr, dass sein Recht – falls es an 2. oder schlechterer Rangposition eingetragen wäre – in einem möglichen Zwangsversteigerungsverfahren des belasteten Grundstücks durch einen besserrangigen Gläubiger erlöschen würde (grundsätzlich erlöschen im Zwangsversteigerungsverfahren alle Rechte, die dem betreibenden Gläubiger nicht im Range vorgehen).

Der Erbbauberechtigte würde wohl kaum einen Kreditgeber finden, der den möglichen Untergang des Haftungsgegenstandes (Erbbaurecht) und damit seiner Sicherheit in Kauf nimmt. In der Zwangsversteigerung des Grundstücks bleibt daher das Erbbaurecht selbst dann bestehen, wenn es bei der Feststellung des geringsten Gebots nicht berücksichtigt ist (§ 25 ErbbauRG).

Beispiel:

Die Zwangsversteigerung wird aus der Rangklasse des § 10 Abs. 1 Nr. 3 ZVG betrieben.

2 Zu den weiteren Ausnahmen vgl. *Schöner/Stöber*, Rdn. 1735 ff.

3. Bedingungen und Befristungen

Das Erbbaurecht kann unter

aufschiebender Bedingung und Befristung (§§ 158 Abs. 1, 163 BGB), jedoch *nicht* unter *auflösender* Bedingung

bestellt werden (§ 1 Abs. 4 S. 1 ErbbauRG).

☞ Versuchen Sie, das Verbot der auflösenden Bedingung zu begründen!

Das Verbot des § 1 Abs. 4 S. 1 ErbbauRG hat dieselbe wirtschaftliche Bedeutung wie das Gebot des § 10 ErbbauRG, denn die Vereinbarung einer auflösenden Bedingung würde einem möglichen Geldgeber dieselben Unsicherheiten bringen wie ein rangschlechtes Erbbaurecht (s. o.). Die Beleihbarkeit des Rechts und damit seine wirtschaftliche Bedeutung wären gefährdet.

? Warum ist auch die Bestellung eines Erbbaurechts auf die Lebenszeit eines Beteiligten unwirksam?

Eine solche Vereinbarung steht einer auflösenden Bedingung gleich, da letztlich das Ende des Rechts zwar feststeht, jedoch nicht der genaue Zeitpunkt.

Im Übrigen würde ein von der Lebenszeit des Berechtigten abhängiges Bestehen gegen den unabdingbaren Grundsatz der Vererblichkeit des Erbbaurechts verstoßen (§ 1 Abs. 1 S. 1 ErbbauRG).

Erfolgt die Bestellung eines

befristeten Erbbaurechts,

so muss die Vereinbarung einen *bestimmten* Endtermin enthalten. Die Bestellung des Erbbaurechts auf eine bestimmte Dauer ist gesetzlich nicht erforderlich. Erbbaurechte können daher ohne entsprechende Vereinbarung von ewiger Dauer sein, wenngleich „traditionell" in der Regel die Bestellung auf die Dauer von 99 Jahren erfolgt.

II. Grundbuchrechtliche Besonderheiten

1. Nachweis der dinglichen Einigung

📖 Lesen Sie § 20 GBO!

Das Grundbuchamt wird sich – wie auch im Falle der Auflassung eines Grundstücks – mit der Bewilligung des Betroffenen nicht zufrieden geben dürfen, sondern muss von den Beteiligten vielmehr den

Nachweis der dinglichen Einigung

verlangen.

? Warum genügt im Gegensatz zur Auflassung hier die öffentlich beglaubigte Form?

Lesen Sie § 11 ErbbauRG!

Diese Vorschrift nimmt die Anwendung des § 925 BGB auf das Erbbaurecht ausdrücklich aus, so dass der Nachweis der Wirksamkeit der dinglichen Einigung auch in öffentlich beglaubigter Form erbracht werden kann, obwohl dies in der Praxis nicht die Regel ist; denn die dingliche Einigung ist regelmäßig Gegenstand des formbedürftigen Erbbaurechtsvertrages (§§ 11 Abs. 2 ErbbauRG, 311b BGB).

Der Grund für die Nichtanwendung des § 925 BGB beim Erbbaurecht ist Ihnen bekannt (vgl. S. 167)!

! **Merke:** § 20 GBO verlangt die Prüfung der Wirksamkeit der Einigung. Dazu gehören u. a. zwingend Bestimmungen über den gesetzlichen Inhalt des Rechts (§ 1 ErbbauRG), vertragliche Vereinbarungen i. S. d. §§ 2–8 ErbbauRG, wenn sie zum Inhalt des Erbbaurechts gemacht werden und damit dingliche Wirkung haben sollen (vgl. hierzu die Ausführungen zum Inhalt des Erbbaurechts).

2. Eintragung im Grundbuch

Für das Erbbaurecht als grundstücksgleiches Recht wird gem. § 14 ErbbauRG ein besonderes Grundbuch angelegt, das

Erbbaugrundbuch.

? Entsteht nun das Erbbaurecht mit Eintragung im Grundstücksgrundbuch oder mit Anlegung des Erbbaugrundbuches? Wenn Sie die Ausführungen auf S. 167 aufmerksam gelesen haben, wird Ihnen die Antwort nicht schwer fallen!

Als beschränktes dingliches Recht entsteht das Erbbaurecht mit wirksamer Einigung und

Eintragung im Grundstücksgrundbuch (§ 873 Abs. 1 BGB).

Letzteres lässt sich auch aus § 14 ErbbauRG entnehmen, der

„bei der Eintragung im Grundbuch“

die Anlegung eines besonderen Grundbuchblattes (Erbbaugrundbuch) nur als eine Art Folgemaßnahme verlangt, die die Entstehung des Erbbaurechts nicht berührt. Das Erbbaurecht wird also im Grundbuch zweifach verlautbart:

- im Grundstücksgrundbuch als *beschränktes dingliches Recht,*
- im Erbbaugrundbuch als *grundstücksgleiches Recht.*

In diesem Zusammenhang werden wir auch die Frage zu beantworten haben, welches Grundbuch für auf das Erbbaurecht sich beziehende Eintragungsanträge maßgebend ist und auf welches Grundbuch sich die Vermutung des § 891 BGB sowie der öffentliche Glaube des § 892 BGB erstrecken.

Lesen Sie insoweit nachstehende Gegenüberstellung!

Grundstücksgrundbuch – maßgebend für –	**Erbbaugrundbuch** – maßgebend für –
– Entstehung des Erbbaurechts (konstitutive Wirkung) – – Rang des Erbbaurechts – – Dauer des Erbbaurechts (Fristverlängerungen, Fristverkürzungen, Löschung, aufschiebende Bedingungen) –	– Inhalt des Erbbaurechts und spätere Änderungen – – Übertragung des Erbbaurechts (vgl. § 14 Abs. 3 S. 2, 3 ErbbauRG) – – Belastungen des Erbbaurechts – – Verfügungsbeschränkungen des Erbbauberechtigten –

! **Merke:** Grundstücksgrundbuch und Erbbaugrundbuch sind voneinander unabhängige Grundbücher. Jedes Grundbuch entfaltet hinsichtlich der vorgenannten Eintragungen eigene dingliche Wirkung.

§ 3
Inhalt

I. Vereinbarungen gem. § 2 ErbbauRG

Die Entstehung des Erbbaurechts setzt *zwingend* den Inhalt des § 1 ErbbauRG voraus (gesetzlicher Inhalt; vgl. S. 165).

Ein Verstoß hiergegen lässt also das Erbbaurecht nicht zur Entstehung gelangen.

Neben diesem gesetzlich notwendigen Inhalt kann das Erbbaurecht inhaltlich weiter ausgestaltet werden durch

vertragliche Vereinbarungen i. S. d. §§ 2–8 ErbbauRG (vertragsmäßiger Inhalt).

Es steht den Beteiligten frei, solche Regelungen zu treffen; die Nichtbeachtung dieser Vorschriften berührt die Entstehung des Rechts daher nicht.

? Sind außer den in den vorstehenden Vorschriften genannten Regelungen weitere Vereinbarungen möglich?

Die Beteiligten können das zwischen ihnen bestehende Schuldverhältnis über die vorgenannte Regelung hinaus vertraglich weiter ausgestalten, aber:

! **Merke:** Vertragliche Regelungen binden den jeweiligen Sonderrechtsnachfolger (dingliche Wirkung), wenn sie zum *vertragsmäßigen Inhalt i. S. d. §§ 2–8 ErbbauRG* gehören. Außerhalb dieser Bestimmungen liegende Vereinbarungen können daher nur schuldrechtliche Wirkung erzeugen.

Mit Rücksicht auf den im Grundbuchrecht geltenden

Bestimmtheitsgrundsatz

sind die Beteiligten gehalten, über den gewollten *dinglichen* Inhalt des Erbbaurechts eindeutige und unmissverständliche Erklärungen abzugeben, indem sie zweckmäßigerweise rein schuldrechtliche Bestimmungen von dinglichen Regelungen der §§ 2–8 ErbbauRG trennen.

Da Vereinbarungen i. S. d. §§ 2–8 ErbbauRG Inhalt des Erbbaurechts werden, unterliegen sie im Rahmen des grundbuchrechtlichen Eintragungsverfahrens der Überprüfung durch das Grundbuchamt, denn diesem ist neben der Bewilligung i. S. d. § 19 GBO die Wirksamkeit der dinglichen Einigung nachzuweisen (§§ 20, 29 GBO).

Nachfolgend einige Hinweise und Beispiele zu § 2 ErbbauRG in tabellarischer Form:

Vereinbarungen i. S. d. § 2 ErbbauRG (Beispiele, Besonderheiten)[3]

Ziffer 1 *Zweck:* Interesse des Grundstückseigentümers am Bauwerk und seiner Erhaltung

„Errichtung“
genaue Bestimmung des Bauwerks durch Angabe der Größe, Anzahl der Stockwerke, Fläche, Frist zur Errichtung;

3 Vgl. hierzu im Einzelnen *Schöner/Stöber* Rdn. 1749 ff.

„Instandhaltung"
Verbot, das Bauwerk abzureißen; Vereinbarungen über Reparaturmaßnahmen und ihre Kostentragungspflicht;

„Verwendung"
Vermietung an bestimmte Personenkreise; Verbot der gewerblichen Nutzung; Nutzungsgebot nur als Wohnhaus;

Ziffer 2 *„Versicherung"*
Versicherung gegen Feuer-, Sturm-, Leitungswasserschäden einschließlich Vereinbarungen über den Zahlungspflichtigen;

„Wiederaufbau"
„Zerstörung" durch Verschulden oder auch Nichtverschulden des Grundstückseigentümers oder Erbbauberechtigten oder infolge höherer Gewalt;

Ziffer 3 *„Öffentliche Lasten"*
Grundsteuern, Anliegerbeiträge, Erschließungskosten;

„Privatrechtliche Lasten"
Grundpfandrechtzinsen, Reallastleistungen;

Ziffer 4 *„Heimfall"*
Pflicht des Erbbauberechtigten zur Übertragung des Erbbaurechts auf den Grundstückseigentümer beim Eintritt bestimmter Voraussetzungen (z. B. bei Verstößen gegen Verpflichtungen i. S. d. Ziffern 1–3 oder im Falle des Zwangsversteigerungs- oder Insolvenzverfahrens des Erbbaurechts). Heimfallanspruch muss sich auf das Rechtsverhältnis Grundstückseigentümer – Erbbauberechtigter beziehen; im Übrigen gilt der Grundsatz der Vertragsfreiheit (Ausnahme: §§ 9 Abs. 3; 6 Abs. 2 ErbbauRG);

Ziffer 5 *„Vertragsstrafe"*
des Erbbauberechtigten bei Verstoß gegen dingliche oder schuldrechtliche Vereinbarungen (ähnlich dem „Heimfall"); Vertragsstrafen des Grundstückseigentümers können nur schuldrechtlich vereinbart werden;

Ziffer 6 *„Vorrecht für den Erbbauberechtigten"*

Zweck: Interesse des Erbbauberechtigten am Erbbaurecht nach Ablauf und Förderung des Erhaltungswillens des Erbbauberechtigten am Bauwerk (vgl. im Übrigen § 31 ErbbauRG);

Ziffer 7 *„Verkaufsverpflichtung"*
Nach Ausübung kommt Kaufvertrag zwischen Grundstückseigentümer und Erbbauberechtigten zustande, dessen Bedingungen hier schon vereinbart werden können.

II. Vereinbarungen gem. § 5 ErbbauRG

Lesen Sie § 5 Abs. 1 ErbbauRG!

Welchen Sinn hat diese Vorschrift?

Der Grundstückseigentümer muss ein Interesse daran haben, bei der Auswahl der Person eines evtl. neuen Erbbauberechtigten mitzuwirken, denn dessen personelle und wirtschaftliche Verhältnisse können die Ansprüche des Grundstückseigentümers (s. o.) erheblich beeinflussen.

Beispiel:

Der Erbbauberechtigte wird in der Regel eine Entschädigung für den Erwerb des Erbbaurechts zu zahlen haben (Erbbauzins). Von der Zahlungsfähigkeit des neuen Erbbauberechtigten will sich der Grundstückseigentümer überzeugen.

Lesen Sie § 5 Abs. 2 ErbbauRG!

Warum kann dem Grundstückseigentümer eine zu hohe Belastung des Erbbaurechts nicht gleichgültig sein?

Im Falle der Realisierung des Heimfallanspruchs (Erwerb des Erbbaurechts durch den Grundstückseigentümer) hat der Grundstückseigentümer die auf dem Erbbaurecht lastenden Grundpfandrechte und Reallasten mitzuübernehmen. Darüber hinaus würde eine zu hohe Belastung des Erbbaurechts die Gefahr evtl. Zwangsmaßnahmen der Gläubiger mit sich bringen.

Wenn die Beteiligten von einer Vereinbarung i. S. d. § 5 ErbbauRG Gebrauch machen, dann erlangt diese Vereinbarung als

Inhalt der dinglichen Einigung

mit Eintragung im Grundbuch auch dingliche Wirkung mit der Folge, dass auch das Grundbuchamt die nunmehr verdinglichte Zustimmungspflicht (Verfügungsbeschränkung) im Falle der Übertragung bzw. Belastung des Erbbaurechts zu beachten hat (§ 15 ErbbauRG).

Fall:

Grundstückseigentümer und Erbbauberechtigter treffen eine Vereinbarung gem. § 5 Abs. 1 ErbbauRG dahingehend, dass eine Zustimmung des Grundstückseigentümers im Falle der Veräußerung des Erbbaurechts an den Ehegatten oder an Abkömmlinge nicht erforderlich ist.

Bestehen Bedenken gegen die inhaltliche Ausgestaltung der Zustimmungspflicht?

Lesen Sie erneut vorstehende Ausführungen!

Wenn eine Vereinbarung gem. § 5 ErbbauRG im Ermessen der Beteiligten steht – folglich auch ganz darauf verzichtet werden kann –, dann muss es ihnen auch freistehen, die vereinbarte Zustimmungspflicht zu konkretisieren, d. h. sie entweder nur beschränkt zu vereinbaren (für bestimmte Fälle) oder sie grundsätzlich allgemein zu regeln, jedoch – wie im Fall – für bestimmte Fälle nicht gelten zu lassen.

? Verstößt eine Vereinbarung gem. § 5 Abs. 1 ErbbauRG nicht gegen die Natur des Erbbaurechts, das durch seine Veräußerlichkeit als gesetzliche, nicht abdingbare Voraussetzung gekennzeichnet ist (§ 1 Abs. 1 ErbbauRG)?

Eine Vereinbarung i. S. d. § 5 Abs. 1 ErbbauRG ähnelt zwar einem Veräußerungsverbot, ist diesem jedoch rechtlich nicht gleichzusetzen, denn der Erbbauberechtigte hat gem. § 7 Abs. 1 ErbbauRG einen Anspruch auf Zustimmung, die im Falle einer willkürlichen Verweigerung gerichtlich ersetzt werden kann.

! **Merke:** Eine Vereinbarung i. S. d. § 5 ErbbauRG hat das Grundbuchamt immer zu beachten (§ 15 ErbbauRG). Ob der Anspruch des Erbbauberechtigten i. S. d. § 7 ErbbauRG gerechtfertigt sein mag, ist dabei unerheblich, d. h. die Eintragung eines neuen Erbbauberechtigten kann erfolgen, wenn entweder die Zustimmung des Grundstückseigentümers oder ihre Ersetzung in der Form des § 29 GBO nachgewiesen ist.

Die vereinbarte Zustimmungspflicht kann sich gem.

§ 5 Abs. 2 ErbbauRG

auch auf Belastungen des Erbbaurechts mit

Grundpfandrechten und Reallasten

erstrecken. Hier gelten zunächst die vorstehenden Ausführungen entsprechend, soweit es um die eigentliche Belastung des Erbbaurechts geht und nicht um ihren Inhalt im Einzelnen. Die gem. § 5 Abs. 2 ErbbauRG getroffene Regelung erfasst grundsätzlich nur die genannten Rechte. Eine Ausdehnung auf andere dingliche Rechte ist daher unzulässig.[4] Die Zustimmungsvereinbarung dient dem Schutze des Grundstückseigentümers vor zu hohen Belastungen des Erbbaurechts, die er beim „Heimfall" mitübernehmen müsste. Andere dingliche Rechte als die in § 5 Abs. 2 ErbbauRG genannten erlöschen im Falle der Realisierung des Heimfallanspruchs (§ 33 Abs. 1 S. 3 ErbbauRG). Insoweit soll der Grundstückseigentümer vor „unangenehmen" Nutzungsrechten geschützt werden.

Daraus folgt:

Die Belastung des Erbbaurechts mit anderen als in § 5 Abs. 2 ErbbauRG genannten Rechten

4 Für Anwendung auch auf das Dauerwohnrecht: *Ingenstau*, Rdn. 16 ff.; *Müko/v. Oefele*, Rdn. 11, jeweils zu § 5 ErbbauRG; u. a.; a. A.: *Bärmann/Pick/Merle*, Rdn. 10 zu § 42 WEG; u. a.

kann dem Grundstückseigentümer gleichgültig sein, da sie nach der Durchsetzung des Heimfallanspruchs ohnehin erlöschen. Ein Schutzbedürfnis für den Grundstückseigentümer im Rahmen des § 5 Abs. 2 ErbbauRG besteht daher nicht.

Außerhalb des § 5 Abs. 2 ErbbauRG bleibt es den Beteiligten jedoch überlassen, eine Zustimmungsvereinbarung mit nur schuldrechtlicher Wirkung zu treffen (§ 137 S. 2 BGB), die letztlich – wenn auch nur auf einem Umweg – zum Inhalt des Erbbaurechts gemacht werden kann.

Haben Sie den „Umweg" erkannt? Lesen Sie noch einmal § 2 Nr. 4 ErbbauRG!

Einer zwischen den Beteiligten getroffenen schuldrechtlichen Vereinbarung kann mittelbar insoweit dingliche Wirkung verliehen werden, als sie zum Inhalt und Gegenstand des Heimfallanspruchs gemacht wird.[5]

! **Merke:** Auch im Falle des § 5 Abs. 2 ErbbauRG muss das Grundbuchamt die Eintragung der genannten Belastungen von der Zustimmung des Grundstückseigentümers in der Form des § 29 GBO abhängig machen (vgl. § 15 ErbbauRG).

§ 4
Belastungsgegenstand

Gem. § 1 Abs. 1 ErbbauRG belastet das Erbbaurecht als dingliches Nutzungs- und Gebrauchsrecht

- das Grundstück

des Eigentümers.

Prüfen Sie, ob neben dem Grundstück noch ein weiterer Belastungsgegenstand für das Erbbaurecht in Frage kommt!

? Erbbaurecht an einem Miteigentumsanteil?

Die Belastung eines ideellen Miteigentumsanteils (Bruchteil) mit dem Erbbaurecht ist unzulässig, denn die Errichtung bzw. das „Haben" eines Bauwerks i. S. d. § 1 ErbbauRG auf einem in der Wirklichkeit nicht darstellbaren Gegenstand ist nicht vorstellbar.

5 OLG Hamm, Rpfleger 1986, 51.

Die rechtliche Belastung erfasst daher das ganze Grundstück, während die tatsächliche Belastung in Form des Bauwerks sich in der Regel nur auf einen bestimmten realen Grundstücksteil erstreckt bzw. auf einen für das Bauwerk nicht erforderlichen Grundstücksteil erstreckt werden kann (vgl. § 1 Abs. 2 ErbbauRG). Dabei ist die Beschränkung des Erbbaurechts auf einen Teil eines Gebäudes, insbesondere Stockwerk, grundsätzlich unzulässig (§ 1 Abs. 3 ErbbauRG).

? Erbbaurecht an einem realen Grundstücksteil?:

Die Zulässigkeit dieser Belastung hängt wiederum von den im § 7 GBO genannten Voraussetzungen ab.

? Erbbaurecht an mehreren Grundstücken?:

Fall:

Auf den Grundstücken 1, 2 und 3 des Eigentümers E soll dem B ein Erbbaurecht des Inhalts bestellt werden, dass B auf den bezeichneten Grundstücken ein näher beschriebenes Fabrikgebäude errichten darf.

? Kann das Erbbaurecht als Gesamtrecht begründet werden?

Skizze:

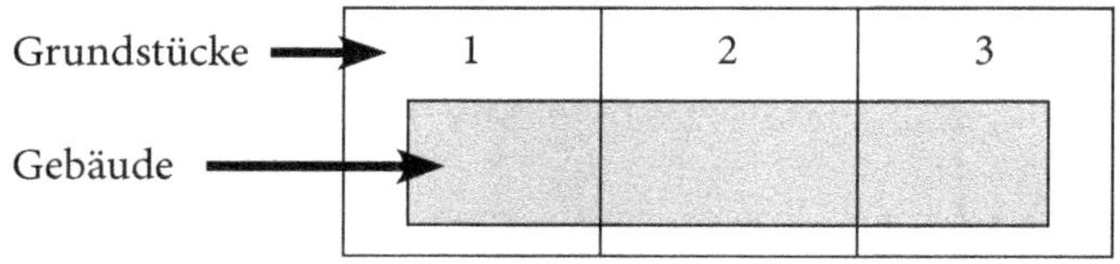

Während der Gesetzgeber im BGB die Bestellung von Gesamtgrundpfandrechten und Reallasten ausdrücklich zulässt (§§ 1113, 1107, 1191, 1192, 1132 BGB), sieht er eine entsprechende Regelung in der ErbbauRG nicht vor. Aus der unterschiedlichen Regelung kann jedoch nicht schon die Unzulässigkeit des Gesamterbbaurechts gefolgert werden. Vielmehr spricht sich die h. M. für die Zulässigkeit des Gesamterbbaurechts aus, weil hierfür oft ein praktisches Bedürfnis bestehe.

Beispiel:

Bau eines größeren Gebäudekomplexes, für den ein einziges Grundstück nicht ausreicht.

Darüber hinaus wird die Annahme eines Gesamterbbaurechts auch damit begründet, dass im Falle einer Teilung des mit dem Erbbaurecht belasteten Grundstücks in mehrere selbständige Grundstücke zwangsläufig ein Gesamterbbaurecht entstehe und mit Rücksicht darauf auch schon von vornherein die Bestellung eines Gesamterbbaurechts zulässig sein müsse.

Die Auffassung ist mittlerweile durch § 6a GBO bestätigt.

§ 5
Belastungen des Erbbaurechts

I. Allgemeines

Lesen Sie § 11 Abs. 1 ErbbauRG!

Das Erbbaurecht stellt als beschränktes dingliches Recht einerseits eine Belastung des Grundstücks dar, andererseits wird es nach der vorgenannten Norm wie ein

Grundstück

behandelt. Aus diesem Grunde sieht

§ 14 ErbbauRG

die Anlegung eines **Erbbaugrundbuches** vor. Daraus folgt:

Wenn das Erbbaurecht wie ein Grundstück behandelt wird (grundstücksgleiches Recht), dann muss es grundsätzlich auch wie ein Grundstück belastet werden können, es sei denn, dass sich aus der ErbbauRG etwas anderes ergibt.

Gegen die Belastung des Erbbaurechts mit

Grundpfandrechten

bestehen schon im Hinblick auf seine Bedeutung für den Erbbauberechtigten (Beleihbarkeit) grundsätzlich keine Bedenken. Die Belastung mit Nutzungsrechten ist beschränkt.

Es bleibt daher festzuhalten:

! **Merke:** Das Erbbaurecht kann grundsätzlich mit denselben dinglichen Rechten belastet werden, die auch das Grundstück belasten können. Beachte aber die Besonderheiten der §§ 18–20 ErbbauRG! Die Belastung mit Dienstbarkeiten muss sich im Rahmen der Befugnisse des Erbbauberechtigten bewegen.

? Kann das Erbbaurecht auch mit einem Erbbaurecht belastet werden?

Beispiel:

Erbbauberechtigter X will seine Befugnisse an einem Gebäude weitergeben an Y, ohne aber das Erbbaurecht zu übertragen. Stattdessen soll das Erbbaurecht mit einem Erbbaurecht für Y belastet werden.

Der BGH[6] lässt die Bestellung eines Erbbaurechts (Untererbbaurecht) am Erbbaurecht (Obererbbaurecht) zu. Mann spricht hier von

6 BGH, Rpfleger 1974, 219.

Untererbbaurecht.

Dennoch bleiben Bedenken denn:

- im Falle des Heimfalls des Obererbbaurechts erlischt das Untererbbaurecht (§ 33 Abs. 1 S. 3 ErbbauRG). Ist mithin ein Heimfall beim Obererbbaurecht vereinbart, so stellt sich diese Vereinbarung im Hinblick auf das Untererbbaurecht als unzulässige auflösende Bedingung i. S. d. § 1 Abs. 4 ErbbauRG dar; der Heimfall führt nämlich nicht zum Erlöschen des Obererbbaurechts, sondern vielmehr zur Entstehung eines Eigentümererbbaurechts;
- welchen Inhalt soll das Obererbbaurecht noch haben, wenn die Befugnisse vollständig an das Untererbbaurecht weitergegeben werden?! Hier hilft nur eine Konstruktion dergestalt, dass entweder nur eingeschränkte Befugnisse weitergegeben werden oder die Dauer des Untererbbaurechts kürzer bemessen wird als die Dauer des Obererbbaurechts.

Inzwischen geht in § 6a GBO aber der Gesetzgeber von der Zulässigkeit aus.

II. Die Erbbauzinsreallast

Als Gegenleistung des Erbbauberechtigten für den Erwerb des Erbbaurechts wird in der Regel die Zahlung des sog. Erbbauzinses vereinbart. Dies ist jedoch nicht zwingend vorgeschrieben, so dass auch eine einmalige Leistung (z. B. fester Kaufpreis) zum Inhalt der Gegenleistung des Erbbauberechtigten gemacht werden kann. Die vereinbarte Gegenleistung entschädigt den Grundstückseigentümer für die ihm aufgrund des Erbbaurechts am Grundstück verloren gegangenen Nutzungsmöglichkeiten.

Lesen Sie nun § 9 Abs. 1 ErbbauRG!

Die dingliche Sicherung einer Erbbauzinsvereinbarung erfolgt durch Eintragung einer

Erbbauzinsreallast

im Erbbaugrundbuch.

Auf die Erbbauzinsreallast finden die Vorschriften der „BGB-Reallast“ entsprechende Anwendung (§ 9 Abs. 1, S. 1 ErbbauRG). Insoweit sei hier auf die Ausführungen zur Reallast und folgende Besonderheiten hingewiesen:

- § 9 Abs. 2 ErbbauRG

Die Erbbauzinsreallast kann nur subjektiv dinglich bestellt werden, d. h. das sog. Stammrecht und der Anspruch auf noch nicht fällige Leistungen sind gem. § 96 BGB Bestandteile des Grundstücks. Sie können selbständig nicht übertragen oder ge- bzw. verpfändet werden.

Grund: Aufrechterhaltung des Dauerrechtsverhältnisses zwischen Grundstückseigentümer und Erbbauberechtigtem.

- § 9 Abs. 3, S. 1, Z. 1 ErbbauRG

In Abweichung von § 52 ZVG kann die Vereinbarung des Bestehenbleibens der Erbbauzinsreallast in der Zwangsversteigerung des Erbbaurechts zum Inhalt der Erbbauzinsreallast gemacht werden. Insoweit werden für den Erbbauzinsreallastberechtigten (Grundstückseigentümer) unbillige Versteigerungsergebnisse vermieden (sog. vollstreckungsfester Erbbauzins).

Beachte das Zustimmungserfordernis gem. § 9 Abs. 3 S. 2 ErbbauRG für den Fall der der Erbbauzinsreallast vor- oder gleichrangiger Rechte!

Beispiel:

Versteigerungserlös reicht nicht aus, um den Wertersatz der erloschenen Erbbauzinsreallast zu decken; Ersteher erhielte dann das Erbbaurecht nahezu unentgeltlich.

- § 9 Abs. 3, S. 1, Z. 2 ErbbauRG

Als Inhalt der Erbbauzinsreallast kann vereinbart werden, dass der jeweilige Erbbauberechtigte dem jeweiligen Inhaber der Erbbauzinsreallast gegenüber berechtigt ist, das Erbbaurecht in einem bestimmten Umfang mit einer der Reallast im Range vorgehenden Hypothek, Grundschuld oder Rentenschuld zu belasten (sog. Rangvorbehalt).

Sinn dieser Regelung:

Falls aus einem der Erbbauzinsreallast vorgehenden Grundpfandrecht die Zwangsversteigerung des Erbbaurechts betrieben wird und die Reallast gem. Vereinbarung i. S. d. § 9 Abs. 3, S. 1, Z. 1 ErbbauRG bestehen geblieben ist, soll der Ersteher des Erbbaurechts die Möglichkeit haben, mit Rang vor der Reallast ein neues Grundpfandrecht zu bestellen; anderenfalls hätte der Eigentümer als Reallastberechtigter nach der Versteigerung einen besseren Rang als vorher.[7]

§ 6
Berechtigter

Das Erbbaurecht kann gem. § 1 ErbbauRG nur

subjektiv persönlich

bestellt werden, d. h. als Erbbauberechtigter kommt nur eine bestimmte

7 *Schöner/Stöber,* Rdn. 1806i.

- natürliche oder juristische Person, Personenhandelsgesellschaft, Partnerschaftsgesellschaft, GbR

in Betracht.

Erfolgt die Bestellung für

- mehrere Berechtigte,

so bedarf es – wie auch bei allen anderen dinglichen Rechten – der Prüfung der Zulässigkeit des in der Erbbaurechtsbestellung (Einigung) angegebenen Beteiligtenverhältnisses (§ 47 GBO). § 11 ErbbauRG bestimmt, dass auf das Erbbaurecht grundsätzlich die sich auf das Grundstück beziehenden Vorschriften anzuwenden sind, d. h.:

die für das Grundstückseigentum zulässigen Beteiligtenverhältnisse müssen grundsätzlich auch für das Erbbaurecht gelten.

Gegen die Zulässigkeit der

- Bruchteilsgemeinschaft
- Gütergemeinschaft

bestehen keine grundsätzlichen Bedenken.

? Können Sie sich beim Erbbaurecht auch die Gesamtberechtigung i. S. d. § 428 BGB vorstellen?

☞ Stellen Sie das Erbbaurecht dem Grundstückseigentum gleich, lesen Sie § 428 BGB und ziehen Sie dann die Schlussfolgerung!

Mit der Frage der Zulässigkeit dieser Gemeinschaftsform haben wir uns wiederholt befasst.

Für das Grundstückseigentum ist diese Form der Gesamtberechtigung unzulässig, weil die in § 428 BGB genannte Forderung bzw. Leistung nach Eigentumserwerb realisiert bzw. erbracht worden ist, so dass für eine Weiterverwendung des § 428 BGB kein Bedürfnis mehr besteht.

? Kann die Entscheidung beim Erbbaurecht anders lauten?

Nach Entstehung des Erbbaurechts (Einigung und Eintragung) ist ein Rechtsverhältnis *im Rahmen des § 428 BGB* zwischen dem Grundstückseigentümer und dem Erbbauberechtigten nicht mehr ersichtlich. Der Erbbauberechtigte hat das erhalten, was er erhalten wollte, der Grundstückseigentümer ist demzufolge leistungsfrei geworden. Auch der Umstand, dass das Bauwerk möglicherweise noch nicht errichtet sein sollte, kann die Anwendung des § 428 BGB nicht rechtfertigen, da das Erbbaurecht kein Forderungs- oder Leistungsrecht, sondern vielmehr Gebrauchs- bzw.

Nutzungsrecht ist, dem die für die Anwendbarkeit des § 428 BGB maßgeblichen Merkmale und Besonderheiten fehlen. Hinzu kommt ein weiterer entscheidender Gesichtspunkt, der von den die Anwendung des § 428 BGB befürwortenden Auffassungen[8] verkannt wird:

Gem. § 12 ErbbauRG gilt das aufgrund des Erbbaurechts errichtete Bauwerk bzw. das bei Bestellung des Erbbaurechts schon vorhandene Bauwerk als wesentlicher Bestandteil des *Erbbaurechts.* Die für das Erbbaurecht geltenden Berechtigungsformen müssen folglich auch für seinen wesentlichen Bestandteil, das Bauwerk, gelten. Das Bauwerk steht im **Eigentum** des Erbbauberechtigten.

Wenn man also die Zulässigkeit der Gesamtberechtigung des § 428 BGB für das Erbbaurecht bejahen wollte, müsste diese Berechtigungsform folglich auch für das Eigentum am Bauwerk gelten. Eigentum kann aber nach einhelliger Meinung aus den oben genannten Gründen in der Gesamtberechtigung des § 428 BGB nicht eingeräumt werden, zumal sich sonst die Frage nach dem *wahren* Eigentümer des Bauwerks wohl kaum beantworten ließe.

Die Anwendung des § 428 BGB sollten wir daher ablehnen.

§ 7
Übertragung

- Veräußerlichkeit und Vererblichkeit

des Erbbaurechts gehören zu seinen wesentlichen, nicht abdingbaren Merkmalen und Entstehungsvoraussetzungen (vgl. § 1 ErbbauRG).

? Wie erfolgt die Veräußerung des Erbbaurechts?

Lesen Sie § 11 Abs. 1 ErbbauRG sowie die Ausführungen auf S. 167!

Da hier die Anwendung des § 925 BGB ausdrücklich ausgenommen ist, wird das Erbbaurecht nicht wie ein Grundstück, sondern wie ein „normales" dingliches Recht gem. § 873 BGB durch

Einigung und Eintragung im Erbbaugrundbuch

übertragen. Der Nachweis der Wirksamkeit der dinglichen Einigung, die das Grundbuchamt gem.

§ 20 GBO

8 Für die Zulässigkeit des § 428 BGB: *Palandt/Bassenge,* Rdn. 12; u. a.; a. A.: *Müko/von Oefele,* Rdn. 63, 64; u. a.; jeweils zu § 1 ErbbauRG.

zu prüfen hat, kann in öffentlich beglaubigter Form erbracht werden (§ 29 Abs. 1 S. 1 GBO).

Die Eintragung des neuen Erbbauberechtigten ist alsdann im Grundstücksgrundbuch noch zu vermerken (§ 14 Abs. 3 ErbbauRG).

Die Veräußerlichkeit des Erbbaurechts kann zwar nicht ausgeschlossen, aber dennoch beschränkt und zum Gegenstand der dinglichen Einigung gemacht werden.

? Erinnern Sie sich noch an die Beschränkungsmöglichkeiten?

☞ Wiederholen Sie insoweit die Ausführungen auf S. 175, 176!

Vereinbarungen i. S. d. § 5 ErbbauRG stellen zulässige Beschränkungen der Veräußerlichkeit des Erbbaurechts dar, die als Inhalt der Einigung mit Eintragung im Grundbuch dingliche Wirkung erlangen.

! **Merke:** Eine im Erbbaugrundbuch eingetragene Veräußerungsbeschränkung ist zu beachten. Die Eintragung eines neuen Erbbauberechtigten setzt die Vorlage der Zustimmung des Grundstückseigentümers in der Form des § 29 Abs. 1 S. 1 GBO voraus (§ 15 ErbbauRG).

Die Übertragung des Erbbaurechts ist allgemein bedingungs- und befristungsfeindlich (§ 11 Abs. 1 S. 2 ErbbauRG), nicht zu verwechseln mit der Begründung des Erbbaurechts, die aus den genannten Gründen nur die Vereinbarung einer *auflösenden* Bedingung verbietet (§ 1 Abs. 4 S. 1 ErbbauRG).

§ 8
Erlöschen

Da das Erbbaurecht vordergründig wie ein beschränktes dingliches Recht zu behandeln ist, unterliegt es hinsichtlich seines Bestandes grundsätzlich den gesetzlichen Bestimmungen über den Bestand beschränkter dinglicher Rechte.

Andererseits erfährt das Erbbaurecht die rechtliche Behandlung eines Grundstücks. Diese Doppelnatur verlangt hinsichtlich des Bestands des Rechts die Beachtung einiger Besonderheiten.

I. Erlöschen durch rechtsgeschäftliche Aufhebung

Das Erlöschen tritt hier unter folgenden Voraussetzungen ein:

- rechtsgeschäftliche Aufhebungserklärung des Berechtigten gem. § 875 BGB (formellrechtliche Bewilligung gem. § 19 GBO);
- Zustimmung der dinglich Berechtigten am *Erbbaurecht* gem. §§ 876 BGB, 11 ErbbauRG (formellrechtliche Bewilligung gem. § 19 GBO);
- Zustimmung des Grundstückseigentümers gem. § 26 ErbbauRG (formellrechtliche Bewilligung gem. § 19 GBO);
- Eintragung der Löschung im Grundbuch gem. § 875 BGB.

? Warum muss auch der Grundstückseigentümer bei der Aufhebung des Erbbaurechts mitwirken, wenn doch das Bauwerk gem. § 12 Abs. 3 ErbbauRG nach Erlöschen des Erbbaurechts in sein Eigentum übergeht?

☞ Wiederholen Sie die Ausführungen auf S. 167 (Vorteile für den Grundstückseigentümer)!

Das Erbbaurecht bringt dem Grundstückseigentümer rechtliche und wirtschaftliche Vorteile (Erbbauzins), die ihm im Falle des Erlöschens des Rechts verlorengehen. Die Tatsache, dass das Bauwerk nach Erlöschen des Erbbaurechts in sein Eigentum übergeht, muss diese Nachteile nicht ausgleichen, da er am Erhalt des Erbbaurechts ein stärkeres Interesse haben kann als am Erwerb des Bauwerks.

? Ist die Löschung mit Eintragung im Grundstücksgrundbuch oder im Erbbaugrundbuch vollzogen?

☞ Wiederholen Sie die Ausführungen auf S. 172!

Die Eintragung der Löschung im Grundstücksgrundbuch wirkt konstitutiv. Im Erbbaugrundbuch ist die Löschung lediglich noch zu vermerken (vgl. §§ 56 Abs. 6 GBVfg.).

? Kann der Erbbauberechtigte, der das Bauwerk hat errichten lassen, vom Grundstückseigentümer für Bau- und Erhaltungskosten während der Dauer des Rechts eine Entschädigung verlangen?

Ein Entschädigungsanspruch steht dem Erbbauberechtigten im Falle der rechtsgeschäftlichen Aufhebung des Rechts *gesetzlich* nicht zu.

Den Beteiligten ist daher zu empfehlen, Entschädigungsforderungen vertraglich zu vereinbaren.

II. Erlöschen durch Fristablauf

Das Erbbaurecht erlischt in der Regel durch Ablauf der Zeit, für die es bestellt war, grundsätzlich also ohne besondere Mitwirkung irgendeines Beteiligten. Die Löschung kann insbesondere unter Beachtung des § 22 GBO erfolgen.

Lesen Sie § 27 ErbbauRG!

Im Falle des Erlöschens durch Zeitablauf steht dem Erbbauberechtigten gegen den Grundstückseigentümer

kraft Gesetzes ein Entschädigungsanspruch

für das Bauwerk zu.

Da sich die Höhe seines gesetzlichen Entschädigungsanspruches am Wert des Bauwerks zum Zeitpunkt des Erlöschens des Erbbaurechts orientiert, wird der Erbbauberechtigte stets bemüht sein, das Bauwerk in gutem Zustand zu halten. Hierin liegt der wirtschaftliche Sinn und Zweck der vorgenannten Vorschrift. Gem. § 28 ErbbauRG haftet das Grundstück des Grundstückseigentümers für die Entschädigungsforderung des Erbbauberechtigten, und zwar

im Range des Erbbaurechts.

Skizze 1 (während des Bestehens des Erbbaurechts):

> – Erbbaurecht –
> 1. Rang
>
> Grundstücksgrundbuch

Skizze 2 (nach Erlöschen des Erbbaurechts durch Zeitablauf: an die Stelle des Erbbaurechts tritt die Entschädigungsforderung):

> – Entschädigungs-
> forderung –
> 1. Rang
>
> Grundstücksgrundbuch

Die Höhe der zu zahlenden Entschädigungsforderung kann gem. § 27 Abs. 1 S. 2 ErbbauRG zum dinglichen Inhalt des Erbbaurechts gemacht werden.

Fall:

Im Erbbaurechtsvertrag war die Höhe der Entschädigungsforderung mit 80 % des Verkehrswertes des Bauwerks zum Zeitpunkt des Erlöschens des Erbbaurechts festgelegt. Das Bauwerk hat nach Zeitablauf einen Verkehrswert von 300.000 €. Die Entschädigungsforderung des Erbbauberechtigten beträgt mithin 240.000 €.

Der Erbbauberechtigte hatte sein Erbbaurecht mit einer Hypothek in Höhe von 100.000 € für die Bank B belastet.

Der Grundstückseigentümer beantragt die Berichtigung seines Grundbuches.

? Welche Überlegungen sind im Hinblick auf § 22 GBO anzustellen?

Skizze 1 (während des Bestehens des Erbbaurechts):

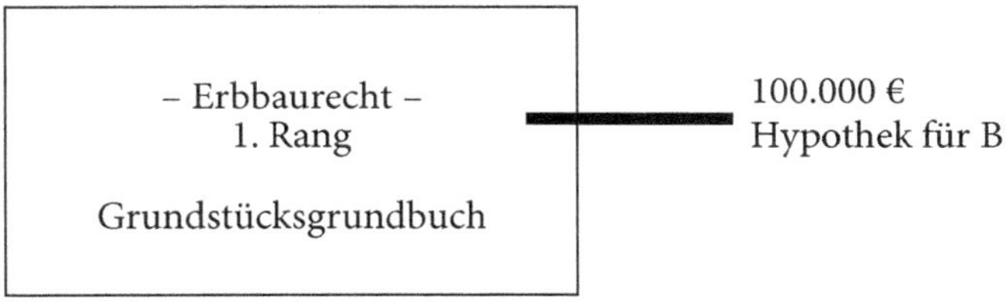

Skizze 2 (nach Erlöschen des Erbbaurechts):

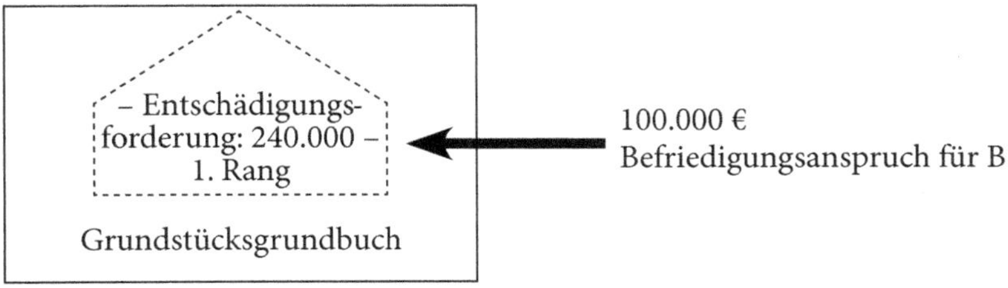

Lesen Sie die §§ 27 Abs. 1; 28, 29 ErbbauRG und prüfen Sie, inwieweit das Grundstücksgrundbuch nach Zeitablauf des Erbbaurechts unrichtig geworden ist!

Soweit das Grundstücksgrundbuch in Abteilung 2 an erster Rangposition noch das Erbbaurecht verlautbart, ist es unrichtig, da das Recht mit Zeitablauf erloschen ist und damit die materielle Rechtslage (Nichtbestehen eines Rechts) mit der formellen Grundbuchlage (Eintragung des Rechts) nicht mehr übereinstimmt. Darüber hinaus sind weitere Unrichtigkeiten erkennbar:

- An die Stelle des Erbbaurechts ist nach dessen Erlöschen die Entschädigungsforderung des Berechtigten in Höhe von 240.000 € getreten. Sie ist materiellrechtlich an der Stelle entstanden, die zuvor das Erbbaurecht eingenommen hatte, nämlich an 1. Rangposition, und zwar als *dinglich gesichertes* reallastähnliches Recht eigener Art[9];

- An dem Entschädigungsanspruch hat der Hypothekengläubiger B dieselben Rechte bzw. Ansprüche, die er im Falle der Zwangsversteigerung des Erbbaurechts an dem an die Stelle des Erbbaurechts tretenden Versteigerungserlös hätte, nämlich einen Erlösanspruch i. H. v. 100.000 € (§ 29 ErbbauRG).

Da die Hypothek als dingliches Recht am Erbbaurecht mit dessen Erlöschen ebenfalls untergegangen ist, stellt sich nunmehr das ursprüngliche Grundpfandrecht als Pfandrecht am Entschädigungsanspruch dar, so dass insoweit die Vorschriften über das Pfandrecht an Forderungen anzuwenden sind.

Zusammenfassend bleibt festzustellen, dass das Grundstücksgrundbuch nach Ablauf der für das Erbbaurecht bestimmten Frist in mehrfacher Hinsicht die wahre materielle Rechtslage nicht wiedergibt:

wahre materielle Rechtslage	unrichtige formelle Rechtslage
▪ Erbbaurecht erloschen;	▪ Erbbaurecht eingetragen;
wahre materielle Rechtslage (Forts.)	unrichtige formelle Rechtslage (Forts.)
▪ Bestehen einer dinglichen Entschädigungsforderung an 1. Rangstelle im Grundbuch;	▪ Fehlende Eintragung der Entschädigungsforderung;
▪ Bestehen eines Pfandrechts an dieser Entschädigungsforderung.	▪ Hypothek am Erbbaurecht (eingetragen im Erbbaugrundbuch).

Die Berichtigung des *Grundstücksgrundbuches* kann herbeigeführt werden durch Eintragung:

- des Erlöschens des Erbbaurechts;
- der Entschädigungsforderung als dingliches Recht eigener Art in Abteilung 2[10]
- des Pfandrechts an dem „Entschädigungsrecht".

! **Merke:** Die Durchsetzung des Heimfallanspruchs (vgl. §§ 2 Z. 4; 32, 33 ErbbauRG) führt nicht zum Erlöschen des Erbbaurechts. Das Erbbaurecht geht vielmehr auf den Grundstückseigentümer über, dem es als Eigentümer-Erbbaurecht zusteht (vgl. die Regelung in § 889 BGB).

---

9 *RGRK/Räfle*, Rdn. 1; *Müko/v. Oefele*, Rdn. 1; *Palandt/Bassenge*, Rdn. 1 jeweils zu § 28 ErbbauRG.

10 A. A.: *Soergel-Baur*, § 28 ErbbauRG, Rdn. 1, u. a.: für Sicherungshypothek; *Planck*, § 28 ErbbauRG, Anm. 2: für nicht eintragungsfähiges Recht.

§ 9
Zur Wiederholung

Fragen und Aufgaben zur Wiederholung 9. Kapitel	Antworten und Lösungen auf den Seiten
1. Was verstehen Sie unter der „Doppelnatur“ des Erbbaurechts?	166
2. Welche Vorteile bringt das Erbbaurecht a) dem Grundstückseigentümer, b) dem Erbbauberechtigten?	167
3. Nennen Sie die Entstehungsvoraussetzungen für das Erbbaurecht!	167–170
4. Warum ist § 925 BGB auf die dingliche Einigung nicht anwendbar?	171
5. Das Bauwerk unterliegt dem Bestimmtheitsgrundsatz! Was folgt daraus?	168
6. Begründen Sie das Erfordernis der 1. Rangstelle des Erbbaurechts im Grundstücksgrundbuch sowie das Verbot der Bestellung des Erbbaurechts unter *auflösender* Bedingung!	169, 170
7. Welche besonderen Prüfungspflichten obliegen dem Grundbuchamt im Rahmen des § 20 GBO?	170, 171
8. Für welche Eintragungen ist maßgebend a) das Grundstücksgrundbuch, b) das Erbbaugrundbuch? – Beispiele –	172
9. Welche rechtlichen Folgen hat a) ein Verstoß gegen den gesetzlichen Inhalt des § 1 ErbbauRG; b) die Nichtbeachtung des § 2 ErbbauRG?	172, 173
10. Welches Interesse kann der Grundstückseigentümer an Vereinbarungen i. S. d. § 5 ErbbauRG haben?	175
11. Welche Bedeutung hat § 5 ErbbauRG für das Grundbuchamt?	176

Fragen und Aufgaben zur Wiederholung 9. Kapitel	Antworten und Lösungen auf den Seiten
12. Was fällt Ihnen zur Zulässigkeit des Gesamterbbaurechts ein?	178
13. Wodurch unterscheidet sich die Erbbauzinsreallast des § 9 ErbbauRG von der Reallast des § 1105 BGB?	180
14. Worin liegen Sinn und Zweck der Vereinbarungen gem. § 9 Abs. 3 ErbbauRG?	181
15. Welche Gründe sprechen gegen die Zulässigkeit der Gesamtberechtigung des § 428 BGB beim Erbbaurecht?	182
16. Wie erfolgt die Übertragung des Erbbaurechts und welche besondere Prüfungspflicht obliegt insoweit dem Grundbuchamt?	183, 184
17. Warum muss auch der Grundstückseigentümer die rechtsgeschäftliche Aufhebung des Erbbaurechts bewilligen?	185
18. Beschreiben Sie mögliche Unrichtigkeiten des Grundstücksgrundbuches im Zusammenhang mit dem Erlöschen des Erbbaurechts durch Zeitablauf!	186–188

§ 10 Zusammenfassung (9. Kapitel)

Inhalt und Entstehung

Erbbaurecht entsteht gem. §§ 11 ErbbauRG, 873 BGB mit Einigung und Eintragung im Grundstücksgrundbuch als beschränktes dingliches und gleichzeitig grundstücksgleiches Recht;

1. Rang für die Entstehung grundsätzlich erforderlich; aufschiebende Bedingung und Befristung möglich, *nicht auflösende* Bedingung;

Einigung muss den gesetzlichen Inhalt des § 1 ErbbauRG enthalten; vertraglich möglicher Inhalt mit dinglicher Wirkung nur im Rahmen der §§ 2 ff. ErbbauRG;

	auch Vereinbarung von Verfügungsbeschränkungen als dinglicher Inhalt des Erbbaurechts möglich (§ 5 ErbbauRG); beachte § 15 ErbbauRG; Eintragung des Erbbaurechts erfolgt unter besonderer Beachtung des § 20 GBO! § 925 BGB nicht anwendbar.
Belastungsgegenstand	Grundstück (nicht ideeller Miteigentumsanteil); realer Teil nur unter Beachtung des § 7 GBO; Gesamterbbaurecht zulässig (§ 6a GBO);
Belastungen des Erbbaurechts	Erbbaurecht belastbar mit Grundpfandrechten und Reallasten; auch grundsätzlich mit Dienstbarkeiten; Erbbauzinsreallast erfordert Beachtung des § 9 ErbbauRG. Wertgesicherte Erbbauszinsreallast zulässig (vgl. BGB-Reallast).
Berechtigter	Natürliche oder juristische Personen, Personenhandelsgesellschaften, Partnerschaftsgesellschaften, GbR; bei mehreren Berechtigten: § 47 GBO beachten: Bruchteilsgemeinschaft, Gütergemeinschaft, Gesamtberechtigung i. S. d. § 428 BGB bedenklich (streitig);
Übertragung	Erbbaurecht wird wie ein beschränktes dingliches Recht übertragen (nicht wie ein Grundstück), aber Übertragung wird wirksam mit Eintragung im Erbbaugrundbuch; Übertragbarkeit ist nicht abdingbar, aber beschränkbar (§ 5 ErbbauRG); Grundbuchamt muss § 20 GBO prüfen;
Erlöschen	Rechtsgeschäftlich: – Aufhebungserklärung des Berechtigten gem. § 875 BGB (beachte § 19 GBO); – Zustimmungserklärung dinglich Berechtigter am Erbbaurecht gem. § 876 BGB (beachte § 19 GBO); – Zustimmungserklärung des Grundstückseigentümers gem. § 26 ErbbauRG (beachte § 19 GBO); – Eintragung im Grundbuch gem. § 875 BGB; Fristablauf; Folge: Entschädigungsanspruch des Berechtigten gem. § 27 ErbbauRG; entsteht kraft Gesetzes als dingliches Recht eigener Art am Grundstück und haftet für ehemalige Grundpfandrechte und Reallasten am erloschenen Erbbaurecht; Grundbuch ist insoweit unrichtig; Erbbaurecht erlischt nicht infolge Realisierung des Heimfallanspruchs; hier Eigentümer-Erbbaurecht.

10. Kapitel: Hypothek

Beispiel:

Grundstückseigentümer E beabsichtigt, auf seinem Grundstück ein Einfamilienhaus zu bauen. Zur Finanzierung seines Bauvorhabens benötigt er noch 100.000 €, die ihm G gegen Gewährung einer Sicherheit zur Verfügung stellen will. E und G treffen folgende Vereinbarung: G gewährt dem E ein Darlehen i. H. v. 100.000 €. Das Darlehen ist ab 01.01. d. J. mit 12 % jährlich zu verzinsen, in vierteljährlichen Raten von 1.200 € zu tilgen und durch Eintragung einer Hypothek auf dem Grundstück des E dinglich zu sichern.

Nach Abgabe der erforderlichen Einigungserklärungen beantragt und bewilligt E in öffentlich beglaubigter Form die Eintragung einer Hypothek auf seinem Grundstück zugunsten des G zur Sicherung einer Darlehensforderung i. H. v. 100.000 € mit den vereinbarten Zins- und Zahlungsbedingungen.

§ 1 Allgemeines

I. Bedeutung

Die **Geldforderung** eines **Gläubigers** kann gem. § 1113 BGB durch Bestellung einer Hypothek am Grundstück des Eigentümers dinglich gesichert werden.

Die Hypothek gewährt dem Gläubiger ein Pfandrecht am Grundstück (Grundpfandrecht), das für ihn eine Sicherheit darstellt für den Fall, dass sein Vertragspartner (persönlicher Schuldner) die geschuldete Leistung nicht erbringen sollte. Dann nämlich hat er unter bestimmten Voraussetzungen die Möglichkeit, den verpfändeten Gegenstand, das Grundstück, im Wege der Zwangsvollstreckung aus der Hypothek zu verwerten.

Beispiel:

Zwangsversteigerungsverfahren des Grundstücks; Befriedigung des Gläubigers aus dem Versteigerungserlös.

Dieses Verwertungsrecht kann der Gläubiger in einer besonderen Rangklasse geltend machen, die dem Gläubiger einer ungesicherten Forderung nicht zusteht (vgl. § 10 Abs. 1 Nr. 4, 5 ZVG).

Die Hypothek ist ein Verwertungsrecht, das die Zahlung einer bestimmten Geldsumme aus dem Grundstück zum Inhalt hat. Das Grundstück haftet mit seinem Wert für die dem Gläubiger zustehende Geldforderung.

Das Grundpfandrecht entsteht gem. § 873 Abs. 1 BGB mit wirksamer

Einigung und **Eintragung**

im Grundbuch und erlangt so dingliche Wirkung auch gegen einen möglichen Rechtsnachfolger des Grundstückseigentümers (z. B. Erwerber). Daraus folgt:

Der persönliche Schuldner der Geldforderung muss nicht mit dem Grundstückseigentümer identisch sein. Veräußert z. B. der persönliche Schuldner, der gleichzeitig auch Grundstückseigentümer ist, sein Grundstück, so bleiben die Zugriffsmöglichkeiten des Gläubigers unverändert erhalten, denn er kann nach wie vor

- wegen seines *persönlichen* Anspruchs (z. B. § 488 BGB) vom *persönlichen* Schuldner (Vertragspartner)
- Forderungszahlung verlangen und unter den Voraussetzungen der Zwangsvollstreckung in dessen gesamtes Vermögen vollstrecken
- und im Übrigen
- wegen des *dinglichen* Anspruchs aus der Hypothek (§§ 1147, 1113 BGB) den *dinglichen* Schuldner (Grundstückseigentümer)
- in Anspruch nehmen und unter den Voraussetzungen der Zwangsvollstreckung seine Befriedigung aus dem *Grundstück* suchen.

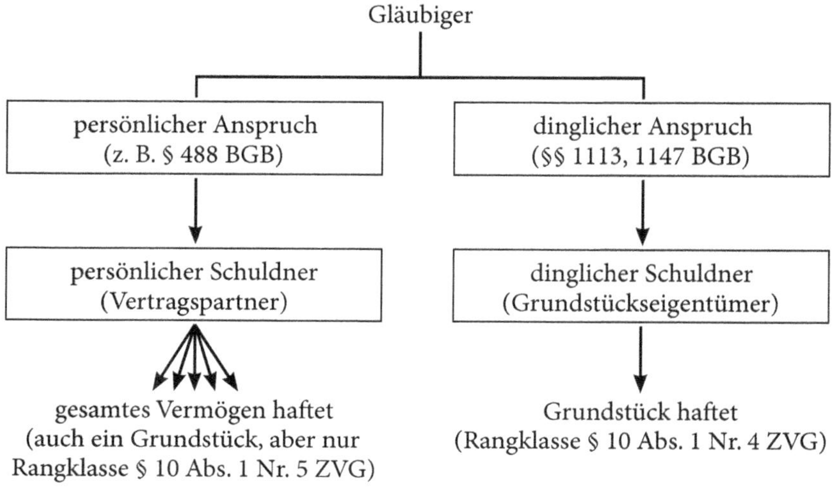

Gleiches gilt, wenn von Anfang an die Hypothek an einem Grundstück bestellt wird, das nicht im Eigentum des persönlichen Schuldners steht.

II. Die Verkehrshypothek (§§ 1113, 1116 BGB)

Gem. § 1116 Abs. 1 BGB wird nach Eintragung der Hypothek im Grundbuch über die Hypothek eine Urkunde ausgestellt, der *Hypothekenbrief*.

§ 1116 Abs. 2 BGB gibt den Beteiligten die Möglichkeit, die *Erteilung* eines Hypothekenbriefes *auszuschließen*.

Der Gesetzgeber bietet also zwei unterschiedliche Hypothekenformen an:

- **Briefhypothek** (§ 1116 Abs. 1 BGB)
- **Buchhypothek** (§ 1116 Abs. 2 BGB)

? Welche Bedeutung kommt diesen Hypothekenformen zu?

1. Briefhypothek (§ 1116 Abs. 1 BGB)

Die Bedeutung der Briefhypothek, die gem. § 1116 Abs. 1 BGB die Regel ist, zeigt sich z. B. bei ihrer Übertragung, die außerhalb des Grundbuches, d. h. ohne Grundbucheintragung, erfolgen kann (§ 1154 Abs. 1 BGB). Dieser Umstand führt zu rechtlichen und wirtschaftlichen Erleichterungen im Rahmen des Kreditverkehrs.

Der Brief kann eine Art „Grundbuchersatz" sein, dem möglichen Erwerber der Hypothek im Rahmen der Übertragung des Rechts die Grundbucheinsicht ersparen. Der Brief allein soll ihm die wichtigsten Informationen über die Hypothek geben, weil er im Wesentlichen mit dem Grundbuchinhalt übereinstimmen sollte.

Die für den Inhalt des Briefes maßgeblichen verfahrensrechtlichen Vorschriften (§§ 56ff. GBO) sind jedoch teilweise mit Rücksicht auf die Arbeitsbelastung des Grundbuchamtes geändert worden. Seitdem muss der Brief nicht eine allumfassende Grundbuchauskunft geben (vgl. §§ 57 Abs. 1 S. 3; 62 Abs. 1 S. 2 GBO), so dass sein ursprünglicher Zweck nicht mehr ganz erreicht wird.

2. Buchhypothek (§ 1116 Abs. 2 BGB)

Während die Briefhypothek zur Erhöhung der Verkehrsfähigkeit außerhalb des Grundbuches übertragen werden kann, ist für die Übertragung der Buchhypothek neben der dinglich notwendigen Einigung die

Eintragung im Grundbuch

Wirksamkeitsvoraussetzung (§ 1154 Abs. 3 BGB).

Letztlich bleibt es den Beteiligten überlassen, die Hypothekenform zu bestimmen. Treffen sie keine Regelung, entsteht ein Briefrecht, denn die Entstehung eines Buchrechts macht eine darauf gerichtete Einigung notwendig (vgl. Wortlaut des § 1116 Abs. 2 BGB). Es besteht jedoch auch später noch die Möglichkeit, eine Briefhypothek in eine Buchhypothek, bzw. eine Buchhypothek in eine Briefhypothek umzuwandeln (§ 1116 Abs. 2, 3 BGB).

? Wie ist der Begriff „Verkehrshypothek" zu verstehen?

Der Gesetzgeber erwähnt diesen Begriff nicht, er taucht im allgemeinen juristischen Sprachgebrauch auf. Die Verkehrshypothek soll eine möglichst risikolose Übertragung gewährleisten. Sie ist also in erster Linie für die Weitergabe, den *Gläubigerwechsel,* gedacht und damit **verkehrsfähig.** Diese Verkehrsfähigkeit wird insbesondere dadurch erreicht, dass z. B. ein Gläubigerwechsel auch stattfinden kann, wenn die für den Bestand der Hypothek grundsätzlich notwendige Forderung nicht bestehen sollte, der Zessionar (Erwerber der Hypothek) jedoch von dieser Tatsache keine Kenntnis hatte, also gutgläubig war. Darüber hinaus ermöglicht die Verkehrshypothek in demselben Maße auch einen einredefreien Erwerb des Rechts.

Lesen Sie insoweit die §§ 1138, 892 BGB!

Die Bedeutung der Verkehrshypothek zeigt sich in ihrer Gegenüberstellung zur Sicherungshypothek gem. § 1184 BGB:

III. Die Sicherungshypothek (§ 1184 BGB)

Die Verkehrsfähigkeit dieser Hypothek ist im Gegensatz zur Verkehrshypothek beschränkt.

Lesen Sie die §§ 1184, 1185 BGB und versuchen Sie, die „Beschränkung" zu begründen!

Im Rahmen der Übertragung der Sicherungshypothek sind hinsichtlich des Forderungsbestandes die Gutglaubensvorschriften der §§ 892 ff. BGB nicht anzuwenden. Der Hypothekenerwerber kann das Recht nur in Höhe der tatsächlich bestehenden Forderung erhalten, die Grundbucheintragung den Forderungsbeweis somit nicht erbringen. Aus diesem Grunde wird sich diese Hypothekenform im Hinblick auf die Übertragungsmöglichkeiten für den Gläubiger als wenig brauchbar erweisen, zumal neben dem vorgenannten Nachteil ein weiterer hinzukommen kann: gem. § 1185 Abs. 2 BGB ist die Anwendung besonderer, für die Verkehrshypothek geltende Normen hier ausgeschlossen.

? Welchen Vorteil bringt die Sicherungshypothek dem Eigentümer?

Besteht die Forderung nicht oder ist sie mit einer Einrede behaftet, wird er von dem Gläubiger nicht oder nur eingeschränkt in Anspruch genommen werden können.

! **Merke:** Die Beteiligten können zwischen Verkehrs- oder Sicherungshypothek wählen. Für welche konkrete Hypothekenform sie sich entscheiden, hängt letztlich von ihren Interessen ab.

IV. Entstehung

Lesen Sie die §§ 873, 1113, 1116, 1117 BGB und nennen Sie die Entstehungsvoraussetzungen für Brief- und Buchhypothek!

1. Briefhypothek

- Bestand einer Geldforderung des Gläubigers (§ 1113 Abs. 1, 2 BGB);
- Einigung zwischen Eigentümer und Gläubiger (§ 873 Abs. 1 BGB);
- Eintragung im Grundbuch (§ 873 Abs. 1 BGB);
- Übergabe des Hypothekenbriefes vom Eigentümer an den Gläubiger (§ 1117 Abs. 1 BGB; beachte Übergaberegelungen gem. § 1117 Abs. 2 BGB).

Von dem Übergangssurrogat des § 1117 Abs. 2 BGB ist der Fall des § 60 Abs. 2 GBO zu unterscheiden. Im letzteren Fall ist der Brief erst „übergeben“, wenn er beim Gläubiger eingeht. Im ersteren Fall mit der Vereinbarung selbst.

2. Buchhypothek

- Bestand einer Geldforderung des Gläubigers (§ 1113 Abs. 1, 2 BGB);
- Einigung zwischen Eigentümer und Gläubiger (§ 873 Abs. 1 BGB);
- Eintragung im Grundbuch (§ 873 Abs. 1 BGB);
- Einigung über den Briefausschluss (§ 1116 Abs. 2 BGB);
- Eintragung des Briefausschlusses im Grundbuch (§ 1116 Abs. 2 BGB).

Die Eintragung der Hypothek im Grundbuch erfolgt unter Beachtung der grundbuchrechtlichen Eintragungsvoraussetzungen der §§ 13 ff. GBO, insbesondere gem. § 19 GBO mit

Bewilligung

des wahren verfügungsberechtigten Grundstückseigentümers in der Form des § 29 Abs. 1 S. 1 GBO.

§ 2
Inhalt

I. Gläubiger und bestimmte Geldforderung

Das Grundbuchamt hat im Rahmen der Prüfung der formellen Eintragungsvoraussetzungen insbesondere auch den

eintragungsfähigen Inhalt

der Bewilligung zu begutachten.

Wir müssen uns daher auch hier mit den besonderen materiellrechtlichen Bestimmungen über den eintragbaren Inhalt eines Rechts befassen.

Lesen Sie zunächst die §§ 1113, 1115 BGB!

Während § 1113 BGB neben der Bestellung der Hypothek auch ihren Inhalt regelt, gibt § 1115 BGB in Erweiterung des § 874 BGB Auskunft darüber, welche zulässigen Inhaltsbestandteile *ausdrücklich* eingetragen werden *müssen* und welche durch *Bezugnahme auf die Eintragungsbewilligung* eingetragen werden *können.* § 1115 BGB regelt daher die Art der Eintragung.

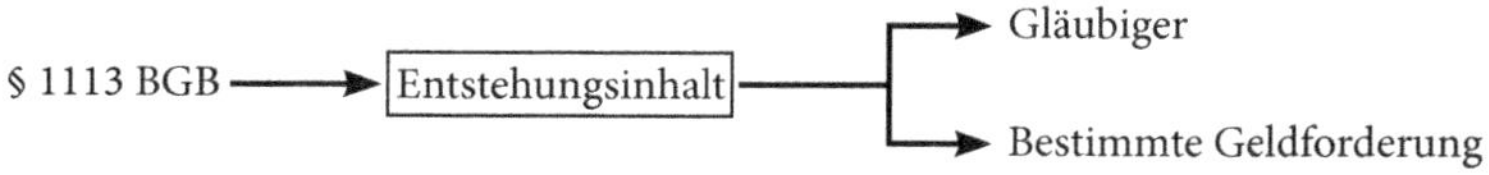

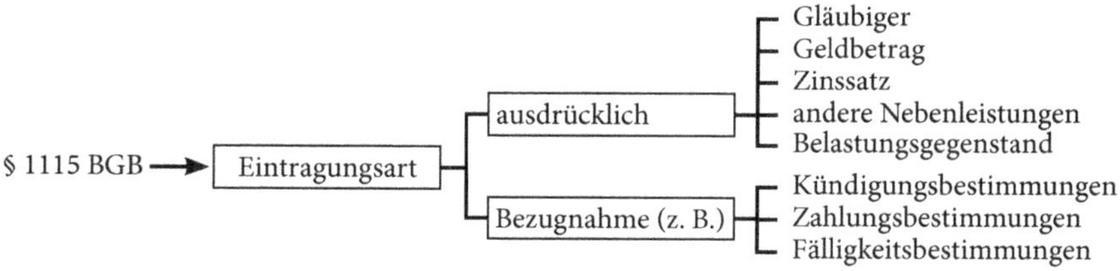

! **Merke:** Eintragungsfähig und mit dem Ziel der Verdinglichung eintragungsnotwendig sind alle Bestimmungen, Vereinbarungen und Angaben, die zur Entstehung, Inhaltsänderung, Rangänderung und Löschung der Hypothek erforderlich sind, den Umfang des Rechts und seine Verwirklichung im Wege der Zwangsvollstreckung erkennen lassen.

? Welche Angaben muss daher die Bewilligung insbesondere enthalten?

Lesen Sie erneut § 1113 BGB!

Die Bewilligung *muss zumindest* angeben:

- den **Gläubiger,**
- die **bestimmte Geldforderung.**

Selbstverständlich bedarf es im Hinblick auf § 28 GBO auch der Angabe des zu *belastenden Grundstücks.*

Besonderheiten zum **Belastungsgegenstand** werden nachfolgend in § 3 (Belastungsgegenstand) behandelt.

1. Gläubiger

Die Hypothek sichert gem. § 1113 BGB eine bestimmte Geldforderung. Dies macht zunächst die Bezeichnung des Gläubigers dieser Geldforderung notwendig.

Fall:

Die A & B OHG ist Inhaberin einer Darlehensforderung i. H. v. 100.000 € gegen den Grundstückseigentümer E. Dieser beantragt und bewilligt zur Sicherung der Darlehnsforderung die Eintragung einer Hypothek für den Gesellschafter A.

? Welche Überlegungen sind anzustellen?

Die Hypothek ist ein *forderungsabhängiges dingliches Recht.* Als solches muss es grundsätzlich dem Gläubiger zustehen, dem die Forderung zusteht (vgl. Wortlaut des § 1113 BGB: „… an denjenigen … wegen einer *ihm* zustehenden Forderung …").

Lesen Sie insoweit auch die Regelung in den §§ 401, 1153 BGB!

Forderungs- und Hypothekengläubiger müssen daher identisch sein, während persönlicher Schuldner und Grundstückseigentümer (dinglicher Schuldner) „auseinander fallen" *können.*

? Muss die Bewilligung auch die Angabe des persönlichen Schuldners enthalten?

Lesen Sie die §§ 1143, 1164 BGB!

Aus diesen Vorschriften können wir entnehmen, dass eine Personenverschiedenheit von persönlichem Schuldner und Grundstückseigentümer zu unterschiedlichen Rechtsfolgen im Falle der Befriedigung des Gläubigers führen kann.

Daraus folgt:

! **Merke:** Die Angabe des persönlichen Schuldners in der Bewilligung ist nur dann erforderlich, wenn er mit dem Grundstückseigentümer nicht identisch ist. Lässt die Bewilligung eine Verschiedenheit von persönlichem Schuldner und Grundstückseigentümer nicht erkennen, ist davon auszugehen, dass persönlicher Schuldner und Grundstückseigentümer identisch sind.

Weitere Besonderheiten zur Person des Gläubigers sind nachfolgend in § 4 (Berechtigter) angesprochen.

2. Bestimmte Geldforderung

Die in der Bewilligung zu bezeichnende Geldforderung wird bestimmt durch Angabe

- der „bestimmten" Geldsumme

sowie

- des bestimmten Schuldgrundes.

2.1. Bestimmte Geldsumme

Die durch die Hypothek zu sichernde Forderung muss auf Zahlung eines bestimmten, der Höhe nach feststehenden Kapitals gerichtet sein. Darunter ist zunächst die Hauptsumme bzw. die Hauptforderung zu verstehen.

! **Merke:** Wenn § 1113 BGB von *einer* Geldforderung spricht, so muss dies nicht zahlenmäßig gemeint sein. Ausnahmsweise kann die Hypothek auch mehrere Forderungen *ein und desselben Gläubigers* gegen *ein und denselben persönlichen Schuldner* sichern, wenn Forderungs- und Hypothekengläubiger identisch sind[1].

Soll das zu zahlende Kapital verzinslich oder andere aus dem Kapitalanspruch sich herleitende Nebenforderungen vereinbart sein, so unterliegen auch diese zu zahlenden Geldbeträge dem **Bestimmtheitsgrundsatz.**

2.2. Bestimmter Schuldgrund

Fall:

Der Eigentümer bewilligt die Eintragung einer Hypothek „zur Sicherung einer Forderung des Gläubigers G i. H. v. 100.000 €".

? Mit welcher Begründung wird das Grundbuchamt den Bewilligungsinhalt beanstanden?

Lesen Sie erneut die §§ 1113, 1115 BGB!

Die Eintragung hat die zu sichernde Forderung zu bezeichnen, und zwar so, dass sie auch ihrer Art nach feststellbar ist (vgl. §§ 1113, 1115 BGB: „... bestimmte Geldsumme ..."; „Zur näheren Bezeichnung der Forderung ...").

1 RGZ 75, 245.

Aus diesem Grunde muss schon die Bewilligung die Forderung durch Angabe des

Schuldgrundes

genau bestimmen.

Beispiele:
„Darlehensforderung";
„Kaufpreisforderung".

! **Merke:** Die Angabe des Schuldgrundes in der Bewilligung ist nicht nur zur genauen Bezeichnung der Hauptforderung, sondern auch zur näheren Bestimmung der Nebenleistungen erforderlich. Auch sie gehören zur „bestimmten Geldsumme" i. S. d. § 1113 BGB!

II. Eintragungsfähiger Inhalt im Übrigen

1. Zinsen

Eintragungsfähig sind nur vereinbarte (rechtsgeschäftliche) Zinsen. Für die Eintragung gesetzlicher Zinsen (vgl. §§ 288, 1146 BGB) besteht kein Bedürfnis, da gem. § 1118 BGB für sie das Grundstück kraft Gesetzes, also auch ohne Grundbucheintragung haftet. Die Zinshöhe wird in der Regel zulässigerweise als Prozentsatz angegeben.

? Warum muss die Bewilligung grundsätzlich auch die Angabe des Zinsumfangs, insbesondere der Zinshöhe, enthalten?

Lesen Sie erneut die Ausführungen auf den S. 193, 194!

Die Hypothek ist ein Verwertungsrecht. In der Zwangsvollstreckung (z. B. Zwangsversteigerung) soll aus dem Grundstück eine bestimmte Geldsumme gezahlt werden (Versteigerungserlös) wegen einer dem Gläubiger zustehenden Forderung. Hierzu gehören auch vereinbarte und verdinglichte Nebenforderungen (z. B. Zinsen).

Die am Zwangsversteigerungsverfahren beteiligten Gläubiger haben an der Feststellung der Forderungshöhe ihrer „Konkurrenten" ein Interesse; dies gilt insbesondere für nachrangige Gläubiger, die aufgrund der im Grundbuch eingetragenen Geldbeträge die Anspruchshöhe vorrangiger Beteiligter am Versteigerungserlös ermitteln und so die zur Befriedigung ihres eigenen Anspruchs notwendigen Rechte wahrnehmen können.

Haben die Beteiligten keinen bestimmten, der Höhe nach feststehenden Zinssatz, sondern stattdessen einen veränderlichen Zinssatz

vereinbart und bewilligt, so ist darauf zu achten, dass im Rahmen der Veränderlichkeit die Bewilligung grundsätzlich Auskunft gibt über

- den Höchstzinssatz (bei gewolltem Mindestzinssatz auch über diesen)

sowie

- die Voraussetzungen für die Zinserhöhung.

Nur dann, wenn sich aufgrund dieser Angaben die jeweilige Höhe der Zinsen eindeutig und zweifelsfrei bestimmen lässt, ist dem vorgenannten **Bestimmtheitsgrundsatz** Genüge getan.

Beispiel (sog. Zinserhöhungsklausel):

Die Bewilligung enthält u. a. folgende Bestimmung:

„Die Darlehnsforderung ist ab 01.01. ... mit 12 % zu verzinsen. Der Gläubiger ist berechtigt, durch einseitige Erklärung gegenüber dem Schuldner den Zinssatz entsprechend den künftig eintretenden Veränderungen der von den öffentlichen Sparkassen für Hypothekendarlehen allgemein in Ansatz gebrachten Zinsen zu senken oder zu erhöhen.

Der Mindestzinssatz beträgt 8 %, der Höchstzinssatz 14 %".

Hier sind Mindest- und Höchstzinssatz angegeben. Darüber hinaus lässt sich auch die jeweilige Zinshöhe ermitteln bzw. bestimmen, da sie sich an objektiv nachprüfbaren Umständen orientiert (hier: Zinsniveau der öffentlichen Sparkassen). Gegen die Eintragung einer solchen Zinserhöhungsklausel bestehen daher keine Bedenken.

! **Merke:** Zinsklauseln, die *objektiv nachprüfbare Umstände* nicht erkennen lassen, sind nicht eintragungsfähig.

Beispiel:

Der Gläubiger behält sich vor, jederzeit eine Zinserhöhung zu verlangen.

Lesen Sie zur Problematik BGH, Rpfleger 1975, 296!

Die vorgenannten Voraussetzungen und Besonderheiten gelten nicht für die sog.

Zinsgleitklausel,

wenn die Parteien die Vereinbarung der Verzinsung an § 288 Abs. 1 BGB ausgerichtet haben (z. B. „... nebst 5 % Zinsen über dem Basiszinssatz").[2]

---

2 BGH, Beschluss v. 26.01.2006, Rpfleger 2006, 313; muss auch die Fälle erfassen, bei denen sich der variable Zinssatz an anderen gesetzlichen Bezugsgrößen oder an klar bestimmbaren Bezugsgrößen (z. B. Verbraucherpreisindex) orientiert.

Lesen Sie zur Problematik *Böhringer,* Rpfleger 2004, 623! *Wagner,* Rpfleger 2004, 668!

Zinserhöhungsklausel	Zinsgleitklausel
↓	↓
Zinsänderung hängt vom Willen des Gläubigers ab, der sich an *objektiv nachprüfbaren Umständen* orientieren muss.	Zinsänderung tritt automatisch mit *objektiv nachprüfbarem Bezugspunkt* ein.

Aus der Bewilligung muss aber nicht nur die Maximalhöhe des Zinssatzes hervorgehen, sondern mit Rücksicht auf die rechnerische Feststellung der gesamten Zinsforderung (vgl. die Ausführungen auf S. 200) insbesondere auch ihr

Anfangszeitpunkt[3],

denn wie sonst soll z. B. in einem Zwangsversteigerungsverfahren des Grundstücks dessen betragsmäßige Haftung, die dem Gläubiger zustehende Forderung, ermittelt werden können!

Fall:

Die Bewilligung enthält u. a. die Angabe, dass die vereinbarten Zinsen vom Tage der Darlehensauszahlung zu entrichten sind.

Das Grundbuchamt hält diese Bestimmung zu Recht für nicht eintragungsfähig.

Begründen Sie seine Entscheidung!

Die Bewilligung muss entweder den Zinsbeginn eindeutig angeben (z. B. Datum) oder unzweifelhaft erkennen lassen, so dass er sich im Wege der Auslegung zumindest problemlos ermitteln lässt. Im Fall ist jedoch der konkrete Auszahlungstag des Darlehens unbekannt. Darüber hinaus ermöglicht der Bewilligungsinhalt insoweit auch keine zweifelsfreie Auslegung. Zwar ließe sich später der Anfangszeitpunkt gleichwohl feststellen; dies jedoch nur über umständliche Ermittlungen (Anhörung der Beteiligten).

Dies genügt jedoch nicht dem Bestimmtheitserfordernis, denn es gehört zu den *Aufgaben der Beteiligten,* schon bei der Eintragung des Rechts dessen Inhalt und Umfang eindeutig festzulegen[4].

3 LG Aachen, MittRhNotK 1985, 58.
4 Vgl. insoweit BayObLG, Rpfleger 1999, 530.

? Welche Überlegungen sind anzustellen, wenn die Bewilligung Angaben zum Zinsbeginn nicht enthält?

Die Bewilligung mag hier dahingehend ausgelegt werden können, dass das Grundstück für Zinsen *ab dem Eintragungszeitpunkt* haften soll, wenn Anhaltspunkte für einen gewollten früheren oder späteren Zinsbeginn nicht ersichtlich sind[5]. Das Grundbuchamt sollte aber im Wege der Zwischenverfügung aufkommende Zweifel beseitigen lassen.

! **Merke:** Zur Bestimmtheit der Geldsumme einer Zinsforderung gehört auch die Angabe des Anfangszeitpunktes der Verzinsung in der Bewilligung. Fehlt eine *konkrete* Angabe, so muss die Bewilligung den Zinsbeginn anderweitig erkennen lassen, so dass er im Auslegungswege unzweifelhaft ermittelt werden kann.

Zweifel rechtfertigen den Erlass einer Zwischenverfügung.

? Könnte mit dinglicher Wirkung der Anfangszeitpunkt der Verzinsung auch vor dem Eintragungszeitpunkt festgelegt werden?

Hiergegen bestehen keine Bedenken, wenn der festgelegte Anfangszeitpunkt den Bestimmtheitserfordernissen entspricht; denn es muss dem Grundstückseigentümer freistehen, sein Grundstück auch hinsichtlich der Zinsforderung des Gläubigers in beliebigem Umfange zu belasten[6].

2. Andere Nebenleistungen

Die in § 1113 BGB genannte „bestimmte“ Geldforderung kann außer der Hauptforderung sowie der Nebenforderung der Zinsen noch weitere

Nebenleistungen

erfassen, für die das Grundstück haftet (vgl. auch § 1115 BGB). Hierbei handelt es sich um solche Nebenleistungen, die entweder

einmalig

oder

wiederkehrend

zu erbringen sind.

5 OLG Köln, NJW 1960, 1108 (zur Grundschuld), vgl. auch BGH, ZIP 1995, 451.
6 BayObLG DNotZ 2001, 701.

Beispiele (Besonderheiten):

Entschädigung für höhere Auszahlung

Ausgleich für den Gläubiger aufgrund erhöhter Darlehensauszahlung. Darlehen werden nämlich in der Regel nicht zu 100 % ausgezahlt, da die Gläubiger (z. B. Banken) ihre eigenen Geldbeschaffungskosten von der Darlehnssumme einbehalten. Wird aber entgegen dieser Regel das Darlehen in voller Höhe ausgezahlt, dann hat der Schuldner vor Darlehensrückzahlung eine Entschädigung für die erhöhte Auszahlung zu leisten.

Verwaltungskostenbeiträge

Sie können dem Gläubiger im Rahmen der Darlehensbereitstellung entstehen[7].

Vertragsstrafen

Sie werden in der Regel für den Fall nicht fristgerechter Kapital- oder Zinszahlungen oder anderer vom Schuldner nicht erfüllter Verpflichtungen vereinbart und bewilligt[8].

Vorfälligkeitsentschädigung

Eine darauf gerichtete Vereinbarung ist z. B. zulässig und eintragungsfähig für den Fall, dass der *Gläubiger* von seinem Kündigungsrecht Gebrauch macht; denn infolge vorzeitiger Rückzahlung der Forderung gehen dem Gläubiger Zinsen verloren, die er bei normalem Zahlungsverlauf erhalten würde[9].

! **Merke:** Nebenleistungen sind nur eintragbar, wenn sie in einem zur Hauptforderung bestehenden und erkennbaren Abhängigkeitsverhältnis stehen.

Zum Zwecke der rechnerischen Feststellung ihrer Gesamthöhe bedarf es in der Bewilligung der Angabe des festen Geldbetrages oder eines bestimmten Berechnungsmerkmals (z. B. Prozentsatz). Hier gilt im Übrigen das zu den Zinsen Gesagte entsprechend.

3. Kündigungsbestimmungen

Die zu sichernde Forderung kann in der Bewilligung durch zusätzliche Angaben näher bezeichnet werden. Hierzu gehören u. a. auch die Kündigungsbestimmungen. Sofern sie nicht gegen gesetzliche Bestimmungen verstoßen, sind Kündigungsgründe beliebig vereinbar und zur Konkretisierung von Haupt- und Nebenforderungen auch eintragungsfähig.

Aber auch für sie gilt der wiederholt zitierte

Bestimmtheitsgrundsatz.

In der Bewilligung enthaltende Kündigungsbestimmungen müssen daher eindeutig und verständlich gefasst sein.

7 OLG Frankfurt, Rpfleger 1978, 409.
8 OLG Hamm, Rpfleger 1971, 252.
9 OLG Karlsruhe, Rpfleger 1968, 353.

Fall:[10]

Die Bewilligung enthält folgende Bestimmung:

„Der Gläubiger ist zur Kündigung des Hypothekendarlehens berechtigt, wenn der Schuldner nachfolgende Verpflichtung nicht erfüllt:

Der Schuldner hat im Falle eines vereinbarten Lebensversicherungsschutzes für diesen zu sorgen und ihn aufrechtzuerhalten".

Das Grundbuchamt hält die Kündigungsbestimmung für nicht eintragungsfähig.

? Zu Recht?

Zunächst ist festzustellen, dass für eine selbständige Verdinglichung der schuldrechtlichen Verpflichtung des Schuldners kein Raum ist.

Lesen Sie insoweit noch einmal den Merksatz auf S. 196!

Die Verpflichtung dient zwar zur Sicherung der Forderung, nicht erkennbar ist aber, wie die Durchsetzung der schuldrechtlichen Verpflichtung im Wege der *Zwangsvollstreckung in das Grundstück* erfolgen kann.

Wenn eine derartige schuldrechtliche Vereinbarung „für sich allein" zwar nicht verdinglicht werden kann, so ist es dennoch grundsätzlich möglich, sie zum Gegenstand und Inhalt einer Kündigungsbestimmung zu machen. Letztere sind als nähere Bestimmung der Forderung eintragbar, wenn sie den

Bestimmtheitserfordernissen

genügen.

Daran mangelt es allerdings in vorstehendem Fall. Wenn schon das Bestehen einer Verpflichtung zum Abschluss eines Lebensversicherungsschutzes („... im Falle eines vereinbarten Lebensversicherungsschutzes ...") ungewiss ist, wird auch eine Kündigungsmöglichkeit zumindest zweifelhaft sein. Die getroffene Kündigungsbestimmung lässt folglich die notwendige Klarheit und Eindeutigkeit vermissen und ist daher nicht eintragungsfähig.

! **Merke:** Vereinbarte Kündigungsbestimmungen, die das besondere Kündigungsrecht des Schuldners im Rahmen des § 489 BGB beschränken oder ausschließen, sind nichtig und daher nicht eintragungsfähig (vgl. § 489 Abs. 4 BGB).

Beispiele für zulässige Kündigungsgründe bei Verstoß gegen schuldrechtliche Verpflichtungen oder bei Eintritt bestimmter Ereignisse:

- Verpflichtung zum Abschluss einer Gebäudeversicherung;

10 OLG Frankfurt, Rpfleger 1973, 23.

- Verpflichtung zur Vorlage von Mietverträgen;
- Anordnung der Zwangsversteigerung des Grundstücks.

4. Zahlungsbestimmungen

Zahlungsbestimmungen dienen der näheren Bezeichnung der zu sichernden Forderung. Auch hier gilt daher der

Bestimmtheitsgrundsatz.

Darüber hinaus muss das Grundbuchamt stets darauf achten, dass vereinbarte Zahlungsbestimmungen mit unabdingbaren gesetzlichen Vorschriften in Einklang stehen.

Fall:

Die Bewilligung enthält u. a. folgende Bestimmungen:

„1. Der Schuldner verpflichtet sich, die Darlehensforderung (100.000 €) ab 01.01. des nächsten Jahres mit jährlich 1 % des ursprünglichen Kapitals zuzüglich der durch vertragsmäßige Rückzahlungen ersparten Zinsen zu tilgen und die Tilgungsraten gleichzeitig mit den Zinsen (9 % jährlich) zu zahlen, und zwar am Ende eines Kalenderhalbjahres.

2. Sämtliche Zahlungen erfolgen in den Geschäftsräumen des Gläubigers.

3. Aufrechnung wird ausgeschlossen."

? Sind die Bestimmungen eintragungsfähig?

Zu Ziffer 1:

Die getroffene Bestimmung mag zunächst verwirrender klingen als sie es in Wirklichkeit ist. Es handelt sich lediglich um eine Tilgungsbestimmung, die dem Schuldner hier *gleichbleibend hohe* Leistungen auferlegt, welche sowohl Zinsen als auch Kapitalbeträge (Tilgung) enthalten.

Zum besseren Verständnis:

Wenn der Schuldner für die Darlehensforderung des Gläubigers (100.000 €) jährlich 9 % Zinsen (Nebenleistung) zahlen und die Darlehensforderung als solche mit jährlich 1 % des Ursprungskapitals (100.000 €) tilgen muss, so hat er jährlich insgesamt 10 % an Leistungen zu erbringen, und zwar bis zur gänzlichen Rückzahlung der Darlehensforderung. Dem Schuldner ist somit die Höhe seiner jährlichen Belastung von vornherein bekannt, d. h. hier in Zahlen:

1. Zahlung am 30.06. des nächsten Kalenderjahres (vgl. Fälligkeitsbestimmung: „am Ende eines Kalenderhalbjahres"):

10 % von 100.000 €
für die Zeit vom 01.01.–30.06. d. J. = 5.000 €
(10.000 € im Jahr, 5.000 € im Halbjahr)

Diese 5.000 € zahlt der Schuldner fortan halbjährlich bis zur völligen Tilgung seiner Schuld.

Innerhalb der von ihm zu zahlenden 5.000 € ändern sich aber der Zins- sowie Tilgungsanteil:

In dem 1. Zahlungsbetrag am 30.06. sind enthalten
9 % Zinsen von 100.000 € für denselben Zeitraum = 4.500 €.
Der Rest (hier 1 % von 100.000 €) ist Tilgung = 500 €.

Die Besonderheit dieser Tilgungsbestimmung ist darin zu sehen, dass der Schuldner zum nächsten Tilgungstermin am 31.12. zwar erneut 5.000 € zu zahlen hat, Zins- und Tilgungsanteil sich aber verändern, denn die Zinsen werden jetzt von dem dem Gläubiger noch zustehenden Restkapital i. H. v. 99.500 € berechnet. Der Zinsanteil wird also im Laufe der Jahre infolge des sich durch Zahlungen des Schuldners verkleinernden Restkapitals geringer, der Tilgungsanteil zwangsläufig größer werden.

Zusammenfassend bleibt festzustellen:

Die Tilgungsbestimmung dient der näheren Bezeichnung der Forderung und ist somit eintragungsfähig. Das die Forderung sichernde Recht bezeichnet man auch als **Tilgungshypothek.**

Zu Ziffer 2:

Es handelt sich um eine zulässige Zahlungsbestimmung, die den Zahlungsort benennt und insoweit die gesicherte Forderung näher bezeichnet (vgl. auch Umkehrschluss aus § 1119 Abs. 2 BGB).

Zu Ziffer 3:

Lesen Sie § 1142 Abs. 1, 2 BGB!

Diese Vorschrift ist mit *dinglicher Wirkung* nicht abdingbar[11], denn sie gehört zum zwingenden Charakter des Sachenrechts.

? Welchen Zweck verfolgt die Regelung?

§ 1142 BGB will dem Eigentümer die Möglichkeit geben, die Zwangsvollstreckung in sein Grundstück abzuwenden. Eine abweichende Vereinbarung würde zu einem unbilligen Ergebnis führen, wenn der Eigentümer die Zwangsvollstreckung in sein Grundstück trotz Zahlungsbereitschaft und Zahlungsfähigkeit dulden müsste.

Fall:

Die Bewilligung enthält u. a. folgende Bestimmung:

„Für den Fall der Mahnung, Kündigung oder Geltendmachung der Hypothek verzichtet der Eigentümer zugleich für seine Rechtsnachfolger auf das Recht, die Vorlegung des Hypothekenbriefes zu verlangen. Er bewilligt die Eintragung dieses Verzichts im Grundbuch".

? Ist die getroffene Bestimmung eintragungsfähig?

11 *RGRK/Mattern*, Rdn. 11 zu § 1142 BGB; u. a.

Lesen Sie § 1160 BGB und wiederholen Sie die Ausführungen auf S. 197 (Briefhypothek)! Sie werden den Sinn der Vorschrift erkennen!

Die in § 1160 BGB getroffene Regelung dient zum Eigentümerschutz. Die Grundbucheintragung allein kann bei *Briefrechten* den Beweis der Rechtsinhaberschaft nicht erbringen, weil Briefrechte auch ohne Grundbucheintragung übertragen werden können. Auf die Grundbucheintragung des Gläubigers darf sich der Eigentümer daher nicht verlassen. Er hat deshalb das *Recht*, vom Gläubiger zum Zwecke seiner Legitimation die Vorlage des Briefes zu verlangen. Er *muss* dieses Recht aber *nicht* ausüben (vgl. Wortlaut des § 1160 BGB: „kann“). Daraus folgt:

Wenn dem Eigentümer im Falle der Mahnung, Kündigung oder Geltendmachung der Hypothek ohne Briefvorlage ein „Widersprechen“ freisteht, dann muss er auch die Möglichkeit haben, schon früher, nämlich bei Eintragung der Hypothek, auf sein mögliches Widerspruchsrecht zu verzichten.

Der erklärte Verzicht ist zulässig und als Abwandlung einer dinglichen Zahlungsbedingung auch eintragbar.

! **Merke:** Der Verzicht i. S. d. § 1160 BGB ist auch dann eintragungsfähig, wenn er nicht für den Rechtsnachfolger des Eigentümers erklärt worden ist[12].

Die zu sichernde Forderung kann in der Bewilligung durch weitere Vereinbarungen gekennzeichnet werden. Zu den zulässigen und eintragungsfähigen Abreden gehören daher auch

Fälligkeitsvereinbarungen,

soweit sie von den gesetzlichen Fälligkeiten abweichen (vgl. § 488 BGB), denn die Eintragung gesetzlicher Fälligkeitstermine wäre überflüssig.

5. Vollstreckungsunterwerfung

Fall:

Die Bewilligung zur Eintragung der Hypothek ist in einer notariellen Urkunde i. S. d. § 794 Abs. 1 Nr. 5 ZPO erklärt. Darin heißt es u. a.:

„In Ansehung der Hypothek unterwirft sich der Eigentümer der sofortigen Zwangsvollstreckung aus dieser Urkunde in sein Grundstück.

Die Eintragung dieser Unterwerfung bei der Hypothek wird bewilligt und beantragt.“

? Ist die Unterwerfungserklärung eintragungsfähig?

12 *Schöner/Stöber*, Rdn. 1982.

Lesen Sie § 794 Abs. 1 Nr. 5 ZPO!

Zu den wesentlichen Merkmalen dieser Vorschrift gehört u. a. der „zu bezeichnende Anspruch", gleichzeitig eine Entstehungsvoraussetzung für die Hypothek (vgl. § 1113 BGB). § 794 Abs. 1 Nr. 5 ZPO erfasst den Zahlungs- wie auch den Hypothekenanspruch aus § 1147 BGB. Der zu vollstreckende Anspruch muss hinreichend bestimmt sein.

Die Vorschrift dient den Interessen des Gläubigers. Gäbe es sie nicht, müsste der Gläubiger den oft umständlichen und zeitaufwendigen Weg des Erkenntnisverfahrens gehen, um einen Vollstreckungstitel gegen den Schuldner zu erwirken. Eine Unterwerfung macht dieses Verfahren überflüssig.

Stellen wir also fest:

Die wirksame Unterwerfungserklärung i. S. d. *§ 794 Abs. 1 Nr. 5 ZPO* verschafft in vorstehendem Fall dem Hypothekengläubiger wegen seines *Anspruchs aus der Hypothek* einen Vollstreckungstitel *gegen den sich unterwerfenden Eigentümer* und ermöglicht ihm damit die Zwangsvollstreckung *in das Grundstück des sich unterwerfenden Eigentümers* aus dem Range der Hypothek.

Vollstreckungsunterwerfung gem. § 794 Abs. 1 Nr. 5 ZPO wegen des Hypothekenanspruchs

↓

Vollstreckungstitel gegen den sich unterwerfenden Grundstückseigentümer zur Zwangsvollstreckung in *dessen* Grundstück

? Welche Bedeutung kommt der vorgenannten Vollstreckungsunterwerfung zu, wenn der Grundstückseigentümer nach Eintragung der Hypothek des Gläubigers das Grundstück veräußert?

Die Vollstreckungsunterwerfung gem. § 794 Abs. 1 Nr. 5 ZPO ist für den Gläubiger nur von Nutzen im Falle der Zwangsvollstreckung in das Grundstück des sich unterwerfenden Eigentümers (s. o.). Geht das Grundstück später in das Eigentum eines Sonderrechtsnachfolgers (rechtsgeschäftlicher Erwerber) über, ist eine *Zwangsvollstreckung* gegen diesen neuen Eigentümer aus der notar. Urkunde nicht möglich. Gegen den neuen Eigentümer wirkt die erklärte Vollstreckungsunterwerfung unmittelbar nicht.

Will der Gläubiger aus der Hypothek auch gegen den neuen Eigentümer (Sonderrechtsnachfolger) vollstrecken, muss er diesen zunächst auf Duldung verklagen und neue Vollstreckungsvoraussetzungen schaffen (anders bei Gesamtrechtsnachfolge, z. B. Erbfolge; hier genügt Klauselumschreibung gem. §§ 797, 750, 727 ZPO).

Lesen Sie nun § 800 ZPO!

Wenn sich

- der Grundstückseigentümer
- in einer Urkunde gem. § 794 Abs. 1 Nr. 5 ZPO
- in Ansehung der Hypothek

derart der sofortigen Zwangsvollstreckung unterwirft, dass diese

- gegen den *jeweiligen* Grundstückseigentümer

stattfinden soll (sog. dingliche Vollstreckungsunterwerfung), so kann der Gläubiger aus einer Urkunde dieses Inhalts nach Klauselumschreibung auch gegen jeden späteren Eigentümer (Sonderrechtsnachfolger) aus der Hypothek vollstrecken, wobei es dann der Zustellung der den Erwerb des Eigentums nachweisenden öffentlichen oder öffentlich beglaubigten Urkunden nicht mehr bedarf (§ 800 Abs. 2 ZPO). Der in § 800 ZPO getroffenen Regelung kommt also Bedeutung im Fall der Vollstreckung gegen den Sonderrechtsnachfolger zu.[13] Zur Wirksamkeit dieser dinglichen Vollstreckungsunterwerfung bedarf es aber insbesondere

der Eintragung der Vollstreckungsunterwerfung im Grundbuch.

Vollstreckungsunterwerfung gem. § 800 ZPO

↓

Vollstreckungstitel gegen jeden Sonderrechtsnachfolger des Eigentümers (beachte aber §§ 795, 727, 750 Abs. 2; 800 Abs. 2 ZPO) zur Zwangsvollstreckung in das Grundstück.

Die Eintragung liegt auch im Interesse eines möglichen Grundstückserwerbers, der insoweit vor unangenehmen Überraschungen (Zwangsvollstreckung) geschützt werden soll.

Lesen Sie jetzt erneut den vorstehenden Fall (S. 207) und beantworten Sie die dort gestellte Frage zur Eintragungsfähigkeit!

Die vom Grundstückseigentümer *nur auf seine Person* bezogene Vollstreckungsunterwerfung kann keine dingliche Wirkung entfalten. Die Eintragung dieser Vollstreckungsunterwerfung im Grundbuch wäre überflüssig, da auch *ohne Eintragung* die Zwangsvollstreckung gegen den die Unterwerfung erklärenden Eigentümer stattfinden kann[14].

---

13 *Müko ZPO/Wolfsteiner,* Rdn. 1 ff. zu § 800 ZPO; a. A. *Zöller/Stöber,* Rdn. 14 zu § 800 ZPO; *Schöner/Stöber,* Rdn. 2036, die die Bedeutung des § 800 ZPO offenbar nur in der Zustellungserleichterung gem. § 800 Abs. 2 ZPO sehen; *Lindemeier,* Die Unterwerfungserklärung in der notariellen Urkunde.

14 BGH, NJW 1981, 2756.

Die eintragungsfähige Vollstreckungsunterwerfung i. S. d. § 800 ZPO könnte lauten:

> „In Ansehung der Hypothek … unterwirft sich der Eigentümer der sofortigen Zwangsvollstreckung aus dieser Urkunde in der Weise, dass die Zwangsvollstreckung auch gegen den jeweiligen Eigentümer des Grundstücks zulässig ist."

Die in § 800 ZPO aufgeführten Voraussetzungen können Probleme aufwerfen.

☞ Vermeiden Sie auch hier oberflächliches Arbeiten! Stellen Sie die Wirksamkeitsvoraussetzung des § 800 ZPO fest (vgl. auch S. 211)!

- Unterwerfungserklärung des Eigentümers

Fall:

Grundstückseigentümer E lässt sein Grundstück auf an B. In der Auflassungsurkunde bewilligt B die Eintragung einer Hypothek sowie die von ihm erklärte Unterwerfung gem. § 800 ZPO zugunsten des Gläubigers G.

Unter Vorlage dieser Urkunde wird beim Grundbuchamt die Eigentumsumschreibung sowie die Eintragung der bewilligten Hypothek einschl. der Vollstreckungsunterwerfung beantragt.

? Wo ist das Problem und wie kann es gelöst werden?

Die dingliche Vollstreckungsunterwerfung gem. § 800 ZPO muss der Eigentümer des mit der Hypothek belasteten oder noch zu belastenden Grundstücks erklären. Das Eigentum am Grundstück stand und steht dem B noch nicht zu.

? Kann der Mangel über § 185 BGB geheilt werden, weil B i. S. dieser Vorschrift „Nichtberechtigter" wäre?

Die Erklärung gem. § 800 ZPO ist prozessualer, verfahrensrechtlicher Natur, während § 185 BGB rechtsgeschäftliche Erklärungen des Nichtberechtigten erfasst. Gleichwohl besteht kein Grund, die Unterwerfungserklärung zu beanstanden.

📖 Lesen Sie BayObLG, Rpfleger 1987, 152!

§ 185 BGB will die Beeinträchtigung der Rechtsposition des wahren Berechtigten aufgrund von Erklärungen des Nichtberechtigten verhindern. Wenn aber hier B als Nichteigentümer die Vollstreckungsunterwerfung gem. § 800 ZPO erklärt, so will er nicht den wahren Berechtigten benachteiligen, sondern vielmehr sich selbst, indem er dem Gläubiger eine Zwangsvollstreckung gegen sich ermöglicht, sobald er das Eigentum am Grundstück erworben hat. Die Eintragung der Vollstreckungsunterwerfung könnte erfolgen, wenn B zum Zeitpunkt dieser Eintragung auch Grundstückseigentümer ist (§ 185 Abs. 2, 2. Alt. BGB analog).

- Urkunde gem. § 794 Abs. 1 Nr. 5 ZPO

Die Urkunde muss über einen „zu bezeichnenden Anspruch" errichtet sein, der die Zahlung eines hinreichend bestimmten Geldbetrages zum Gegenstand hat.

? Warum muss der Anspruch bestimmt sein?

Die §§ 794 Abs. 1 Nr. 5; 800 ZPO schaffen einen zur Zwangsvollstreckung geeigneten Titel. Aus diesem Titel muss für das jeweils zuständige Vollstreckungsorgan (z. B. Versteigerungsgericht) die zu vollstreckende Geldforderung zweifelsfrei hervorgehen, um den Umfang des Befriedigungsrechts des Gläubigers feststellen zu können.

Der Betrag der zu zahlenden Geldforderung muss daher entweder feststehen oder so genau bestimmt sein, dass er sich für das Vollstreckungsorgan ohne größere Schwierigkeiten feststellen und berechnen lässt. Von diesem Grundsatz wird auch eine zu zahlende Nebenforderung erfasst.

Fall:

Die Bewilligung enthält u. a. folgende Bestimmung:

„Die Forderung ist ab 01.07. d. J. mit 6 % zu verzinsen. Der Gläubiger ist berechtigt, den Zinssatz entsprechend den künftig eintretenden Veränderungen der von den öffentlichen Sparkassen für Hypothekendarlehen allgemein in Ansatz gebrachten Zinsen zu senken bzw. zu erhöhen. Der Mindestzinssatz beträgt 5 %, der Höchstzinssatz 10 % jährlich."

Der Grundstückseigentümer erklärt in derselben notariellen Urkunde die Vollstreckungsunterwerfung gem. § 800 ZPO, die sich u. a. auch auf die vorstehende Zinsvereinbarung erstreckt.

? Ist die Vollstreckungsunterwerfung eintragbar?

Gegen die Eintragung der Zinserhöhungsklausel bestehen keine Bedenken.

☞ Wiederholen Sie insoweit die Ausführungen auf S. 202!

Die Eintragung der gem. § 800 ZPO erklärten Vollstreckungsunterwerfung könnte aber an der fehlenden „Bestimmtheit" der Zinsforderung scheitern, weil die Zinshöhe variabel ist.

Dennoch ist die Eintragung zulässig. Zwar ist innerhalb des Rahmens zwischen Mindest- und Höchstzinssatz die Geldsumme unbestimmt, der Umfang des Befriedigungsanspruchs des Gläubigers ließe sich im Falle der Zwangsvollstreckung in das Grundstück gleichwohl rechnerisch feststellen, weil die Vollstreckungsunterwerfung bis zum Höchstzinssatz abgegeben und damit die Geldsumme letztlich doch bestimmt ist.

? Bedarf es zur Wirksamkeit der Vollstreckungsunterwerfung gem. § 800 ZPO auch der persönlichen Unterwerfung des Eigentümers bzw. Schuldners i. S. d. § 794 Abs. 1 Nr. 5 ZPO?

Die Vollstreckungsunterwerfung gem. § 800 ZPO ermöglicht die

Zwangsvollstreckung aus der Hypothek in das Grundstück,

und verlangt zur Wirksamkeit die Erklärung in einer Urkunde gem. § 794 Abs. 1 Nr. 5 ZPO, d. h. dass diese Urkunde den *Formerfordernissen* einer notariellen Urkunde entsprechen und über einen bestimmten Anspruch errichtet sein muss. Die in § 794 Abs. 1 Nr. 5 ZPO vom Schuldner erklärte persönliche Unterwerfung ist daher zur Wirksamkeit der dinglichen Vollstreckungsunterwerfung nicht erforderlich.

! **Merke: Nur** *die persönliche Vollstreckungsunterwerfung* des Schuldners wegen der *persönlichen Forderung* (§ 794 Abs. 1 Nr. 5 S. 1 ZPO) ermöglicht die Zwangsvollstreckung in das *gesamte Vermögen des Schuldners,* also auch in das Grundstück des Schuldners. Die Vollstreckung aus dieser Urkunde in das Grundstück (z. B. Zwangsversteigerung) verschafft dem Gläubiger jedoch nur den Befriedigungsanspruch der Rangklasse des § 10 Abs. 1 Nr. 5 ZVG!

Die dingliche Vollstreckungsunterwerfung des Eigentümers aus der Hypothek i. S. d. § 800 ZPO gibt dem Gläubiger die Möglichkeit, gegen *jeden Eigentümer* (Sonderrechtsnachfolger) die Zwangsvollstreckung in das *Grundstück* in der bevorzugten Rangklasse des § 10 Abs. 1 Nr. 4 ZVG zu betreiben.

Nur sie allein ist eintragungsfähig!

Die Vollstreckungsunterwerfung gem. § 800 ZPO gehört nicht zum rechtsgeschäftlichen Inhalt der Hypothek, da sie keine rechtsgeschäftliche, sondern vielmehr eine prozessuale, verfahrensrechtliche Erklärung darstellt. Folglich muss sie grundsätzlich nach prozess- bzw. verfahrensrechtlichen Gesichtspunkten beurteilt werden. Insofern kann auch § 878 BGB keine Anwendung finden.

§ 3
Belastungsgegenstand

I. Allgemeines

☞ Prüfen Sie zunächst selbst, welcher Belastungsgegenstand für die Hypothek in Betracht kommt!

- Grundstück
- grundstücksgleiches Recht (z. B. Erbbaurecht)

- Miteigentumsanteil (§ 1114 BGB)

Er wird wie ein Grundstück behandelt und muss gem. § 1114 BGB grundsätzlich zu einer Bruchteilsgemeinschaft gehören. Seine Belastung mit der Hypothek ermöglicht dem Gläubiger die Verwertung (z. B. Zwangsversteigerung).

Zur Belastung eines realen Grundstücksteils bedarf es der Beachtung des § 7 GBO!

- Auch mehrere Grundstücke (oder Miteigentumsanteile) können mit der Hypothek belastet werden (vgl. nachfolgenden Abschnitt II!).

II. Gesamthypothek

1. Gleichzeitige Belastung mehrerer Grundstücke

Fall:

E ist Eigentümer der Grundstücke 1 und 2 des Bestandsverzeichnisses, die einen Verkehrswert (Verkaufswert) von jeweils 200.000 € haben.

Die Bank B gewährt dem E gegen entsprechende Sicherheit zur Finanzierung seines Bauprojekts ein Darlehen in Höhe von 250.000 €.

Nach Abgabe der notwendigen Einigungserklärungen beantragt und bewilligt E zur Sicherung der Darlehensforderung der Bank B die Eintragung einer Hypothek i. H. v. 250.000 € (nebst weiterer Bestimmungen) auf seinen Grundstücken 1 und 2.

? Welche Besonderheiten sind zu beachten?

Lesen Sie § 1132 BGB!

Im Fall konnte sich die Gläubigerin zur dinglichen Absicherung ihrer Darlehensforderung i. H. v. 250.000 € nicht mit der Hypothek an *einem* Grundstück zufrieden geben, denn die Verwertung nur *eines* Grundstücks (z. B. Zwangsversteigerung) würde mit Rücksicht auf den Verkehrswert dieses Grundstücks wohl kaum zur Befriedigung führen. Wer wird schon 250.000 € für ein Grundstück zahlen wollen, welches nur 200.000 € wert ist! Mehrere Grundstücke hingegen stellen für den Gläubiger einer Geldforderung eine größere Sicherheit dar. In diesem Falle kommt die Bestellung einer

Gesamthypothek

in Betracht.

! **Merke:** Unter einer Gesamthypothek versteht man

- *eine einheitliche Hypothek*
- für grundsätzlich *eine Forderung*
- *an mehreren Grundstücken* (oder Grundstücksbruchteilen oder grundstücksgleichen Rechten).

Jedes einzelne Grundstück haftet für die Forderung des Gläubigers mit der Maßgabe, dass der Gläubiger die Befriedigung „nach seinem Belieben aus jedem der Grundstücke ganz oder zu einem Teile suchen kann".

Beispiel:

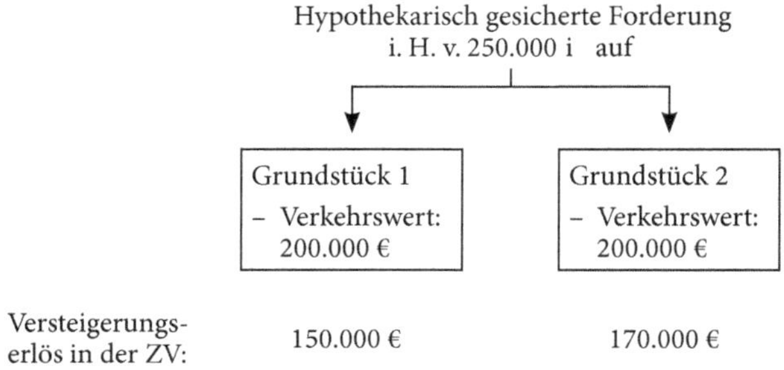

Der Gläubiger kann hier sein Wahlrecht aus § 1132 Abs. 1 S. 2 BGB so ausüben, dass er zur Deckung seines Anspruchs i. H. v. 250.000 € aus dem Grundstück 1 z. B. den gesamten Erlös (Resterlös nach Befriedigung vorrangiger Ansprüche) beansprucht, während er sich den Rest i. H. v. 100.000 € aus dem Erlös des Grundstücks 2 „holt".

Fall:

Der Eigentümer bewilligt die Eintragung einer Hypothek auf seinen Grundstücken 1 und 2 mit u. a. folgendem Inhalt:

„Hinsichtlich des Grundstücks 1 wird die Erteilung eines Hypothekenbriefes ausgeschlossen. Die Zinsen (Jahreszinsen) sind am Ende eines Kalenderhalbjahres nachträglich zu zahlen, hinsichtlich des Grundstücks 2 werden sie jedoch kalendervierteljährlich im Voraus fällig".

? Sind die Bestimmungen eintragungsfähig?

Lesen Sie erneut oben stehenden Merksatz!

Für die Geldforderung des Gläubigers *haften mehrere Grundstücke.* Sie sind aber nicht mit mehreren, sondern vielmehr mit

ein und demselben Recht

belastet. Der Grundsatz der

Einheitlichkeit des Rechts

verbietet daher eine unterschiedliche inhaltliche Ausgestaltung des Rechts auf den belasteten Grundstücken.

Die Bestellung als Buchhypothek auf dem einen und als Briefhypothek auf dem anderen Grundstück würde hier zur Anwendung unterschiedlicher Normen und damit zu verschiedenartiger Rechtsbeurteilung führen. Dies aber kann mit dem Grundsatz der Einheit des Rechts nicht im Einklang stehen.

Aus diesem Grunde muss insoweit auch die Sicherung ein und derselben Forderung durch Verkehrs- und Sicherungshypothek außer Betracht bleiben[15].

? Verstoßen auch unterschiedliche Fälligkeitsbestimmungen gegen den Grundsatz der Einheitlichkeit des Rechts?

Beispiel (vgl. vorstehenden Fall):

Die Gesamthypothek lastet mit folgenden Fälligkeitsbestimmungen der Zinsen auf

Grundstück 1:
am Ende eines Kalenderhalbjahres nachträglich

Grundstück 2:
kalendervierteljährlich im Voraus

Zur Ermittlung der Höhe der Zinsforderung des Gläubigers benötigt das Vollstreckungsorgan (z. B. Versteigerungsgericht) den Anfangstermin (Zinsbeginn) sowie den Endtermin (Zinsende) der Zinslaufzeit.

Die Zinsen eines im Zwangsversteigerungsverfahren erloschenen Grundpfandrechts berechnet der Versteigerungsrechtspfleger bis zur Zahlung, d. h. bis zum Erlösverteilungstermin (bei bestehen bleibenden Rechten bis zum Zuschlag).

Den Anfangstermin (Zinsbeginn) stellt er unter Berücksichtigung des 1. Beschlagnahmedatums fest.

Lesen Sie insoweit § 13 Abs. 1 ZVG!

Wäre die Beschlagnahme im Falle der Zwangsversteigerung der genannten Grundstücke z. B. der 01.04. d. J., so würde für die laufenden Zinsen

das *Grundstück* 1
schon ab dem 01.07. des Vorjahres haften;

das *Grundstück* 2
erst ab 01.01. des Beschlagnahmejahres haften

Rechtliche oder rechnerische Schwierigkeiten ergeben sich insoweit nicht. Fälligkeits- und Kündigungsbestimmungen können daher unterschiedlich sein[16].

Wenn der Gläubiger gem. § 1132 Abs. 1, S. 2 BGB seine Befriedigung aus den für seine Forderung haftenden Grundstücken nach seinem Belieben suchen kann, muss man ihm im Hinblick hierauf auch die Möglichkeit geben, dieses Wahlrecht schon bei Bestellung der Hypothek in Form unterschiedlicher Fälligkeitsbestimmungen

---

15 RGZ 77, 175.
16 BGH, Beschl. v. 10.06.2010, Rpfleger 2010, 576 (betr. die Grundschuld) mit Anmerkung *Bestelmeyer.*

auszuüben[17]. Wird doch nach der h. M. auch der Ausschluss des gesetzlichen Löschungsanspruchs i. S. d. §§ 1179a, b BGB hinsichtlich des einen oder anderen Grundstücks mit evtl. unterschiedlichen Befriedigungsfolgen für zulässig gehalten. Hinzu kommt, dass im Falle der Zwangsversteigerung mehrerer Grundstücke mit evtl. jeweils verschiedenen Beschlagnahmedaten zwangsläufig auch unterschiedliche Grundstückshaftungen möglich sind.

Mit der Vereinbarung unterschiedlicher Zahlungs- bzw. Fälligkeitsbestimmungen wollen die Beteiligten letztlich aber nicht mehr als eine unterschiedliche Grundstückshaftung erreichen. Ein Verstoß gegen den Grundsatz der Einheitlichkeit des Gesamtgrundpfandrechts kann jedenfalls darin nicht gesehen werden (dies muss auch für unterschiedliche Kündigungsbestimmungen gelten).

Zusammenfassung

Grundsatz der Einheitlichkeit des Rechts bezieht sich auf	Grundsatz der Einheitlichkeit des Rechts bezieht sich *nicht* auf
– Art des Rechts – Gläubiger – Forderung	– Rang – Forderungshöhe (Gesamtrecht aber nur hinsichtlich der sich deckenden Beträge) – Zahlungs-, Fälligkeits-, Kündigungsbestimmungen – Vollstreckungsunterwerfung gem. § 800 ZPO – gesetzlichen Löschungsanspruch gem. §§ 1179a, b BGB – dinglicher Schuldner

? Welcher Eintragungszeitpunkt ist für die Entstehung der Gesamthypothek maßgebend?

Fall:

Zur Sicherung einer dem Gläubiger G zustehenden Darlehensforderung beantragt und bewilligt der Grundstückseigentümer E die Eintragung einer Buchhypothek auf seinem Grundstück 1 in Aachen und seinem Grundstück 2 in Köln.

Die Eintragung des Rechts in Aachen erfolgt am 01.03. d. J., die in Köln am 08.03. d. J.

Gläubiger G meint, er habe das Recht am 01.03. erworben.

? Wie ist die Rechtslage?

17 So auch *Staudinger/Scherübl*, Rdn. 32 zu § 1132 BGB; *Müko/Eickmann*, Rdn. 12 zu § 1132 BGB.

Die Wirksamkeit der dinglichen Einigung (§ 873 BGB), die das Grundbuchamt grundsätzlich nicht zu prüfen hat, wollen wir hier annehmen. Der Erwerb des Rechts ist dann mit der Eintragung vollzogen. Die Entstehung eines Gesamtrechts setzt aber Eintragung auf mehreren Grundstücken voraus, so dass erst die Eintragung auf dem *letzten* Grundstück (hier: 08.03., in Köln) das Gesamtrecht *von diesem Zeitpunkt* an entstehen lässt[18].

! **Merke:** Soweit zur Entstehung und zur wirksamen Verfügung über die Gesamthypothek die Eintragung im Grundbuch erforderlich ist, tritt die Wirksamkeit mit Eintragung auf dem letzten Grundstück ein.

2. Nachträgliche Mitbelastung von Grundstücken

Beispiel:

Das Grundstück 1 des Eigentümers E ist mit einer Buchhypothek i. H. v. 100.000 € zugunsten des G belastet. Auf Betreiben des G beantragt und bewilligt E die Eintragung desselben Rechts auch auf dem in seinem Eigentum stehenden Grundstück 2, d. h. er bezieht das Grundstück 2 in die Mithaft für die bereits am Grundstück 1 gesicherte Forderung ein bzw. er verpfändet das Grundstück 2 nach.

Wenn der Grundstückseigentümer dem Hypothekengläubiger für dessen bereits an einem anderen Grundstück durch Hypothek gesicherte Forderung ein weiteres Grundstück als Pfand zur Verfügung stellt, dann entsteht aus der eingetragenen Einzelhypothek mit wirksamer Einigung und Eintragung auf dem nachverpfändeten Grundstück die Gesamthypothek.

? Muss der Eigentümer des nachverpfändeten Grundstücks mit dem Eigentümer des bereits mit der Einzelhypothek belasteten Grundstücks personenidentisch sein?

Dem Gläubiger kann die Person des Grundstückseigentümers grundsätzlich gleichgültig sein, denn die Hypothek ist Sicherungsrecht am Grundstück und nicht Sicherungsrecht an einer Person. Nicht eine bestimmte Person haftet aus der Hypothek, sondern vielmehr das Grundstück. Die Eigentümer der mit der Gesamthypothek belasteten Grundstücke müssen daher nicht personenidentisch sein (vgl. nachstehende Skizze).

18 OLG Düsseldorf, DNotZ 1973, 613; OLG München, DNotZ 1966, 371.

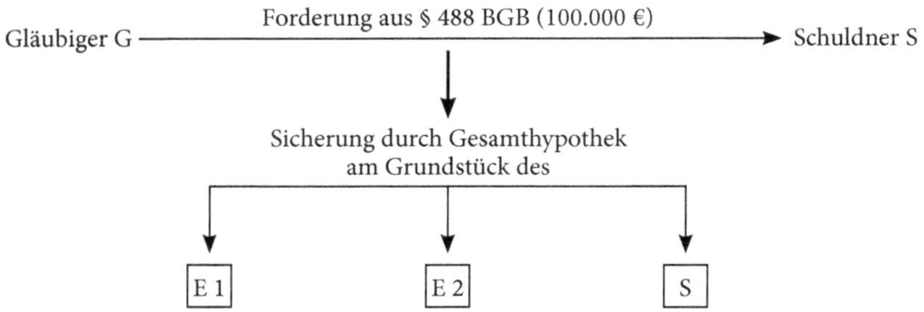

Ist das nachverpfändete Grundstück in einem anderen Grundbuch gebucht, so erfolgt dort in den Spalten 1–4 der Abteilung III die Eintragung der Hypothek unter Hinweis auf das bereits belastete Grundstück. Die Eintragung könnte lauten:

„Einhunderttausend Euro Hypothek nebst … zugunsten des … (usw.)

– Das Grundstück Bestandsverzeichnis lfd. Nr. 2, eingetragen im Grundbuch von … haftet mit.“

Auch auf dem bereits belasteten Grundstück ist ein entspr. Mithaftvermerk einzutragen (Spalten 5–7).

Erfolgt die Eintragung der Nachverpfändung in demselben Grundbuch, das bereits die Einzelhypothek verlautbart, dann wird die Entstehung der Gesamthypothek durch Eintragung des

Mithaftvermerks

in den Spalten 5–7 der Abteilung III zur lfd. Nr. der bisherigen Einzelhypothek deutlich gemacht (§ 48 GBO). Die Eintragung könnte z. B. lauten:

„Das Grundstück lfd. Nr. 2 des Bestandsverzeichnisses haftet mit. Eingetragen am … .“

In der Spalte 2 wird alsdann das jetzt mithaftende Grundstück mit seiner lfd. Nr. vermerkt.

Die Eintragung der Nachverpfändung in dem bereits die Einzelhypothek verlautbarenden Grundbuch kann unter Umständen Rangfragen aufwerfen, die besondere Beachtung verdienen.

Beispiel (Abteilung III enthält folgende Eintragungen):

1	2	3	4	5	6	7
1	1,2	100.000 €	… Hypothek für A. Eingetragen am 02.01. …	1	100.000 €	Das Grundstück lfd. Nr. 2 des BV haftet mit. Eingetragen am 20.08. …
2	2	200.000 €	… Hypothek für B. Eingetragen 10.05. …			

Lesen Sie den Grundbuchinhalt und stellen Sie unter Beachtung des § 879 BGB das Rangverhältnis der auf dem Grundstück 2 eingetragenen Hypotheken fest!

Vorüberlegungen:

Vor der Eintragung vom 20.08. (vgl. Spalten 5–7) ist ein Rangverhältnis zwischen den eingetragenen Hypotheken nicht erkennbar, denn die Hypothek des A belastet das Grundstück 1 an 1. Rangposition, die Hypothek des B das Grundstück 2 an 1. Rangposition.

Angenommen: der Grundstückseigentümer hatte das Grundstück Nr. 2 für die unter laufender Nummer 1 auf dem Grundstück 1 gesicherte Forderung nachverpfändet, und zwar so, dass auch auf dem nachverpfändeten Grundstück Nr. 2 das Recht des A den 1. Rang erhalten sollte.

Mit Eintragung der Nachverpfändung am 20.08. (vgl. Sp. 5–7) wandelte sich das Recht des A in eine Gesamthypothek um (wirksame Einigung unterstellt). In Spalte 2 wurde die Grundstücksnummer 2 ergänzt.

Das Rangverhältnis in ein- und derselben Abteilung bestimmt sich nach der Reihenfolge der Eintragungen im Grundbuch. Hier ist auf dem Grundstück 2 die Hypothek des A i. H. v. 100.000 € räumlich vor der Hypothek des B i. H. v. 200.000 € eingetragen, so dass sich so auch das grundbuchmäßige Rangverhältnis unter diesen Rechten darstellt.

Rangverhältnis auf Grundstück 2 also:

1. Rang: 100.000 € Hypothek für A

2. Rang: 200.000 € Hypothek für B

? Ist dieses Rangsverhältnis nicht ein Verstoß gegen die Rangposition der Hypothek des B, dessen Recht – wie wir zuvor festgestellt haben – auf dem Grundstück 2 von Anfang an den 1. Rang hatte?

Wenn die Hypothek des B auf dem Grundstück 2 den 1. Rang hat, dann kann dieser Rang aufgrund der Nachverpfändung des Grundstücks 2 zugunsten der Hypothek des A nicht verloren gehen, d. h. dass auf dem Grundstück 2 das Recht des B „eigentlich" den 1. Rang haben müsste.

? Wie ist aber der bessere Rang der Hypothek des A zustande gekommen?

Der Verlust der Rangposition des Gläubigers B zugunsten des A setzt u. a. das Einverständnis des betroffenen Gläubigers B voraus (vgl. § 880 BGB; grundbuchrechtlich: § 19 GBO). Dieses Einverständnis wollen wir in vorstehendem Beispiel annehmen.

Die im Grundbuch erfolgte Eintragung vom 20.08. (vgl. Spalten 5–7; Ergänzung Spalte 2 bzgl. Grundstück Nr. 2) lässt nicht nur die Entstehung der Gesamthypothek Nr. 1 vermuten, sondern auch ihren Rang auf dem nachverpfändeten Grundstück, denn es gilt der Grundsatz:

! **Merke:** Eintragungen bzgl. ein und desselben Rechts in Veränderungs- und Hauptspalte bilden hinsichtlich des Rangverhältnisses eine Einheit, d. h. die in der Veränderungsspalte vorgenommene Eintragung ist so zu lesen, als sei sie in der Hauptspalte des sie betreffenden Rechts eingetragen.

Nach diesem Grundsatz hat das Grundbuchamt zu Recht auf die Eintragung eines Rangvermerks im Rahmen der Eintragung der Nachverpfändung verzichtet, denn der genannte Grundsatz macht einen Rangvermerk entbehrlich, das Einverständnis des Gläubigers B mit der Rangverschlechterung seiner Position unterstellt.

? Wie hätte die Eintragung in Spalte 7 lauten müssen, wenn das Recht des A auf dem nachverpfändeten Grundstück nach dem Willen der Beteiligten die nächstfreie Rangstelle erhalten sollte bzw. B der Rangverschlechterung seines Rechts nicht zugestimmt hätte?

In diesem Fall muss die Hypothek des A auf dem Grundstück 2 Rang *nach* der Hypothek des B haben und dieser Rang mit Rücksicht auf den Grundsatz der Einheit von Haupt- und Nebenspalte sowie der Sicherheit im Rechtsverkehr durch Eintragung eines entsprechenden Rangvermerks auch gekennzeichnet sein:

Spalte 5: 1
2

Spalte 6: 100.000 €
200.000 €

Spalte 7: Das Grundstück lfd. Nr. 2 des BV haftet mit. Insoweit hat das Recht Abteilung III Nr. 1 Rang nach dem Recht Abteilung III Nr. 2. Eingetragen am …

Das Fehlen dieses Rangvermerks könnte nämlich einem Dritten, der auf die Richtigkeit des Grundbuches im Hinblick auf den genannten Grundsatz der Einheit von Haupt- und Nebenspalte vertraut, zu einem Rang verhelfen, der ihm grundsätzlich nicht zusteht.

Lesen Sie zur Problematik *Streuer*, Rpfleger 1985, 144, 145!

? Welche anderen Rechtsvorgänge als die hier behandelten (gleichzeitige Belastung mehrerer Grundstücke; Nachverpfändung) können zur Entstehung einer Gesamthypothek führen?

Beispiele:

- Belastung eines Grundstücks, das im Eigentum mehrerer Miteigentümer (Bruchteilseigentümer) steht, denn jeder Bruchteil wird wie ein Grundstück behandelt;
- Teilung *eines* mit der Hypothek belasteten Grundstücks in mehrere neue, selbständige Grundstücke;
- Veräußerung eines mit der Hypothek belasteten Grundstücks durch den Alleineigentümer an mehrere Miteigentümer (Bruchteilseigentümer).

§ 4
Berechtigter

Die Hypothek (Einzel- und Gesamthypothek) kann zugunsten jeder

- natürlichen und juristischen Person, Personenhandelsgesellschaft und Partnerschaftsgesellschaft sowie GbR

bestellt werden.

Erfolgt die Bestellung für

- mehrere Gläubiger

muss die vom Grundbuchamt zu prüfende Bewilligung gem. § 47 GBO die Angabe eines zulässigen Beteiligtenverhältnisses enthalten.

☞ Prüfen Sie selbst, welche Beteiligtenverhältnisse zulässig sind!

Zulässige Beteiligungsverhältnisse:

- Bruchteilsgemeinschaft (§§ 741; 420 BGB)
- Die Bestellung der Hypothek für mehrere Gläubiger in Bruchteilsgemeinschaft ist möglich, denn die aus dem Grundstück zu zahlende Geldsumme (z. B. Versteigerungserlös) ist teilbar.
- Gesamtberechtigung gem. § 428 BGB

Auch diese Gemeinschaftsform wird bei der Hypothek zu Recht für zulässig gehalten[19].

Die Hypothek setzt für ihren Bestand eine bestimmte Forderung voraus. Wenn diese Forderung mehreren Gläubigern in der Gesamtberechtigung gem. § 428 BGB zustehen kann – und dagegen bestehen keinerlei Bedenken –, dann muss mit Rücksicht auf den Grundsatz der Identität von Forderungs- und Hypothekengläubiger auch die Hypothek mehreren Gläubigern in diesem Gemeinschaftsverhältnis bestellt werden können. Die Gesamtberechtigung gem. § 428 BGB an der persönlichen Forderung hindert aber nicht die Bestellung der Hypothek für nur *einen* Gesamtberechtigten.

? Können Sie das begründen? Lesen Sie § 428 BGB!

Hier steht *jedem* Gesamtgläubiger gegen den Schuldner (Eigentümer) eine selbständige Forderung zu, die nur im Hinblick auf Erfüllungswirkungen (Leistungen des Schuldners) mit der Forderung des anderen Gesamtgläubigers ein einheitliches

19 KG, Rpfleger 1965, 366.

Ganzes darstellt. Folglich muss es auch zulässig sein, die Forderung nur *eines* einzelnen Gesamtgläubigers dinglich zu sichern[20].

- Mitberechtigung gem. § 432 BGB.

? Wissen Sie noch, wie sich die Gesamtberechtigung gem. § 428 BGB von der Mitberechtigung gem. § 432 BGB unterscheidet? Wiederholen Sie die Ausführungen zur Reallast auf S. 157!

§ 432 BGB setzt eine unteilbare Leistung voraus. Damit ist in erster Linie die rechtliche Unteilbarkeit gemeint. Eine Geldleistung ist zwar tatsächlich teilbar, dies muss aber nicht die rechtliche Teilbarkeit zur Folge haben. Rechtlich unteilbar wäre sie dann, wenn sie gemeinschafts- und zweckgebunden sein soll.

Weiteres zulässiges Beteiligtenverhältnis:

- Gütergemeinschaft (§ 1416 BGB).

§ 5
Übertragung

I. Allgemeines

Zum Verstehen der mit der Übertragung verbundenen Problematik ist es zweckmäßig, sich noch einmal die Entstehungsvoraussetzungen für die Hypothek bewusst zu machen.

☞ Wiederholen Sie die Ausführungen auf S. 194, 195!

Zu den grundlegenden Entstehungsvoraussetzungen gehört u. a. der Bestand einer bestimmten

Geldforderung

Die Frage nach dem Inhaber der Hypothek ist daher stets eine Frage nach dem Inhaber der Forderung. Die Forderung gibt also der Hypothek ihre Existenzberechtigung (Ausnahmen: z. B. §§ 892, 1138 BGB).

Soll der Hypothekengläubiger wechseln, muss der Forderungsgläubiger wechseln. Die Übertragung der Hypothek setzt also die wirksame Übertragung der Forderung voraus.

📖 Lesen Sie jetzt die §§ 401, 1153 BGB!

---

20 BGHZ 29, 363.

Beide Vorschriften haben die vorstehenden Grundsätze zum Inhalt, die durch § 1153 Abs. 2 BGB insoweit noch untermauert werden, als die Übertragung der Forderung ohne die Hypothek oder umgekehrt unzulässig ist[21].

II. Übertragung der Briefhypothek

1. Materiellrechtliche Besonderheiten

Wenn auch im juristischen Sprachgebrauch von der Übertragung der Briefhypothek (oder Abtretung der Briefhypothek) die Rede ist, so entspricht dies dennoch nicht dem gesetzgeberischen Wortlaut, denn nicht die Hypothek wird übertragen, sondern die Forderung, mit deren wirksamer Übertragung auch die an ihr *klebende* Hypothek „automatisch" auf den neuen Gläubiger übergeht.

? Wie erfolgt nun die Übertragung der Forderung (Briefhypothek)?

Gem. den vorstehenden Ausführungen müssen wir die Frage mit dem für die Übertragung der Forderung geltenden Regeln beantworten.

Lesen Sie § 398 BGB!

Zur Wirksamkeit der Forderungsabtretung ist erforderlich ein

Abtretungsvertrag

zwischen dem bisherigen Gläubiger der Forderung (Zedent) und dem Erwerber (Zessionar). Damit ist jedoch der Abtretungsvorgang noch nicht wirksam vollzogen.

Lesen Sie jetzt § 1154 Abs. 1 BGB!

Für den Erwerber ist nicht nur die Forderung, sondern insbesondere das dingliche Recht, also die Sicherheit für seine Forderung, von Bedeutung. § 1154 BGB vervollständigt § 398 BGB insoweit, als es zur Wirksamkeit des Abtretungsvertrages i. S. d. § 398 BGB noch der Einhaltung bestimmter Formen bedarf, nämlich

- Erteilung der Abtretungserklärung des *bisherigen Gläubigers* in schriftlicher Form und
- Übergabe des Hypothekenbriefes (durch den bisherigen Gläubiger mit dessen Willen).

Fassen wir zusammen:

Die wirksame Übertragung einer durch Briefhypothek gesicherten Forderung und damit der Briefhypothek setzt voraus:

21 Zu den Ausnahmen vgl. *Müko/Eickmann*, Rdn. 8–11 zu § 1153 BGB, Rdn. 21 zu § 1190 BGB.

Abtretungsvertrag

zwischen bisherigem Gläubiger und Erwerber, wobei nur die Abtretungserklärung des bisherigen Gläubigers (Zedent) zumindest der schriftlichen Form bedarf, die gem. § 1154 Abs. 2 BGB durch Eintragung im Grundbuch ersetzt werden *kann,* und

Übergabe des Hypothekenbriefes an den neuen Gläubiger.

2. Grundbuchrechtliche Besonderheiten

2.1. Eintragung im Grundbuch als Grundbuchberichtigung

Der Übergang der Briefhypothek kann sich außerhalb des Grundbuches vollziehen (s. o.).

Eine Prüfung der vorgenannten materiellrechtlichen Voraussetzungen durch das Grundbuchamt kommt aber z. B. dann in Betracht, wenn nach erfolgtem Rechtsübergang die Berichtigung des Grundbuches beantragt wird (§ 22 GBO), denn der außerhalb des Grundbuches erfolgte Gläubigerwechsel hat zur Unrichtigkeit des Grundbuches geführt.

Beispiel:

A ist im Grundbuch als Gläubiger einer Briefhypothek eingetragen. Die der Hypothek zugrundeliegende Forderung hat er wirksam (s. o.) auf B übertragen.

Das Grundbuch ist so lange unrichtig, wie es noch als Hypothekengläubiger den A verlautbart.

? Auf welchem Wege kann die Eintragung des neuen Gläubigers herbeigeführt werden?

Die Eintragung des neuen Gläubigers kann gem. § 22 GBO erfolgen, wenn die Unrichtigkeit des Grundbuches, also der wirksame Rechtsübergang auf den neuen Gläubiger, in der Form des § 29 GBO nachgewiesen wird. Dies wiederum macht aber den *Nachweis aller* Wirksamkeitsvoraussetzungen in der Form des § 29 GBO erforderlich.

? Kann die Eintragung des neuen Gläubigers im Wege der Grundbuchberichtigung noch auf andere Weise herbeigeführt werden?

Die Berichtigung des Grundbuches durch Eintragung des neuen Gläubigers kann auch auf der Grundlage der *Berichtigungsbewilligung* des bisherigen Gläubigers vorgenommen werden[22]. Hier muss der betroffene Gläubiger die Unrichtigkeit des Grundbuches, also die wahre materielle Rechtslage, dem Grundbuchrechtspfleger *schlüssig vortragen.* Die Bewilligung bedarf der Form des § 29 GBO.

22 Zum Inhalt der Berichtigungsbewilligung: vgl. *K/E/H/E/Münzig*, Rdn. 68 zu § 22 GBO.

Die Anwendung des § 22 GBO im Rahmen der Übertragung der Briefhypothek führt aber zu einem umständlichen und daher kaum praktisch werdenden Verfahren. Der Gesetzgeber bietet daher eine Ausweichmöglichkeit an.

Lesen Sie § 26 GBO!

Zur Eintragung des neuen Gläubigers *genügt* hiernach die Vorlage der *Abtretungserklärung* des bisherigen Gläubigers in öffentlich beglaubigter Form (§ 29 GBO), an der der neue Gläubiger im Hinblick auf 1155 BGB ohnehin ein Interesse haben wird.

Darüber hinaus sind selbstverständlich auch alle anderen Eintragungsvoraussetzungen zu erfüllen (z. B. Briefvorlage gem. §§ 41, 62 GBO). § 26 GBO stellt als Ausnahme vom Bewilligungsgrundsatz des § 19 GBO eine Vereinfachung des Eintragungsverfahrens dar und macht darüber hinaus den sonst umständlichen Unrichtigkeitsnachweis i. S. d. § 22 GBO entbehrlich.

Der Erwerb der Briefhypothek kann sich also außerhalb des Grundbuches vollziehen. Gleichwohl wird sich die Eintragung im Grundbuch als ratsam erweisen, da sonst in einem möglichen Zwangsversteigerungsverfahren des Grundstücks die Rechte des neuen Gläubigers gefährdet wären (vgl. §§ 37 Nr. 4; 9 ZVG).

2.2. Eintragung im Grundbuch als rechtsbegründende Voraussetzung

Lesen Sie § 1154 Abs. 2 BGB!

Die Eintragung der Abtretung im Grundbuch gehört hier zu den Wirksamkeitsvoraussetzungen. Die Übertragung einer durch Briefhypothek gesicherten Forderung muss nämlich nicht außerhalb des Grundbuches erfolgen. Die Beteiligten können auch einen anderen Weg zum Erwerb des dinglichen Rechts wählen:

- Abtretungsvertrag mit *formlosen* Erklärungen der Beteiligten sowie
- Eintragung im Grundbuch.

Die Eintragung der Abtretung im Grundbuch ersetzt hier die schriftliche Form der Abtretungserklärung des bisherigen Gläubigers. Zum Erwerb der Hypothek ist selbstverständlich auch in diesem Fall die Übergabe des Briefes an den neuen Gläubiger erforderlich. Sollte diese Briefübergabe durch eine zulässige Vereinbarung i. S. d. § 1117 Abs. 2 BGB ersetzt sein, dann wirkt die Grundbucheintragung sogar konstitutiv.

Das Grundbuchamt verfügt die Eintragung der Abtretung unter Beachtung der Verfahrensvoraussetzungen, insbesondere unter Vorlage der

- Bewilligung des bisherigen Gläubigers in der Form des § 29 GBO sowie des

- Hypothekenbriefes (§§ 41, 62 GBO).

Die Eintragung des neuen Gläubigers auf dem Brief verschafft diesem dann das im Rahmen des § 1155 BGB notwendige „Legitimationspapier“.

III. Übertragung der Buchhypothek

1. Materiellrechtliche Besonderheiten

Lesen Sie § 1154 Abs. 3 BGB und stellen Sie die Wirksamkeitsvoraussetzungen zur Abtretung der Buchhypothek fest!

- Abtretungsvertrag i. S. d. § 398 BGB.
- Eintragung im Grundbuch i. S. d. § 873 BGB.

Die Grundbucheintragung ist hier eine *notwendige* Wirksamkeitsvoraussetzung.

2. Grundbuchrechtliche Besonderheiten

Da die Eintragung der Abtretung im Grundbuch konstitutiv wirkt (Abtretungsvertrag unterstellt), kommt ein Grundbuchberichtigungsverfahren nicht in Betracht. Vielmehr wird das Grundbuchamt zur Eintragung der Abtretung insbesondere die Bewilligung des wahren Gläubigers verlangen (§ 19 GBO).

IV. Inhalt der Eintragungsbewilligung (Abtretungserklärung)

Fall:

Im Grundbuch sind in Abteilung III folgende Hypotheken eingetragen:

150.000 € nebst 10 % Zinsen für A; eingetragen am 10.01. d. J.

200.000 € nebst 12 % Zinsen für B; eingetragen am 15.01. d. J.

Gläubiger A tritt die hypothekarisch gesicherte Forderung am 05.12. d. J. ab an C und beantragt und bewilligt die Eintragung im Grundbuch. Die Bewilligung hat u. a. folgenden Inhalt: „Die für mich im Grundbuch von … in Abteilung III Nr. 1 eingetragene hypothekarisch gesicherte Forderung i. H. v. 150.000 € trete ich mit den Zinsen ab an C und bewillige die Eintragung der Abtretung im Grundbuch“.

? Mit welcher Begründung wird das Grundbuchamt die Bewilligung beanstanden?

Dem für das Grundbuchrecht geltenden

Bestimmtheitsgrundsatz

kommt auch im Rahmen der Abtretung der Hypothek (Brief- oder Buchhypothek) Bedeutung zu. Er verlangt neben dem erkennbaren Abtretungswillen des bisherigen Gläubigers die genaue Bezeichnung der abgetretenen Hypothek (Forderung) in der Eintragungsbewilligung bzw. Abtretungserklärung.

! **Merke:** Die der Grundbucheintragung zugrundeliegende Eintragungsbewilligung bzw. Abtretungserklärung muss inhaltlich so bestimmt sein, dass keinerlei Zweifel hinsichtlich der Identität der beteiligten Gläubiger sowie des betroffenen Rechts bestehen und eine Verwechslung mit anderen Rechten somit ausgeschlossen ist.

Zweifel an der Identität des betroffenen Rechts machen zu seiner Konkretisierung zusätzlich Angaben notwendig:

- laufende Nummer der Eintragung in Abteilung III
- Rang
- Grundstücksbezeichnung.

In vorstehendem Fall ist das abgetretene Recht zunächst ausreichend konkretisiert. Zusätzlicher Angaben zu seinem Rang oder dem belasteten Grundstück, wie sie der BGH grundsätzlich für erforderlich hält[23], bedarf es hier u. E. nicht.

? Dennoch ist der Inhalt der Bewilligung (Abtretungserklärung) zu beanstanden. Haben Sie den Mangel erkannt?

Wir sollten zunächst wissen, dass die Abtretung der Hauptforderung/Hypothek nicht notwendigerweise auch die Nebenleistungen (z. B. Zinsen) erfassen muss.

Beispiele:

- Der bisherige Gläubiger tritt nur die Hauptforderung/Hypothek ab, behält aber die Zinsen –
- die Hauptforderung/Hypothek wird an X, die Zinsen werden an Y abgetreten.

Den Grund für eine zulässige Abkoppelung der Nebenforderungen von der Hauptforderung liefert § 401 BGB, der zwar die Hypothek, nicht aber z. B. das Zinsrecht automatisch übergehen lassen will, m. a. W.: Zinsrechte gehören nicht zu den in § 401 BGB genannten Rechten[24].

23 BGH, NJW 1974, 351.
24 BGH, NJW 1961, 1525.

Daraus folgt:

! **Merke:** Sollen auch die Zinsen (oder andere Nebenleistungen) auf den neuen Gläubiger übergehen, so muss die Bewilligung bzw. Abtretungserklärung eine bestimmte, zweifelsfreie Aussage darüber enthalten,

ob,
in welcher Höhe,
ab welchem Zeitpunkt

die Zinsen dem neuen Gläubiger zustehen sollen (h. M.).

Diese Angaben sind nicht nur für den neuen Gläubiger von Interesse. Auch im Rahmen der Zwangsvollstreckung in das Grundstück kommt ihnen im Hinblick auf die Feststellung der Höhe sowie der Inhaberschaft der Zinsforderung Bedeutung zu.

Im Fall sind die abgetretenen Zinsen insoweit unzureichend bezeichnet, als die Erklärung des Gläubigers nicht erkennen lässt, von welchem Zeitpunkt an die Zinsen dem neuen Gläubiger zustehen sollen. Der Inhalt der Bewilligung verstößt insoweit gegen den Bestimmtheitsgrundsatz.

! **Merke:** Dem Bestimmtheitsgrundsatz kommt auch im Rahmen der Teilabtretung Bedeutung zu. Auch hier gelten die vorstehenden Ausführungen und Überlegungen mit der Besonderheit, dass für den Fall eines *gewollten bestimmten Ranges* des abgetretenen Teilbetrages die Bewilligung (Abtretungserklärung) auch insoweit eindeutig und bestimmt sein muss.

V. Die Besonderheiten der Übertragung im Überblick

1. Briefhypothek

Materiellrechtliche Voraussetzungen

2 Möglichkeiten

- Abtretungsvertrag gem. § 398 BGB mit *formbedürftiger Abtretungserklärung des bisherigen Gläubigers* gem. § 1154 Abs. 1 BGB *und*
- Briefübergabe gem. §§ 1154 Abs. 1; 1117 BGB

oder

- Abtretungsvertrag gem. § 398 BGB mit *formloser Abtretungserklärung des bisherigen Gläubigers* gem. § 1154 Abs. 1, 2 BGB und
- Briefübergabe gem. §§ 1154 Abs. 1; 1117 BGB *und*
- Grundbucheintragung gem. § 1154 Abs. 2 BGB

Grundbuchrechtliche Besonderheiten

Eintragung als Grundbuchberichtigung mit (insbesondere)

- Berichtigungsbewilligung des bisherigen Gläubigers gem. §§ 19, 22 GBO in der Form des § 29 GBO *und*
- Briefvorlage gem. §§ 41, 62 GBO

oder

Unrichtigkeitsnachweis gem. § 22 GBO in der Form des § 29 GBO (Nachweis *aller* materiellrechtlichen Wirksamkeitsvoraussetzungen)

oder

- materiellrechtliche Abtretungserklärung des bisherigen Gläubigers gem. § 26 GBO in der Form des § 29 GBO *und*
- Briefvorlage gem. §§ 41, 62 GBO

Eintragung im Grundbuch mit konstitutiver Wirkung mit (insbesondere)

- Bewilligung des bisherigen Gläubigers in der Form des § 29 GBO und
- Briefvorlage gem. §§ 41, 62 GBO

2. Buchhypothek

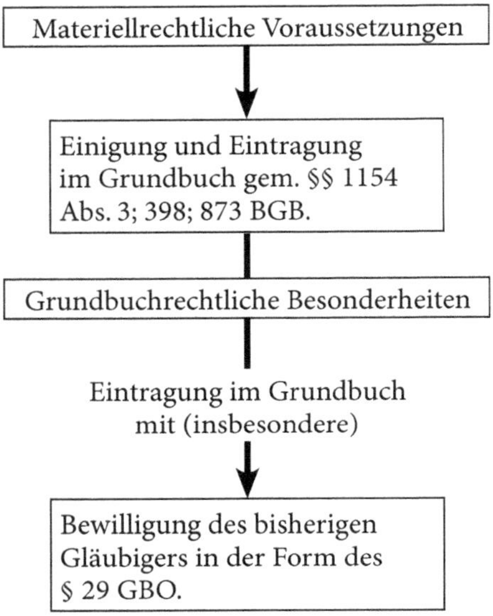

§ 6
Pfändung

I. Allgemeines

Die Kenntnis von den zur rechtsgeschäftlichen Übertragung der Hypothek maßgeblichen Wirksamkeitsvoraussetzungen wird uns das Verstehen der mit der Pfändung verbundenen Besonderheiten erleichtern.

Lesen Sie daher zunächst den vorstehenden Überblick!

Soweit die *Übertragung der hypothekarisch gesicherten Forderung „freiwillige“ Erklärungen und Handlungen* voraussetzt, werden wir diese im Rahmen der mit der Pfändung der Hypothek zusammenhängenden Fragen ersetzen durch *vollstreckungsrechtliche Erklärungen und Handlungen.*

Lesen Sie nun § 830 Abs. 1 ZPO!

Die Pfändung der Hypothek wird bewirkt durch

Pfändung der Forderung (Pfändungsbeschluss)

und

Übergabe oder Wegnahme des Hypothekenbriefes bei der Briefhypothek (§ 830 Abs. 1 S. 1, 2 ZPO) bzw.

Eintragung der Pfändung im Grundbuch bei der Buchhypothek (§ 830 Abs. 1 S. 3 ZPO).

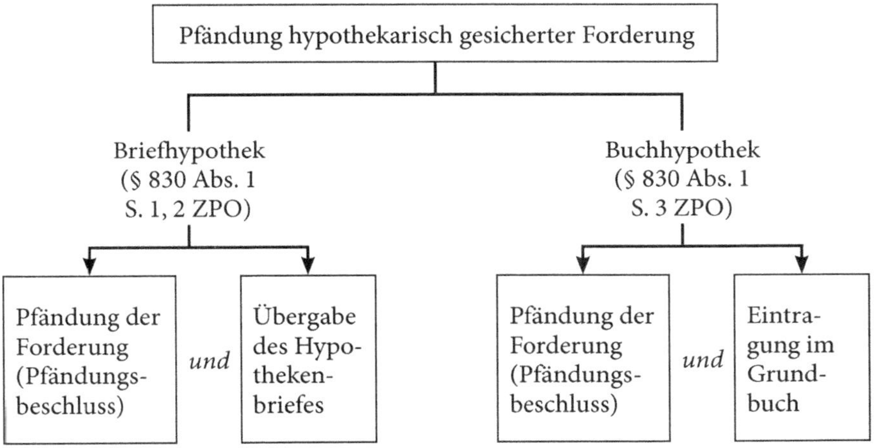

? Welche Wirkungen hat die Pfändung?

Mit der Pfändung der hypothekarisch gesicherten Forderung entsteht

eine Verfügungsbeschränkung (§§ 829 Abs. 1 ZPO, 135, 136 BGB); und grundsätzlich auch eine Verfügungserklärung aufgrund des

Pfandrechts an der Hypothek (§§ 803, 804 ZPO, 1273 BGB)

jeweils zugunsten des Pfändungsgläubigers. Die Eintragung der Pfändung im Grundbuch ist zulässig als

Verlautbarung dieser Verfügungsbeschränkungen (§ 892 Abs. 1 S. 2 BGB). Das Entstehen des Pfändungspfandrechts setzt allerdings nach der gemischten Pfandrechtstheorie (h. M.) u. a. auch eine fehlerfreie Pfändung voraus, welche das Grundbuchamt anhand der vorliegenden Unterlagen in der Regel nicht überprüfen kann.

Die Pfändung der durch Briefhypothek gesicherten Forderung vollzieht sich außerhalb des Grundbuches, so dass die Eintragung der Pfändung *gem. § 22 GBO im Wege der Grundbuchberichtigung erfolgen kann.* Die Eintragungsfähigkeit ergibt sich hier aus § 892 Abs. 1 S. 2 BGB, denn das Grundbuch ist hinsichtlich einer bereits wirksam entstandenen, aber nicht eingetragenen Verfügungsbeschränkung unrichtig.

Die Pfändung der durch Buchhypothek gesicherten Forderung vollzieht sich nur unter „Beteiligung" des Grundbuches, so dass die *Eintragung gem. § 830 Abs. 1 S. 3 ZPO zur Wirksamkeit erfolgen muss.*

II. Pfändung der Briefhypothek (grundbuchrechtliche Besonderheiten)

Die Eintragung der Pfändung der Briefhypothek ist Grundbuchberichtigung. Zu diesem Zwecke muss der antragstellende Gläubiger dem Grundbuchamt die Unrichtigkeit des Grundbuches in der Form des § 29 GBO nachweisen, ihm somit alle Unterlagen vorlegen, die den Nachweis der bereits außerhalb des Grundbuches wirksam erfolgten Pfändung der hypothekarisch gesicherten Forderung erbringen, nämlich

Pfändungsbeschluss

und

Hypothekenbrief.

1. Besonderheiten des Pfändungsbeschlusses

Das Grundbuchamt hat den Pfändungsbeschluss auf seine *formelle* Richtigkeit hin zu überprüfen. Der Beschluss *muss* folgende Angaben enthalten:

- gepfändete Forderung,
- Vollstreckungsgläubiger
- Vollstreckungsschuldner
- Drittschuldner[25]
- Verbot an den Drittschuldner, an den Schuldner zu leisten.

? Warum sollte der Pfändungsbeschluss auch die Hypothek bezeichnen (neben der Forderung)?

Die Angabe der Hypothek ist im Hinblick auf die Grundbucheintragung (vgl. § 28 GBO: Eintragungsbewilligung = Pfändungsbeschluss) und der möglicherweise zwangsweisen Briefwegnahme erforderlich (vgl. § 830 Abs. 1 S. 2 ZPO).

? Bedarf es zur Eintragung der Pfändung auch des Nachweises der Zustellung des Pfändungsbeschlusses an den Drittschuldner?

Lesen Sie erneut § 830 Abs. 1 ZPO!

Dem Grundbuchamt ist die Wirksamkeit der Pfändung nachzuweisen. Letztere tritt auch ohne Zustellung an den Drittschuldner ein, so dass insoweit ein Zustellungsnachweis entbehrlich ist.

25 *Stöber*, Forderungspfändung, Rdn. 501, 517: zweifelsfreie Bezeichnung genügt.

? Wie ist aber dann § 830 Abs. 2 ZPO zu verstehen?

Wenn die Pfändung auch ohne Zustellung des Pfändungsbeschlusses an den Drittschuldner wirksam wird, so hat die Zustellung dennoch ihre Bedeutung; erfolgt sie nämlich *vor* der Briefübergabe (beim Buchrecht vor der Eintragung), so gilt *diesem, dem Drittschuldner*, gegenüber die Pfändung als mit Zustellung bewirkt mit der Maßgabe, dass evtl. Verfügungen des Drittschuldners zwischen Zustellung und Briefübergabe (beim Buchrecht: Eintragung) dem Vollstreckungsgläubiger gegenüber unwirksam sind. Vom Zeitpunkt der Zustellung an besteht daher für den Drittschuldner grundsätzlich ein Zahlungsverbot.

Der Zustellung des Pfändungsbeschlusses an den Drittschuldner kommt im Übrigen bei der Pfändung rückständiger Zinsen Bedeutung zu.

Fall:

Der Pfändungsbeschluss hat u. a. folgenden Inhalt:

„... kann der Gläubiger G von dem Schuldner S beanspruchen: 8.000 € nebst 8 % Zinsen ab 01.07.2010.

Wegen des Anspruchs wird die angebliche Darlehensforderung des Schuldners i. H. v. 10.000 € gegen den E, gesichert durch die Hypothek Abteilung III Nr. 1, eingetragen im Grundbuch von ... gepfändet".

Unter Vorlage des Pfändungsbeschlusses sowie des Hypothekenbriefes, den der Gläubiger nachweislich am 01.07.2011 erhalten hat, beantragt dieser am 02.07.2011 beim zuständigen Grundbuchamt die Eintragung der Pfändung der gesamten Hypothekenforderung.

Hinweis:

Zugunsten des Schuldners S ist in dem im Pfändungsbeschluss genannten Grundbuch in Abteilung III eine Briefhypothek i. H. v. 10.000 € nebst 6 % Zinsen ab 01.07.2009 eingetragen.

? Welche Überlegungen stellt das Grundbuchamt hinsichtlich der gepfändeten Forderung an?

Skizze:

Pfändungsgläubiger G —— 8.000 € nebst 8 % ab 01.07.2010 ——→ Pfändungsschuldner S (und Hypothekengläubiger)

↓

Hypothek: 10.000 € nebst 6 % Zinsen ab 01.07.2009

↓

Drittschuldner E (Grundstückseigentümer)

Der Antrag des Gläubigers erstreckt sich auf Eintragung der Pfändung der *„gesamten Hypothekenforderung"*. Laut Pfändungsbeschluss ist die Hypothekenforderung gepfändet

„... wegen des Anspruchs"

des Gläubigers (8.000 € nebst 8 % Zinsen ab 01.07.10).

? Ist die Hypothekenforderung nun in voller Höhe oder nur in Höhe des dem Gläubiger zustehenden Anspruchs gepfändet?

Diese Frage ist im Hinblick auf die vorzunehmende Eintragung und die mögliche spätere Verwertung von Bedeutung. Auf den „1. Blick" wird man geneigt sein, sich für eine **Teilpfändung** zu entscheiden, also für die Pfändung der Hypothekenforderung bis zur Höhe des dem Pfandgläubiger zustehenden Anspruchs, denn es gilt im Interesse des Schuldners der Grundsatz:

Verbot der Überpfändung

„Die Pfändung darf nicht weiter ausgedehnt werden, als es zur Befriedigung des Gläubigers und zur Deckung der Kosten der Zwangsvollstreckung erforderlich ist"

(§ 803 Abs. 1 S. 2 ZPO).

Dieser Grundsatz ist auch im Rahmen der Forderungspfändung zu beachten[26], bedarf aber gerade hier einer Einschränkung, denn der wahre Wert der gepfändeten Forderung kann im Gegensatz zum Wert einer körperlichen Sache durch zahlreiche Umstände negativ beeinflusst werden[27].

Beispiele:

- Aufrechnung durch Drittschuldner
- Möglichkeit der Minderung.

Daraus folgt:

Beantragt der Gläubiger die Eintragung der Pfändung der gesamten Hypothekenforderung, so ist mit Rücksicht auf die vorstehenden Möglichkeiten grundsätzlich die gesamte Hypothekenforderung gepfändet.

Selbstverständlich kann der Gläubiger letztlich nicht mehr „erhalten" als ihm zusteht, aber

die gesamte Forderung des Schuldners gegen den Drittschuldner haftet für seine Forderung und stellt somit eine wesentlich stärkere Sicherheit dar.

? Wie würden Sie entscheiden, wenn der Gläubiger in vorstehendem Fall ausdrücklich die Eintragung einer Teilpfändung beantragt hätte (Eintragung der Pfändung nur in Höhe des dem Gläubiger zustehenden Anspruchs)?

26 OLG Köln, MDR 1970, 150; *Zöller*, Rdn. 5 zu § 803 ZPO; u. a.
27 *Zunft*, NJW 1955, 441 (443).

Auch hier begegnen wir wieder dem schon oft zitierten

Bestimmtheitsgrundsatz.

Soll die Pfändung eines Teilbetrages der Hypothekenforderung im Grundbuch eingetragen werden, so bedarf es der bestimmten Angabe dieses Teilbetrages. Dieser Teilbetrag wird aber hier nicht festgestellt werden können, da der Gläubiger nämlich nicht nur wegen seiner Hauptforderung i. H. v. 8.000 €, sondern zugleich auch wegen der laufenden Zinsen ab 01.07.10 die Eintragung der Pfändung beantragt und die Höhe der Zinsforderung mangels feststehenden Endtermins ungewiss ist (die Zinsen laufen weiter bis zum Zahlungstermin, der unbekannt ist). Steht aber der Teilbetrag der Forderung des Gläubigers nicht fest, so bleibt auch der Teilbetrag der gepfändeten Hypothekenforderung unbekannt.

! **Merke:** Die Eintragung der Teilpfändung setzt u. a. voraus
- Antrag des Gläubigers
- Feststehender bestimmter Teilbetrag

Zurück zum Fall:

Die Hypothekenforderung des S gegen den E gilt als in voller Höhe gepfändet, d. h. das Grundbuchamt wird die Eintragung der Pfändung der gesamten Hypothek veranlassen.

? Erfasst die Pfändung der Hypothekenforderung auch die Zinsen?

📖 Lesen Sie §§ 804 Abs. 2 ZPO, 1289 BGB!

Der dem Grundbuchamt vorliegende Pfändungsbeschluss enthält zwar keine Angaben darüber, ob auch die Zinsen der Hypothekenforderung mitgepfändet sind, sie werden jedoch grundsätzlich von der Pfändung miterfasst, ohne dass dies im Pfändungsbeschluss ausdrücklich ausgesprochen werden muss. Wenn wir aber die Mitpfändung der Zinsen bejahen, müssen wir uns zwangsläufig eine weitere Frage stellen:

? Von welchem Zeitpunkt an sind die Zinsen der Hypothekenforderung gepfändet?

📖 Lesen Sie §§ 830 Abs. 3 ZPO, 1159 BGB!

Daraus folgt:

Rückständige (fällige) Hypothekenzinsen (§ 1159 BGB) werden nicht gem. § 830 ZPO gepfändet, sondern wie gewöhnliche Forderungen, d. h. gem. § 829 Abs. 1, 3 ZPO mit Pfändungsbeschluss und Zustellung an den Drittschuldner.

Daraus folgt gleichzeitig:

Laufende (noch nicht fällige) Hypothekenzinsen werden wie die Hypothek selbst gepfändet, d. h. mit Pfändungsbeschluss und Briefübergabe (§ 830 Abs. 1 ZPO).

Lesen Sie jetzt erneut den Fall auf S. 235 und beachten Sie dabei insbesondere die vom Gläubiger vorgelegten Nachweisurkunden!

? Von welchem Zeitpunkt an sind die Hypothekenzinsen nachweislich mitgepfändet?

Die für die Pfändung rückständiger Hypothekenzinsen notwendige Zustellung des Pfändungsbeschlusses an den Drittschuldner ist nicht nachgewiesen. Deshalb gelten nur die zum Zeitpunkt der Briefübergabe (Wirksamkeit der Pfändung) noch nicht fälligen Zinsen als gepfändet, hier also ab dem 01.07.11. Dem Pfändungsgläubiger ist also zu raten, den Pfändungsbeschluss dem Drittschuldner zustellen zu lassen und den entspr. Zustellungsnachweis zu erbringen, falls er auch die vor dem 01.07.11 fälligen Zinsen beansprucht.

2. Besonderheiten der Briefübergabe

Die Pfändung der Hypothekenforderung ist erst bewirkt, wenn neben dem Erlass des Pfändungsbeschlusses auch die

Briefübergabe an den Vollstreckungsgläubiger (oder dessen Besitzmittler[28]) erfolgt ist (§ 830 Abs. 1 S. 1 ZPO).

Legt der Vollstreckungsgläubiger den Brief vor, so ist die erfolgte Übergabe damit nachgewiesen (offenkundig i. S. d. § 29 Abs. 1 S. 2 GBO).

? Auf welche Weise erlangt der Vollstreckungsgläubiger den Briefbesitz, wenn der Vollstreckungsschuldner (Hypothekengläubiger) den Brief nicht freiwillig herausgibt?

Gem. § 830 Abs. 1 S. 2 ZPO kann der Gläubiger die Briefübergabe im Wege der Zwangsvollstreckung erwirken. Die Briefübergabe gilt mit Wegnahme durch den Gerichtsvollzieher als erfolgt. Dem Grundbuchamt gegenüber wird die Übergabe i. S. d. § 830 Abs. 1 S. 2 ZPO durch Vorlage des Wegnahmeprotokolls nachgewiesen (§§ 22, 29 Abs. 1 S. 2 GBO). Ob die Zwangsvollstreckungsvoraussetzungen für die

28 *Zöller/Stöber*, Rdn. 4 zu § 830 ZPO (z. B. Notar, Prozessbevollmächtigter).

Briefwegnahme erfüllt sind, hat das Grundbuchamt dabei nicht zu prüfen. Es wird sich auf das Wegnahmeprotokoll des Gerichtsvollziehers verlassen dürfen. Dennoch sollten wir wissen, auf welchem vollstreckungsrechtlichen Weg der Vollstreckungsgläubiger die Briefherausgabe erreichen kann:

Der Gerichtsvollzieher wird auf Antrag des Vollstreckungsgläubigers dem Vollstreckungsschuldner (Hypothekengläubiger) den Brief wegnehmen unter Vorlage einer Ausfertigung des Pfändungsbeschlusses[29], der dem Vollstreckungsschuldner gem. § 750 ZPO zuzustellen ist. Einer Vollstreckungsklausel bedarf es insoweit nicht. Bei der Tätigkeit des Gerichtsvollziehers handelt es sich nicht um eine Zwangsvollstreckung wegen einer Geldforderung in eine bewegliche Sache, sondern vielmehr um eine Zwangsvollstreckung zur Herausgabe einer Sache (Brief) i. S. d. § 883 ZPO.

Fall:

Unter Vorlage des ordnungsgemäßen Pfändungsbeschlusses beantragt der Vollstreckungsgläubiger die Eintragung der Pfändung einer näher bestimmten, angeblich hypothekarisch gesicherten Forderung des Vollstreckungsschuldners S gegen den Grundstückseigentümer E (Drittschuldner).

Die Hypothek ist im Grundbuch als solche zwar schon eingetragen, der erstellte Hypothekenbrief jedoch vom Grundbuchamt noch nicht abgesandt worden.

? Sind die für die Eintragung der Pfändung notwendigen Nachweise erbracht?

Der Pfändungsbeschluss liegt vor, jedoch muss dem Grundbuchamt auch die Übergabe des Hypothekenbriefes an den Vollstreckungsgläubiger nachgewiesen werden.

? Welche Probleme ergeben sich hier?

Der Vollstreckungsgläubiger beantragt die Eintragung der Pfändung einer angeblich hypothekarisch gesicherten Forderung des Vollstreckungsschuldners gegen den Grundstückseigentümer (Drittschuldner). Der Vollstreckungsschuldner wird aber die Hypothek erst erwerben können, wenn ihm der Hypothekenbrief vom Grundstückseigentümer übergeben wird (vgl. § 1117 Abs. 1 S. 1 BGB). Solange dies nicht geschehen ist, besteht keine Hypothek, sondern eine vorläufige Eigentümergrundschuld (§ 1163 Abs. 2 BGB).

Das Grundbuchamt wird im Übrigen den Brief grundsätzlich dem Grundstückseigentümer aushändigen (§ 60 Abs. 1 GBO). Da hier offensichtlich keine Hypothek besteht, geht die im vorliegenden Pfändungsbeschluss ausgesprochene Pfändung ins Leere. Das Grundbuchamt wird die Eintragung ablehnen, da der zur Grundbuchberichtigung notwendige Unrichtigkeitsnachweis nicht erbracht ist.

29 Ob dem Gerichtsvollzieher auch der Titel vorgelegt werden muss, ist streitig; bejahend: *Stöber,* Forderungspfändung, Rdn. 1813; *Zöller/Stöber,* Rdn. 5 zu § 830 ZPO; a. A.: *Stein-Jonas*, Rdn. 14 zu § 830 ZPO.

Lesen Sie zur Problematik *Stöber,* Forderungspfändung, 16. Aufl., Rdn. 1825–1827!

III. Pfändung der Buchhypothek

Die vorstehenden Ausführungen und Überlegungen sind auf die Pfändung einer durch Buchhypothek gesicherten Forderung insoweit anzuwenden, als an die Stelle der Briefübergabe/Wegnahme die

Eintragung der Pfändung

im Grundbuch als Wirksamkeitsvoraussetzung neben den ordnungsgemäßen Pfändungsbeschluss tritt.

Die Eintragung ist ein Akt der Zwangsvollstreckung. Der Grundbuchrechtspfleger prüft jedoch nicht die Vollstreckungsvoraussetzungen im Einzelnen, sondern verfügt die Eintragung auf der Grundlage des Pfändungsbeschlusses (§ 830 Abs. 1 S. 3 ZPO). Der Beschluss ersetzt die Bewilligung. Die Eintragung der Pfändung hat dann rechtsbegründende (konstitutive) Wirkung, so dass eine Anwendung des § 22 GBO außer Betracht bleiben muss.

IV. Überweisung der Hypothek

Die Verwertung der gepfändeten Forderung erfolgt durch ihre Überweisung an den Vollstreckungsgläubiger.

Der Gesetzgeber bietet zwei Arten der Überweisung an, nämlich

- die Überweisung zur Einziehung und
- die Überweisung an Zahlungs statt.

? Wie unterscheiden sich diese Überweisungsarten?

Lesen Sie § 835 Abs. 1, 2 ZPO!

Im Falle der Überweisung zur Einziehung hat der Vollstreckungsgläubiger lediglich die Befugnis, die dem Vollstreckungsschuldner noch zustehende Forderung *einzuziehen*, d. h. sie geltend zu machen (vgl. im Übrigen § 836 ZPO).

Mit wirksamer Überweisung an Zahlungs statt erwirbt der Vollstreckungsgläubiger die Forderung so, als habe der Vollstreckungsschuldner sie *zum Zwecke der Befriedigung* des Vollstreckungsgläubigers an diesen abgetreten. Hier findet daher ein Gläubigerwechsel statt mit der Maßgabe, dass der Vollstreckungsgläubiger insoweit als befriedigt gilt (§ 835 Abs. 2 ZPO).

? Ist die Überweisung eintragungsfähig?

☞ Wiederholen Sie die vorstehenden Ausführungen!

Die Überweisung zur Einziehung schränkt die Befugnisse des Vollstreckungsschuldners (Hypothekengläubiger) über die Wirkungen der Pfändung hinaus nicht weiter ein. Für die Eintragung dieser Überweisungsart besteht daher kein Rechtsschutzbedürfnis.

Hingegen bewirkt *die Überweisung an Zahlungs statt* einen Übergang der Forderung (nebst Hypothek) auf den Vollstreckungsgläubiger und ist deshalb

- bei der Briefhypothek im Wege der Grundbuchberichtigung (§ 22 GBO) eintragbar. Die Unrichtigkeit des Grundbuches kann der Vollstreckungsgläubiger durch Vorlage der Ausfertigung des Überweisungsbeschlusses nachweisen (§ 837 Abs. 1 ZPO);
- bei der Buchhypothek ist die Eintragung der Überweisung in das Grundbuch Wirksamkeitsvoraussetzung. Das Grundbuchamt wird die Eintragung hier auf der Grundlage des Überweisungsbeschlusses verfügen (§ 837 Abs. 2 ZPO).

§ 7
Erlöschen

I. Rechtsgeschäftliche Aufhebung

Gem. § 875 BGB erlischt die Hypothek mit

- Aufgabeerklärung des wahren Berechtigten und
- Löschung im Grundbuch.

Selbstverständlich bedarf es auch hier ggf. der Beachtung des § 876 BGB.

Eine von den übrigen dinglichen Rechten abweichende Regelung scheint somit auf den ersten Blick nicht erkennbar zu sein.

📖 Lesen Sie § 1183 BGB!

Der Aufhebung der Hypothek muss auch der Grundstückseigentümer zustimmen (vgl. insoweit auch die §§ 19, 27 GBO).

? Erkennen Sie den gesetzgeberischen Grund für das Zustimmungserfordernis des Grundstückseigentümers?

Das Erlöschen einer Grundstücksbelastung bringt dem Grundstückseigentümer zweifellos einen Vorteil, denn sein Grundstück wird insoweit von einer Belastung befreit. § 1183 BGB will ihn aber dennoch vor einem Rechtsverlust schützen. Einen solchen Rechtsverlust wird er jedoch nur erleiden können, wenn ihm an dem aufzuhebenden dinglichen Recht möglicherweise selbst ein Recht zusteht, welches ihm für den Fall des Bestehenbleibens Vorteile verschaffen könnte.

Beispiele:

Im Grundbuch sind in Abteilung III folgende Hypotheken eingetragen:

Nr. 1: 100.000 € nebst 10 % Zinsen für A

Nr. 2: 200.000 € nebst 12 % Zinsen für B

Gläubiger A hat die Aufhebung seines Rechts erklärt. Der Grundstückseigentümer benötigt einige Zeit später weitere 100.000 €, die ihm C gegen entsprechende Sicherheit zur Verfügung stellen will.

Lesen Sie §§ 362 Abs. 1; 1163 Abs. 1 S. 2; 1177 BGB!

Hätte der Grundstückseigentümer z. B. die der Hypothek des A zugrundeliegende Forderung getilgt, wäre aus der eingetragenen Hypothek des Gläubigers A an derselben Rangposition ein Recht des Eigentümers am eigenen Grundstück entstanden. Diesen Vorteil könnte sich der Eigentümer nun im Hinblick auf weitere Kreditgeschäfte zu Nutze machen, ohne auf für ihn ungünstigere Konditionen (z. B. höhere Zinsen für einen Hypothekengläubiger an schlechter Rangposition) eingehen zu müssen.

Er hat nämlich die Möglichkeit, das aufgrund der Tilgung der Forderung nun ihm als Eigentümergrundschuld zustehende Recht einem neuen Kreditgeber zu übertragen, der dann seinerseits das Recht an der bisherigen Rangposition erwirbt. Die Möglichkeit des Erwerbs einer Eigentümergrundschuld und damit der vorbeschriebenen Vorteile ginge aber dem Eigentümer bei gänzlicher Löschung der Hypothek im Grundbuch verloren. Man kann auch sagen, dass die Löschung der Hypothekeneintragung gleichzeitig den Untergang der Anwartschaft auf den Erwerb einer Eigentümergrundschuld zur Folge hat.

! **Merke:** Zur Aufhebung der Hypothek durch Rechtsgeschäft bedarf es folgender Erklärungen:

- Aufgabeerklärung des Gläubigers gem. § 875 BGB;
- Zustimmungserklärung dinglich Berechtigter an der aufzuhebenden Hypothek unter den Voraussetzungen des § 876 BGB;
- Zustimmungserklärung des Eigentümers gem. § 1183 BGB.

? Wer muss die Löschung der Hypothek gem. § 19 GBO bewilligen?

Es gilt der Grundsatz:

Bewilligen müssen die Betroffenen, also alle, die mit Löschung der Hypothek ein Recht verlieren. Dabei handelt es sich in der Regel um Beteiligte, die auch nach materiellem Recht als rechtlich Beeinträchtigte mitzuwirken haben.

Die Löschung der Hypothek haben daher gem. § 19 GBO zu bewilligen:

- der Gläubiger der Hypothek (vgl. § 875 BGB);
- ggf. die Berechtigten eines Rechts an der Hypothek (vgl. § 876 BGB);
- der Grundstückseigentümer (vgl. § 1183 BGB).

Das Erfordernis der Bewilligung des Grundstückseigentümers ergibt sich auch aus § 27 S. 1 GBO, eine Vorschrift, die wegen der schon gem. § 19 GBO notwendigen Bewilligung insoweit überflüssig erscheint.

II. Verzicht

Beispiel:

Der eingetragene Hypothekengläubiger *verzichtet* gem. § 1168 BGB ausdrücklich auf seine Hypothek und beantragt sowie bewilligt die Eintragung des Verzichts im Grundbuch.

? Wie unterscheidet sich die Aufhebung i. S. d. § 875 BGB vom Verzicht i. S. d. § 1168 BGB?

Sowohl die Aufhebung als auch der Verzicht führen

mit Eintragung
der Aufhebung (Löschung; § 875 BGB) bzw.
des Verzichts (§ 1168 Abs. 2 BGB)

zum Rechtsverlust für den *Gläubiger* der Hypothek. Aus *seiner* Sicht haben daher beide Rechtsänderungen denselben Zweck, für den Grundstückseigentümer jedoch unterschiedliche Rechtsfolgen. Während nämlich im Falle der

wirksamen Aufhebung gem. § 875 BGB auch seine Rechte (Anwartschaften) untergehen, hat

der wirksame Verzicht gem. § 1168 Abs. 1, 2 BGB die Entstehung eines Eigentümerrechts (Eigentümergrundschuld)

zur Folge.

Zur Wirksamkeit des Verzichts bedarf es materiellrechtlich gem. § 1168 Abs. 1, 2 BGB der

- Verzichtserklärung des Gläubigers;
- Zustimmungserklärung dinglich Berechtigter an der Hypothek unter den Voraussetzungen des § 876 BGB (vgl. § 1168 Abs. 2 BGB);
- Eintragung des Verzichts im Grundbuch (Spalten 5–7: „Der Gläubiger hat auf die Hypothek verzichtet").

Die Eintragung des Verzichts im Grundbuch erfolgt mit Bewilligung der vorgenannten Betroffenen (§ 19 GBO).

? Macht es einen Unterschied, ob der Gläubiger auf die Hypothek oder auf die der Hypothek zugrundeliegende Forderung verzichtet?

! **Merke:** § 1168 BGB regelt den Verzicht des Gläubigers auf die dingliche Sicherheit für seine Forderung, also auf die Hypothek. Er bleibt in diesem Falle Inhaber der Forderung, verliert nur ihre Sicherheit. Folge: *Mit Eintragung des Verzichts* entsteht eine Eigentümergrundschuld.

Verzichtet der Gläubiger auf die der Hypothek zugrundeliegende persönliche Forderung, so erlischt *diese.* Folge: Auch *ohne Grundbucheintragung* wandelt sich die Hypothek kraft Gesetzes in eine Eigentümergrundschuld um (§ 1163 Abs. 1 S. 2 BGB).

? Welche Rechtsfolgen hat der Verzicht auf die Gesamthypothek?

Bei der Gesamthypothek handelt es sich um ein Recht an *mehreren Grundstücken.* Verzichtet der Gläubiger unter den Voraussetzungen des § 1168 Abs. 1, 2 BGB auf die Hypothek, so verliert er – wie auch bei der Einzelhypothek – seine Gläubigerstellung, und die Hypothek wandelt sich mit Eintragung des Verzichts im Grundbuch in eine Eigentümergrundschuld um, die jetzt den Eigentümern der belasteten Grundstücke gemeinschaftlich zusteht (Gesamteigentümergrundschuld) mit der Möglichkeit von Auseinandersetzungsregelungen i. S. d. § 1172 Abs. 2 BGB (§ 1175 Abs. 1 S. 1 BGB).

III. Mithaftentlassung

Beispiel:

Die Hypothek lastet auf den Grundstücken 1, 2 und 3 der Eigentümer X, Y und Z. Der Hypothekengläubiger erklärt, dass er das Grundstück 1 des X aus der Mithaft für seine im Übrigen noch an den Grundstücken 2 und 3 der Eigentümer Y und Z dinglich abgesicherte Forderung entlässt.

Die Entlassung eines Grundstücks (oder mehrerer, aber nicht aller) aus der Haftung für die dinglich abgesicherte Forderung – auch Pfandfreigabe genannt – ist nicht zu verwechseln mit der vollständigen Aufhebung des dinglichen Rechts; denn während die Aufhebung der Hypothek zum gänzlichen Untergang des Rechts führt, bleibt im Falle der Mithaftentlassung (Pfandfreigabe) die dingliche Sicherheit an den Grundstücken, die von der Mithaftentlassung nicht erfasst werden, erhalten, und zwar als Gesamtrecht, soweit noch mithaftende Grundstücke vorhanden sind, oder als Einzelrecht, wenn nur noch ein einziges Grundstück übrigbleibt.

? Welche Wirkung hat die Mithaftentlassung auf das freigegebene Grundstück?

Bei der Mithaftentlassung hat der Gläubiger nicht die Absicht, seine Hypothek vollständig aufzugeben. Er will die dingliche Sicherheit stattdessen behalten, wenn diese letztlich auch infolge der Mithaftentlassung geschmälert wird. Mit der Pfandfreigabe verzichtet der Gläubiger auf die Hypothek an dem betreffenden Grundstück mit der Folge, dass mit Wirksamkeit des Verzichts

die Hypothek an dem *freigegebenen* Grundstück erlischt (§§ 1175 Abs. 1 S. 2; 1168 Abs. 2 BGB).

Die Entstehung einer Eigentümergrundschuld ist insoweit ausgeschlossen.

! **Merke:** Der wirksame Verzicht des Gläubigers auf die Hypothek an *allen* belasteten Grundstücken bewirkt die Entstehung einer *Gesamteigentümergrundschuld* (§ 1175 Abs. 1 S. 1 BGB); der wirksame Verzicht des Gläubigers auf die Hypothek *an einem* (oder mehreren, nicht allen) der Grundstücke hat das *Erlöschen* des Rechts an diesem Grundstück zur Folge (§§ 1175 Abs. 1 S. 2; 1168 Abs. 2 BGB).

☞ Stellen Sie nun die materiellrechtlichen Voraussetzungen zur Wirksamkeit der Mithaftentlassung fest!

Die Mithaftentlassung (Pfandfreigabe) setzt voraus:

- Erklärung des Gläubigers (§ 1175 Abs. 1 S. 2 BGB); ggfls. auch die Erklärung der dinglich Berechtigten an der Gesamthypothek (vgl. § 876 BGB);
- Eintragung im Grundbuch (§ 1168 Abs. 2 BGB).

? Warum bedarf es nicht der Mitwirkung des Eigentümers des freigegebenen Grundstücks?

Im Studentenkreis wird die Entbehrlichkeit der Zustimmung des Grundstückseigentümers oft damit begründet, dass im Falle der Mithaftentlassung keine Eigentümergrundschuld entstehen und folglich dem Eigentümer des freigegebenen

Grundstücks insoweit auch keine Rechte verloren gehen könnten. Diese Begründung kann nicht überzeugen.

Die Tatsache, dass die Entstehung einer Eigentümergrundschuld an dem freigegebenen Grundstück ausgeschlossen ist, müsste gerade das Verlangen nach der Zustimmung des Eigentümers rechtfertigen, werden ihm doch aufgrund der Mithaftentlassung die ihm sonst zustehenden Anwartschaftsrechte auf eine Eigentümergrundschuld genommen (vgl. z. B. die Regelung in den §§ 1172, 1173 BGB).

Der Grund, warum wir auf die Mitwirkung des Eigentümers verzichten, ist ein anderer! Lesen Sie § 1132 Abs. 1 BGB und wiederholen Sie insoweit die Ausführungen auf der S. 215, 216!

§ 1132 BGB berechtigt den Gläubiger,

nach seiner Wahl bis zur Höhe seiner Forderung Befriedigung aus allen Grundstücken oder aus einigen oder nur aus einem Grundstück zu suchen.

Dieses Wahlrecht kann er selbstverständlich ohne Mitwirkung des Grundstückseigentümers ausüben.

Wenn er aber in Ausübung seines Wahlrechts (z. B. in der Zwangsversteigerung mehrerer für seine Forderung haftender Grundstücke) auf die Inanspruchnahme eines oder mehrerer Grundstücke bzw. ihrer Versteigerungserlöse verzichten kann, dann muss ihm diese Befugnis auch schon vor der Ausübung dieses Rechtes zustehen in Form der Mithaftentlassung. Diese stellt letztlich also nichts anderes als eine vorweggenommene Ausübung des Wahlrechts i. S. d. § 1132 BGB dar.

Die Eintragung der Mithaftentlassung im Grundbuch erfolgt insbesondere mit Bewilligung des Gläubigers (§ 19 GBO).

IV. Erlöschen kraft Gesetzes

Das Erlöschen der Hypothek kann auch ohne Mitwirkung der vorgenannten Beteiligten und des Grundbuches eintreten, und zwar aufgrund folgender tatsächlicher oder rechtlicher Ereignisse:

- Eintritt einer *auflösenden Bedingung*, wenn die Hypothek auflösend bedingt bestellt war (§ 158 Abs. 2 BGB).

? Macht es in der Rechtsfolge einen Unterschied, wenn nicht die Hypothek, sondern die ihr zugrundeliegende Forderung auflösend bedingt ist?

! **Merke:** Ist nicht die Hypothek, sondern die Forderung auflösend bedingt, so bewirkt der Eintritt der auflösenden Bedingung das Erlöschen der Forderung. Erlischt aber die Forderung, so entsteht aus der Hypothek eine Eigentümergrundschuld (§§ 1163 Abs. 1 S. 2; 1177 BGB).

- Zuschlag im Zwangsversteigerungsverfahren, wenn die Hypothek dem die Zwangsversteigerung betreibenden Gläubiger nicht im Range vorgeht (§§ 91, 52, 44 ZVG);
- Befriedigung des Hypothekengläubigers aus dem Grundstück (§ 1181 BGB).

! **Merke:** Das Erlöschen der Hypothek kraft Gesetzes führt zur Grundbuchunrichtigkeit, solange das Grundbuch noch den Bestand des Rechts verlautbart. Die Grundbuchberichtigung kann gem. § 22 GBO erfolgen, wenn die Unrichtigkeit – also das Erlöschen der Hypothek – in der Form des § 29 GBO nachgewiesen wird.

§ 8
Übersicht über verschiedene Hypothekenbegriffe und ihre Besonderheiten

Verkehrshypothek	Kann Brief- oder Buchrecht sein und ist aufgrund der Möglichkeit des gutgläubigen Erwerbs auf einen Gläubigerwechsel eingestellt und damit verkehrsfähig.
Sicherungshypothek	Nur als Buchrecht möglich; ist im Grundbuch grundsätzlich als Sicherungshypothek zu bezeichnen (§ 1184 Abs. 2 BGB); unterscheidet sich von der Verkehrshypothek durch ihre strenge Forderungsabhängigkeit: keine Anwendung der Gutglaubensvorschriften der §§ 892, 893 BGB, d. h.: Gläubiger muss Beweis für Bestehen der Forderung erbringen (§§ 1184 Abs. 1; 1185 Abs. 2 BGB).
Höchstbetragshypothek	Setzt *unbestimmte* Forderung voraus. Nur der Höchstbetrag, bis zu dem das Grundstück haftet, ist bestimmt. Feststellung der Forderung bleibt vorbehalten (§ 1190 Abs. 1 BGB). Höchstbetragshypothek ist immer Sicherungshypothek: bei verzinslicher Forderung sind Zinsen im Höchstbetrag enthalten (§ 1190 Abs. 2 BGB), daher über den Höchstbetrag hinausgehende Zinsen nicht eintragungsfähig. Schuldner und Kreis der zu sichernden Forderungen (bei Sicherung mehrerer unbestimmter Forderungen) müssen in der Bewilligung angegeben werden.

Arresthypothek	Hat nur Sicherungs- nicht Befriedigungszweck. Eintragung erfolgt aufgrund Arrestbefehls. Gem. § 923 ZPO Bezeichnung der Geldforderung und Lösungssumme notwendig. Zu sichernde Forderung muss mehr als 750 € betragen. Vollstreckungsklausel nur ausnahmsweise erforderlich (§ 929 Abs. 1 ZPO). Zur Vollziehung Zustellung des Arrestbefehls an Schuldner nicht notwendig. Vollziehung aber binnen Monatsfrist zwingend (§ 929 Abs. 2 ZPO).
Tilgungshypothek	Schuldner erbringt immer *gleichbleibende Leistungen,* die sowohl Zinsen als auch Tilgung = Kapitalbeträge enthalten. Tilgung verringert das Kapital; Folge: Verringerung des Zinsanteils, da Zinsen nur vom Restkapital berechnet werden. Erhöhung des Tilgungsanteils.
Abzahlungshypothek	Schuldner zahlt immer *gleichbleibende Tilgungsbeträge* und zusätzlich Zinsen. Folge: *unterschiedliche Leistungen,* da Zinsen nur vom Restkapital berechnet werden.
Gesamthypothek	Eine Hypothek für grundsätzlich *eine* Forderung an mehreren Grundstücken. Gläubiger hat Wahl- und Verteilungsrecht (§ 1132 BGB).

§ 9
Zur Wiederholung

Fragen und Aufgaben zur Wiederholung 10. Kapitel	Antworten und Lösungen auf den Seiten
1. Beschreiben Sie die Besonderheiten von Verkehrs- und Sicherungshypothek!	195–197
2. Stellen Sie die Entstehungsvoraussetzungen für Brief- und Buchhypothek fest!	197
3. Die §§ 1113, 1115 BGB regeln den Inhalt der Hypothek. Wie unterscheiden sich aber diese Vorschriften in ihrer Anwendung?	198
4. Müssen Eigentümer und persönliche Schuldner einerseits, Hypothekengläubiger und persönliche Gläubiger andererseits personenidentisch sein?	199

Fragen und Aufgaben zur Wiederholung 10. Kapitel	Antworten und Lösungen auf den Seiten
5. Unter welchen Voraussetzungen kann die Hypothek mehrere Forderungen sichern?	200
6. Wie unterscheiden sich Zinserhöhungs- und Zinsgleitklausel und unter welchen besonderen Voraussetzungen sind diese Zinsklauseln eintragungsfähig?	202, 203
7. Warum muss aus der Bewilligung auch der Anfangszeitpunkt der bewilligten Zinsen hervorgehen?	203
8. Nennen Sie eintragungsfähige Nebenleistungen (neben den Zinsen)!	205
8.a) Begründen Sie die Eintragungsfähigkeit von Kündigungs- und Zahlungsbestimmungen!	205, 206
9. Beschreiben Sie die Besonderheiten der Tilgungshypothek!	208
10. Mit welcher Begründung ist § 1160 BGB abdingbar und die Abweichung eintragungsfähig?	209
11. Unter welchen Voraussetzungen ist die Vollstreckungsunterwerfung des Eigentümers eintragungsfähig?	209–211
12. Unter welchen Voraussetzungen ist die Belastung eines ideellen Miteigentumsanteils zulässig?	215
13. Beschreiben Sie die Besonderheiten der Gesamthypothek!	215, 216
14. Was besagt der Grundsatz der Einheitlichkeit des Gesamtrechts?	216
15. Nennen Sie zulässige Ausnahmen von diesem Grundsatz!	217
16. Haupt- und Nebenspalte bilden eine Einheit! Beschreiben Sie die mit diesem Grundsatz verbundenen Rangprobleme (Beispiel)!	220, 221
17. Nennen Sie die gesetzlichen Möglichkeiten und Wirksamkeitsvoraussetzungen zur Übertragung a) der Briefhypothek,	224, 225

Fragen und Aufgaben zur Wiederholung 10. Kapitel	Antworten und Lösungen auf den Seiten
b) der Buchhypothek, sowie die sich hieraus ergebenden grundbuchrechtlichen Besonderheiten!	228
18. Welche besonderen Voraussetzungen werden vom Inhalt der Abtretungserklärung bzw. der Bewilligung verlangt?	228
19. Warum muss die Abtretungserklärung bzw. die Bewilligung auch eine Aussage über die Abtretung der Zinsen und den Anfangszeitpunkt der abgetretenen Zinsen enthalten?	229
20. Unter welchen Voraussetzungen wird die Pfändung wirksam bei der a) Briefhypothek, b) Buchhypothek?	232, 233
21. Welche besondere Prüfung obliegt dem Grundbuchamt im Falle der beantragten Eintragung der Pfändung der a) Briefhypothek, b) Buchhypothek?	234–240
22. Welche Bedeutung hat die Zustellung des Pfändungsbeschlusses an den Drittschuldner?	234
23. Beschreiben Sie die Problematik „Teil- oder Vollpfändung"!	236, 237
24. Wie und nach welchen gesetzlichen Bestimmungen werden gepfändet a) fällige (rückständige) Zinsen, b) noch nicht fällige Zinsen?	238
25. Begründen Sie die a) Unzulässigkeit der Eintragung der Überweisung zur Einziehung;	240
b) Eintragungsfähigkeit der Überweisung an Zahlungs statt bei Brief- bzw. Buchhypothek!	241

Fragen und Aufgaben zur Wiederholung 10. Kapitel	Antworten und Lösungen auf den Seiten
26. Warum muss der Eigentümer im Falle der rechtsgeschäftlichen Aufhebung der Hypothek gem. § 1183 BGB zustimmen?	241, 242
27. Nennen Sie die möglichen Betroffenen i. S. d. § 19 GBO im Falle der beantragten Aufhebung der Hypothek!	242
28. Welche Auswirkungen hat der Verzicht auf die Hypothek?	243, 244
29. Nennen Sie die Wirksamkeitsvoraussetzungen für den Verzicht!	244
30. Unter welchen Voraussetzungen wird die Mithaftentlassung (Pfandfreigabe) wirksam?	245
31. Warum bedarf es zur Mithaftentlassung nicht der Zustimmung des Eigentümers?	245, 246
32. Nennen Sie Beispiele für das Erlöschen der Hypothek kraft Gesetzes (außerhalb des Grundbuches)!	246, 247

§ 10
Zusammenfassung
(10. Kapitel)

Inhalt

Die Bewilligung muss bestimmte Angaben enthalten:

- § 1113 BGB: Gläubiger und bestimmte Geldforderung
- Forderung- und Hypothekengläubiger müssen identisch sein, persönlicher Schuldner und Grundstückseigentümer können „auseinander fallen". Angabe des persönlichen Schuldners nur bei Personenverschiedenheit Schuldner–Eigentümer notwendig; Geldforderung wird bestimmt durch Angabe der bestimmten Geldsumme sowie des Schuldgrundes.
- bei verzinslicher Hypothek (Besonderheiten): Zinsgleitklausel, Zinserhöhungsklausel möglich, aber erforderlich Angabe von Höchstzinssatz (ggf. Mindest-

zinssatz) sowie objektiv nachprüfbaren Umständen für die Zinserhöhung. Bei Zinsgleitklausel im Rahmen von § 288 BGB Angabe des Höchstzinssatzes nicht erforderlich. Zinsbeginn kann vor Eintragung des Rechts liegen.

- bei anderen Nebenleistungen (Besonderheiten): Art der Nebenleistung (Disagio, Damnum, Vertragsstrafen, Vorfälligkeitsentschädigung). Eintragungsfähig auch Kündigungsbestimmungen (beachte § 489 Abs. 4 BGB) und Zahlungsbestimmungen (beachte § 1142 Abs. 2 BGB) sowie Verzicht auf Rechte des § 1160 BGB (Verzicht muss auch für den Rechtsnachfolger erklärt sein). Vollstreckungsunterwerfung nur unter den Voraussetzungen des § 800 ZPO eintragungsfähig.

Belastungsgegenstand

Grundstück, Bruchteil (§ 1114 BGB), grundstücksgleiche Rechte; realer Teil nur unter Beachtung des § 7 GBO.

Bei Gesamthypothek (Hypothek an mehreren Grundstücken, Bruchteilen, grundstücksgleichen Rechten) beachte Grundsatz der einheitlichen inhaltlichen Ausgestaltung hinsichtlich aller belasteten Grundstücke pp.; Ausnahmen: Rang, Umfang; hinsichtlich Kündigungs-, Zahlungs- und Fälligkeitsbestimmungen streitig;

Einbeziehung in die Mithaft (Nachverpfändung) kann bei Eintragung in den Veränderungsspalten Rangprobleme aufwerfen, denn es gilt der Grundsatz der Einheit von Haupt- und Nebenspalte (Veränderungsspalte)!

Berechtigter

Natürliche Personen, juristische Personen, Personenhandelsgesellschaften, Partnerschaften, Gesellschaften bürgerlichen Rechts;

Bei mehreren Berechtigten § 47 GBO beachten! Bei GbR § 47 Abs. 2 GBO

Zulässige Beteiligtenverhältnisse z. B. Gesamtberechtigung gem. § 428 BGB, Mitberechtigung gem. § 432 BGB, Bruchteilsgemeinschaft (§ 741 BGB).

Übertragung

vgl. Übersicht auf S. 231

Pfändung

Briefhypothek (Wirksamkeitsvoraussetzungen):

- Pfändungsbeschluss und Briefübergabe (§ 830 Abs. 1 S. 1 ZPO).

Pfändung

Buchhypothek (Wirksamkeitsvoraussetzungen):

- Pfändungsbeschluss und Grundbucheintragung (§ 830 Abs. 1 S. 3 ZPO).

Grundbuchrechtliche Besonderheiten:

- Eintragung der Pfändung der Briefhypothek erfolgt im Wege der Grundbuchberichtigung unter Nachweis vorstehender Wirksamkeitsvoraussetzungen (§§ 22, 29 GBO);
- Eintragung der Pfändung der Buchhypothek erfolgt aufgrund des Pfändungsbeschlusses (§ 830 Abs. 1 S. 3 ZPO). Eintragung wirkt konstitutiv!

Besonderheiten des Pfändungsbeschlusses:

- Angabe der gepfändeten Forderung, des Vollstreckungsgläubigers, des Vollstreckungsschuldners erforderlich; notwendiger Inhalt auch: zweifelsfreie Bezeichnung des Drittschuldners, Zahlungsverbot an Drittschuldner.
- Angabe des dinglichen Rechts im Hinblick auf § 28 GBO notwendig;

Teil- oder Vollpfändung:

- Grundsatz: Vollpfändung wegen möglicher Besonderheiten der gepfändeten Forderung (z. B. Minderung, Aufrechnung); Teilpfändung bei entsprechendem Antrag des Vollstreckungsgläubigers und *feststehendem Teilbetrag der Vollstreckungsforderung;* ist auch wegen noch nicht fälliger Zinsen gepfändet, steht Teilbetrag wegen Unbestimmtheit der Zinsforderung (Endtermin unbekannt) nicht fest.
  Folge: Teilpfändung wird im Grundbuch wie Vollpfändung behandelt.
- Zinsen:
- Sind auch ohne besonderen Hinweis im Pfändungsbeschluss mitgepfändet (§§ 804 Abs. 2, 1289 S. 1 BGB). Rückständige Zinsen werden wie normale Forderungen gepfändet (§§ 830 Abs. 3, 829 Abs. 3 ZPO), noch nicht fällige Zinsen werden wie die Hypothek gepfändet (§ 830 ZPO).

Erlöschen

Rechtsgeschäftlich:

- Aufgabeerklärung des Gläubigers gem. § 875 BGB (beachte § 876 BGB) und Zustimmungserklärung des Eigentümers gem. § 1183 BGB sowie Eintragung im Grundbuch gem. § 875 BGB.
- Grundbuchrechtlich insbesondere erforderlich:
- Bewilligung des Gläubigers (ggf. der dinglichen Berechtigten i. S. d. § 876 BGB) und des Eigentümers gem. § 19 GBO bzw. § 27 GBO.

Kraft Gesetzes:

- Eintritt auflösender Bedingung; Fristablauf; § 1181 BGB; Zuschlag in der Zwangsversteigerung unter den Voraussetzungen der §§ 91, 52, 44 ZVG. Eintragung erfolgt im Wege der Grundbuchberichtigung.

Verzicht

Bei Einzelhypothek: Eigentümergrundschuld (§ 1168);
bei Gesamthypothek: Gesamteigentümergrundschuld (§ 1175 Abs. 1 S. 1 BGB);
bei Mithaftentlassung: Erlöschen des Rechts an dem freigegebenen Grundstück (§§ 1175 Abs. 1 S. 2; 1168 Abs. 2 BGB).

11. Kapitel: Zwangssicherungshypothek

Beispiel:

Gläubiger G hat gegen den Grundstückseigentümer E ein Urteil auf Zahlung von 10.000 € nebst 8 % Zinsen ab 01.02. d. J. erwirkt. Die Vollstreckungsklausel ist erteilt, die Zustellung des Urteils an E erfolgt.

Unter Vorlage der vollstreckbaren Urteilsausfertigung nebst Zustellungsnachweis beantragt G beim zuständigen Grundbuchamt die Eintragung einer Zwangssicherungshypothek auf dem Grundstück des E in Höhe der titulierten Forderung.

§ 1 Allgemeines

Lesen Sie § 866 Abs. 1 ZPO!

Die Zwangsvollstreckung in ein Grundstück kann außer durch Zwangsversteigerung und Zwangsverwaltung auch im Wege der Eintragung einer

Zwangssicherungshypothek

erfolgen.

? Wie unterscheiden sich diese Vollstreckungsmöglichkeiten?

In der Zwangsversteigerung wird der Gläubiger aus der Substanz des Grundstücks befriedigt. Der Versteigerungserlös tritt hier an die Stelle des Grundstücks, der Gläubiger kann bis zur Höhe seiner Forderung aus diesem Erlös (Grundstückssurrogat) befriedigt werden; der Eigentümer verliert mit der Rechtskraft des Zuschlagsbeschlusses das Grundstückseigentum an den Ersteher.

Die Zwangsverwaltung des Grundstücks befriedigt den Gläubiger nicht aus der Substanz, sondern vielmehr aus den Nutzungen des Grundstücks.

Beispiele:

- Mieteinnahmen
- Pachteinnahmen

Die Eigentumsverhältnisse ändern sich nicht.

Die Eintragung der Zwangssicherungshypothek dient der dinglichen Absicherung einer durch einen Zahlungstitel nachgewiesenen Forderung des Gläubigers gegen den Grundstückseigentümer. Mit Eintragung erwirbt der Gläubiger ein dingliches Recht am Grundstück des Schuldners, das in einem möglichen Zwangsversteigerungs- oder Zwangsverwaltungsverfahren in der für dingliche Rechte bevorzugten Rangklasse des § 10 Abs. 1 Nr. 4 ZVG berücksichtigt wird.

Zwar kann der Gläubiger auch ohne dingliche Absicherung seiner titulierten Forderung unter bestimmten Voraussetzungen an einem Zwangsversteigerungs- oder Zwangsverwaltungsverfahren des Grundstücks teilnehmen, jedoch nur in der für persönliche Gläubiger vorgesehenen Rangklasse des § 10 Abs. 1 Nr. 5 ZVG.

Darüber hinaus verschafft die Zwangssicherungshypothek dem Gläubiger einen weiteren Vorteil, der dem Gläubiger einer nur persönlichen titulierten Forderung nicht zusteht: mit Eintragung der Zwangssicherungshypothek erwirbt der Gläubiger grundsätzlich einen gesetzlichen Anspruch auf Löschung eines vorrangigen oder gleichrangigen Eigentümergrundpfandrechts mit der Möglichkeit des Aufrückens in eine günstigere Befriedigungsposition (§§ 1179a, b BGB; vgl. hierzu 15. Kapitel).

! **Merke:** Die Zwangssicherungshypothek ist Sicherungshypothek i. S. d. § 1184 BGB. Sie kann gem. § 1185 Abs. 1 BGB nur als **Buchhypothek** entstehen.

? Erinnern Sie sich noch an die die Sicherungshypothek kennzeichnenden Besonderheiten?

Im Gegensatz zur Verkehrshypothek ist die Sicherungshypothek streng akzessorisch; das Hypothekenrecht des Gläubigers kann nur insoweit bestehen, als auch die Forderung Bestand hat und der Gutglaubensschutz ist bei ihr erheblich reduziert (vgl. §§ 1184, 1185 BGB).

? Kann der Gläubiger aus der eingetragenen Zwangssicherungshypothek die Zwangsvollstreckung in das Grundstück betreiben (z. B. durch Zwangsversteigerung)?

Die Zwangsvollstreckung in das Grundstück aus der eingetragenen Zwangssicherungshypothek, d. h. aus der für dingliche Gläubiger bevorzugten Rangklasse des § 10 Abs. 1 Nr. 4 ZVG, setzt u. a. einen

dinglichen Vollstreckungstitel

voraus. Der Gläubiger eines rechtsgeschäftlich bestellten Grundpfandrechts wird diesen Titel in der Regel besitzen, wenn sich der Eigentümer in einer Urkunde i. S. d. § 794 Abs. 1 Nr. 5 ZPO wegen des Anspruchs aus der Hypothek der sofortigen

Zwangsvollstreckung in sein Grundstück unterworfen hat. Im Falle der dinglichen Unterwerfung i. S. d. § 800 ZPO kann der Gläubiger sogar die Zwangsvollstreckung gegen den Sonderrechtsnachfolger des Grundstückseigentümers betreiben.

Diese freiwillige Vollstreckungsunterwerfung des Eigentümers ist jedoch einer Zwangssicherungshypothek fremd. Dennoch bedarf es zur Zwangsvollstreckung in das Grundstück keines besonderen dinglichen Duldungstitels; insoweit genügt der der Zwangssicherungshypothek zugrundeliegende vollstreckbare Titel, auf dem die Eintragung der Zwangssicherungshypothek vermerkt ist (§ 867 Abs. 3 ZPO).

! **Merke:** Nach rechtsgeschäftlichem Eigentumswechsel bedarf es zur Zwangsvollstreckung aus dem dinglichen Anspruch aber eines besonderen dinglichen Vollstreckungstitels.[1]

§ 2
Prüfungspflichten des Grundbuchamtes
– Besonderheiten –

I. Allgemeines

Die Eintragung der Zwangssicherungshypothek stellt

Zwangsvollstreckungsmaßnahme und gleichzeitig Grundbuchgeschäft

dar[2]. Das Grundbuchgeschäft verlangt aber die gleichzeitige Beachtung der vollstreckungsrechtlichen Besonderheiten. Die besondere Bedeutung des Grundbuchgeschäfts kommt auch dadurch zum Ausdruck, dass sich die den Beteiligten zustehenden Rechtsbehelfe nicht aus dem 8. Buch der ZPO, sondern vielmehr aus der Grundbuchordnung ergeben (vgl. § 71 GBO).

Das Grundbuchamt wird sich folglich nicht ausschließlich auf grundbuchrechtliche Kenntnisse berufen können, sondern die Eintragung der Zwangssicherungshypothek verlangt vollstreckungsrechtliche Kenntnisse gleichermaßen, d. h. dass sowohl die

- grundbuchrechtlichen Eintragungsvoraussetzungen (§§ 13 ff. GBO) als auch die
- Voraussetzungen der Zwangsvollstreckung (§§ 704 ff. ZPO)

zu prüfen sind[3].

1 *Zöller/Stöber*, Rdn. 20 zu § 867 ZPO.
2 BGH, DNotZ 1958, 480.
3 BayObLG, Rpfleger, 1982, 466; *Zöller/Stöber*, Rdn. 1 zu § 867 ZPO.

Wollte man die vollstreckungsrechtlichen Voraussetzungen in das **GBO-Prüfungsschema** für die Verfahrensvoraussetzungen einbauen, so könnte sich dies wie folgt darstellen:

1.	Antrag (§ 13 GBO und zugleich § 867 ZPO mit Grundbuch- und vollstreckungsrechtlichen Inhalt)
–	…
–	…
–	…
anstelle der Eintragungsbewilligung (§ 19 GBO):	
2.	Voraussetzungen der Zwangsvollstreckung
2.1.	*Allgemeine Prozessvoraussetzungen*
–	Partei- und Prozessfähigkeit
–	Prozessführungsbefugnis
–	Rechtsschutzbedürfnis
2.2.	*Allgemeine Zwangsvollstreckungsvoraussetzungen*
–	Zur Zwangsvollstreckung geeigneter Titel (§§ 704, 794 ZPO)
–	Identität von Antragsteller und Titelgläubiger sowie Antragsgegner und Titelschuldner (§ 750 Abs. 1 ZPO)
–	Klausel (§ 750 Abs. 1 ZPO)
–	Zustellung (§ 750 Abs. 1–3 ZPO)
2.3.	*Besondere Zwangsvollstreckungsvoraussetzungen*
–	Zustellung weiterer Urkunden (§ 750 Abs. 2 ZPO)
–	Eintritt eines Kalendertages (§ 751 Abs. 1 ZPO)
–	Nachweis der Sicherheitsleistung (§ 751 Abs. 2 ZPO; beachte § 720a Abs. 1 b) ZPO)
–	Zug um Zug Leistung (§ 765 ZPO analog)
–	Mindestbetrag (§ 866 Abs. 3 ZPO)
–	Forderungsaufteilung bei Belastung mehrerer Grundstücke desselben Schuldners (§ 867 Abs. 2 ZPO)
2.4.	*Keine Vollstreckungshindernisse*
–	§ 775 ZPO
–	§§ 89, 91, 294 InsO
3.	Zulässiges Anteilsverhältnis (§ 47 GBO)
4.	Voreintragung des Betroffenen (§ 39 GBO)
5.	Form (§ 29 GBO)
	(Weitere grundbuchrechtliche Verfahrensvoraussetzungen)

Aus den in vorstehendem Prüfungsschema aufgeführten Zwangsvollstreckungsvoraussetzungen wollen wir einige wesentliche herausgreifen und ihre Besonderheiten ansprechen.

II. Zwangsvollstreckungsvoraussetzungen (Besonderheiten)

1. Antrag

Hier stehen sich § 13 GBO und § 867 ZPO gegenüber. Beide Vorschriften verlangen zur Eintragung der Zwangssicherungshypothek einen Antrag.

Gem. § 13 Abs. 1 S. 2 GBO kann der Antrag grundsätzlich vom Betroffenen oder Begünstigten gestellt werden, während § 867 ZPO nur dem Gläubiger ein Antragsrecht gibt. Wenn sich auch die Antragsberechtigung wegen der wohl fehlenden Antragsbereitschaft des Eigentümers als unproblematisch darstellt, müssen wir uns dennoch hinsichtlich der Antragsbehandlung folgende Frage stellen:

? Ist der Antrag nach grundbuchrechtlichen Gesichtspunkten zu behandeln oder sind vielmehr vollstreckungsrechtliche Kriterien für seine Behandlung maßgebend?

Diese Frage ist z. T. umstritten[4]. Wollte man den Antrag auf Eintragung der Zwangssicherungshypothek der freiwilligen Gerichtsbarkeit zuordnen, so wären insoweit die Spezialvorschriften der GBO anwendbar, sieht man im Antrag in erster Linie eine Voraussetzung für eine Zwangsvollstreckungsmaßnahme, so würde sich seine rechtliche Behandlung nach den Spezialvorschriften der ZPO richten.

U. E. ist der Antrag sowohl grundbuchrechtliche Eintragungsvoraussetzung gem. § 13 GBO als auch Vollstreckungsvoraussetzung gem. § 867 ZPO. Als grundbuchrechtliche Eintragungsvoraussetzung untersteht er grundbuchrechtlichen Normen, als Zwangsvollstreckungsvoraussetzung (vgl. vorstehendes Prüfungsschema) müssen wir ihn nach vollstreckungsrechtlichen Vorschriften und Besonderheiten behandeln.

Sollte also die Prüfung sämtlicher Eintragungsvoraussetzungen (grundbuchrechtliche Eintragungsvoraussetzungen, Zwangsvollstreckungsvoraussetzungen) Anlass zur Beanstandung geben, so hängt die Entscheidung des Grundbuchamtes und die Möglichkeit der Mängelbehebung davon ab, ob der Mangel grundbuchrechtlicher oder vollstreckungsrechtlicher Art ist.

Beispiel:

Der Gläubiger nimmt den Antrag auf Eintragung der Zwangssicherungshypothek rechtzeitig in einfacher schriftlicher Form zurück.

? Wie lautet die Entscheidung?

4 Vgl. *Hintzen*, Rpfleger 1991, 286 ff.

Das Grundbuchamt hat den Antrag sowohl als Eintragungsantrag i. S. d. § 13 GBO als auch als Vollstreckungsantrag i. S. d. § 867 ZPO zu behandeln.

Die Rücknahme des Eintragungsantrages gem. § 13 GBO bedarf zur Wirksamkeit der Form des § 29 GBO (vgl. § 31 GBO), die Rücknahme des Vollstreckungsantrags gem. § 867 ZPO bedarf hingegen keiner besonderen Form.

Nimmt der Gläubiger also den Antrag in einfacher schriftlicher Form zurück, so hat er u. E. zunächst nur den Vollstreckungsantrag zurückgenommen[5]. Die *Vollstreckungsvoraussetzungen* sind fortan nicht erfüllt bzw. liegen nicht mehr vor. Die schriftliche Antragsrücknahme hat aber den Antrag gem. § 13 GBO unberührt gelassen. Über ihn ist folglich noch zu entscheiden.

Da die vollstreckungsrechtlichen Voraussetzungen nicht mehr gegeben sind, müsste der Antrag auf Eintragung der Zwangssicherungshypothek zurückgewiesen werden, es sei denn, man gibt dem Gläubiger Gelegenheit, den Mangel zu beheben. Wenn der Gläubiger mit der schriftlichen Antragsrücknahme auch die Rücknahme des Grundbuchantrags bewirken wollte, was zweifellos anzunehmen ist, wird er die Zurückweisung durch erneute Antragsrücknahme, jetzt in der Form des § 29 GBO, vermeiden können.

Als Vollstreckungsvoraussetzung muss der Antrag folgenden Mindestinhalt angeben:

- Gläubiger und Schuldner
- die zu vollstreckende Forderung
- das Grundstück als Vollstreckungsgegenstand
- die Vollstreckungsmaßnahme (Zwangssicherungshypothek).

Z. T. decken sich diese Angaben mit den grundbuchrechtlich notwendigen (vgl. § 28 GBO).

Dem Antrag sind beizufügen:

- der Vollstreckungstitel,
- die für den Beginn der Zwangsvollstreckung notwendigen Urkunden.

Enthalten die Vollstreckungsunterlagen nicht alle für die Eintragung erforderlichen Angaben, bleibt zu prüfen, ob entsprechende Ergänzungen im Antrag vorgenommen werden können.

Beispiel:

- Angabe eines Beteiligtenverhältnisses, wenn der Titel ein solches nicht bezeichnet und eine Auslegung wegen fehlender Anhaltspunkte nicht möglich ist.

---

5 Vgl. auch OLG Düsseldorf, Rpfleger 2000, 62; OLG Hamm, open jur 2015, 5002.

Die Angabe des zulässigen Beteiligtenverhältnisses ist eine zur Eintragung erforderliche Erklärung (z. B. Inhalt einer Auflassung, einer Bewilligung). Soweit dieses im Titel nicht enthalten ist, werden in Rechtsprechung und Literatur folgende Meinungen vertreten:

- Der Titel ist für die Eintragung einer Zwangssicherungshypothek ungeeignet[6];
- Die fehlenden Angaben können vom Gläubiger und Schuldner zusammen nachgeholt werden[7];
- der Gläubiger alleine kann die fehlenden Angaben in der Form des § 29 GBO nachholen[8];
- der Gläubiger alleine kann die fehlenden Angaben formfrei nachholen[9].

Wir schließen uns der letzten Meinung an.

2. Parteienidentität

! **Merke:** Der Antragsteller muss identisch sein mit dem im Vollstreckungstitel bzw. in der Vollstreckungsklausel bezeichneten Gläubiger; der Antragsgegner muss dem im Vollstreckungstitel bzw. in der Vollstreckungsklausel bezeichneten Schuldner entsprechen (§ 750 ZPO).

Fall:

Gläubiger G beantragt die Eintragung einer Zwangssicherungshypothek „gegen“ den Schuldner Max Müller.

Im Titel ist als Schuldnerin die Firma „Buch-Shop Gustav Hartmann e. K.“ aufgeführt. Nach Angaben des Gläubigers hatte Müller das Handelsgeschäft mit dem Recht zur Firmenfortführung von Hartmann erworben.

Im Grundbuch ist als Eigentümer Max Müller eingetragen.

? Welche Überlegungen sind anzustellen?

Lesen Sie § 17 Abs. 1, 2 HGB!

Der Titel lautet gegen eine Firma. Unter der Firma kann der Kaufmann klagen und verklagt werden, so dass auch eine Zwangsvollstreckung aus dem die Firma verlautbarenden Titel gegen den Kaufmann zulässig ist.

---

6 *Kuntze/Ertl*, § 47 Rdn. 18; *Müko/Eickmann*, Rdn. 10 zu § 1115 BGB.
7 *Demharter*, § 47 Rdn. 14.
8 *Dierck/Morvilius/Vollkommer*, Rdn. 975.
9 OLG Köln, Rpfleger 1986, 91; *E. Schneider*, MDR 1986, 817.

Als Schuldner kommt der Kaufmann in Betracht, der zur Zeit der Rechtshängigkeit (§§ 253, 261 ZPO) Inhaber des mit der Firma verbundenen Handelsgeschäfts war.

Hier muss daher der Gläubiger den Nachweis erbringen, dass Müller zum Zeitpunkt der Rechtshängigkeit als Inhaber des Handelsgeschäfts die Firma „Buch-Shop Gustav Hartmann e. K." geführt hat. Dieser Nachweis kann unter Anwendung der §§ 32, 34 GBO oder durch Vorlage eines beglaubigten Handelsregisterauszuges erbracht werden. Ist die Firma nicht im Handelsregister eingetragen, bleibt dem Gläubiger die Möglichkeit, die Vollstreckungsklausel hinsichtlich der Person des wahren Schuldners ergänzen zu lassen (unter analoger Anwendung des § 727 ZPO).

3. Vollstreckungsklausel

! **Merke:** Das Grundbuchamt prüft nicht die Zulässigkeit der Erteilung der Vollstreckungsklausel, sondern lediglich die formgerechte Erteilung, wozu auch die Frage der Nichtigkeit gehört[10].

Fall:

G hat gegen den im Grundbuch eingetragenen Eigentümer E einen mit der Vollstreckungsklausel versehenen Zahlungstitel erwirkt (§§ 724, 725 ZPO). Die Zustellung ist erfolgt (§ 750 ZPO).

Vor Beginn der Zwangsvollstreckung verstirbt E. Sein Sohn S ist ausweislich eines Erbscheins sein Alleinerbe.

G beantragt die Eintragung einer Zwangssicherungshypothek „gegen" S unter Vorlage der vollstreckbaren Titelausfertigung nebst Zustellungsnachweis sowie der Erbscheinsausfertigung.

? Mit welcher Begründung wird das Grundbuchamt den Antrag beanstanden?

Lesen Sie zunächst den Merksatz auf S. 261!

Der Antragsgegner S ist nicht identisch mit dem im Vollstreckungstitel bzw. in der Vollstreckungsklausel bezeichneten Schuldner E. Es fehlt daher die Parteienidentität auf Schuldnerseite. Wenn also G gegen S, der nachweislich gem. § 1922 BGB auch Grundstückseigentümer geworden ist, vollstrecken will, benötigt er einen gegen diesen gerichteten Titel.

? Wie kann G den Mangel beheben? Muss er einen neuen Zahlungstitel gegen S erwirken?

Lesen Sie § 727 ZPO!

10 BGH, open jur 2012, 53, 145.

Für eine Klage gegen S würde dem Gläubiger das Rechtsschutzbedürfnis fehlen, denn er braucht den gegen E gerichteten Titel nur gegen S umschreiben zu lassen.

Darauf sollte das Grundbuchamt den Antragsteller hinweisen und ihm gleichzeitig mitteilen, dass insoweit noch zusätzliche Nachweise zu erbringen sind (vgl. § 750 Abs. 2 ZPO).

? Welche Entscheidung wird das Grundbuchamt treffen, wenn der Gläubiger nachweist, dass die Zwangsvollstreckung gegen E bereits begonnen hatte (z. B. durch Vorlage eines Pfändungsprotokolls)?

📖 Lesen Sie § 779 ZPO!

In diesem Fall kann die Zwangsvollstreckung ohne Klauselumschreibung und ohne besonderen Zustellungsnachweis (§ 750 Abs. 2 ZPO) in den Nachlass fortgesetzt werden, die Eintragung der Zwangssicherungshypothek bei Erfüllung der übrigen Eintragungsvoraussetzungen also erfolgen. Eine evtl. fehlende Voreintragung des S i. S. d. § 39 GBO stünde jedenfalls der Eintragung nicht entgegen (vgl. § 40 GBO; vollstreckbarer Titel gegen den Erblasser).

4. Nachweis der Sicherheitsleistung

Fall:

G hat gegen den Grundstückseigentümer E einen Zahlungstitel i. H. v. 10.000 € nebst 10 % Zinsen ab … erwirkt.

Das Urteil ist gegen Sicherheitsleistung i. H. v. 13.000 € für vorläufig vollstreckbar erklärt. Die Vollstreckungsklausel ist erteilt, die Zustellung des Titels nachgewiesen.

G beantragt die Eintragung einer Zwangssicherungshypothek auf dem Grundstück des E unter Vorlage der vollstreckbaren Titelausfertigung nebst Zustellungsnachweis sowie einer Annahmeanordnung der Hinterlegungsstelle über die Zahlung der Sicherheit i. H. v. 13.000 €.

? Welche besondere Prüfung muss das Grundbuchamt vornehmen?

📖 Lesen Sie § 751 Abs. 2 ZPO!

Wenn die Zwangsvollstreckung von einer dem Gläubiger obliegenden Sicherheitsleistung abhängt, dann darf die Eintragung der Zwangssicherungshypothek nur erfolgen, wenn die Sicherheitsleistung durch eine öffentliche oder öffentlich beglaubigte Urkunde nachgewiesen und eine Abschrift dieser Urkunde bereits zugestellt ist oder gleichzeitig zugestellt wird.

? Welchen Sinn hat die Anordnung der Sicherheitsleistung?

Das vorläufig vollstreckbare Urteil erlaubt dem Gläubiger die Zwangsvollstreckung vor Rechtskraft. Infolge dieser vorzeitigen Vollstreckung könnte aber dem Schuldner im Falle der Aufhebung des Titels ein Schaden entstehen, den die Sicherheitsleistung im Interesse des Schuldners ausgleichen soll (§ 717 Abs. 2 ZPO).

? Wie kann der Gläubiger den Nachweis der Sicherheitsleistung erbringen?

Gem. § 108 Abs. 1 ZPO erfolgt die Sicherheitsleistung u. a. durch Hinterlegung von Geld nach den Vorschriften der Hinterlegungsordnung. Die von der Hinterlegungsstelle erteilte Annahmeanordnung mit Quittungsdruck weist die Sicherheitsleistung nach.

Im Fall hat der Gläubiger diesen Nachweis erbracht. Es fehlt jedoch noch der Nachweis der Zustellung der Annahmeanordnung.

? Kann der Gläubiger auch ohne Nachweis der Sicherheitsleistung die Eintragung einer Zwangssicherungshypothek bewirken?

Lesen Sie die §§ 720a Abs. 1b; 750 Abs. 3 ZPO!

Hier wird dem Gläubiger ein verbesserter Rechtsschutz gewährt.

Die Eintragung der Zwangssicherungshypothek kann er auch ohne den manchmal umständlichen und zeitaufwendigen Nachweis der Sicherheitsleistung erreichen.

§ 720a ZPO macht aber lediglich die Sicherheitsleistung und ihren Nachweis gem. § 751 Abs. 2 ZPO entbehrlich. Alle anderen Zwangsvollstreckungsvoraussetzungen muss der Gläubiger erfüllen. Hierzu gehört auch die Beachtung einer

Wartefrist von zwei Wochen (§ 750 Abs. 3 ZPO).

? Welchen Sinn hat diese Wartefrist?

§ 750 Abs. 3 ZPO ist eine Schuldnerschutzbestimmung. Er soll nämlich innerhalb der Frist noch die Gelegenheit haben, die Zwangsvollstreckung gegen sich abzuwenden (vgl. § 720a Abs. 3 ZPO).

! **Merke:** Für die Sicherungsvollstreckung gem. §§ 720a, 750 Abs. 3 ZPO ist die Zustellung der Vollstreckungsklausel nur in den Fällen des § 750 Abs. 2 ZPO erforderlich.[11]

Fall:

Der Gläubiger beantragt aufgrund eines nur gegen Sicherheitsleistung vorläufig vollstreckbaren Urteils die Eintragung einer Zwangssicherungshypothek, und zwar u. a. unter Vorlage der die Sicherheitsleistung nachweisenden Urkunden.

11 BGH, Beschluss v. 05.07.2005 – VII ZB 14/05, Rpfleger 2005, 547 ff.

? Muss das Grundbuchamt die Nachweisurkunden noch prüfen oder ist eine solche Prüfung im Hinblick auf § 720a ZPO nunmehr überflüssig?

Wenn der Gläubiger die „normale" Vollstreckung gem. § 751 Abs. 2 ZPO wählt, dann will er von der Möglichkeit des § 720a ZPO keinen Gebrauch machen. Dies mag zunächst unverständlich sein, stellt § 720a ZPO doch den einfacheren Vollstreckungsweg für den Gläubiger dar. Gleichwohl hat die Entscheidung des Gläubigers ihren Sinn.

Lesen Sie § 720a Abs. 3 ZPO!

Durch eigene Sicherheitsleistung i. S. d. § 751 Abs. 2 ZPO nimmt der Gläubiger dem Schuldner die Möglichkeit, die Zwangsvollstreckung durch Sicherheitsleistung seinerseits abwenden zu können. Daran kann der Gläubiger ein Interesse haben, weil der Schuldner Sicherheitsleistung nur in Höhe des Hauptanspruchs erbringen muss, die Nebenforderungen des Gläubigers insoweit aber unberücksichtigt bleiben.

Eine vom Schuldner dennoch geleistete Sicherheit i. S. d. § 720a Abs. 3 ZPO wird den Gläubiger nicht an der Durchführung der Vollstreckung hindern können, falls er selbst Sicherheit i. S. d. § 751 Abs. 2 ZPO leistet. Er wird uneingeschränkt vollstrecken dürfen, denn § 720a Abs. 3 ZPO gibt dem Schuldner nur die Möglichkeit zur Abwendung der Zwangsvollstreckung i. S. d. § 720a ZPO.

5. Mindestbetrag

Lesen Sie § 866 Abs. 3 ZPO!

? Welchen Sinn hat diese Vorschrift?

Die Eintragung von Kleinbeträgen würde zur Unübersichtlichkeit des Grundbuches führen und damit letztlich auch die Rechtssicherheit gefährden. Die Eintragung einer Zwangssicherungshypothek kommt daher nur in Betracht, wenn die titulierte Forderung

mehr als 750 € (also mindestens 750,01 €)

beträgt.

Fall:

Die titulierte Hauptforderung des Gläubigers beträgt 710 €. Dem Gläubiger stehen laut Titel im Übrigen 10 % Zinsen von 710 € ab 01.07.2001 zu. Unter Vorlage der erforderlichen Nachweisurkunden beantragt der Gläubiger am 01.07.2002 (1 Jahr nach tituliertem Zinsbeginn) die Eintragung einer Zwangssicherungshypothek wegen

a) der Hauptforderung i. H. v. 710 €;

b) der Zinsforderung i. H. v. 71 € (10 % von 710 € vom 01.07.2001 – 30.06.2002);

c) 10 % Zinsen von 710 € ab 01.07.2002.

? Bestehen mit Rücksicht auf § 866 Abs. 3 ZPO Bedenken gegen die Eintragung der Zwangssicherungshypothek?

Die titulierte Forderung des Gläubigers muss den Betrag von 750 € übersteigen. Zinsen (nicht Kosten) bleiben „dabei", d. h. bei der Berechnung des Mindestbetrages, unberücksichtigt (§ 866 Abs. 3 S. 1, 2. Hs. ZPO). Eine nachträgliche Kapitalisierung fälliger Zinsen, die als Nebenleistung tituliert sind, ist daher zum Zweck des Überschreitens des Mindestbetrages nicht zulässig[12].

! **Merke:**

- Titulierte sowie bereits entstandene Kosten der Zwangsvollstreckung (§ 788 ZPO, z. B. Gerichtsvollzieherkosten) sind der Hauptforderung auf Antrag hinzuzurechnen. Dies gilt nicht für die Kosten des Eintragungsverfahrens (z. B. Anwaltskosten für den Antrag, Gerichtskosten für die Eintragung der Zwangssicherungshypothek); denn der Gläubiger kann sie auch ohne Eintragung in einem späteren Zwangsvollstreckungsverfahren des Grundstücks aus dem Erlös erhalten.
- Stehen dem Gläubiger gegen den Schuldner mehrere titulierte Forderungen zu, so kann für sie eine einheitliche Zwangssicherungshypothek eingetragen werden (§ 866 Abs. 3 S. 2 ZPO). Die Summe der Forderungen muss dabei den Mindestbetrag erreichen.

6. Forderungsaufteilung

Fall:

Der Gläubiger beantragt die Eintragung einer Zwangssicherungshypothek auf den Grundstücken 1 und 2 des Schuldners wegen einer titulierten Forderung i. H. v. 2000 €. Die notwendigen Vollstreckungsunterlagen sind dem Antrag beigefügt.

? Mit welcher Begründung muss das Grundbuchamt den Antrag beanstanden?

Gem. § 867 Abs. 2 ZPO hat der Gläubiger die titulierte Forderung auf die Grundstücke zu verteilen mit der Folge, dass mit Eintragung Einzel-Zwangssicherungshypotheken entstehen. Die Entstehung einer Gesamt-Zwangssicherungshypothek *auf Antrag des Gläubigers* soll dadurch verhindert werden.

12 OLG München, Rpfleger 2012, 138, a. A. *Schöner/Stöber*, Rdn. 2190.

? Erkennen Sie den gesetzgeberischen Grund für § 867 Abs. 2 ZPO?

Auch § 867 Abs. 2 ZPO dient zum Schutze des Schuldners vor zu hohen Grundstücksbelastungen und den damit verbundenen Schwierigkeiten im Rahmen der Kreditbeschaffung.

! **Merke:**

- Bei der Forderungsaufteilung müssen die Forderungsteile den Mindestbetrag von 750,01 € (§§ 867 Abs. 2; 866 Abs. 3 ZPO) erreichen.

Zu beachten ist, dass bei verschiedenen Schuldnern, die als Gesamtschuldner verurteilt sind, auf den Grundstücken eine Gesamtzwangshypothek eingetragen werden kann.

III. Zwangssicherungshypothek und Eigentümergrundschuld

Fall:

G hat gegen den Grundstückseigentümer S ein erstinstanzliches Urteil über die Zahlung von 4.000 € erwirkt, das gegen Sicherheitsleistung für vorläufig vollstreckbar erklärt worden ist.

Nach Leistung der Sicherheit wird auf dem Grundstück des S eine Zwangssicherungshypothek eingetragen.

S legt gegen das Urteil Berufung ein. Daraufhin hebt das OLG das Urteil auf und weist die Klage durch vorläufig vollstreckbares Urteil ab.

S beantragt und bewilligt nunmehr beim zuständigen Grundbuchamt unter Vorlage der OLG-Entscheidung die Löschung der Zwangssicherungshypothek.

? Wie wird das Grundbuchamt entscheiden?

Die Löschung der eingetragenen Zwangssicherungshypothek kann entweder

mit Bewilligung des wahren Betroffenen gem. § 19 GBO

oder

durch Unrichtigkeitsnachweis gem. § 22 GBO

erfolgen. Für eine hinsichtlich des Bestandes des Rechts gegebene Unrichtigkeit des Grundbuches (Erlöschen des Rechts außerhalb des Grundbuches) ergeben sich keinerlei Anhaltspunkte. Das Grundbuchamt wird die Löschung der eingetragenen Zwangssicherungshypothek deshalb nur mit Bewilligung des von der Löschung Betroffenen verfügen. Zu diesem Zweck muss der die Löschung des Rechts bewilligende Eigentümer S seine Rechtsinhaberschaft (Verfügungsmacht) in der Form des § 29 GBO nachweisen, denn die Vermutung des § 891 BGB spricht zunächst für den eingetragenen Gläubiger.

Lesen Sie § 868 Abs. 1 ZPO!

Das von S vorgelegte OLG-Urteil beweist die Entstehung einer Eigentümergrundschuld und damit seine Verfügungsmacht sowie Verfügungsbefugnis. Mit seiner Bewilligung kann das Recht daher gelöscht oder bei entsprechendem Antrag in eine Eigentümergrundschuld umgeschrieben werden.

Fall (Abwandlung):

Die eingetragene Zwangssicherungshypothek ist auf Antrag des S nicht gelöscht, sondern in eine Eigentümergrundschuld umgeschrieben worden.

Auf die Revision des Gläubigers G hin wird das erstinstanzliche Urteil durch den BGH wiederhergestellt.

G beantragt nun unter Vorlage des BGH-Urteils die Umschreibung der Eigentümergrundschuld in eine Zwangssicherungshypothek zu seinen Gunsten.

? Wie wird hier das Grundbuchamt entscheiden?

Es wird dem Antrag nicht stattgeben können, denn das BGH-Urteil hat die für S eingetragene Eigentümergrundschuld nicht wieder in eine Zwangssicherungshypothek für G umgewandelt, so dass eine Grundbuchberichtigung außer Betracht bleiben muss. Auf Grund des OLG-Urteils hat G seine Sicherheit verloren. Die Eintragung einer Zwangssicherungshypothek kann er dennoch erreichen, allerdings nur an der nächstfreien Rangstelle. Für den Gläubiger wird es hier möglicherweise vorteilhafter sein, die für S bestehende Eigentümergrundschuld pfänden zu lassen (§§ 857 Abs. 6, 830 ZPO). Auf diesem Wege erhält er dann letztlich seine ursprüngliche Position zurück, es sei denn, dass insoweit schon anderweitige, rangbessere Pfändungen vorliegen.

! **Merke:** Aus der Zwangssicherungshypothek kann eine Eigentümergrundschuld entstehen (Beispiele):[13]

- § 868 Abs. 1 ZPO
- § 868 Abs. 2 ZPO
- §§ 1163 Abs. 1 S. 1; 1177 BGB
- §§ 1163 Abs. 1 S. 2; 1177 BGB
- § 1168 BGB.

13 Keine Eigentümergrundschuld aus Zwangssicherungshypothek bei insolvenzrechtlicher Rückschlagsperre: BGH, Urteil v. 19.01.2006, Rpfleger 2006, 253.

§ 3
Zur Wiederholung

Fragen und Aufgaben zur Wiederholung 11. Kapitel	Antworten und Lösungen auf den Seiten
1. Nennen Sie die drei Möglichkeiten zur Zwangsvollstreckung in das Grundstück und ihre wesentlichen Unterscheidungskriterien!	255, 256
2. Welche besonderen Vorteile hat der Gläubiger einer Zwangssicherungshypothek gegenüber dem Gläubiger einer nicht dinglich gesicherten titulierten Forderung?	256
3. Unter welchen Voraussetzungen kann der Gläubiger der Zwangssicherungshypothek aus dem dinglichen Recht die Zwangsvollstreckung in das Grundstück betreiben?	256, 257
4. Welchen vollstreckungsrechtlichen Inhalt muss der Antrag auf Eintragung der Zwangssicherungshypothek haben?	260
5. Beschreiben Sie die Problematik „fehlende Angabe des Beteiligtenverhältnisses im Titel"!	261
6. Was fällt Ihnen zum Begriff „Parteienidentität" ein?	261
7. Der im Titel genannte Schuldner/Eigentümer ist verstorben. Unter welchen Voraussetzungen ist auch ohne Klauselumschreibung und besonderen Zustellungsnachweis die Eintragung der Zwangssicherungshypothek zulässig?	263
8. Welchen Sinn hat eine im Titel angeordnete Sicherheitsleistung und wie erfolgt ihr Nachweis?	263, 264
9. Unter welchen Voraussetzungen ist die Eintragung der Zwangssicherungshypothek ohne Nachweis der Sicherheitsleistung zulässig?	264
10. Muss im Falle der Sicherungsvollstreckung auch die einfache Klausel (§ 725 ZPO) vor Eintragung der Zwangssicherungshypothek zugestellt werden (§ 750 Abs. 3 ZPO)?	264

Fragen und Aufgaben zur Wiederholung 11. Kapitel	Antworten und Lösungen auf den Seiten
11. Können titulierte Zinsen bei der Ermittlung des Mindestbetrages der titulierten Forderung hinzugerechnet werden?	266
12. Worin besteht der gesetzgeberische Grund des § 867 Abs. 2 ZPO?	267
13. Unter welchen Voraussetzungen entsteht aus der Zwangssicherungshypothek eine Eigentümergrundschuld?	267, 268

§ 4
Zusammenfassung
(11. Kapitel)

Allgemeines

Eintragung der Zwangssicherungshypothek ist Zwangsvollstreckung in das Grundstück; sie sichert die titulierte Forderung des Gläubigers dinglich ab in der Rangklasse des § 10 Abs. 1 Nr. 4 ZVG. Zum Inhalt gehört auch der gesetzliche Löschungsanspruch der §§ 1179a, 1179b BGB;

Gläubiger der Zwangssicherungshypothek benötigt zur Zwangsvollstreckung aus dem eingetragenen Recht in das Grundstück grundsätzlich keinen besonderen Duldungstitel;

Grundbuchamt wird auch als Vollstreckungsorgan tätig und hat neben den grundbuchrechtlichen Eintragungsvoraussetzungen an Stelle der Bewilligung auch die Zwangsvollstreckungsvoraussetzungen zu prüfen.

Inhalt des Antrags

Antrag hat zu bezeichnen:

Gläubiger und Schuldner, Vollstreckungsforderung, Grundstück, Vollstreckungsmaßnahme (Zwangssicherungshypothek);

Beifügung von Titel und für den Beginn der Zwangsvollstreckung erforderliche Urkunden notwendig;

Enthält Titel keine Angabe zum Beteiligtenverhältnis, entsprechende Angaben in *formloser Erklärung des Gläubigers* möglich (streitig);

Parteienidentität	Antragsteller muss mit dem im Titel bezeichneten Gläubiger, Antragsgegner mit dem im Titel genannten Schuldner identisch sein; im Falle des Gläubiger- oder Schuldnerwechsels § 727 ZPO beachten; Klauselumschreibung bzw. besondere Zustellungsnachweise im Falle des § 779 ZPO nicht erforderlich;
Sicherheitsleistung	Will Gläubiger die „normale" Vollstreckung aus nur gegen Sicherheitsleistung vollstreckbarem Urteil betreiben: § 751 Abs. 2 ZPO beachten (Nachweis der Sicherheitsleistung durch Annahmeanordnung nebst Quittungsdruck der Hinterlegungsstelle und Zustellung der Annahmeanordnung an Schuldner erforderlich bei Hinterlegung durch Geld);
Sicherungsvollstreckung	Will Gläubiger ohne Sicherheitsleistung vollstrecken: § 720a i. V. m. § 750 Abs. 3 ZPO beachten (Urteil und Klausel – nicht die einfache des § 725 ZPO – müssen zwei Wochen vor Eintragung der Zwangssicherungshypothek zugestellt sein).
Mindestbetrag	Eintragung der Zwangssicherungshypothek nur zulässig, wenn die titulierte Forderung mehr als 750 € beträgt; Zinsen bleiben bei der Errechnung des Mindestbetrages unberücksichtigt, soweit sie als Nebenforderung geltend gemacht werden;
Forderungsaufteilung	Gesamtzwangssicherungshypothek auf *Antrag des Gläubigers* zum Schutze des Schuldners grundsätzlich unzulässig; bei Aufteilung der Forderung müssen Forderungsteile 750 € überschreiten;
Zwangssicherungshypothek und Eigentümergrundschuld	Aus Zwangssicherungshypothek kann Eigentümergrundschuld werden in den Fällen der §§ 868 Abs. 1 und 2 ZPO, 1163 Abs. 1 S. 1; 1163 Abs. 1 S. 2 (1177); 1168 BGB.

12. Kapitel: Grundschuld

Beispiel:

Vgl. Beispiel S. 193, aber:

statt einer Hypothek bestellt der Grundstückseigentümer dem G eine Grundschuld.

§ 1 Allgemeines

Lesen Sie die §§ 1191, 1113 BGB und stellen Sie den wesentlichen Unterschied zwischen Grundschuld und Hypothek fest!

Während der Bestand der Hypothek grundsätzlich vom Bestand der Forderung abhängt, besteht die Grundschuld auch ohne Forderung. Das Befriedigungsrecht des Hypothekengläubigers richtet sich nach der ihm zustehenden persönlichen Forderung, der Grundschuldgläubiger kann Befriedigung aus dem Grundstück ohne persönliche Forderung erlangen.

? Welcher Eigentümer wird aber ohne Forderungsbestand einem anderen eine Grundschuld bestellen?

Die ohne Bestehen einer Forderung bestellte Grundschuld (sog. isolierte Grundschuld) wird kaum praktisch. Denkbar ist aber z. B. folgender Fall:

Bestellung einer Grundschuld zugunsten eines nahen Angehörigen zum Zwecke der Vermögenssicherung.

Wenn der Grundschuld nicht notwendigerweise eine Forderung zugrunde liegen muss, so wird sie doch im Rechtsverkehr in der Regel eine Forderung sichern. Hier spricht man von der

Sicherungsgrundschuld.

Die Sicherungsgrundschuld stellt in der heutigen Praxis die wohl beliebteste Form der Kreditsicherung dar und hat weitestgehend die Hypothek verdrängt. Mit den Besonderheiten dieser Grundschuld wollen wir uns nachfolgend befassen.

? Welche besonderen Vorteile bringt die Sicherungsgrundschuld dem Gläubiger?

Die dem Gläubiger (meist Kreditgeber) gegen den Schuldner zustehenden Forderungen sind häufig unbestimmt und können insbesondere hinsichtlich ihres Umfangs variieren.

Beispiel:

Die Bank gewährt dem Grundstückseigentümer E einen sog. Kontokorrentkredit (Festlegung eines Höchstbetrages, bis zu dem der veränderliche Sollsaldo steigen darf = sog. Überziehungskredit).

Die Verkehrshypothek käme hier als Sicherungsmittel für diese unbestimmten Forderungen nicht in Betracht, denn sie setzt eine bestimmte, endgültige Forderung voraus. Allenfalls könnte die Höchstbetragssicherungshypothek ein mit der Sicherungsgrundschuld vergleichbares Sicherungsmittel darstellen (vgl. § 1190 BGB sowie die Übersicht auf S. 247 bzgl. der Höchstbetragssicherungshypothek).

? Warum wird der Gläubiger statt der Höchstbetragssicherungshypothek dennoch die Sicherungsgrundschuld als das geeignetere Sicherungsmittel bevorzugen?

Die Sicherungsgrundschuld hat gegenüber der Höchstbetragssicherungshypothek für den Gläubiger folgende Vorteile:

Grundschuld – Vorteile –	**Höchstbetragssicherungshypothek** – Nachteile –
– Unterwerfung i. S. d. §§ 794 Abs. 1 Nr. 5; 800 ZPO möglich auch bei unbestimmter Forderung, da Forderungshöhe weder den Bestand noch den Umfang der Grundschuld berührt; – Grundschuldzinsen.	– Unterwerfung i. S. d. §§ 794 Abs. 1 Nr. 5; 800 ZPO unzulässig, da Höchstbetragssicherungshypothek unbestimmte Forderung voraussetzt; – Höhe der Forderung muss festgesetzt werden, wobei die Beweislast den Gläubiger trifft; – keine Hypothekenzinsen, da schon im Höchstbetrag enthalten.

Fall:

Auf dem Grundstück des E ist zugunsten des G eine Grundschuld i. H. v. 100.000 € eingetragen. Die Grundschuld sollte eine Darlehensforderung in gleicher Höhe absichern. Diese Forderung ist nun in voller Höhe getilgt.

G will die Grundschuld an C abtreten. Der Eigentümer meint, G müsse nach Erlöschen der Forderung auch die Grundschuld löschen lassen.

? Wie ist die Rechtslage?

Der Bestand der Forderung hat auf den Bestand der Grundschuld keinen Einfluss. G könnte daher trotz Erlöschens der Forderung beliebig über die Grundschuld verfügen und sie an C abtreten. Der Eigentümer hätte also eine äußerst schwache Rechtsposition. Das Wesen der **Sicherungsgrundschuld** kommt ihm hier zu Hilfe:

der Sicherungsgrundschuld liegt nämlich nicht nur ein Kredit- und Grundschuldbestellungsvertrag zugrunde sondern regelmäßig auch der

Sicherungsvertrag.

? Welchen Inhalt und welche Bedeutung hat der Sicherungsvertrag?

Es handelt sich zunächst um eine Vereinbarung zwischen dem Eigentümer und z. B. dem Kreditgeber, eine bestimmte Geldforderung oder einen Forderungskreis (Geldforderungen) durch Bestellung einer Grundschuld dinglich abzusichern. Der Sicherungsvertrag regelt also schuldrechtliche Rechtsbeziehungen zwischen dem *Eigentümer* und Forderungsgeber, und zwar losgelöst vom Forderungs- und Grundschuldbestellungsgeschäft (z. B. §§ 488 BGB; 873 BGB). Insbesondere verpflichtet er den Forderungsgeber (Grundschuldgläubiger) zur Einhaltung des Grundsatzes von Treu und Glauben, d. h. zur Beachtung und Berücksichtigung der Eigentümerinteressen (§§ 311, 241 BGB).

So wird sich der Gläubiger in der Regel *verpflichten,* die Grundschuld ausschließlich zu Sicherungszwecken geltend zu machen, die Grundschuld nicht abzutreten und nach Tilgung der Forderung auf den Eigentümer zu übertragen oder sie löschen zu lassen oder auf sie zu verzichten.

Verstößt der Gläubiger gegen diesbezügliche Abreden, stehen dem Eigentümer bei Geltendmachung der Grundschuld gegen den Gläubiger oder unter bestimmten Voraussetzungen auch gegen dessen Rechtsnachfolger die aus der Abredeverletzung sich herleitenden Einreden zu (vgl. §§ 1157 S. 1; 1191, 1192 BGB). Darüber hinaus kann der Verstoß des Gläubigers gegen den Grundsatz von Treu und Glauben zu Schadensersatzansprüchen führen. Im Hinblick hierauf wird der Gläubiger kein Interesse daran haben, gegen die Sicherungsabreden zu verstoßen.

Die im Rahmen des Sicherungsvertrages getroffenen Abreden sind nicht Bestandteil des dinglichen Rechts (s. o.) und daher grundsätzlich nicht eintragungsfähig.

Dennoch wird man die Eintragung des Sicherungszwecks (z. B. „Sicherungsgrundschuld") entgegen der h. M.[1] für zulässig halten dürfen: wenn aus dem Sicherungsvertrag Einreden gegen die Geltendmachung der Grundschuld entstehen können und diese zur Verhinderung eines gutgläubigen einredefreien Erwerbs durch Ein-

1 OLG Düsseldorf, MittRhNotK 1977, 36; *Reithmann,* NJW 1977, 661; u. a.

tragung eines Widerspruchs gesichert werden können, dann ist kein vernünftiger Grund erkennbar, warum die Tatsache des Sicherungscharakters der Grundschuld – als nähere Bezeichnung eines mit einer Einrede behafteten Rechts – nicht auch von vornherein eingetragen werden kann.

§ 2
Inhalt

Die Prüfung des eintragungsfähigen Inhalts der Bewilligung gehört zu den wichtigsten Aufgaben des Grundbuchamtes im Rahmen der Prüfung der Eintragungsvoraussetzungen, denn eintragungsfähig ist nur das, was der Gesetzgeber zum Zwecke der dinglichen Wirkung für eintragungsbedürftig oder für eintragungsfähig hält. Aus diesem Grunde *muss* die Bewilligung bestimmte Angaben enthalten und *kann* darüber hinaus Auskunft geben über weitere die Grundschuld oder ihre Nebenrechte kennzeichnende Merkmale.

Lesen Sie die §§ 1191–1194 BGB und stellen Sie dabei fest, welche konkreten Angaben die Bewilligung zur Eintragung der Grundschuld enthalten muss und welche weiteren Angaben sie enthalten kann!

Notwendige (eintragungsfähige) Angaben:

- bestimmte Geldsumme (§ 1191 Abs. 1 BGB; § 28 S. 2 GBO; insoweit wird auf die Ausführungen zur Hypothek verwiesen S. 200);
- Gläubiger (§ 1191 Abs. 1 BGB);
- Grundstück (§ 28 S. 1 GBO).

Mögliche (eintragungsfähige) Angaben:

- Grundschuldzinsen (§ 1191 Abs. 2 BGB),
- weitere Nebenleistungen (§ 1191 Abs. 2 BGB);
- Briefausschluss (§ 1116 Abs. 2 i. V. m. §§ 1191, 1192 BGB);
- Vollstreckungsunterwerfung (§ 800 ZPO);
- Bedingungen und Befristungen (§§ 158, 163 BGB);
- Kündigungsbestimmungen (§ 1193 Abs. 1, 2 BGB);
- Zahlungsbestimmungen als nähere Bezeichnung der Grundschuld oder der Nebenleistungen.

? Können die Hypothekenvorschriften auf die Grundschuld entsprechend angewandt werden?

Lesen Sie § 1192 Abs. 1, 2 BGB!

Die hierzu in Klausuren angestellten, z. T. mangelhaften Überlegungen beruhen auf einer fehlerhaften Interpretation des § 1192 BGB. Diese Vorschrift wird oft so verstanden, als seien diejenigen Hypothekenvorschriften nicht anwendbar, die schlechthin von einer Forderung sprechen.

§ 1192 BGB lässt aber die Anwendung bestimmter Hypothekenvorschriften zu. Ausgeschlossen ist nur die Anwendung derjenigen Hypothekennormen, die eine Regelung treffen, in der die *Forderungsabhängigkeit* der Hypothek als ihr wesentliches und notwendiges Bestandsmerkmal im Vordergrund steht (z. B. §§ 1153, 1163 Abs. 1 BGB), denn das Entstehen oder der Bestand der Forderung lässt die Grundschuld unberührt.

§ 3
Belastungsgegenstand

Vgl. Ausführungen zur Hypothek auf S. 214, 215!

§ 4
Berechtigter

Vgl. Ausführungen zur Hypothek auf S. 223, 224!

§ 5
Übertragung

I. Übertragung der Briefgrundschuld

Gegenstand der Übertragung kann nur die Grundschuld selbst sein, nicht die persönliche Forderung.

? Wie erfolgt die Übertragung der Briefgrundschuld?

Die Übertragung der Briefgrundschuld setzt voraus:

- Abtretungsvertrag zwischen bisherigem Gläubiger (Zedent) und Erwerber (Zessionar) gem. §§ 398, 413 BGB, wobei die Abtretungserklärung des bisherigen Gläubigers zumindest der schriftlichen Form bedarf (§ 1154 Abs. 1 i. V. m. § 1192 BGB),
- Übergabe/Wegnahme des Grundschuldbriefes gem. § 1154 Abs. 1 BGB.

Im Übrigen wird auf die Ausführungen zur Hypothek verwiesen. Unter Beachtung des § 1192 Abs. 1 BGB ist hier der Forderungsbegriff durch den der Grundschuld zu ersetzen.

II. Übertragung der Buchgrundschuld

Lesen Sie insoweit die Ausführungen zur Übertragung der Buchhypothek und beachten Sie dabei, dass nicht die Forderung, sondern die Grundschuld Gegenstand der Übertragung ist.

§ 6
Pfändung

Da die Grundschuld vom Bestand der Forderung nicht abhängt, ist eine unmittelbare Anwendung des § 830 ZPO ausgeschlossen. Die Grundschuld wird aber wie eine hypothekarisch gesicherte Forderung gepfändet und verwertet (vgl. § 857 Abs. 6 ZPO). Daraus folgt:

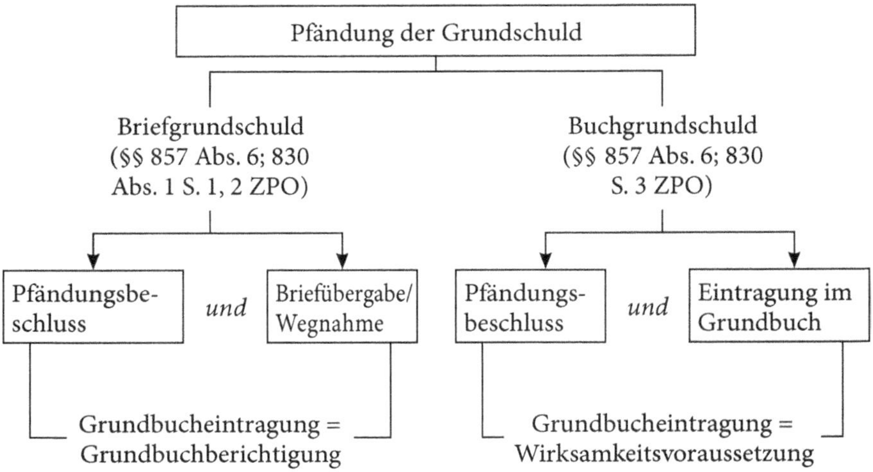

? Wer ist bei der Grundschuldpfändung Drittschuldner?

Drittschuldner kann wegen der Nichtakzessorietät der Grundschuld nur der Grundstückseigentümer sein.

§ 7
Erlöschen

I. Rechtsgeschäftliche Aufhebung

☞ Wiederholen Sie zunächst die Ausführungen auf den S. 238, 239! Können wir diese ausnahmslos für die Grundschuld übernehmen?

Die §§ 875, 876, 1183 BGB sowie §§ 19, 27 GBO sind selbstverständlich auch auf die Grundschuld anwendbar.

Auch hier kann auf die materiellrechtliche und formellrechtliche Mitwirkung des Grundstückseigentümers nicht verzichtet werden. Das Erfordernis seiner Zustimmungserklärung i. S. d. § 1183 BGB (§§ 19, 27 GBO) lässt sich wiederum mit seinem Anwartschaftsrecht auf den Erwerb einer Eigentümergrundschuld begründen. Allerdings ist § 1163 BGB grundsätzlich nicht anwendbar.

? Können Sie das begründen? Wiederholen Sie die Ausführungen auf den S. 277!

§ 1163 BGB bringt die Forderungsabhängigkeit der Hypothek zum Ausdruck, der Grundschuld ist ein solches Abhängigkeitsverhältnis jedoch fremd. Wenn aber die Notwendigkeit der Zustimmung des Eigentümers zur Aufhebung der Grundschuld mit dem Verlust seines Anwartschaftsrechtes auf den Erwerb einer Eigentümergrundschuld begründet wird, dann müssen auch bestimmte Umstände die Entstehung einer Eigentümergrundschuld aus einer Fremdgrundschuld bewirken können.

📖 Lesen Sie die §§ 1142, 1143 BGB!

Diese Vorschriften sind – wenn auch in modifizierter Form – auf die Grundschuld anwendbar, denn eine Abhängigkeitsregelung lässt sich hier nicht erkennen; d. h.:

> zahlt der Eigentümer auf die *Grundschuld*, so geht *diese* auf ihn über.

! **Merke:** Aus der Fremdgrundschuld entsteht eine Eigentümergrundschuld, wenn

- der Eigentümer auf die Grundschuld zahlt (§§ 1142, 1143, 1192 BGB);

- der Gläubiger auf die Grundschuld verzichtet (§§ 1168, 1192 BGB);
- der Gläubiger die Grundschuld auf den Eigentümer überträgt (s. o.).

! Hinweis: Zum **Verzicht** sowie zur **Mithaftentlassung** vgl. die Ausführungen auf den S. 243–245, soweit dort das dingliche Recht, nicht die Forderung angesprochen wird.

II. Erlöschen kraft Gesetzes

Lesen Sie insoweit die Ausführungen auf S. 246, 247, soweit dort das dingliche Recht, nicht die Forderung angesprochen wird!

§ 8
Eigentümergrundschuld

I. Allgemeines

Die Eigentümergrundschuld ist für den Eigentümer im Hinblick auf weitere notwendige Kreditsicherungen von erheblicher wirtschaftlicher Bedeutung, da er sie als Kreditsicherungsmittel verwenden kann (vgl. Ausführungen zu § 1183 BGB, S. 241, 242). Ein darüber hinausgehendes Verwertungsrecht gibt sie dem Eigentümer jedoch nicht.

Lesen Sie § 1197 Abs. 1, 2 BGB!

Hiernach ist es dem Eigentümer nicht erlaubt, die Zwangsvollstreckung aus der Eigentümergrundschuld zum Zwecke der eigenen Befriedigung zu betreiben. § 1197 Abs. 1 BGB beschränkt insoweit im Interesse gleich- oder nachrangiger Gläubiger die Befugnisse des Eigentümers, weil die Rechte der Gläubiger sonst nach den besonderen gesetzlichen Versteigerungsbedingungen der §§ 91, 52, 44, 45 ZVG untergehen könnten.

Als Ausgleich für *entgangene Grundstücksnutzungen* räumt aber § 1197 Abs. 2 BGB dem Eigentümer aus der Eigentümergrundschuld im *Rahmen der Zwangsverwaltung* des Grundstücks einen Anspruch auf die Zinsen ein.

II. Verdeckte Eigentümergrundschuld

Im Grundbuch sind oft Hypotheken verlautbart, hinter denen sich Eigentümergrundschulden verbergen; das eingetragene Recht (Hypothek) verdeckt ein anderes, nicht erkennbares Recht, die Eigentümergrundschuld.

Beispiel:

Das Grundstück ist mit einer Hypothek i. H. v. 100.000 € belastet. Die der Hypothek zugrundeliegende Forderung ist gem. § 362 Abs. 1 BGB durch Befriedigung des Gläubigers erloschen (Zahlung durch den Schuldner/Eigentümer).

Hier geht aus dem Grundbuch nur die Hypothek hervor. Die dahinterstehende Eigentümergrundschuld (§§ 1163 Abs. 1 S. 2; 1177 BGB) ist nicht erkennbar.

Beispiele für verdeckte Eigentümergrundschulden und ihre Besonderheiten

§§ 1163 Abs. 1 S. 1; 1177 BGB	Das Recht ist als Hypothek bestellt, die Forderung jedoch noch nicht entstanden. Steht fest, dass die Forderung endgültig nicht entsteht, wird aus der zunächst auflösend bedingten Eigentümergrundschuld[2] (auflösend bedingt durch Entstehung der Forderung) eine endgültige Eigentümergrundschuld. Die Eigentümergrundschuld steht hier immer dem Eigentümer zu, der die Sicherheit bestellt hat.
§§ 1163 Abs. 1 S. 2; 1177 BGB	Das Recht ist als Hypothek bestellt und sichert eine bestimmte Forderung, diese erlischt aber nachträglich.
§ 1163 Abs. 2 BGB	Das Recht ist als Briefhypothek bestellt und sichert eine bestimmte Forderung. Der Brief ist jedoch noch nicht im Besitze des Gläubigers. Folge: vorläufige Eigentümergrundschuld. Beachte hier § 1117 Abs. 2 BGB!
§ 1143 BGB	Das Recht ist als Hypothek bestellt. Die der Hypothek zugrundeliegende Forderung hat der Eigentümer, *der nicht persönlicher Schuldner* ist, getilgt. Die Forderung erlischt nicht, sondern geht auf den Eigentümer über. „Forderungsbekleidetes" Eigentümerrecht wird aber gem. § 1177 Abs. 2 BGB wie eine Eigentümergrundschuld behandelt. Ist das Recht als Grundschuld bestellt, findet § 1143 BGB entsprechende Anwendung, d. h. die Grundschuld wird zur Eigentümergrundschuld, wenn der Eigentümer *auf die* Grundschuld zahlt.

2 RGZ 153, 169; a. A.: *Müko/Eickmann,* Rdn. 15 zu § 1163 BGB: unbedingtes Recht, aber auflösend bedingte Inhaberschaft.

! **Merke:** Eine Eigentümergrundschuld entsteht auch

- bei Verzicht des Gläubigers auf die Hypothek oder die Grundschuld (§§ 1168, 1191, 1192 BGB);
- in den Fällen des § 868 ZPO;
- im Falle des § 932 Abs. 2 ZPO, denn hier ist § 868 ZPO entsprechend anwendbar.

III. Grundbuchrechtliche Besonderheiten

Die verdeckte Eigentümergrundschuld führt zur Unrichtigkeit des Grundbuches, weil es das „wahre" Recht nicht verlautbart. Das Grundbuchamt wird mit der Anwendung der vorgenannten Normen betr. die Entstehung der Eigentümergrundschuld konfrontiert

- bei beantragter Grundbuchberichtigung i. S. d. § 22 GBO;

  Beispiel:

  Antrag des Eigentümers auf Umschreibung der Hypothek in eine Eigentümergrundschuld;

- bei Verfügungen über die Eigentümergrundschuld durch den Eigentümer und entsprechend beantragter und bewilligter Grundbucheintragung;

  Beispiel:

  Eigentümer beantragt und bewilligt Aufhebung, Übertragung oder Rangänderung der verdeckten Eigentümergrundschuld.

In diesen Fällen ist dem Grundbuchamt das Entstehen der Eigentümergrundschuld in der Form des § 29 GBO nachzuweisen.

? Wie erfolgt der Nachweis des Bestehens der Eigentümergrundschuld i. S. d. §§ 1163 Abs. 1 S. 1; 1177 BGB?

Der Nachweis kann erbracht werden durch Vorlage einer sog.

Nichtvalutierungserklärung

des eingetragenen Gläubigers des Inhalts, dass die zu sichernde Forderung nicht entstanden ist und endgültig nicht entstehen wird.

? Welche Nachweisurkunde ist im Falle der Entstehung einer Eigentümergrundschuld i. S. d. §§ 1163 Abs. 1 S. 2; 1177 BGB vorzulegen?

Der Antragsteller hat das Erlöschen der Forderung nachzuweisen. Hierbei ist jedoch zu beachten, dass die Erfüllung des durch die Hypothek gesicherten Anspruchs nicht zwangsläufig die Entstehung einer Eigentümergrundschuld zur Folge haben muss:

Beispiele:

- § 1164 BGB:
- Persönlicher Schuldner, der einen Ersatzanspruch gegen den Grundstückseigentümer hat, zahlt an den Gläubiger. Das Recht bleibt als Hypothek bestehen und sichert nunmehr den Ersatzanspruch des persönlichen Schuldners (z. B. § 415 Abs. 3 BGB).
- §§ 774, 412, 401 BGB:
- Zahlt der Bürge, so geht die Forderung nunmehr auf ihn über und mit der Forderung die Hypothek.
- §§ 268 Abs. 3; 1150 BGB:
- Zahlt der ablösungsberechtigte Dritte, gehen Forderung und Hypothek auf ihn über.

Den Nachweis der Entstehung einer Eigentümergrundschuld i. S. d. §§ 1163 Abs. 1 S. 2; 1177 BGB kann der Eigentümer durch Vorlage einer

löschungsfähigen Quittung

in der Form des § 29 GBO führen. Der Gläubiger muss ihm auf Verlangen diese Urkunde aushändigen (vgl. § 1144 BGB). Nicht zuletzt mit Rücksicht auf die vorstehenden Sonderregelungen (vgl. Beispiele) bedarf der Inhalt der löschungsfähigen Quittung einer strengen Prüfung. Die vom Gläubiger abzugebende löschungsfähige Quittung muss daher folgenden Inhalt haben:

- Erklärung des Gläubigers, dass die der Hypothek zugrundeliegende Forderung getilgt wurde;
- Bezeichnung der Person des Zahlenden.

! **Merke:** Soll die löschungsfähige Quittung die Entstehung einer Eigentümergrundschuld nachweisen, muss aus ihr hervorgehen, dass der Eigentümer zugleich auch als persönlicher Schuldner die der Hypothek zugrundeliegende Forderung getilgt hat. Fehlt die Angabe des Zahlenden, so steht lediglich fest, dass der Gläubiger befriedigt ist und jedenfalls ihm das Recht nicht mehr zusteht. Die löschungsfähige Quittung wäre aber zum Nachweis der Inhaberschaft des Rechts nicht brauchbar.

Die löschungsfähige Quittung muss der wahre Gläubiger ausstellen, d. h. derjenige, dessen Ansprüche zu erfüllen waren. Zu diesem Zwecke muss bei Briefrechten der Brief vorgelegt werden.

? Wer muss die löschungsfähige Quittung ausstellen, wenn das Recht mehreren Gläubigern in

- Bruchteilsgemeinschaft
- Gesamtberechtigung gem. § 428 BGB

zustand?

Stand das Recht mehreren Gläubigern in Bruchteilsgemeinschaft zu, müssen *alle* eine inhaltlich übereinstimmende löschungsfähige Quittung erteilen. Im Falle der Gesamtberechtigung gem. § 428 BGB hingegen genügt die Erklärung eines Gesamtgläubigers, kann sich doch der Schuldner durch Leistung an nur einen Gesamtgläubiger schon von seiner Schuld mit Wirkung gegenüber allen Gesamtgläubigern befreien.

Ist der Nachweis des Entstehens der Eigentümergrundschuld in ordnungsgemäßer Form erbracht, stehen insoweit den die Eigentümergrundschuld betreffenden Eintragungen keine Hindernisse entgegen.

Besondere Aufmerksamkeit verdient der Fall der beantragten

Übertragung der verzinslichen Eigentümergrundschuld.

Fall:

Das Grundstück ist belastet mit einer Eigentümergrundschuld i. H. v. 10.000 € nebst 10 % Zinsen ab Eintragung (Buchrecht). Der Eigentümer tritt die Eigentümergrundschuld nebst Zinsen ab Eintragung der Eigentümergrundschuld ab an die Bank B und beantragt in öffentlich beglaubigter Form die entsprechende Grundbucheintragung.

? Welche Bedenken könnten im Rahmen der zulässigen Zinsabtretung hinsichtlich des Zinsbeginns bestehen?

Das Grundbuchamt hat die Bewilligung auch daraufhin zu prüfen, in welchem Umfang die Abtretung von Zinsen möglich ist, denn

was nicht abtretbar ist, kann auch nicht eingetragen werden.

Der neue Gläubiger würde hier Zinsen erwerben von einem Zeitpunkt an, der vor Wirksamkeit der Abtretung der Eigentümergrundschuld, d. h. vor Entstehung des Fremdrechts liegt. Sein Zinsanspruch erfasste somit auch den Zeitraum des Bestandes der Eigentümergrundschuld. Während dieses Zeitraumes *gebühren dem Eigentümer in der Zwangsversteigerung* jedoch keine Zinsen (vgl. § 1197 Abs. 2 BGB).

? Welchen Zweck verfolgt § 1197 Abs. 2 BGB?

Da dem Eigentümer in der *Zwangsversteigerung* seines Grundstücks gleichwohl noch die Nutzungen des Grundstücks zustehen, soll er durch Gewährung von Zinsen aus der Eigentümergrundschuld nicht noch einen weiteren Nutzen ziehen können. Der Zweck dieser Norm ist jedoch dann nicht mehr gegeben, wenn ein Nebeneinander von Nutzungen und Zinsen in der Person des Eigentümers unmöglich wird wie im Falle der Abtretung der Zinsen an den Zessionar. Gegen die Abtretung der Zinsen einer Eigentümergrundschuld mit rückwirkendem Zinsbeginn bestehen daher letztlich keine Bedenken.

Lesen Sie hierzu BayObLG, Rpfleger 1987, 364; Rpfleger 1988, 139!

Wie erfolgt die Pfändung der Eigentümergrundschuld?

Die Eigentümergrundschuld ist eine Grundschuld und wird daher wie diese gepfändet.

Wiederholen Sie insoweit die Ausführungen auf S. 278, 279!

Gem. § 857 Abs. 6 ZPO wird die Grundschuld wie eine Hypothekenforderung gepfändet. Die Pfändung der Eigentümergrundschuld wird daher gem. den §§ 857 Abs. 6; 830 ZPO bewirkt:

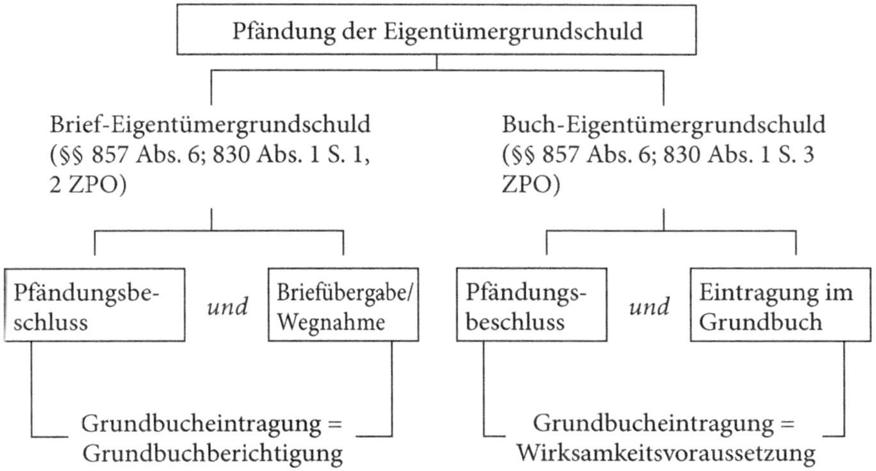

Z. T. wurde die Auffassung vertreten, die Pfändung der Eigentümergrundschuld vollziehe sich gem. § 857 Abs. 1, 2 ZPO[3].

Unter welchen Voraussetzungen würde die Pfändung in diesem Falle wirksam?

Wollte man die Pfändung unter Anwendung des § 857 Abs. 1, 2 ZPO bewirken, würde die Wirksamkeit schon mit Zustellung des Pfändungsbeschlusses an den Vollstreckungsschuldner (Inhaber der Eigentümergrundschuld) eintreten, und nicht erst mit Briefübergabe bzw. Eintragung der Pfändung im Grundbuch (Pfändungsbeschluss unterstellt).

3 LG Frankfurt NJW 1952, 629; *Baur-Stürner*, Rdn. 553.

Nach heute überwiegender Ansicht[4] wendet man auf die Pfändung der Eigentümergrundschuld jedoch die §§ 857 Abs. 6; 830 ZPO an, weil auch die Eigentümergrundschuld eine Grundschuld sei und § 857 Abs. 6 ZPO nicht zwischen verschiedenen Arten von Grundschulden unterscheide.

Dem ist uneingeschränkt zuzustimmen. Die Tatsache, dass es sich bei der Eigentümergrundschuld um ein Recht ohne Drittschuldner handelt, kann die Anwendung des § 857 Abs. 2 ZPO nicht rechtfertigen. Es kommt allein auf den Willen des Gesetzgebers an.

In § 857 Abs. 2 ZPO ist eine Sonderregelung für das Erfordernis der *Zustellung des Pfändungsbeschlusses* gewollt. Fehlt ein Drittschuldner, dann genügt die Zustellung an den Schuldner. Unberührt bleiben aber die übrigen Voraussetzungen für die Wirksamkeit der Pfändung.

§ 9
Zur Wiederholung

Fragen und Aufgaben zur Wiederholung 12. Kapitel	Antworten und Lösungen auf den Seiten
1. Worin besteht der wesentliche Unterschied zwischen Grundschuld und Hypothek?	273
2. Welche Besonderheiten kennzeichnen die Sicherungsgrundschuld?	273, 274
3. Welche besonderen Vorzüge hat die Grundschuld gegenüber der Hypothek aus der Sicht des Gläubigers?	274
4. Welchen Inhalt hat der der Sicherungsgrundschuld zugrundeliegende Sicherungsvertrag?	275
5. Warum ist die Eintragung der Vollstreckungsunterwerfung i. S. d. § 800 ZPO selbst bei Unbestimmtheit der persönl. Forderung auch bei der Grundschuld zulässig?	274
6. Nicht jede Hypothekennorm ist auch auf die Grundschuld anwendbar! Begründung?	277

4 RGZ 59, 313, 316; BGH, NJW 1961, 601; BGH, NJW 1979, 2045 = Rpfleger 1979, 299.

Fragen und Aufgaben zur Wiederholung 12. Kapitel	Antworten und Lösungen auf den Seiten
7. Nennen Sie die Wirksamkeitsvoraussetzungen zur Pfändung der a) Brief-Grundschuld, b) Buch-Grundschuld!	278, 279
8. Begründen Sie die Notwendigkeit der Zustimmung des Grundstückseigentümers zur rechtsgeschäftlichen Aufhebung der Grundschuld!	279
9. Nennen Sie unter Angabe der gesetzlichen Bestimmungen Beispiele für die Entstehung einer Eigentümergrundschuld aus einer Fremdgrundschuld!	279, 280
10. Was verstehen Sie unter einer „verdeckten" Eigentümergrundschuld? Nennen Sie Beispiele!	281
11. Welche materiellrechtliche und grundbuchrechtliche Bedeutung haben a) die Nichtvalutierungserklärung des Gläubigers, b) die löschungsfähige Quittung des Gläubigers?	282, 283
12. Warum muss sich aus der löschungsfähigen Quittung insbesondere die Person des Zahlenden ergeben?	283
13. Die Ausstellung der löschungsfähigen Quittung durch einen von mehreren Gesamtgläubigern i. S. d. § 428 BGB genügt! Begründung?	284
14. Welches Problem kann sich im Rahmen der Übertragung der verzinslichen Eigentümergrundschuld ergeben und wie ist es zu lösen?	284, 285
15. Wie erfolgt die Pfändung der Eigentümergrundschuld?	285

§ 10
Zusammenfassung
(12. Kapitel)

Allgemeines

Entstehung und Bestand der Grundschuld sind vom Bestand der Forderung nicht abhängig. Der Sicherungsgrundschuld liegt der Sicherungsvertrag zugrunde, in dem sich der Gläubiger u. a. verpflichtet, die Grundschuld nach Tilgung der Forderung auf den Eigentümer zu übertragen oder sie löschen zu lassen oder auf sie zu verzichten.

Inhalt

vgl. Ausführungen zur Hypothek; beachte:

gem. § 1192 BGB ist die Anwendung von Hypothekenvorschriften ausgeschlossen, aus denen die Forderungsabhängigkeit der Hypothek als ihre Bestandsvoraussetzung hervorgehen (z. B. §§ 1153, 1163 Abs. 1 BGB).

Belastungsgegenstand

vgl. Hypothek

Berechtigter

vgl. Hypothek

Übertragung

vgl. Hypothek

Beachte aber § 1192 BGB!

Pfändung

Pfändung der Grundschuld erfolgt wie die Pfändung der hypothekarisch gesicherten Forderung gem. §§ 857 Abs. 6; 830 ZPO; Drittschuldner ist der Grundstückseigentümer.

Erlöschen

vgl. Hypothek

Rechtsgeschäftliche Aufhebung:

auch der Eigentümer muss mitwirken (§§ 1183, 1191, 1192 BGB; 19, 27 GBO), da auch aus der Grundschuld eine Eigentümergrundschuld entstehen kann.

Eigentümergrundschuld

Eigentümer kann nicht die Zwangsvollstreckung in das Grundstück betreiben (§ 1197 Abs. 1 BGB);

ihm gebühren in der Zwangsversteigerung keine Zinsen aus der Eigentümergrundschuld (§ 1197 Abs. 2 BGB);

ihm gebühren Zinsen in der Zwangsverwaltung als Ausgleich für entgangene Nutzungen (§ 1197 Abs. 2 BGB);

Eigentümergrundschuld kann kraft Gesetzes entstehen (z. B. §§ 1163 Abs. 1, 2; 1143; 1168 jeweils i. V. m. § 1177 BGB; 868, 932 Abs. 2 ZPO);

Nachweis des Entstehens der Eigentümergrundschuld gegenüber dem Grundbuchrechtspfleger z. B. durch Nichtvalutierungserklärung (§ 1163 Abs. 1 S. 1 BGB), löschungsfähige Quittung (§ 1163 Abs. 1 S. 2 BGB); aus der löschungsfähigen Quittung muss sich insbesondere die Person des Zahlenden ergeben;

Übertragung der verzinslichen Eigentümergrundschuld mit rückwirkendem Zinsbeginn (d. h. vor Entstehung des Fremdrechts) zulässig;

Pfändung der Eigentümergrundschuld erfolgt gem. §§ 857 Abs. 6; 830 ZPO.

13. Kapitel: Eigentumsvormerkung

Beispiel:

Grundstückseigentümer E verkauft sein Grundstück an B (§§ 433, 311b BGB) und lässt es in derselben notariellen Urkunde auch an ihn auf (§§ 873, 925 BGB). Die Eigentumsumschreibung soll erst nach Erteilung der Unbedenklichkeitsbescheinigung des Finanzamtes beantragt werden. B möchte jedoch seinen Anspruch auf Eigentumsübertragung schon jetzt dinglich abgesichert haben. E bewilligt daher die Eintragung einer Vormerkung zur Sicherung des dem B zustehenden Anspruchs auf Eigentumsübertragung des Grundstücks und beantragt beim zuständigen Grundbuchamt in öffentlich beglaubigter Form die Eintragung einer Eigentumsvormerkung.

§ 1 Allgemeines

Der rechtsgeschäftliche Erwerb des Eigentums am Grundstück setzt gem. § 873 Abs. 1 BGB neben der dinglichen Einigung auch die Eintragung im Grundbuch voraus.

Obwohl Verpflichtungsgeschäft (z. B. §§ 433, 311b BGB) und Auflassung (§§ 873, 925 BGB) bereits erklärt sind, wird die zum Erwerb des Eigentums noch notwendige Grundbucheintragung oft erst zu einem späteren Zeitpunkt beantragt, da z. B. noch behördliche Bescheinigungen oder Genehmigungen fehlen. Bis zur Grundbucheintragung als eine der notwendigen Erwerbsvoraussetzungen kann also einige Zeit vergehen.

? Welche rechtlichen Nachteile könnten dem Käufer/Erwerber entstehen, wenn er doch einen wirksamen Anspruch auf Eigentumsübertragung hat und evtl. sogar die Auflassung bereits bindend erklärt ist?

Die durch Verpflichtungsgeschäft und Auflassung erworbene Rechtsstellung des Erwerbers bedeutet noch keine endgültige Sicherung seiner Erwerbsinteressen, denn sein Anspruch auf Eigentumsübertragung ist noch zu erfüllen. Die Erfüllung kann aber aufgrund von vor der Grundbucheintragung liegenden Ereignissen erschwert bzw. sogar unmöglich werden.

Beispiele:

- Der Grundstückseigentümer verkauft das Grundstück an einen anderen, lässt es an ihn auf und veranlasst auch seine Grundbucheintragung. Hier bleiben dem Erstkäufer/ Erwerber nur Schadensersatzansprüche;
- der Grundstückseigentümer geht vor der Grundbucheintragung in Insolvenz, das Grundstück in die Insolvenzmasse (§ 35 InsO);
- Zwangsvollstreckungen in das Grundstück;
- der Grundstückseigentümer belastet das Grundstück mit dinglichen Rechten.

Vor diesen Rechtsnachteilen kann die Eintragung der

Eigentumsvormerkung

schützen.

Lesen Sie nun §§ 883 Abs. 1–3; 888 BGB!

Die Eigentumsvormerkung stellt noch kein dingliches Recht dar, denn sie sichert lediglich den

schuldrechtlichen Anspruch auf Einräumung des Eigentums am Grundstück.

Dennoch ist eine Art Verwandtschaft mit den dinglichen Rechten erkennbar, denn die Vormerkung erzeugt

dingliche Wirkung (§ 883 Abs. 2 BGB),

d. h. sie schützt den Berechtigten gegenüber möglichen Dritterwerbern so, als sei sein vorgemerktes Recht (Eigentum) bereits eingetragen. Eine Verfügung, die nach Eintragung der Vormerkung über das Grundstück getroffen wird, ist *dem Vormerkungsberechtigten gegenüber unwirksam,* wenn dadurch sein Anspruch vereitelt oder beeinträchtigt wird.

Die nur *relative Unwirksamkeit* der Verfügung führt daher nicht zu einer Grundbuchsperre, so dass weitere Eintragungen erfolgen können.

Fall:

Grundstückseigentümer E verkauft sein Grundstück an K (§§ 433, 311b BGB). Zur Sicherung des Eigentumsübertragungsanspruchs des K wird für diesen eine Eigentumsvormerkung eingetragen. Im Kaufvertrag war dem E gestattet worden, zu Lasten des Kaufgrundstücks noch ein Grundpfandrecht i. H. von 50.000 € zu bestellen.

Nach Eintragung der Eigentumsvormerkung beantragt und bewilligt E die Eintragung des vorbezeichneten Rechts mit dem Vermerk, dass „das Grundpfandrecht gegenüber der rangbesseren Eigentumsvormerkung wirksam ist."

? Welche Überlegungen sind anzustellen?

Der Antragsteller begehrt die Eintragung des Grundpfandrechts mit

Wirksamkeitsvermerk.

Ein solcher Vermerk ist eintragungsfähig[1]. Aus dem Vermerk geht dann hervor, dass das Grundpfandrecht gegenüber der rangbesseren Eigentumsvormerkung wirksam ist. Die Eintragung des **Wirksamkeitsvermerks** erfolgt im Wege der Grundbuchberichtigung (Vorlage des Kaufvertrages mit „Gestatten" oder Bewilligung des Vormerkungsberechtigten).

📖 Lesen Sie hierzu *Schöner/Stöber*, Rdn. 1523!

? Wie entsteht die Eigentumsvormerkung?

📖 Lesen Sie die §§ 883, 885 BGB!

Entstehung und Bestand der Eigentumsvormerkung setzen voraus:

- Bestehen eines schuldrechtlichen Anspruchs auf Eigentumsübertragung (§ 883 Abs. 1 BGB; vgl. auch § 895 ZPO);
- materiellrechtliche Bewilligung oder einstweilige Verfügung (§§ 885 Abs. 1 BGB, 895 ZPO);
- Eintragung im Grundbuch (§ 883 Abs. 1 BGB).

Insbesondere das Bestehen des schuldrechtlichen Anspruchs ist für die Eigentumsvormerkung „lebensnotwendig". Man kann auch sagen:

die Vormerkung teilt das Rechtsschicksal des schuldrechtlichen Anspruchs,

kann also grundsätzlich

nur mit diesem Anspruch entstehen und

nur mit diesem Anspruch übertragen werden.

Erlischt der schuldrechtliche Anspruch, muss auch die Vormerkung als „Anhängsel" grundsätzlich mit untergehen!

§ 2
Inhalt

Dem Grundbuchamt obliegt grundsätzlich die Prüfung der formellrechtlichen Eintragungsvoraussetzungen (Verfahrensvoraussetzungen). Im Rahmen dieser Prüfungspflichten ist insbesondere darauf zu achten, dass im Hinblick auf die beantragte Eintragung die Bewilligung i. S. d. § 19 GBO einen Inhalt wiedergibt, der, sei es nun ausdrücklich oder durch Bezugnahme i. S. d. § 874 BGB, auch eintragungsfähig ist.

---

1 BGH, DNotZ 1999, 1000; u. a.

Wenn auch das Grundbuchamt grundsätzlich nicht die Wirksamkeit von Verträgen und sich daraus herleitender Ansprüche zu prüfen hat (Ausnahme: § 20 GBO), so muss es dennoch vom Betroffenen eine Bewilligung verlangen, die die gewünschte Rechtsänderung so wiedergibt, dass berechtigte oder begründete Zweifel hinsichtlich der Erfüllung aller materiellrechtlicher Voraussetzungen nicht bestehen. Offenbare Einigungsmängel hat es deshalb auch außerhalb der Prüfung des § 20 GBO zu beachten und den Antrag ggf. zu beanstanden, denn es hat für die Richtigkeit des Grundbuches, nicht für dessen Unrichtigkeit zu sorgen.

? Darf das Grundbuchamt ohne Nachweis des Bestehens des schuldrechtlichen Anspruchs die Eintragung der Vormerkung verfügen?

Gemäß den vorstehend beschriebenen allgemeinen Grundsätzen muss die Prüfung der Wirksamkeit des durch die Eigentumsvormerkung zu sichernden schuldrechtlichen Anspruchs grundsätzlich außer Betracht bleiben. Nach der h. M.[2] sollen auch bloße Zweifel am Bestand des schuldrechtlichen Anspruchs unberücksichtigt bleiben. Nur die positive Kenntnis vom Nichtbestehen des schuldrechtlichen Anspruchs oder des Ausschlusses seiner Entstehung (bei künftigen oder bedingten Ansprüchen) rechtfertigten die Ablehnung der Eintragung.

Mit der sich hier stellenden Problematik befasst sich auch die Literatur in verstärktem Maße.

Lesen Sie *Eickmann/Böttcher,* Grundbuchverfahrensrecht, 4. Auflage, 6. Kap. § 2 IV, die gegen die herrschende Meinung zu Recht Bedenken äußern!

Unterschiedliche Rechtsauffassungen machen das Studium des Grundbuchrechts zweifellos interessant, gleichzeitig aber auch problematisch. Zu der angesprochenen Frage wird daher folgende Lösung empfohlen:

Die Wirksamkeit des schuldrechtlichen Anspruchs ist grundsätzlich nicht zu prüfen. Das Grundbuchamt ist aber zu dieser Prüfung verpflichtet, wenn *berechtigte Zweifel* an seiner Wirksamkeit oder seiner Entstehung *erkennbar* sind[3].

Wenn die h. M. das Grundbuchamt von der Prüfung der Wirksamkeit des schuldrechtlichen Anspruchs befreien will, so hat es dennoch die Pflicht, den in der Bewilligung genannten schuldrechtlichen Anspruch auf seine

Bestimmtheit

hin zu untersuchen. Die Bewilligung muss daher insoweit grundsätzlich folgende Angaben enthalten:

- Gläubiger/Berechtigter

2 KG, Rpfleger 1972, 94.
3 K/E/H/E/*Erber/Faller,* Einl. G 30, 32; u. a.

! **Merke:** Als Berechtigter der Eigentumsvormerkung kommt nur der Inhaber des schuldrechtlichen Anspruchs in Betracht.

- Schuldner

! **Merke:** Schuldner des vorzumerkenden Anspruchs kann nur der Inhaber des dinglichen Rechtes sein, auf dessen Einräumung der schuldrechtliche Anspruch gerichtet ist, also der Grundstückseigentümer zum Zeitpunkt der Eintragung der Vormerkung.

- Leistungsinhalt

Verpflichtung zur Übereignung eines bestimmten Grundstücks, Grundstücksteiles (realer Teil) oder ideellen Miteigentumsanteils (Bruchteil).

! **Merke:** Der Leistungsinhalt muss sich inhaltlich an den Bestimmtheitserfordernissen orientieren, die auch für das endgültige dingliche Recht (hier: Eigentum) maßgeblich sind.

- Schuldgrund

z. B. Kaufvertrag, Schenkungsvertrag.

! **Merke:** Die rechtliche Grundlage des zu sichernden Anspruchs muss so *angegeben* sein, dass Zweifel an der Vormerkungsfähigkeit des Anspruchs nicht bestehen (z. B.: „Kaufvertrag vom … gem. notarieller Urkunde des Notars X vom …"). Die *Vorlage* des Veräußerungsvertrages ist nicht erforderlich.

Die vom Grundbuchamt im Rahmen der Prüfung des eintragungsfähigen Inhalts der Bewilligung anzustellenden Überlegungen erstrecken sich insbesondere auf die

Vormerkungsfähigkeit des zu sichernden schuldrechtlichen Anspruchs (s. o.: Schuldgrund, Leistungsinhalt).

Fall:

Grundstückseigentümer E verspricht in notariellem Schenkungsvertrag seinem Sohn S (§§ 516, 518 BGB), diesem sein Grundstück zu übereignen unter der Bedingung, dass S sein Examen besteht.

Zur Sicherung dieses Anspruchs beantragt und bewilligt E die Eintragung einer Eigentumsvormerkung zugunsten seines Sohnes S.

? Welche Überlegungen sind anzustellen?

Dem S steht der Anspruch auf Übereignung des Grundstücks des E nur unter der Bedingung zu, dass er sein Examen besteht.

Lesen Sie § 883 Abs. 1 S. 2 BGB!

Die Vormerkungsfähigkeit besitzen demnach auch

künftige und bedingte Ansprüche.

? Wie unterscheidet sich der künftige vom bedingten Anspruch?

Vormerkungsfähiger **künftiger Anspruch**	Vormerkungsfähiger **bedingter Anspruch**
Das Rechtsgeschäft, aus dem der künftige Anspruch sich herleiten soll, ist noch nicht wirksam; es fehlt die eine oder andere Entstehungsvoraussetzung.	Das Rechtsgeschäft, aus dem der Anspruch sich herleiten soll, erfüllt bereits alle Entstehungsvoraussetzungen (Angebot, Annahme), aber Wirkung und Rechtsfolgen hängen vom Eintritt eines zukünftigen ungewissen Ereignisses ab.
Beispiel:	**Beispiel:**
Grundstückseigentümer E macht dem interessierten Käufer X ein wirksames Kaufvertragsangebot, an das er sich für zwei Monate gebunden fühlt. X überlegt noch, ob er das Angebot annehmen soll.	vgl. vorstehenden Fall

Die Vormerkungsfähigkeit des künftigen oder bedingten Anspruchs ist bestimmten Beschränkungen unterworfen:

! **Merke:** Der **künftige Anspruch** ist vormerkungsfähig, wenn der Verpflichtete die *Entstehung* des Rechtsgeschäfts und damit des Anspruchs des Berechtigten aufgrund einer ihn bindenden Willenserklärung nicht mehr verhindern kann[4]. Der sichere Rechtsboden für die Entstehung des Anspruchs muss also schon erkennbar sein.

Der *bedingte Anspruch* besitzt die Vormerkungsfähigkeit, wenn die Wirkungen des *bereits entstandenen* Rechtsgeschäfts von dem Eintritt eines künftigen ungewissen

4 OLG Hamm, Rpfleger 1978, 137; u. a.

Ereignisses abhängen soll, selbst wenn der Eintritt des Ereignisses vom Verhalten des Verpflichteten oder des Berechtigten abhängt.

☞ Beurteilen Sie nun die Vormerkungsfähigkeit des im Fall S. 295 bezeichneten Anspruchs!

Bei dem genannten Anspruch handelt es sich um einen bedingten Anspruch. Der Verpflichtete (Grundstückseigentümer E) hat eine ihn bindende Willenserklärung abgegeben, der Berechtigte (Sohn S) hat sie angenommen; der sichere Rechtsboden ist erkennbar vorhanden, wenngleich die Wirkungen des Anspruchs noch vom Verhalten des Berechtigten abhängen. Die Vormerkungsfähigkeit ist daher gegeben.

§ 3
Belastungsgegenstand

Die Vormerkung wird bei denjenigen Grundstücksrechten eingetragen, die Gegenstand des schuldrechtlichen Anspruchs sein können bzw. auf dessen Einräumung pp. der schuldrechtliche Anspruch gerichtet ist.

Bei der Eigentumsvormerkung müssen wir uns daher fragen, welcher „Gegenstand“ zum Inhalt des schuldrechtlichen Anspruchs auf Eigentumsübertragung gemacht werden kann!

Es gilt der Grundsatz:

was dinglich entstehen kann, muss auch schuldrechtlich sicherbar sein!

Die Eigentumsvormerkung kann demnach belasten

- ein Grundstück (oder grundstücksgleiches Recht);
- einen ideellen Miteigentumsanteil (Bruchteil);

  Besonderheit:

  Grundstückseigentümer E verkauft in notarieller Urkunde (§§ 433, 311b BGB) dem X eine *reale* Teilfläche seines Grundstücks in einer Größe von 640 qm. Die verkaufte Teilfläche ist in einer mit der gleichzeitig abgegebenen Bewilligung verbundenen Skizze genau beschrieben.

  Die dem Grundbuchamt vorliegende Bewilligung des E erstreckt sich auf Eintragung einer Eigentumsvormerkung auf der beschriebenen Teilfläche zur Sicherung des dem X zustehenden Anspruchs auf Übereignung der bezeichneten realen Teilfläche.

  In diesen Fällen lastet die Vormerkung auf dem gesamten Grundstück, sichert aber den Anspruch auf Eigentumsverschaffung an einer noch zu vermessenden oder auch schon vermessenen Teilfläche[5].

---

5 *Schöner/Stöber*, Rdn. 1503.

An der noch unvermessenen Teilfläche selbst kann die Vormerkung nicht eingetragen werden[6].

Die Eintragung könnte z. B. lauten (Abteilung II)

Sp. 2: 1

Sp. 3: Vormerkung zur Sicherung des Anspruchs auf Übertragung des Eigentums an einer Teilfläche von etwa … m^2 für … Unter Bezugnahme auf die Bewilligung vom … (Notar …, URNr. …) eingetragen am …

§ 4
Berechtigter

Als Berechtigter der Vormerkung kommt nur der Inhaber des schuldrechtlichen Anspruchs in Betracht. Dies können grundsätzlich nur bestimmte

natürliche oder juristische Personen; Personenhandelsgesellschaften und Partnerschaftsgesellschaften, Gesellschaften bürgerlichen Rechts;

sein.

Fall:

Grundstückseigentümer E verpflichtet sich in notarieller Urkunde gegenüber X und Y, das Grundstück an den längstlebenden Berechtigten zu übereignen.

Zur Sicherung des schuldrechtlichen Anspruchs des Längstlebenden der Berechtigten X, Y wird die Eintragung einer Eigentumsvormerkung beantragt und bewilligt.

? Welche Überlegungen sind anzustellen?

In der Bewilligung muss der zu sichernde schuldrechtliche Anspruch hinreichend bestimmt sein (vgl. auch S. 294, 295). Dies verlangt u. a. auch die genaue Angabe des Berechtigten. Im Fall steht zunächst der Berechtigte des schuldrechtlichen Anspruchs und damit der Eigentumsvormerkung nicht fest; entweder ist es X oder Y. Dennoch muss die Unbestimmtheit des Berechtigten kein der Eintragung der Eigentumsvormerkung entgegenstehendes Hindernis darstellen, denn die Vormerkung „lebt" vom schuldrechtlichen Anspruch, der seinerseits wiederum dem Recht der Schuldverhältnisse untersteht.

Wir müssen uns daher fragen:

? Kann der schuldrechtliche Anspruch auch einer Person zustehen, deren Identität zwar zur Zeit noch nicht endgültig feststeht, jedoch aufgrund bestimmter sachlicher Merkmale zweifelsfrei bestimmbar ist?

---

6 GBAnet Stuttgart BWNotZ 1987, 117.

Lesen Sie § 328 BGB!

Die Bestimmung kann auf den vorstehenden Fall nicht unmittelbar angewandt werden, denn Begünstigter ist nicht ein Dritter, sondern der derzeitige Vertragspartner. Gleichwohl lässt sich aus dieser Norm entnehmen, dass der Inhaber eines schuldrechtlichen Anspruchs nicht schon von vornherein bekannt sein muss. Ist aber die Entstehung eines schuldrechtlichen Anspruchs in der Person eines derzeit noch nicht identifizierbaren Berechtigten möglich, muss ein solcher Anspruch auch durch Eintragung einer Vormerkung für diesen „unbekannten" Berechtigten zulässig sein. Der uns durch das gesamte Grundbuchrecht begleitende

Bestimmtheitsgrundsatz

steht dem nicht entgegen, wenn im Hinblick auf die schuldrechtlichen Möglichkeiten der Anspruchsberechtigung die Person des Vormerkungsberechtigten aufgrund von sie kennzeichnenden **sachlichen** Merkmalen zweifelsfrei identifizierbar ist.

? Wie ist in vorstehendem Fall zu entscheiden?

Da der demnächst Berechtigte aufgrund objektiv nachprüfbarer Umstände (Tod des Zuerstversterbenden) zweifelsfrei festgestellt werden kann, steht insoweit der Eintragung der Eigentumsvormerkung „zugunsten des Längstlebenden der Beteiligten X und Y" kein Hindernis entgegen.

Der schuldrechtliche Anspruch auf Eigentumsübertragung kann mehreren Beteiligten zustehen, so dass auch die Eintragung der Eigentumsvormerkung zugunsten

mehrerer Berechtigter

zulässig ist. Gem. § 47 GBO muss die Bewilligung Auskunft geben über ein

zulässiges Beteiligtenverhältnis.

Hier gilt hinsichtlich der Eigentumsvormerkung zunächst folgender Grundsatz (Ausnahme möglich):

die Eigentumsvormerkung lässt jedes Beteiligtenverhältnis zu, das auch beim endgültigen Recht (Eigentum) zulässig ist.

Beispiele (zulässige Beteiligtenverhältnisse):

- Bruchteilsgemeinschaft (§§ 741 ff. BGB);
- Gütergemeinschaft (§§ 1416 ff. BGB).

? Bestehen Bedenken hinsichtlich der Zulässigkeit der Gesamtberechtigung i. S. d. § 428 BGB?

Lesen Sie zunächst noch einmal den zuvor zitierten Grundsatz!

Hiernach wäre die Gesamtberechtigung i. S. d. § 428 BGB bei der Eigentumsvormerkung möglich, wenn auch die endgültige Eintragung (Eigentum) in dieser Gemeinschaftsform zulässig wäre. Letzteres ist jedoch abzulehnen.

? Können Sie das begründen?

§ 428 BGB verlangt das Bestehen eines Anspruchs der Berechtigten auf Leistung durch den Schuldner. Ist aber die Eigentumsumschreibung erfolgt, dann ist auch die Leistung erbracht und damit der Anspruch erfüllt. Für das *Eigentum* am Grundstück kann § 428 BGB daher keine Bedeutung haben.

Dennoch ist entgegen dem zuvor genannten Grundsatz die Gesamtberechtigung i. S. d. § 428 BGB bei der Eigentumsvormerkung zulässig.

Solange die Eigentumsumschreibung noch nicht vollzogen ist, besteht der Anspruch der Berechtigten und damit noch die Leistungspflicht des Schuldners (Eigentümer). Gegen die Zulässigkeit dieses Beteiligtenverhältnisses bestehen daher keine Bedenken.

In welchem Beteiligtenverhältnis letztlich die Eintragung des *Eigentums* erfolgt, hängt von den Erklärungen in der Auflassungsverhandlung ab.

§ 5
Übertragung

☞ Wiederholen Sie die Ausführungen zum schuldrechtlichen Anspruch auf S. 293!

? Wie erfolgt die Übertragung der Eigentumsvormerkung?

Wir wissen, dass Gegenstand der Übertragung nicht die Vormerkung, sondern vielmehr der

schuldrechtliche Anspruch

ist. Die Vormerkung als solche ist selbständig nicht übertragbar, sondern mit der Übertragung des schuldrechtlichen Anspruchs geht sie mit diesem „automatisch" auf den neuen Berechtigten über. Insoweit sind die §§ 413, 401 BGB entsprechend anzuwenden. Wie schon bei der Hypothek spielt auch bei der Vormerkung der Grundsatz der Akzessorietät eine gewichtige Rolle.

Der Übergang der Eigentumsvormerkung setzt also die

wirksame Übertragung des schuldrechtlichen Anspruchs

voraus.

? Nach welchen gesetzlichen Bestimmungen wird der schuldrechtliche Anspruch übertragen?

Die Übertragung des schuldrechtlichen Anspruchs erfolgt nach den für die Übertragung einer Forderung maßgeblichen Regeln und Vorschriften, somit unter Anwendung und Beachtung der

§§ 398 ff. BGB,

d. h. aufgrund Abtretungsvertrages zwischen dem Anspruchsinhaber (Vormerkungsberechtigter) und Anspruchserwerber.

Die Übertragung setzt materiellrechtlich grundsätzlich keine besondere Form voraus.

Hat der Vormerkungsberechtigte seinen Anspruch auf Eigentumsübertragung außerhalb des Grundbuches wirksam übertragen, dann weist das Grundbuch die wahre Berechtigung nicht aus, es ist insoweit **unrichtig,** und kann auf entsprechenden Antrag hin berichtigt werden.

Die Grundbuchberichtigung durch Eintragung des neuen Vormerkungsberechtigten geschieht entweder

- mit Berichtigungsbewilligung des Betroffenen (§§ 19, 22, 29 GBO) *oder*
- durch Nachweis der Unrichtigkeit des Grundbuches (§§ 22, 29 GBO).

In der Berichtigungsbewilligung des letzten Vormerkungsberechtigten muss die Unrichtigkeit des Grundbuches schlüssig vorgetragen werden.

Beispiel:

„Für den unterzeichnenden A ist im Grundbuch von … in Abteilung II unter Nr. … eine Vormerkung zur Sicherung des schuldrechtlichen Anspruchs auf Übertragung des Eigentums an dem Grundstück … eingetragen. Der schuldrechtliche Anspruch ergibt sich aus der dort vorliegenden Urkunde des Notars … Den der Vormerkung zugrunde liegenden, bezeichneten Anspruch hat der Unterzeichnende am … übertragen auf B. … Er bewilligt die Eintragung des B als neuen Vormerkungsberechtigten."

? Welchen Nachweis muss das Grundbuchamt im Falle der beantragten Grundbuchberichtigung i. S. d. § 22 Abs. 1 GBO verlangen?

Beispiel:

Der Begünstigte beantragt, ihn als neuen Vormerkungsberechtigten einzutragen.

Im Falle des § 22 Abs. 1 GBO ist dem Grundbuchamt die Unrichtigkeit des Grundbuches, also die Vormerkungsberechtigung des Erwerbers nachzuweisen. Zu diesem Zwecke bedarf es der Vorlage des Abtretungsvertrages, der mit Rücksicht auf § 29 Abs. 1 S. 1 GBO zumindest in öffentlich beglaubigter Form erklärt sein muss.

§ 6
Erlöschen

Zur

rechtsgeschäftlichen Aufhebung

der Eigentumsvormerkung bedarf es

- der Aufgabeerklärung des Vormerkungsberechtigten und
- der Löschung im Grundbuch.

Da die Vormerkung kein echtes dingliches Recht darstellt, wird insoweit § 875 BGB „nur" entsprechend angewandt.

Die Löschung im Grundbuch erfolgt insbesondere unter Vorlage der

Bewilligung des Vormerkungsberechtigten (§ 19 GBO).

? Kann das Erlöschen der Vormerkung ohne Mitwirkung des Vormerkungsberechtigten und der Löschung im Grundbuch eintreten?

Wir wissen, dass Entstehung und Bestand der Vormerkung grundsätzlich vom Entstehen bzw. Bestand des schuldrechtlichen Anspruchs abhängen. Erlischt daher der schuldrechtliche Anspruch, muss grundsätzlich auch die Vormerkung untergehen. Das Erlöschen des schuldrechtlichen Anspruchs hat also hier eine andere Rechtsfolge als das Erlöschen der Forderung bei der Hypothek.

? Erkennen Sie den Unterschied?

Mit dem Erlöschen der Forderung verliert zwar auch der Hypothekengläubiger seine Hypothek, das Recht kann aber in umgewandelter Form z. B. auf den Eigentümer übergehen (Eigentümergrundschuld). Das Erlöschen des durch die Eigentumsvormerkung gesicherten schuldrechtlichen Anspruchs bewirkt hingegen den gänzlichen Untergang der eingetragenen Sicherheit. Ein Eigentümerrecht entsteht hier nicht[7].

Wenn das Erlöschen der Vormerkung sich bereits außerhalb des Grundbuches vollzogen hat, führt eine dennoch eingetragene Vormerkung zur

Unrichtigkeit des Grundbuches.

Die Berichtigung des Grundbuches setzt hier grundsätzlich einen darauf gerichteten Antrag sowie den Nachweis der Unrichtigkeit voraus.

7 BGH, NJW 1981, 36.

Fall:

Zugunsten des B ist auf dem Grundstück des E eine Eigentumsvormerkung eingetragen. Nunmehr lässt E das Grundstück an B auf, der als neuer Grundstückseigentümer eingetragen wird.

? Kann die noch eingetragene Vormerkung gem. § 84 GBO von Amts wegen gelöscht werden?

Da die Eigentumsumschreibung auf den Vormerkungsberechtigten erfolgt ist, könnte der gesicherte schuldrechtliche Anspruch wegen Erfüllung erloschen und damit die noch eingetragene Vormerkung gegenstandslos geworden sein.

! Hier ist jedoch Vorsicht geboten!

Der schuldrechtliche Anspruch muss nicht zwangsläufig mit Eigentumsumschreibung auf den Vormerkungsberechtigten schon erfüllt sein; vielmehr ist der Anspruch des Vormerkungsberechtigten erst dann erfüllt, wenn die Eigentumsumschreibung unter Wahrung und Beachtung aller Interessen des Vormerkungsberechtigten bewirkt worden ist.

So hat z. B. der Vormerkungsberechtigte grundsätzlich einen Anspruch auf

lastenfreien Eigentumserwerb,

d. h. sein erworbenes Recht (Eigentum) muss rechtlich so ausgestaltet sein, wie es sich zum Zeitpunkt der Eintragung der Vormerkung dargestellt hat.

Beispiel:

Eintragung der Eigentumsvormerkung für B am 01.06.

Eintragung einer Hypothek für G aufgrund der Bewilligung des Eigentümers E am 01.07.

Eigentumsumschreibung auf B am 01.08.

Die Belastung des Grundstücks durch Eintragung der Hypothek am 01.07. ist gem. § 883 Abs. 2 BGB dem Vormerkungsberechtigten B gegenüber unwirksam. Er kann gem. § 888 BGB von dem Hypothekengläubiger G die Zustimmung zur Löschung der Hypothek verlangen, denn zum Zeitpunkt der Eintragung der Eigentumsvormerkung war das vorgemerkte Eigentumsrecht hypothekenfrei. Diese Rechte stehen dem Vormerkungsberechtigten selbst dann noch zu, wenn seine Vormerkung hier unter Anwendung des § 84 GBO zu Unrecht gelöscht würde, denn die Schutzwirkung der §§ 883 Abs. 2, 888 BGB kann infolge gesetzeswidriger Löschung der Vormerkung nicht verloren gehen[8].

? Die Rechte des B sind trotz bestehender Vormerkungswirkungen dennoch gefährdet! Erkennen Sie die mögliche Rechtsgefährdung?

Lesen Sie § 892 Abs. 1 S. 1 BGB!

8 BGH, NJW 1973, 323, 325.

Die Vormerkung und ihre Wirkungen bestehen nach ihrer formellen Löschung nicht für den gutgläubigen Dritten, d. h. tritt hier der Hypothekengläubiger G vor Geltendmachung der dem B zustehenden Rechte die Hypothek an einen auf das Nichtbestehen der Vormerkung vertrauenden, gutgläubigen Dritten ab, so wird dieser die Hypothek erwerben, und zwar dann auch mit Wirkung gegenüber B.

Daraus folgt:

Die Eigentumsumschreibung auf den Vormerkungsberechtigten führt nicht zwangsläufig zur Gegenstandslosigkeit der Vormerkung und damit zur Unrichtigkeit des Grundbuches, da noch ein Bedürfnis für den Fortbestand der Vormerkung bestehen kann.

Das Grundbuchamt tut daher gut daran, auf die Anwendung des § 84 GBO zu verzichten und stattdessen die Löschung der Vormerkung nur mit Bewilligung des Vormerkungsberechtigten zu verfügen. Selbst im Falle fehlender Zwischeneintragungen (Eintragungen zwischen Vormerkung und Eigentumsumschreibung) ist von einem Verfahren i. S. d. § 84 GBO abzuraten, da auch hier die Vormerkung für den Berechtigten noch Bedeutung haben kann (z. B. bei Geschäftsunfähigkeit des Vertragspartners im Rahmen der Auflassung und damit unwirksamem Eigentumserwerb). Zu beachten ist auch die Entscheidung des BGH zur möglichen „Wiederaufladbarkeit" einer Vormerkung[9].

In der grundbuchrechtlichen Praxis wird die Problematik in der Regel damit gelöst, dass schon bei Bestellung der Eigentumsvormerkung der Berechtigte bzw. spätere Erwerber folgende Bewilligung abgibt:

„Der Erwerber bewilligt bereits jetzt die Löschung der Vormerkung für den Fall der vertragsgemäßen Eigentumsumschreibung des Grundstücks, falls keine Zwischenbelastungen eingetragen und keine vorgehenden Anträge dem Grundbuchamt vorliegen."

☞ Nennen Sie Beispiele für das Erlöschen des schuldrechtlichen Anspruchs und damit der Vormerkung!

Beispiele:

- Eintritt einer auflösenden Bedingung bei auflösend bedingtem Anspruch;
- Ablauf der Frist bei befristeten Ansprüchen;
- Übergang des schuldrechtlichen Anspruchs auf den Eigentümer, weil er z. B. den Vormerkungsberechtigten beerbt hat;
- wirksame Anfechtung.

9 BGH, BGHZ 143, 175 und *Amann*, DNotZ 2014, 178–203.

! **Merke:** Da im Rahmen des § 22 GBO die Eintragung ohne Bewilligung des Betroffenen vorgenommen wird, muss die Grundbuchunrichtigkeit eindeutig und zweifelsfrei nachgewiesen werden. „Eine Glaubhaftmachung oder ein gewisser Grad der Wahrscheinlichkeit genügt nicht“[10]. Vorsicht ist geboten! Zweifel rechtfertigen die Vorlage der Bewilligung des Betroffenen.

Fall:

Das Grundstück des Eigentümers E ist belastet mit einer auf die Lebenszeit des Berechtigten B beschränkten Eigentumsvormerkung zur Sicherung des (übertragbaren) Anspruchs auf Eigentumserwerb.

B verstirbt am 01.02.

Am 01.06. desselben Jahres beantragt der Eigentümer unter Vorlage der Sterbeurkunde des B die Löschung der Vormerkung.

? Welche Überlegungen sind anzustellen?

Mit dem Tode des Berechtigten ist die auf die Lebenszeit des Berechtigten beschränkte Vormerkung erloschen, das Grundbuch hinsichtlich des Vormerkungsbestandes unrichtig geworden.

? Kann die Löschung unter Anwendung des § 22 GBO erfolgen oder bedarf es darüber hinaus zur Löschung noch der Bewilligung des Rechtsnachfolgers i. S. d. § 23 GBO?

Falls bei der auf die Lebenszeit des Berechtigten beschränkten Eigentumsvormerkung rückständige Leistungen denkbar sind („... nicht ausgeschlossen sind ...“) und die Löschung innerhalb eines Jahres seit dem Tode des Berechtigten erfolgen soll bzw. der Rechtsnachfolger der Löschung widersprochen hat, darf die Löschung nur mit Bewilligung des Rechtsnachfolgers erfolgen.

In vorstehendem Fall bleibt letztlich zu prüfen, ob die Eigentumsvormerkung rückständige Leistungen vermuten lassen kann. Dies wurde z. T. bejaht[11]. Rückständige Leistungen seien darin zu sehen, dass der Anspruch des Vormerkungsberechtigten gem. den §§ 883 Abs. 2, 888 BGB evtl. zu Lebzeiten geltend gemacht wurde, jedoch infolge des Todes des Berechtigten nicht mehr realisiert werden konnte.

Die Auffassung überzeugt nicht. Inhalt und Bedeutung der Eigentumsvormerkung werden durch ihren Schutz- und Sicherungscharakter gekennzeichnet. Wenn die Eigentumsvormerkung nach dem Willen der Beteiligten auf die Lebenszeit des Berechtigten beschränkt sein soll, dann ist letztlich der Schutz- und Sicherungszweck auf die Lebenszeit des Berechtigten beschränkt.

---

10 *K/E/H/E/Ertl*, Rdn. 58 zu § 22 GBO.
11 LG Bochum, Rpfleger, 1971, 314; OLG Köln, Rpfleger 1985, 290.

Daraus folgt:

Der Tod des Berechtigten muss nach dem Willen der Beteiligten den Untergang der Vormerkung und damit der Vormerkungswirkung haben. Für rückständige Leistungen ist dann insoweit kein Raum, eine Anwendung des § 23 GBO kommt nicht in Betracht[12]. Die Eigentumsvormerkung kann gem. § 22 GBO unter Vorlage der Sterbeurkunde gelöscht werden.

Lesen Sie zur Problematik *Streuer*, Rpfleger 1986, 245–248!

! **Merke:** Ist der durch die Vormerkung gesicherte schuldrechtliche Anspruch auflösend bedingt (z. B. durch Tod des Berechtigten) und tritt die Bedingung ein, so erlischt der schuldrechtliche Anspruch und mit ihm die Vormerkung. Die Anwendung des § 23 GBO muss hier erst recht außer Betracht bleiben.

§ 7
Zur Wiederholung

Fragen und Aufgaben zur Wiederholung 13. Kapitel	Antworten und Lösungen auf den Seiten
1. Nennen Sie die Entstehungsvoraussetzungen für die Eigentumsvormerkung!	293
2. Welche besondere Prüfung obliegt dem Grundbuchamt bzgl. des Inhalts der Bewilligung?	293–297
3. Unter welchen Umständen kommt auch eine Prüfung der Wirksamkeit des schuldrechtlichen Anspruchs durch das Grundbuchamt in Betracht?	294
4. Unter welchen Voraussetzungen kann auch der künftige oder bedingte Anspruch durch Eintragung einer Vormerkung gesichert werden?	296
5. Welche Rechtsposition muss der Schuldner des vorgemerkten Anspruchs besitzen?	295

12 OLG Düsseldorf, MittRhNotK 1975, 485; LG Bonn, NJW 1963, 819; *Streuer*, Rpfleger 1986, 245–248 (auch zum Vorkaufsrecht); BGH, Rpfleger 1992, 287; *Schöner/Stöber*, Rdn. 1544.

Fragen und Aufgaben zur Wiederholung 13. Kapitel	Antworten und Lösungen auf den Seiten
6. Warum ist § 7 GBO auf die Eigentumsvormerkung nicht anwendbar?	297, 298
7. Unter welchen Voraussetzungen genügt die Bestimmbarkeit des Vormerkungsberechtigten?	298, 299
8. Begründen Sie die Zulässigkeit der Gesamtberechtigung i. S. d. § 428 BGB bei der Eigentumsvormerkung und ihre Unzulässigkeit beim Grundstückseigentum?	300
9. Wie erfolgt die Übertragung der Eigentumsvormerkung und welche besonderen grundbuchrechtlichen Nachweise sind zur Eintragung des neuen Berechtigten erforderlich?	300, 301
10. Warum sollte auch nach erfolgter Eigentumsumschreibung auf den Vormerkungsberechtigten die Löschung der Vormerkung nur mit seiner Bewilligung erfolgen?	303
11. Beschreiben Sie die Problematik „Eigentumsvormerkung und § 23 GBO"!	305, 306

§ 8
Zusammenfassung
(13. Kapitel)

Allgemeines Eigentumsvormerkung sichert schuldrechtlichen Anspruch auf Eigentumsübertragung. Folge: Schutz des Anspruchsinhabers vor vertragswidrigen Verfügungen des Schuldners (Eigentümer) oder Eingriffen Dritter (Zwangsvollstreckung) gem. §§ 883 Abs. 2; 888 BGB; Berechtigter wird letztlich so gestellt, als habe er das gesicherte Recht bereits zum Zeitpunkt der Vormerkungseintragung erworben.

Entstehung wirksamer schuldrechtlicher Anspruch auf Eigentumsübertragung (auch künftiger oder bedingter Anspruch) und materiellrechtliche Bewilligung des Betroffenen oder einstweilige Verfügung und Grundbucheintragung.

Inhalt	schuldrechtlicher Anspruch auf Eigentumsübertragung; auch künftiger oder bedingter Anspruch ist vormerkungsfähig; bei künftigem oder bedingtem Anspruch muss Bindungswille für den Fall künftigen Verhaltens vorhanden sein. Grundsätzlich keine Prüfung der Wirksamkeit des schuldrechtlichen Anspruchs durch den Grundbuchrechtspfleger; stattdessen genaue Bezeichnung des schuldrechtlichen Anspruchs nach Leistungsinhalt, Berechtigten, Verpflichtetem, Schuldgrund.
Belastungsgegenstand	Grundstück, Grundstücksbruchteil, realer, genau beschriebener Grundstücksteil (kein Fall von § 7 GBO).
Berechtigter	natürliche oder juristische Person (einschl. Personenhandelsgesellschaften u. Partnerschaften), die bestimmt oder nach sachlichen Kriterien bestimmbar sein müssen; bei mehreren Berechtigten Beteiligungsverhältnis beachten, z. B.: Bruchteilsgemeinschaft, BGB-Gesellschaft, Gütergemeinschaft, Gesamtberechtigung i. S. d. § 428 BGB.
Übertragung	durch formlose Übertragung des schuldrechtlichen Anspruchs gem. §§ 398 ff., 413, 401 BGB; Prüfungspflichten des Grundbuchamtes im Rahmen der Berichtigungsbewilligung oder Unrichtigkeitsnachweis (§ 22 GBO).
Erlöschen	Aufgabeerklärung des Berechtigten und Eintragung im Grundbuch (§ 875 BGB entsprechend); Erlöschen des schuldrechtlichen Anspruchs und Wegfall der materiellrechtlichen Entstehungsvoraussetzungen; aber „Novationsurteil“ des BGH zu beachten; Prüfungspflicht des Grundbuchamtes im Rahmen des § 19 GBO oder § 22 GBO. Bei lebenslänglicher Eigentumsvormerkung keine Anwendung des § 23 GBO.

14. Kapitel: Löschungsvormerkung

Beispiel:

Das Grundstück des Eigentümers E ist in Abteilung III unter Nr. 2 mit einer Hypothek i. H. v. 50.000 € zugunsten des Gläubigers B belastet.

E bestellt dem C ein Wohnungsrecht an demselben Grundstück und verpflichtet sich gleichzeitig dem C gegenüber, die bereits eingetragene vorrangige Hypothek des B löschen zu lassen, wenn und soweit sie Eigentümergrundpfandrecht ist.

Der dem C zustehende schuldrechtliche Anspruch auf Löschung des vorrangigen Rechts soll durch Eintragung einer Löschungsvormerkung dinglich gesichert werden.

E beantragt und bewilligt beim zuständigen Grundbuchamt die Eintragung eines näher bezeichneten Wohnungsrechts sowie einer Löschungsvormerkung zugunsten des C zur Sicherung des vorbezeichneten Anspruchs.

§ 1
Allgemeines

Wir erinnern uns:

das Erlöschen der hypothekarisch gesicherten Geldforderung muss nicht das Erlöschen des Grundpfandrechts zur Folge haben. Soweit z. B. der Schuldner/Eigentümer die der Hypothek zugrundeliegende Forderung tilgt, wandelt sich die Hypothek in eine Eigentümergrundschuld um (§§ 1163 Abs. 1 S. 2; 1177 BGB).

Das Grundpfandrecht behält im Übrigen seinen Inhalt und insbesondere seinen

Rang.

Beispiel:

Im Grundbuch sind in folgendem Rangverhältnis eingetragen:

1. 100.000 € Hypothek für A – am 01.02. d. J.
2. 50.000 € Hypothek für B – am 02.02. d. J.
3. Wohnungsrecht (Wert: 50.000 €) für C – am 03.02. d. J.

Erlischt die der Hypothek des B zugrundeliegende Forderung infolge Zahlung durch den Schuldner/Eigentümer, ändern sich bei der Eintragung unter Nr. 2 lediglich die Art des Rechts (nicht mehr Hypothek, sondern Eigentümergrundschuld) sowie die Berechtigung (nicht mehr B, sondern E = Eigentümer).

Der Rang des Rechts bleibt aber zugunsten des Eigentümers E und zuungunsten des nachrangigen Wohnungsberechtigten C erhalten.

? Worin kann der wirtschaftliche Nachteil des Wohnungsberechtigten C bestehen?

Der Eigentümer hat ein dingliches Recht am eigenen Grundstück und damit auch einen Befriedigungsanspruch in einem möglichen Zwangsversteigerungsverfahren erworben. Die Zwangsversteigerung mag er zwar nicht betreiben können (vgl. § 1197 Abs. 1 BGB), er hat aber einen Anspruch auf Auszahlung des Versteigerungserlöses i. H. seines Grundpfandrechtes.

Die dem Eigentümer aus der Eigentümergrundschuld zustehende bessere Rangposition gibt ihm gegenüber nachrangigen Berechtigten (hier Wohnungsberechtigter C) ein vorrangiges Befriedigungsrecht am Versteigerungserlös. Je nach Höhe dieses Versteigerungserlöses kann dies zur Nichtberücksichtigung nachrangiger Berechtigter führen.

Beispiel (vgl. vorstehendes Beispiel):

In der Zwangsversteigerung des Grundstücks beträgt der für die Gläubiger A, E (Eigentümergrundschuld Abteilung III Nr. 2) und C noch zur Verfügung stehende Versteigerungserlös 150.000 €.

C, der gem. §§ 92 Abs. 2; 114, 121 ZVG grundsätzlich auch einen Anspruch am Versteigerungserlös hat, ginge hier „leer“ aus, da sich der Erlös nach Zuteilung an A und E bereits erschöpft hätte.

Der Ausfall des Wohnungsberechtigten C ist insbesondere auf seine schlechte Rangposition zurückzuführen.

Fall:

Grundstückseigentümer E hatte sich bei Bestellung des Wohnungsrechts dem Wohnungsberechtigten gegenüber verpflichtet, das Recht Abteilung III Nr. 2 löschen zu lassen, sobald und soweit es Eigentümergrundschuld geworden ist.

? Kann diese schuldrechtliche Verpflichtung für den Wohnungsberechtigten eine ausreichende Sicherheit darstellen?

Die schuldrechtliche Verpflichtung des Grundstückseigentümers wirkt nur zwischen diesem und dem Wohnungsberechtigten. Ein evtl. Sonderrechtsnachfolger des Eigentümers (z. B. rechtsgeschäftlicher Grundstückserwerber) ist hieran nicht gebunden. Der Wohnungsberechtigte wird daher ein Interesse daran haben, die schuldrechtliche Verpflichtung des Eigentümers dinglich absichern zu lassen.

Die schuldrechtliche Verpflichtung zur Aufhebung eines Rechts am Grundstück kann grundsätzlich durch Bestellung einer Vormerkung i. S. d. § 883 BGB dinglich gesichert werden. Verpflichtet sich aber der Eigentümer, ein Grundpfandrecht löschen zu lassen, sobald es ihm zusteht (Eigentümergrundpfandrecht), muss eine unmittelbare Anwendung des § 883 BGB außer Betracht bleiben.

? Können Sie das begründen? Lesen Sie den Merksatz auf S. 295 zum Schuldner!

§ 883 BGB setzt voraus, dass der Schuldner des vorgemerkten Anspruchs auch (derzeitiger) Inhaber des dinglichen Rechtes ist, auf dessen Einräumung bzw. hier Aufhebung der schuldrechtliche Anspruch gerichtet ist. Zum Zeitpunkt der Bestellung der Vormerkung muss dem Eigentümer aber die Eigentümergrundschuld noch nicht bzw. nicht gänzlich zustehen.

Lesen Sie jetzt § 1179 Nr. 1 BGB!

Die schuldrechtliche Verpflichtung des Eigentümers zur Löschung einer Hypothek, sobald sie sich mit dem Eigentum in einer Person vereinigt (z. B. Eigentümergrundschuld) kann durch Eintragung einer

Löschungsvormerkung

dinglich gesichert werden.

Beispiel:

Abteilung II:

1	2	3
1	1	Wohnungsrecht für C. Eingetragen am 03.02.

Abteilung III:

1	2	3	4	5	6	7
1	1	100.000 €	Hypothek für A. Eingetragen am 01.02.			
2	1	50.000 €	Hypothek für B. Eingetragen am 02.02.	2	50.000 €	Löschungsvormerkung für C. Eingetragen am 03.02.

Betreibt nunmehr A die Zwangsversteigerung (restlicher Versteigerungserlös: 150.000 €) und handelt es sich bei dem Recht Abteilung III Nr. 2 um eine Eigentümergrundschuld, so wird das Zwangsversteigerungsgericht nach Befriedigung des Gläubigers A die restlichen 50.000 € unter bestimmten versteigerungsrechtlichen Voraussetzungen dem Wohnungsberechtigten C zuteilen können.

Auf Grund der eingetragenen Löschungsvormerkung wird der Berechtigte im Rahmen und bis zur Höhe seines Anspruchs so gestellt, als habe er seinen schuldrechtlichen Anspruch auf Löschung der vorrangigen Eigentümergrundschuld bereits durchgesetzt, so dass insoweit die Eigentümergrundschuld für ihn nicht besteht.

Fassen wir zusammen:

> ! **Merke:** Die Bedeutung der Löschungsvormerkung für den Berechtigten liegt im Wesentlichen in der Verbesserung seines Befriedigungsranges in einem evtl. Zwangsvollstreckungsverfahren des Grundstücks. Zu seinen Gunsten wird bis zur Höhe seines Erlösanspruchs das Nichtbestehen eines vorrangigen oder gleichrangigen Erlösanspruchs des Eigentümers angenommen.
>
> Die Löschungsvormerkung hat im Übrigen die Wirkungen der §§ 883 Abs. 2; 888 BGB!

? Ist § 1179 BGB auch auf die Grundschuld anwendbar?

§ 1192 BGB schließt die Anwendung des § 1179 BGB nicht aus. Wir wissen im Übrigen, dass auch die Fremdgrundschuld sich in eine Eigentümergrundschuld umwandeln kann (z. B. Zahlung auf die Grundschuld). Da aber in der Kreditsicherungspraxis Zahlungen vereinbarungsgemäß auf die gesicherte Forderung erfolgen, ist die Bedeutung der Löschungsvormerkung bei der Grundschuld nur gering, denn Zahlungen auf die Forderung lassen hier eine Eigentümergrundschuld nicht entstehen.

§ 2
Grundbuchrechtliche Besonderheiten

Die Eintragung der Löschungsvormerkung hat der Grundstückseigentümer zu bewilligen (§ 19 GBO).

Hinsichtlich des eintragungsfähigen Inhalts der Bewilligung gelten zunächst dieselben Grundsätze wie bei der Eigentumsvormerkung.

☞ Wiederholen Sie die Ausführungen auf der S. 294, 295 zur Bestimmtheit der Bewilligung!

Die Prüfung der Wirksamkeit des schuldrechtlichen Anspruchs kommt nur in Ausnahmefällen in Betracht (vgl. insoweit die Ausführungen auf S. 294). Stattdessen wird der Grundbuchrechtspfleger mit Rücksicht auf den grundbuchrechtlichen Bestimmtheitsgrundsatz eine genaue Bezeichnung des schuldrechtlichen Anspruchs nach folgenden Merkmalen verlangen:

- **Gläubiger/Berechtigter**
- **Schuldner**
- **Leistungsinhalt**
- **Schuldgrund**

? Wer ist **Gläubiger/Berechtigter** der Löschungsvormerkung? Lesen Sie § 1179 Nr. 1, 2 BGB!

Berechtigter der Löschungsvormerkung ist

gem. § 1179 Nr. 1 BGB:

- derjenige, dem ein dingliches Recht in Abteilung II des Grundbuches *zusteht,* welches dem zu löschenden Eigentümergrundpfandrecht im Range nachgeht oder im gleichen Range mit diesem Recht steht;

gem. § 1179 Nr. 2 BGB:

- derjenige, dem ein Anspruch auf Einräumung eines unter Nr. 1 genannten Rechts oder auf Eigentumsübertragung am Grundstück zusteht.

Fall:

Der Eigentümer beantragt und bewilligt die Eintragung einer Löschungsvormerkung bei der Hypothek Abteilung III Nr. 1 zugunsten des nachrangigen, jeweiligen Reallastberechtigten Abteilung II Nr. 2 (übertragbare Reallast i. S. d. § 1111 Abs. 2 BGB).

? Welche Überlegungen sind anzustellen?

Gem. § 1179 Nr. 1 BGB ist die Eintragung der Löschungsvormerkung nur für einen Berechtigten zulässig, dem ein dingliches Recht in Abteilung II des Grundbuches *zusteht,* d. h. die Berechtigung an der Löschungsvormerkung setzt die Berechtigung an einem Recht aus Abteilung II zum Zeitpunkt der Eintragung der Löschungsvormerkung voraus[1]. Gem. § 15 GBVfg. ist dann der Berechtigte namentlich als Berechtigter der Löschungsvormerkung einzutragen. Die Eintragung einer Löschungsvormerkung zugunsten des jeweiligen Berechtigten eines übertragbaren Rechtes aus Abt. II des Grundbuches wird daher für unzulässig gehalten[2].

Wenn auch der Gesetzgeber[3] den Kreis der Löschungsvormerkungsberechtigten mit dem Ziel einer Entlastung der Grundbuchämter einschränken wollte, so sind dennoch Zweifel an der Richtigkeit dieser Überlegungen angebracht.

Ansprüche zugunsten Dritter („jeweiliger Berechtigter") sind nämlich vormerkungsfähig, weil der Dritte gem. § 328 BGB einen selbständigen schuldrechtlichen

---

1 KG, DNotZ 1980, 487; a. A. LG Wuppertal, MittRhNotK 1986, 198: bei Bestellung.
2 *Stöber,* Rpfleger 1977, 399, 404, Bay ObLG 1980, 128..
3 Gesetzesentwurf der Bundesregierung, BT-Drs. 8/89 v. 04.02.1977.

Anspruch erwirbt. Wenn – wie in vorstehendem Fall – die Löschungsvormerkung dem jeweiligen Reallastberechtigten zustehen soll, so wird eine dahingehende Vereinbarung eines schuldrechtlichen Löschungsanspruchs von § 328 BGB gedeckt. Es handelt sich um einen Vertrag i. S. dieser Vorschrift zugunsten des Rechtsnachfolgers des Reallastberechtigten. Auch dem insoweit zu beachtenden Bestimmtheitsgrundsatz ist Genüge getan, da der Löschungsvormerkungsberechtigte jederzeit bestimmbar ist. Im Falle der Übertragung der Reallast (§ 1111 Abs. 2 BGB) ginge der schuldrechtliche Anspruch und mit ihm die Vormerkung (§ 401 BGB entsprechend) auf den neuen Reallastberechtigten über, ohne den schuldrechtlichen Anspruch und damit die Löschungsvormerkung gesondert zu übertragen.

- Schuldner
- des vorgemerkten Löschungsanspruchs ist der Grundstückseigentümer, der sich zur Löschung der Eigentümergrundschuld verpflichtet hat.
- Leistungsgegenstand
- ist die Aufhebung/Löschung der Eigentümergrundschuld.
- Der Schuldgrund besteht in dem Löschungsverpflichtungsvertrag (§§ 311, 241 BGB).

§ 3
Zur Wiederholung

Fragen und Aufgaben zur Wiederholung 14. Kapitel	Antworten und Lösungen auf den Seiten
1. Welchen Anspruch sichert die Löschungsvormerkung des § 1179 BGB?	310
2. Wer ist Berechtigter der Löschungsvormerkung?	313
3. Beschreiben Sie die Vorteile des Berechtigten im Falle der Immobiliarvollstreckung!	310, 311
4. Warum ist die schuldrechtliche Verpflichtung des Eigentümers zur Löschung des Eigentümerpfandrechts grundsätzlich nicht nur unter Anwendung des § 883 BGB eintragbar?	311
5. Welche besonderen Prüfungspflichten obliegen dem Grundbuchamt?	312, 313

§ 4
Zusammenfassung
(14. Kapitel)

Allgemeines

Die Löschungsvormerkung kann den Befriedigungsrang des Berechtigten im Rahmen der Immobiliarvollstreckung verbessern, da unter bestimmten Voraussetzungen der Anspruch aus einem vor- oder gleichrangigen Eigentümergrundpfandrecht unberücksichtigt bleibt.

Es bestehen die Wirkungen der §§ 883 Abs. 2, 888 BGB!

Entstehung

Schuldrechtliche Verpflichtung des Eigentümers gegenüber Berechtigten aus Abteilung II auf Löschung eines gleich- oder vorrangigen Eigentümergrundpfandrechts, Bewilligung und Eintragung im Grundbuch.

Grundbuchamt hat nicht die Wirksamkeit, sondern die Bezeichnung des schuldrechtlichen Anspruchs zu prüfen: Berechtigter, Schuldner, Leistungsgegenstand, Schuldgrund.

Löschungsvormerkung für den jeweiligen Berechtigten unzulässig (mit Bedenken).

§ 1179 BGB *alter Fassung* anwendbar auf Rechte, die vor dem 01.01.1978 eingetragen bzw. Rechte, die ab 01.01.1978 aufgrund Antrags vor dem 01.01.1978 eingetragen worden sind.

Schuldner

Eigentümer im Zeitpunkt der Bestellung der Löschungsvormerkung.

Berechtigter

Berechtigter eines Grundstücksrechtes aus Abteilung II, das gleichen Rang oder Rang nach einem Eigentümergrundpfandrecht hat (§ 1179 Nr. 1 BGB);

Berechtigter, der einen Anspruch auf Einräumung eines Grundstücksrechtes aus Abteilung II oder einen Anspruch auf Eigentumsübertragung hat (§ 1179 Nr. 2 BGB).

15. Kapitel: Gesetzlicher Löschungsanspruch

Beispiel:

Im Grundbuch des Grundstückseigentümers E sind in Abteilung III folgende Grundpfandrechte eingetragen:

1. Rang: 100.000 € Hypothek für A – eingetragen am 01.02. d. J.

2. Rang: 100.000 € Hypothek für B – eingetragen am 01.03. d. J.

In der Zwangsversteigerung des Grundstücks stellt sich heraus, dass das erstrangige Grundpfandrecht in Höhe von 30.000 € Eigentümergrundschuld war (§§ 1163 Abs. 1 S. 2; 1177 BGB). Beide Rechte sollen nach den gesetzlichen Versteigerungsbedingungen erlöschen.

Der nachrangige Gläubiger des Rechts Abteilung III Nr. 2 würde bei der Zuteilung des Versteigerungserlöses i. H. v. 30.000 € ausfallen.

Er macht daher seinen gesetzlichen Löschungsanspruch gem. § 1179a Abs. 1 BGB geltend!

§ 1 Allgemeines

Lesen Sie § 1179a Abs. 1 BGB!

? Worin unterscheiden sich § 1179a BGB und § 1179 BGB?

Während in den Fällen des § 1179 BGB der Berechtigte die Vorteile aus einem besseren Befriedigungsrang nur in Anspruch nehmen kann, wenn sich der Eigentümer zur Freigabe seiner Rangposition (Löschung der Eigentümergrundschuld) besonders verpflichtet hat und diese Verpflichtung durch Eintragung einer Löschungsvormerkung dinglich gesichert ist, erwirbt der Gläubiger eines Grundpfandrechts (Hypothek, Grundschuld) mit Entstehung seines Rechts grundsätzlich einen

gesetzlichen Anspruch auf Löschung

eines vorgehenden oder gleichrangigen Eigentümergrundpfandrechts, ohne dass es einer hierauf gerichteten zusätzlichen Erklärung des Eigentümers bedarf. Dieser gesetzliche Löschungsanspruch ist so gesichert, als wenn gleichzeitig mit dem Grundpfandrecht des Gläubigers für diesen eine

Vormerkung

in das Grundbuch eingetragen worden wäre.

In dem Eingangsbeispiel hat also B am 01.03. d. J. mit Eintragung seines Rechts (Wirksamkeit der dinglichen Einigung unterstellt) einen Anspruch gegen den Eigentümer auf Löschung eines evtl. schon vorhandenen oder später entstehenden Eigentümergrundpfandrechts erlangt. Dieser gesetzliche Löschungsanspruch gehört zum Inhalt *seines Grundpfandrechts.*

Die Eintragung einer zusätzlichen Löschungsvormerkung für den Grundpfandrechtsgläubiger ist daher nicht nur überflüssig, sondern grundsätzlich unzulässig (beachten Sie aber die Sonderregelung für sog. Altrechte, S. 319).

Der gesetzliche Löschungsanspruch des § 1179a BGB hat dieselbe Bedeutung und Wirkung wie die im 13. Kapitel beschriebene Löschungsvormerkung (vgl. § 1179a Abs. 1 S. 3 BGB).

Beispiel:

Im Grundbuch des Grundstückseigentümers E sind in Abteilung III folgende Rechte eingetragen:

1. Rang: 50.000 € Hypothek für A – eingetragen am 02.01. d. J.

2. Rang: 100.000 € Hypothek für B – eingetragen am 02.09. d. J.

Bei dem erstrangigen Grundpfandrecht handelt es sich seit dem 02.05. d. J. um eine verdeckte Eigentümergrundschuld (z. B. §§ 1163 Abs. 1 S. 2, 1177 BGB), die der Eigentümer E am 05.09. d. J. an X abtritt.

Diese Abtretung ist dem zweitrangigen Gläubiger B gegenüber relativ unwirksam, weil sie *nach* Entstehung seines gesetzlichen Löschungsanspruchs erfolgte (§§ 1179a Abs. 1 S. 3, 883 Abs. 2 BGB).

? Warum räumt der Gesetzgeber dem Grundpfandrechtsgläubiger einen gesetzlichen Löschungsanspruch ein, während der Berechtigte aus Abteilung II auf eine besondere schuldrechtliche Verpflichtung des Grundstückseigentümers und Bestellung einer Vormerkung angewiesen ist, um seine Befriedigungsinteressen verwirklichen zu können?

Die §§ 1179, 1179a, b BGB sind mit Wirkung vom 01.01.1978 neu gefasst bzw. eingefügt worden. Veranlassung für die Neuregelung waren nicht zuletzt eine Überbelastung der Grundbuchämter sowie Benachteiligungen des Grundstückseigentümers aufgrund der früheren Regelungen.

Beispiel:

Eintragungen in Abteilung III *vor dem 01.01.1978:*

1. 100.000 € Briefhypothek für A – Löschungsvormerkung für Hypothek Nr. 2
2. 200.000 € Buchhypothek für B.

Nach altem Recht (vor dem 01.01.1978) wurden gem. § 1179 BGB *alter* Fassung bei den vor- bzw. gleichrangigen Grundpfandrechten in der Regel Löschungsvormerkungen zugunsten neu einzutragender Grundpfandrechte eingetragen. Diese Eintragungen konnten gem. § 62 GBO *alter Fassung* jedoch erst nach Vorlage des Grundpfandrechtsbriefes des vorgehenden oder gleichrangigen Grundpfandrechts vorgenommen werden, d. h. die Eintragung eines neuen Grundpfandrechts war abhängig von der gleichzeitigen Eintragung einer Löschungsvormerkung bei dem vor- bzw. gleichrangigen Grundpfandrecht und Letzteres hing wiederum von der Vorlage des Briefes des vor- bzw. gleichrangigen Grundpfandrechts ab. Zur Vorlage des Briefes bedurfte es aber oft noch der Feststellung des Briefbesitzers, was wegen der möglichen Abtretung des Briefrechts außerhalb des Grundbuches mit Schwierigkeiten verbunden war.

Letztlich berührte dieses umständliche Verfahren auch die Interessenlage des Kreditnehmers (Schuldner/Eigentümer), weil sich die Darlehensauszahlungen aufgrund fehlender Eintragung der beantragten und bewilligten Sicherheit verzögerte.

Die §§ 1179a, b BGB sollten das Verfahren im Interesse der Grundbuchämter sowie des Kreditnehmers vereinfachen. Der Grund, warum für die in § 1179 BGB neuer Fassung genannten Berechtigten die Entstehung eines gesetzlichen Löschungsanspruchs ausgeschlossen ist und sie zur Wahrung ihrer Interessen auf § 1179 BGB angewiesen sind, ist darin zu sehen, dass der Gesetzgeber damit positiv die nur noch beschränkte Zulässigkeit der Löschungsvormerkung zum Ausdruck bringen und klarstellen wollte.

! **Merke:** Der gesetzliche Löschungsanspruch gem. §§ 1179a, b BGB steht nur dem Grundpfandrechtsgläubiger zu, dessen Recht ab 01.01.1978 aufgrund eines ab 01.01.1978 gestellten Antrags in das Grundbuch eingetragen wurde (sog. Neurecht). Für Altrechte (Rechte, die bis zum 31.12.1977, bzw. Rechte, die nach diesem Zeitpunkt aufgrund eines bis zu diesem Zeitpunkt gestellten Antrags in das Grundbuch eingetragen wurden) ist noch *§ 1179 BGB alter Fasssung* anwendbar.

§ 1179 BGB – alter Fassung – anwendbar auf		**§ 1179a, b BGB** Gesetzlicher Löschungsanspruch – anwendbar auf
Rechte die *vor* dem 01.01.1978 eingetragen.	Rechte, die *ab* dem 01.01.1978 eingetragen, aber Antrag *vor* dem 01.01. 1978.	Grundpfandrechte, die ab 01.01.1978 eingetragen auf Grund Antrags ab 01.01.1978.

§ 1179 BGB *alter Fassung* lautet:

Verpflichtet sich der Eigentümer einem anderen gegenüber, die Hypothek löschen zu lassen, wenn sie sich mit dem Eigentum in einer Person vereinigt, so kann zur Sicherung des Anspruchs auf Löschung eine Vormerkung in das Grundbuch eingetragen werden.

Der gesetzliche Löschungsanspruch gem. §§ 1179a, b BGB steht grundsätzlich jedem Grundpfandrechtsgläubiger zu. Allerdings macht der Gesetzgeber einige Ausnahmen:

Beispiel:

Arresthypothek gem. § 932 Abs. 1 S. 2 ZPO

Dem Gläubiger dieser Hypothek steht ein gesetzlicher Löschungsanspruch nicht zu. Die Regelung hält der Gesetzgeber deshalb für angemessen, weil „der Arrest nur eine vorläufige, auf summarischer Prüfung beruhende Sicherungsmaßnahme" sei und keine endgültige.

Gegen diese Regelung werden zu Recht Bedenken erhoben, denn der Gesetzgeber behandelt die Arresthypothek hier anders als die Höchstbetragshypothek i. S. d. § 1190 BGB. Der Gläubiger einer Höchstbetragshypothek hat nämlich unter bestimmten Voraussetzungen auch vor Feststellung der Forderung die Möglichkeit, seinen Löschungsanspruch in einem Zwangsversteigerungsverfahren zu realisieren[1]. Dass dieses Recht dem Gläubiger der Arresthypothek verwehrt sein soll, bleibt bedenklich, zumal die Arresthypothek gem. § 932 Abs. 1 ZPO auch als Sicherungshöchstbetragshypothek in das Grundbuch einzutragen ist. Darüber hinaus hat auch die Arresthypothek vollwertigen Sicherungscharakter, aus dem auch Verwertungsmöglichkeiten fließen können mit der Folge der Anwendbarkeit des § 1147 BGB[2].

Fall:

Im Grundbuch sind folgende Grundpfandrechte eingetragen:

1. 50.000 € Hypothek für A
2. 100.000 € Hypothek für B

Bei dem erstrangigen Recht handelt es sich um eine Eigentümergrundschuld i. S. d. §§ 1163 Abs. 1 S. 1; 1177 BGB, da die zu sichernde Forderung (Darlehen) noch nicht zur Auszahlung gekommen ist, die Auszahlung aber erfolgen soll.

? Wird die Geltendmachung des dem nachrangigen Gläubiger B zustehenden gesetzlichen Löschungsanspruchs Erfolg haben?

Mit Eintragung eines Grundpfandrechts steht dem zweitrangigen Gläubiger B ein gesetzlicher Löschungsanspruch gegenüber der vorrangigen Eigentümergrundschuld zu.

1 *Müko/Eickmann*, Rdn. 14 zu § 1179 BGB.
2 *Stein/Jonas/Grunsky*, Rdn. 3 zu § 932 ZPO; u. a.

? Warum wäre aber die Durchsetzung des gesetzlichen Löschungsanspruchs gegenüber dieser Eigentümergrundschuld keine vertretbare Lösung? Betrachten Sie bei Ihren Überlegungen die rechtliche und wirtschaftliche Situation von Kreditnehmer und Kreditgeber beim vorrangigen Recht.

Die Durchsetzung des gesetzlichen Löschungsanspruchs würde in vorstehendem Fall dazu führen, dass die Darlehensverhandlungen zwischen den Beteiligten letztlich ins Leere gehen. Der Kreditgeber wird in der Regel das Darlehen erst bei Nachweis des zu seinen Gunsten eingetragenen Grundpfandrechts auszahlen; solange diese Auszahlung nicht erfolgt ist, besteht eine Eigentümergrundschuld.

Die evtl. Löschung dieser Eigentümergrundschuld aufgrund der Geltendmachung des gesetzlichen Löschungsanspruchs würde aber sowohl die Interessen des Kreditnehmers als auch die Anwartschaften des Kreditgebers auf Erwerb eines Grundpfandrechts vereiteln; der zunächst bereite Kreditgeber wird daher das Darlehen wegen fehlender Sicherheit nicht auszahlen.

Lesen Sie jetzt § 1179a Abs. 2 S. 1 BGB!

Daraus folgt:

! **Merke:** Der gesetzliche Löschungsanspruch gem. §§ 1179a, b BGB kann im Falle eines Eigentümergrundpfandrechts i. S. d. § 1163 Abs. 1 S. 1 BGB erst geltend gemacht werden, wenn die Nichtentstehung der Forderung endgültig feststeht (Nachweis durch sog. Nichtvalutierungserklärung des Gläubigers).

? Wie beurteilen Sie die Rechtslage, wenn es sich in vorstehendem Fall bei dem erstrangigen Recht nicht um eine Hypothek, sondern um eine Grundschuld des A handelt?

Auch hier wird die Geltendmachung des gesetzlichen Löschungsanspruchs ohne Erfolg bleiben, denn selbst dann, wenn die Nichtentstehung der Forderung endgültig feststünde, könnte die zur Verwirklichung des gesetzlichen Löschungsanspruchs notwendige Eigentümergrundschuld nicht entstehen, da der Grundschuldbestand den Forderungsbestand nicht voraussetzt.[3]

Im Falle des Bestehens einer Eigentümergrundschuld i. S. d. § 1163 Abs. 2 BGB steht dem gleich- oder nachrangigen Grundpfandrechtsgläubiger gem. §§ 1179a Abs. 2 S. 2; 1179b Abs. 2 BGB ein gesetzlicher Löschungsanspruch nicht zu.

3 Nach BGH, Urt. v. 22.07.2004, MDR 2005, 176 steht dem Grundpfandrechtsgläubiger ein Löschungsanspruch gegenüber einem durch sog. Hebungsverzicht in der Zwangsversteigerung entstandenen gleichrangigen oder vorrangigen Eigentümererlösgrundpfandrecht i. S. d. § 1168 BGB nicht zu.

? Erkennen Sie den gesetzgeberischen Grund? Die vorstehenden Überlegungen zu § 1179a Abs. 2 S. 1 BGB werden Ihnen die Begründung erleichtern!

Bis zur Übergabe des Briefes an den Gläubiger (§ 1117 Abs. 1 S. 1 BGB) stellt sich die Eigentümergrundschuld nur als vorläufiges Grundpfandrecht dar. Die Geltendmachung eines gesetzlichen Löschungsanspruchs würde deshalb auch hier die Interessen des Kreditnehmers gefährden (s. o.).

Fall:

Im Grundbuch des Eigentümers E sind in Abteilung III folgende Rechte eingetragen:

1. 50.000 € Grundschuld für E („offene" Eigentümergrundschuld)
2. 100.000 € Hypothek für B

? Warum steht dem B gem. § 1196 Abs. 3 BGB zunächst ein gesetzlicher Löschungsanspruch gegenüber der „offenen" Eigentümergrundschuld nicht zu?

Hat der Eigentümer sich selbst ein Grundpfandrecht bestellt (sog. „offene" Eigentümergrundschuld), wird er hieran grundsätzlich auch ein wirtschaftliches Interesse gehabt haben, nämlich die Verwendung dieses Rechts als Kreditsicherungsmittel (Möglichkeit der Abtretung). Von dieser Möglichkeit soll er zumindest einmal Gebrauch machen dürfen und daran aufgrund der Geltendmachung eines gesetzlichen Löschungsanspruchs nicht gehindert werden.

§ 2
Gesetzlicher Löschungsanspruch beim Rangrücktritt

Beispiel:

Im Grundbuch sind folgende Grundpfandrechte eingetragen:

1. 50.000 € Hypothek für A – eingetragen am 01.02.
2. 100.000 € Hypothek für B – eingetragen am 01.03.

A und B tauschen gem. § 880 Abs. 2 BGB den Rang. Die Eintragung der Rangänderung erfolgt am 01.08.

📖 Lesen Sie § 1179a Abs. 4 BGB!

Der zurücktretende Gläubiger A erwirbt mit Wirksamkeit des Rangrücktritts einen gesetzlichen Löschungsanspruch gegenüber einem vorrangigen Eigentümergrundpfandrecht aus dem Grundpfandrecht des B. § 1179a Abs. 1 BGB wird also auf die Löschung des nunmehr aus dem Recht des B entstehenden Eigentümergrundpfandrechts mit der Maßgabe angewandt, dass

„an die Stelle des Zeitpunkts der Eintragung des zurücktretenden Rechts des A (01.02.) nunmehr der Zeitpunkt der Eintragung der Rangänderung tritt (01.08.)".

Der gesetzliche Löschungsanspruch des zurücktretenden Gläubigers entsteht gegenüber dem vortretenden Recht mit Eintragung der Rangänderung, und zwar hinsichtlich des im Zeitpunkt der Eintragung der Rangänderung (01.08.) bestehenden oder später entstehenden vorrangigen Eigentümergrundpfandrechts.

§ 3
Gesetzlicher Löschungsanspruch gem. § 1179b BGB

Während § 1179a BGB den gesetzlichen Löschungsanspruch gegenüber vor- bzw. gleichrangigen Eigentümergrundpfandrechten entstehen lässt, gibt § 1179b BGB dem Grundpfandrechtsgläubiger einen

Löschungsanspruch gegenüber einem aus *„seinem eigenen"* Grundpfandrecht entstehenden Eigentümergrundpfandrecht.

? Welches Interesse wird der Gläubiger an diesem gesetzlichen Löschungsanspruch haben?

Beispiel:

Die der Hypothek zugrundeliegende Forderung ist in voller Höhe getilgt worden, und zwar nach mehrfachem Eigentumswechsel von unterschiedlichen Eigentümern.

Lesen Sie zunächst § 1144 BGB!

Diese Vorschrift haben wir bereits im Rahmen unserer Überlegungen zur Eigentümergrundschuld kennen gelernt. Sie gibt dem Eigentümer u. a. einen Anspruch auf Erteilung einer löschungsfähigen Quittung. Bei mehrfachem Eigentumswechsel hätte der Gläubiger die oft mühsame Aufgabe, die im Falle der Forderungstilgung durch verschiedene Eigentümer für verschiedene Berechtigte entstandenen Eigentümergrundpfandrechte festzustellen. Der gesetzliche Löschungsanspruch des § 1179b BGB befreit ihn von dieser Aufgabe, denn der Durchsetzung des Anspruchs des jeweiligen Eigentümers aus § 1144 BGB auf Erteilung von löschungsfähigen Quittungen stünde der Anspruch des Gläubigers auf Löschung des Eigentümergrundpfandrechts entgegen. Der Eigentümer wird aus diesem Grunde seine Rechte aus § 1144 BGB nicht durchsetzen können, dem Gläubiger bleiben mühsame Prüfungen erspart. Er braucht lediglich eine abstrakte Löschungsbewilligung auszustellen.

§ 4
Ausschluss des gesetzlichen Löschungsanspruchs

Der Grundpfandrechtsgläubiger kann gem. § 1179a Abs. 5 BGB auf den gesetzlichen Löschungsanspruch verzichten.

Lesen Sie § 1179a Abs. 5 BGB und prüfen Sie, unter welchen Voraussetzungen dieser Verzicht wirksam wird!

Zur Wirksamkeit des Ausschlusses des gesetzlichen Löschungsanspruchs bedarf es einer

Vereinbarung

zwischen dem

Grundpfandrechtsgläubiger, dem der Löschungsanspruch zusteht bzw. zustehen würde, und dem Grundstückseigentümer, gegen den sich der gesetzliche Löschungsanspruch richtet.

Man kann auch sagen:

Der Grundpfandrechtsgläubiger ist der Betroffene, der Grundstückseigentümer der Begünstigte, da er über ein Eigentümergrundpfandrecht nunmehr frei verfügen bzw. die Vorteile in einem möglichen Zwangsvollstreckungsverfahren des Grundstücks in Anspruch nehmen kann.

Soll der gesetzliche Löschungsanspruch bereits im Rahmen der Bestellung des Grundpfandrechts ausgeschlossen werden, so ist der Ausschluss Gegenstand der dinglichen Einigung i. S. d. § 873 BGB, soll er dagegen später – nach Eintragung des Grundpfandrechts ausgeschlossen werden, ist er Gegenstand einer Inhaltsänderung i. S. d. § 877 BGB (ggf. unter Beachtung des § 876 BGB).

Zur Wirksamkeit des Ausschlusses bedarf es neben der dinglichen Einigung noch der

Eintragung des Ausschlusses im Grundbuch (vgl. §§ 873, 877, 1179a Abs. 5 BGB).

Gem. § 1179a Abs. 5 S. 1, 2. Hs. BGB kann der Ausschluss auf

„einen bestimmten Fall der Vereinigung beschränkt werden".

? Was ist unter dem Begriff „Vereinigungsfall" zu verstehen?

Die vielfältigen Möglichkeiten der

Entstehung von Eigentümergrundpfandrechten

stellen den „Vereinigungsfall" i. S. d. § 1179a Abs. 5 BGB dar. Die Beteiligten (s. o.) müssen den Ausschluss nicht auf alle Vereinigungsfälle erstrecken, sondern können ihn auf bestimmte Fälle der Vereinigung beschränken.

Beispiel:

Im Grundbuch sind eingetragen:

1. 50.000 € Hypothek für A
2. 100.000 € Hypothek für B.

B könnte hier seinen gesetzlichen Löschungsanspruch z. B. für den Fall der Entstehung eines Eigentümergrundpfandrechts gem. §§ 1163 Abs. 1 S. 2; 1177 BGB behalten, im Übrigen hinsichtlich der anderen Vereinigungsfälle mit dem Eigentümer den Ausschluss vereinbaren.

In dem vorstehenden Beispiel könnte die Eintragung als Inhalt des Rechts des B lauten (vgl. § 1179a Abs. 5 S. 2 BGB):

„Der Löschungsanspruch des § 1179a Abs. 1 BGB ist hinsichtlich des Rechts Abteilung III Nr. 1 für bestimmte Fälle der Vereinigung ausgeschlossen. Im Übrigen unter Bezugnahme auf die Bewilligung vom …"

Ist der Ausschluss schon Gegenstand der Bestellung des Grundpfandrechts, so erfolgt die Eintragung in der Spalte 4; wird der Ausschluss später, nach Eintragung des Grundpfandrechts vereinbart, ist er in Spalte 7 einzutragen.

Erst im Rahmen der Antragsprüfung auf Eintragung des Ausschlusses des gesetzlichen Löschungsanspruchs wird das Grundbuchamt mit den vorstehenden Überlegungen zur Entstehung des gesetzlichen Löschungsanspruchs konfrontiert.

? Können Sie das begründen?

Ist der Ausschluss nicht erklärt, so entsteht der Löschungsanspruch *kraft Gesetzes* grundsätzlich mit Eintragung des Grundpfandrechts gegenüber vor- bzw. gleichrangigen Eigentümergrundpfandrechten. Diese Eintragung erfolgt aufgrund der Bewilligung des Eigentümers.

? Inwieweit sind aber dennoch die Entstehungsvoraussetzungen von Bedeutung?

Der Antrag auf Eintragung des Ausschlusses des gesetzlichen Löschungsanspruchs verlangt u. a. die Prüfung der Eintragungsfähigkeit sowie des eintragungsfähigen Inhalts der Bewilligung des Betroffenen. Die Eintragung des Ausschlusses (§ 1179a Abs. 5 BGB) setzt aber die grundsätzliche Entstehung des gesetzlichen Löschungsanspruches voraus.

? Wer hat die Eintragung des Ausschlusses des gesetzlichen Löschungsanspruches zu bewilligen?

„Es kommt darauf an!"

Soll der Ausschluss Inhalt eines neu einzutragenden Grundpfandrechts sein, so erfolgt die Eintragung aufgrund der

Bewilligung des Eigentümers.

Zwar wird dieser insoweit nur begünstigt – er kann frei über ein ihm zustehendes Grundpfandrecht verfügen –, jedoch steht hier die Ersteintragung des Grundpfandrechts im Vordergrund, die eben nur der Eigentümer mit für ihn negativen oder positiven Bestimmungen (Ausschluss des gesetzlichen Löschungsanspruchs) zu bewilligen hat.

Wird der Ausschluss des gesetzlichen Löschungsanspruchs nachträglich im Wege der Inhaltsänderung als Inhalt eines bereits eingetragenen Grundpfandrechts vereinbart, so muss der vom Ausschluss betroffene Grundpfandrechtsgläubiger die Eintragung bewilligen.

§ 5
Zur Wiederholung

Fragen und Aufgaben zur Wiederholung 15. Kapitel	Antworten und Lösungen auf den Seiten
1. Worauf ist der gesetzliche Löschungsanspruch gerichtet?	317
2. Wem steht der gesetzliche Löschungsanspruch grundsätzlich zu?	317, 318
3. Beschreiben Sie die besonderen Vorteile des Anspruchsinhabers im Rahmen der Immobiliarvollstreckung!	311, 312
4. Warum steht dem Gläubiger einer Arresthypothek ein gesetzlicher Löschungsanspruch nicht zu?	320
5. Welche gesetzgeberischen Überlegungen stehen hinter den §§ 1179a Abs. 2, 1196 Abs. 3 BGB?	321
6. Von welchem Zeitpunkt an besteht für den Gläubiger des zurücktretenden Grundpfandrechts der gesetzliche Löschungsanspruch?	322
7. Was verstehen Sie unter dem „bestimmten Fall der Vereinigung" i. S. d. § 1179a Abs. 5 BGB?	324, 325

Fragen und Aufgaben zur Wiederholung 15. Kapitel	Antworten und Lösungen auf den Seiten
8. Welche Bedeutung hat § 1179b BGB?	323
9. Beschreiben Sie die besonderen Prüfungspflichten des Grundbuchrechtspflegers im Falle des bewilligten Ausschlusses des gesetzlichen Löschungsanspruchs!	324, 325

§ 6
Zusammenfassung
(15. Kapitel)

Allgemeines

Löschungsanspruch kann den Befriedigungsantrag des Berechtigten im Rahmen der Immobiliarvollstreckung verbessern, da unter bestimmten Voraussetzungen der Anspruch aus einem vor- oder gleichrangigen Eigentümergrundpfandrecht unberücksichtigt bleibt.

Es bestehen im Übrigen die Wirkungen der §§ 883 Abs. 2; 888 BGB (vgl. § 1179a Abs. 1 S. 3 BGB).

Entstehung

Mit Einigung über die Bestellung und Eintragung des Grundpfandrechts (§ 873 BGB) gegenüber vor- oder gleichrangigem Eigentümergrundpfandrecht.

Löschungsanspruch gem. § 1179b BGB besteht gegenüber einem aus dem Grundpfandrecht des Anspruchsinhabers entstehenden Eigentümergrundpfandrecht.

Löschungsanspruch entsteht auch im Falle der Aufhebung des Ausschlusses des gesetzlichen Löschungsanspruchs (§ 1179a Abs. 5 S. 3 BGB).

Entstehung

Kein Löschungsanspruch für den Gläubiger einer Arresthypothek (§ 932 Abs. 1 S. 2 ZPO).

„Beschränkter" Löschungsanspruch bei

- vorläufigem Eigentümergrundpfandrecht gem. § 1163 Abs. 1 S. 1 BGB (vgl. § 1179a Abs. 2 BGB);
- vorläufigem Eigentümergrundpfandrecht gem. § 1163 Abs. 2 BGB. Löschungsanspruch wird aber entstehen, wenn Nichtzustandekommen der Briefübergabe feststeht;

- bei offener Eigentümergrundschuld gem. § 1196 Abs. 3 BGB.

Im Falle der Rangänderung erwirbt zurücktretender Gläubiger einen gesetzlichen Löschungsanspruch mit Eintragung der Rangänderung gegenüber vor- oder gleichrangigem Eigentümergrundpfandrecht (§ 1179a Abs. 4 BGB).

Schuldner

Eigentümer, der Inhaber eines Eigentümergrundpfandrechts ist, das in der Zeit seines Eigentums entstanden ist bzw. Grundstückserwerber, der auch ein Eigentümergrundpfandrecht miterworben hat (§ 1179a Abs. 1 S. 2 BGB).

Berechtigter

Gläubiger eines Grundpfandrechts, das gleichen Rang oder Rang nach einem Eigentümergrundpfandrecht hat (§ 1179a Abs. 1 BGB);

eingetragener oder gem. § 1155 BGB ausgewiesener Gläubiger eines Grundpfandrechts gegenüber Eigentümergrundpfandrecht, das aus dem eingetragenen Grundpfandrecht entstanden ist (§ 1179b BGB).

Ausschluss

Wirksam mit Einigung zwischen Gläubiger und Eigentümer sowie Eintragung im Grundbuch (§§ 1179a Abs. 5; 873 bzw. 877 BGB); Ausschluss kann auf bestimmten Fall der Vereinigung beschränkt werden.

Grundbucheintragung:

mit Bewilligung des Eigentümers, wenn Ausschluss schon Inhalt des neu einzutragenden Grundpfandrechts sein soll,

mit Bewilligung des Gläubigers, wenn Ausschluss bei bereits eingetragenem Grundpfandrecht eingetragen werden soll.

16. Kapitel:
Rangänderung

Beispiel:

Das Grundstück des E ist in Abteilung III mit folgenden Grundpfandrechten in der durch die Nummernfolge festgelegten Rangfolge belastet:

Nr. 1: 10.000 € Hypothek für A

Nr. 2: 20.000 € Hypothek für B

Nr. 3: 20.000 € Hypothek für C

Auf Bitte des C hin ist A bereit, mit C den Rang zu tauschen. Beide sind sich über die Änderung ihrer Rangposition einig. Der Eigentümer E stimmt dem Rangrücktritt des A zu. Unter Vorlage der Bewilligung des A sowie des Eigentümers E beantragt C die Eintragung der Rangänderung im Grundbuch.

§ 1
Allgemeines

Ein Grundstücksrecht stellt für seinen Inhaber eine dingliche Sicherheit dar. Das Grundstück, an dem sein Recht „klebt", haftet mit seinem Wert für die Erfüllung seines Anspruchs. In der Zwangsversteigerung kann er unter bestimmten Voraussetzungen Befriedigung aus dem an die Stelle des Grundstücks tretenden Versteigerungserlös erlangen. Letzteres hängt aber nicht nur von der Höhe des Versteigerungserlöses, sondern insbesondere vom

Rang des Rechtes

ab.

Die Verteilung des Versteigerungserlöses erfolgt nämlich nach einer bestimmten Rangordnung (§ 10 ZVG).

Man kann auch sagen:

Der Wert eines Grundstücksrechtes hängt nicht zuletzt von seinem Befriedigungsrang ab. Je besser der Rang eines Rechtes, desto günstiger sind die Befriedigungsaussichten für seinen Gläubiger, wenn der Versteigerungserlös zur Befriedigung aller Berechtigten nicht ausreicht.

Beispiel:

Zu verteilender Versteigerungserlös: 100.000 €.

Den Erlös beanspruchen in folgender Rangordnung:

Nr. 1: 50.000 € A

Nr. 2: 50.000 € B

Nr. 3: 20.000 € C

C wird „leer" ausgehen, denn nach Zuteilung des Erlöses an A und B bleibt für ihn nichts mehr übrig. Die 3. Rangposition hat sein Recht letztlich entwertet.

? Welche Kriterien bestimmen das Rangverhältnis dinglicher Rechte?

Lesen Sie § 879 Abs. 1 BGB!

Beispiel:

– Abteilung II –	– Abteilung III –
Nr. 1: Wohnungsrecht für A – 01.04.2011	Nr. 1: 50.000 € für X – 01.03.2011
Nr. 2: Reallast für B – 02.04.2011	Nr. 2: 60.000 € für Y – 02.03.2011
Nr. 3: Nießbrauch für C – 03.04.2011	Nr. 3: 70.000 € für Z – 03.04.2011

In

derselben Abteilung

bestimmt sich das Rangverhältnis der Grundstücksrechte nach der Reihenfolge der Eintragungen (sog. Locusprinzip). In Abteilung II hat demnach das Wohnungsrecht des A Rang vor der Reallast des B und dem Nießbrauch des C, die Reallast des B wiederum Rang vor dem Nießbrauch des C; in Abteilung III geht das Recht des X dem Recht des Y und des Z, das Recht des Y dem Recht des Z im Range vor (§ 879 Abs. 1 S. 1 BGB).

? Wie stellt sich das Rangverhältnis aber unter allen eingetragenen Rechten dar, wenn diese Rechte in **verschiedenen Abteilungen** eingetragen sind?

Das Rangverhältnis (Befriedigungsreihenfolge) aller Grundstücksrechte wird gem. § 879 Abs. 1 S. 2 BGB letztlich nach dem Zeitpunkt der Grundbucheintragung bestimmt (sog. Tempusprinzip), wobei das unter Angabe des früheren Tages eingetragene Recht Vorrang hat. Sind die Rechte an demselben Tage eingetragen, so haben sie gleichen Rang.

In vorstehendem Beispiel besteht daher folgendes Rangverhältnis:

1. Rang	50.000 € für X – Eintragungsdatum:	01.03.2011
2. Rang	60.000 € für Y – Eintragungsdatum:	02.03.2011
3. Rang:	Wohnungsrecht für A – Eintragungsdatum:	01.04.2011
4. Rang:	Reallast für B – Eintragungsdatum:	02.04.2011
5. Rang:	Nießbrauch für C und 70.000 € für Z – Eintragungsdatum:	03.04.2011

§ 2
Materiellrechtliche Besonderheiten

I. Wirksamkeitsvoraussetzungen

Das zwischen mehreren Grundstücksrechten bestehende Rangverhältnis (s. o.) kann nachträglich geändert werden. Eine Rangänderung ist auch möglich zwischen einem bereits bestehenden Grundstücksrecht und einem noch einzutragenden[1].

Lesen Sie § 880 Abs. 1, 2 BGB und stellen Sie die Wirksamkeitsvoraussetzungen fest!

Die Rangänderung wird wirksam mit

- Einigung
  zwischen dem zurücktretenden und vortretenden Berechtigten und
- Eintragung
  der Rangänderung im Grundbuch

  und im Falle des Rücktritts eines Grundpfandrechtes zusätzlich mit
- Zustimmung des Grundstückseigentümers.

! **Merke:** Ist das zurücktretende Recht mit dem Rechte eines Dritten belastet (z. B. Pfandrecht, Nießbrauch an der Hypothek), so bedarf es außerdem der Zustimmung des Dritten (§§ 880 Abs. 3; 876 BGB).

Auch die Einräumung des gleichen Ranges wird von § 880 BGB erfasst, denn insoweit verschlechtert sich die Rangposition des den Gleichrang einräumenden Berechtigten (Zuteilung des Versteigerungserlöses nach dem Verhältnis der Forderungen der im Gleichrang stehenden Rechte – § 10 Abs. 1 ZVG) und verbessern sich die Befriedigungsaussichten des durch die Gleichrangeinräumung begünstigten Berechtigten.

1 RGZ 157, 24, 26ff.

? Warum bedarf es zum Rangrücktritt eines Grundpfandrechts noch der Zustimmung des Grundstückseigentümers?

Wiederholen Sie die Ausführungen auf den S. 241, 242!

Das eingetragene Grundpfandrecht kann sich in ein Eigentümerpfandrecht umwandeln (z. B. § 1163 Abs. 1 S. 2 BGB), welches dem Eigentümer die Beleihbarkeit des Grundstücks erleichtert. Die Rangverschlechterung eines Grundpfandrechts bewirkt gleichzeitig eine Rangverschlechterung des aus diesem Recht entstehenden Eigentümergrundpfandrechts und berührt somit auch die Interessen des Eigentümers.

II. Die Position des Zwischenberechtigten

1. Bedeutung des § 880 Abs. 5 BGB

? Muss im Eingangsbeispiel (S. 329) auch B der Rangänderung zwischen A und C zustimmen?

Auf den „1. Blick" ist man vielleicht geneigt, die Frage zu bejahen, ist doch das vortretende Recht des C „größer" (20.000 €) als das zurücktretende Recht des A (10.000 €).

Lesen Sie § 880 Abs. 5 BGB! Wie ist diese Vorschrift zu verstehen?

Das Recht des B (Zwischenrecht), das an der Rangänderung nicht beteiligt ist, muss von der Rangänderung unberührt bleiben, d. h. die Rangänderung darf dem Zwischenberechtigten B weder Vor- noch Nachteile bringen[2]. § 880 Abs. 5 BGB ist eine Bestimmung, die insbesondere das Zwangsversteigerungsgericht zu beachten hat.

Beispiel:

In Abteilung III sind eingetragen:

Nr. 1: 10.000 € nebst 10 % für A

Nr. 2: 20.000 € nebst 10 % für B

Nr. 3: 30.000 € nebst 12 % für C.

A und C haben eine Rangänderung vereinbart, die mit Zustimmung des Eigentümers bei den an der Rangänderung beteiligten Rechten Nr. 1 und Nr. 3 im Grundbuch auch eingetragen ist:

„Das Recht Abteilung III Nr. 1 hat Rang nach dem Recht Abteilung III Nr. 3".

„Unberührt" i. S. d. § 880 Abs. 5 BGB bedeutet, dass z. B. im Rahmen der Erlösverteilung im Zwangsversteigerungsverfahren dem Zwischenberechtigten B, der ja an der Rangänderung nicht beteiligt war, „so viel" im Range vorgehen *darf und*

2 RGZ 141, 235.

muss, wie ihm vor der Rangänderung vorgegangen ist. Ihm gegenüber wirkt insoweit die Rangänderung nicht. Das Zwangsversteigerungsgericht wird daher unter Beachtung des § 880 Abs. 5 BGB folgendes *versteigerungsrechtliche* Rangverhältnis aufstellen:

1. Rang:	10.000 € nebst 10 %	für C
2. Rang:	20.000 € nebst 10 %	für B
3. Rang:	2 % von 10.000 €	für C
	20.000 € nebst 12 %	für C
4. Rang:	10.000 € nebst 10 %	für A

Am Beispiel der Verteilung des Versteigerungserlöses wird deutlich, dass der Zwischenberechtigte B einerseits weder begünstigt noch beeinträchtigt ist (§ 880 Abs. 5 BGB), denn ihm gehen nach wie vor 10.000 € nebst 10 % im Range vor (jetzt eben für C anstelle des A) und andererseits ist gleichzeitig auch § 880 Abs. 2 BGB beachtet, denn aufgrund der Rangänderung muss C in Höhe seines Rechts einschließlich der Zinsen Rang vor A haben.

Einer Zustimmung des Zwischenberechtigten bedarf es daher zur Rangänderung nicht, da seine Rechte im Zwangsversteigerungsverfahren gewahrt werden.

2. Bedeutung des § 880 Abs. 4 BGB

Fall:

Im Grundbuch sind in Abteilung II und III folgende Rechte eingetragen:

Wohnungsrecht (Wert: 50.000 €) für A –	01.04.2011
30.000 € Hypothek für B –	01.07.2011
50.000 € Hypothek für C –	01.09.2011

A und C tauschen den Rang. Die entsprechende Rangänderung wird im Grundbuch eingetragen, so dass sich folgendes Rangverhältnis ergibt:

50.000 € Hypothek für C

30.000 € Hypothek für B

Wohnungsrecht (Wert: 50.000 €) für A

Nach dem Tode des A meint B, er habe nunmehr die 1. Rangposition erworben. C ist hingegen der Meinung, aufgrund der mit A vereinbarten Rangänderung dessen Rangposition behalten zu haben.

? Wie ist die Rechtslage?

Lesen Sie § 880 Abs. 4 BGB!

Das vortretende Recht behält seinen Rang, wenn das zurücktretende Recht

durch **Rechtsgeschäft**

aufgehoben wird.

? Umkehrschluss?

Erlischt das zurücktretende Recht z. B. kraft Gesetzes (hier durch Tod des Wohnungsberechtigten gem. §§ 1093, 1090 Abs. 2; 1061 BGB), so wird die Rangänderung hinfällig, d. h. das vorgetretene Recht fällt wieder an seine ursprüngliche, schlechtere Rangposition zurück. Das Zwischenrecht rückt folglich in die freigewordene 1. Rangposition auf.

Nach dem Tode des Wohnungsberechtigten A ergibt sich somit folgendes Rangverhältnis:

1. Rang: 30.000 € für B

2. Rang: 50.000 € für C

? Erkennen Sie den gesetzgeberischen Grund für diese Regelung? Versetzen Sie sich in die Rechtsposition des an der Rangänderung A, C nicht beteiligten Zwischenberechtigten B!

Das Recht des Zwischenberechtigten B muss von der Rangänderung zwischen A und C unberührt bleiben. B durfte immer davon ausgehen, dass z. B. im Falle des Todes des Wohnungsberechtigten das unübertragbare und nichtvererbliche Wohnungsrecht kraft Gesetzes erlischt und er in die freiwerdende Rangposition aufrückt, denn ohne Rangänderung hätte sich für ihn dieselbe rechtliche Situation ergeben.

? Warum bleibt aber der dem vortretenden Recht eingeräumte Rang bestehen, wenn das zurücktretende Recht durch Rechtsgeschäft aufgehoben wird?

Auf die rechtsgeschäftliche Aufhebung des zurücktretenden Rechts darf der Zwischenberechtigte nicht vertrauen. Insoweit muss er stets vom Bestehenbleiben des zurücktretenden Rechts ausgehen. Dies wiederum rechtfertigt den Erhalt der Rangposition des vortretenden Rechts.

! **Merke:** Die Rangänderung wird auch hinfällig, d. h. es tritt der ursprüngliche Rang wieder ein, wenn das *vortretende* Recht kraft Gesetzes erlischt oder rechtsgeschäftlich aufgehoben wird, weil sonst der Zwischenberechtigte begünstigt wäre. Das zurücktretende Recht rückt dann also wieder in seine ursprüngliche Position auf.

III. Rangänderung unter Teilrechten

Fall:

Das Grundstück des Eigentümers E ist mit einer Hypothek i. H. v. 100.000 € zugunsten des A belastet (Buchrecht).

A bestimmt, dass ein Teilbetrag von 20.000 € Rang haben soll vor einem Teilbetrag von 30.000 € sowie dem Rest i. H. v. 50.000 €.

Gleichzeitig überträgt er den Teilbetrag von 20.000 € an B, den Teilbetrag von 30.000 € an C.

? Wie kommen Rangänderung und Abtretung materiellrechtlich zustande?

Lesen Sie § 1151 BGB!

Diese Vorschrift regelt die

Forderungsteilung,

die wegen der Akzessorietät der Hypothek die entsprechende Teilung des Rechts zur Folge hat[3] (anwendbar auch auf die Grundschuld). Der Gläubiger A will die hypothekarisch gesicherte Forderung durch

Rangbestimmungen bzw. Teilabtretungen

in neue, selbständige Forderungen und damit Rechte aufteilen.

Ohne Rangerklärungen hätten die mit Eintragung der Teilabtretung vorhandenen, selbständigen Rechte gleichen Rang gehabt.

Die Rangverschlechterung nur eines dieser Rechte würde dann gem. § 880 Abs. 2 BGB u. a. die Einigung zwischen dem zurücktretenden und vortretenden Gläubiger erforderlich machen.

In vorstehendem Fall sind aber wegen fehlender Eintragung noch keine selbständigen Rechte entstanden. Der Gläubiger A will sein Recht vielmehr durch Rangerklärungen in drei Teilrechte aufteilen:

1\. Rang: 20.000 €

2\. Rang: 30.000 € und 50.000 €.

Nach rangmäßiger Aufteilung tritt er alsdann zwei dieser mit „neuem Rang ausgestatteten Rechte" ab an B bzw. C.

Zur „Rangänderung" bedarf es keiner Einigung, da die Rechte sich noch in einer Hand befinden; die Abtretung erfordert selbstverständlich eine Einigung zwischen Zedent und Zessionar.

3 *RGRK/Mattern*, Rdn. 2 zu § 1151 BGB.

? Warum bedarf es gem. § 1151 BGB nicht der Mitwirkung des Grundstückseigentümers?

Die Teilung der hypothekarisch gesicherten Forderung lässt beim Buchrecht mit Eintragung grundsätzlich gleichrangige Rechte entstehen. Im Zusammenhang mit einer Abtretung muss aber der Gleichrang nicht unbedingt den Vorstellungen der Beteiligten, insbesondere der neuen Gläubiger, entsprechen. Wollte man zur Abänderung des Gleichrangverhältnisses die Zustimmung des Eigentümers verlangen, könnte dies die Verwirklichung der Interessen der Beteiligten erschweren.

Fassen wir zusammen:

Im Fall wird die Rangänderung wirksam mit der entsprechenden Erklärung des Gläubigers A und Eintragung im Grundbuch, die gleichzeitige Abtretung durch Abtretungsvertrag zwischen A und B bzw. A und C sowie Eintragung im Grundbuch.

§ 3
Prüfungspflichten des Grundbuchamtes

Das Grundbuchamt verfügt die Eintragung der Rangänderung unter Beachtung der Eintragungsvoraussetzungen.

Die Eintragung der Rangänderung kann erfolgen, wenn insbesondere

alle betroffenen Beteiligten die Rangänderung bewilligen (§ 19 GBO).

Betroffen i. S. d. § 19 GBO sind in der Regel diejenigen, die auch nach materiellem Recht wegen eines möglichen Rechtsverlustes bzw. einer Rechtsverschlechterung mitzuwirken haben.

Fall:

Das Grundstück des Eigentümers E ist wie folgt belastet:

1. Rang: 10.000 € Hypothek für A, belastet mit Pfandrecht für P

2. Rang: 20.000 € Hypothek für B

3. Rang: 30.000 € Hypothek für C

☞ Prüfen Sie, welche materiellrechtlichen Erklärungen zur Rangänderung zwischen A und C erforderlich sind und wer die Rangänderung gem. § 19 GBO zu bewilligen hat!

Materiellrechtlich sind folgende Erklärungen notwendig:

- Einigungserklärung des zurücktretenden Gläubigers A (§ 880 Abs. 2 BGB);
- Einigungserklärung des vortretenden Gläubigers C (§ 880 Abs. 2 BGB);

- Zustimmungserklärung des Grundstückseigentümers E (§ 880 Abs. 2 S. 2 BGB);
- Zustimmungserklärung des Pfändungsgläubigers P (§§ 880 Abs. 3; 876 S. 1 BGB).

Gem. § 19 GBO müssen **bewilligen:**

- zurücktretender Gläubiger A;
- Grundstückseigentümer E, weil auch der Rang seiner Anwartschaft auf den Erwerb eines Eigentümergrundpfandrechts aus dem Recht des A sich verschlechtert; auf den gleichzeitigen Rangvortritt des Rechts des C kommt es nicht an;
- der Pfändungsgläubiger P, weil sich die Sicherheit seines Pfandrechts an dem zurücktretenden Recht des A verschlechtert.

Zustimmung und Bewilligung des Zwischenberechtigten B haben Sie zu Recht nicht verlangt. Er wird gem. § 880 Abs. 5 BGB durch die Rangänderung nicht berührt (vgl. S. 332, 333).

? Wer muss im Fall auf S. 335 (Rangänderung unter Teilrechten) die Eintragungen bewilligen?

Die Eintragung erfolgt mit Bewilligung des Gläubigers A, der als alleinverfügungsbefugter Rechtsinhaber von der Aufteilung seines Rechtes durch Rangbestimmung und Abtretungserklärung betroffen wird.

! **Merke:** Handelt es sich bei den an der Rangänderung beteiligten Rechten um Briefrechte, so bedarf es der Vorlage des Briefes

- des zurücktretenden Grundpfandrechts zum Nachweis der Legitimation des Gläubigers sowie zur Eintragung der Rangänderung auf dem Brief (§§ 41, 42, 62 GBO; 18 GBVfg.);
- des vortretenden Grundpfandrechts zur Eintragung der Rangänderung auf dem Brief (§§ 41, 42, 62 GBO; 18 GBVfg.)[4].

4 Die Briefvorlage des vortretenden Rechts wird in der Literatur überwiegend als nicht (mehr) notwendig angesehen, vgl. *Meikel*, Rdn. 26 zu 41 GBO und Rdn. 10 ff. (insbes. 19) zu § 57 GBO.

§ 4
Zur Wiederholung

Fragen und Aufgaben zur Wiederholung 16. Kapitel	Antworten und Lösungen auf den Seiten
1. Welche Bedeutung kommt dem Rang eines Rechtes zu?	329
2. Nach welchen Kriterien richtet sich das Rangverhältnis unter mehreren Rechten a) in derselben Abteilung, b) in verschiedenen Abteilungen?	330
3. Nennen Sie die Wirksamkeitsvoraussetzungen zur Rangänderung!	331
4. Warum muss beim Rangrücktritt eines Grundpfandrechts auch der Grundstückseigentümer zustimmen?	332
5. Wie ist § 880 Abs. 5 BGB zu verstehen?	332, 333
6. Begründen Sie die Regelung des § 880 Abs. 4 BGB!	333, 334
7. Warum bedarf es im Falle des § 1151 BGB keiner Zustimmung des Grundstückseigentümers?	336
8. Wer kommt als Betroffener i. S. d. § 19 GBO beim Rangrücktritt eines Grundpfandrechts in Betracht?	337

§ 5
Zusammenfassung
(16. Kapitel)

Allgemeines

Der Rang eines Rechtes beeinflusst seinen Wert.

Im Zwangsvollstreckungsverfahren des Grundstücks wird der Gläubiger erst an der ihm zustehenden Rangstelle befriedigt (§ 10 ZVG). Je besser der Rang, desto günstiger die Aussichten auf Befriedigung!

Rangverhältnis unter mehreren Rechten

In derselben Abteilung ist maßgebend die Reihenfolge der Eintragungen, in verschiedenen Abteilungen entscheidet der Eintragungszeitpunkt über das Rangverhältnis mehrerer Rechte (§ 879 BGB). Beachte Rangänderungen!

Wirksamkeitsvoraussetzungen

Einigung zwischen dem zurücktretenden und vortretenden Gläubiger. Ist das zurücktretende Recht mit dem Rechte eines Dritten belastet (z. B. Pfandrecht), bedarf es zur Wirksamkeit noch der Zustimmung des Dritten (§§ 880 Abs. 3, 876 BGB).

Im Falle des Rücktritts eines Grundpfandrechtes muss auch der Grundstückseigentümer zustimmen (§ 880 Abs. 2 S. 2, 3 BGB); Grund: Verschlechterung seiner evtl. Eigentümergrundschuld.

Keine Zustimmung des Grundstückseigentümers im Falle der Aufteilung i. S. d. § 1151 BGB!

Bedeutung der §§ 880 Abs. 5, 4 BGB

§ 880 Abs. 5 BGB:

Berechtigte zwischen zurücktretendem und vortretendem Recht bleiben unberührt, d. h. dürfen weder begünstigt noch beeinträchtigt werden. § 880 Abs. 5 BGB ist insbesondere im Zwangsvollstreckungsverfahren des Grundstücks zu beachten. Daher Zustimmung bzw. Bewilligung des Zwischenberechtigten zur Rangänderung, insoweit nicht erforderlich.

§ 880 Abs. 4 BGB:

Das vortretende Recht fällt an seine schlechtere Rangposition zurück, wenn das zurücktretende kraft Gesetzes erlischt.

Das zurücktretende Recht erlangt seine bessere Rangposition wieder, wenn das vortretende Recht kraft Gesetzes erlischt oder durch Rechtsgeschäft aufgehoben wird.

Grund: § 880 Abs. 5 BGB!

Mitwirkungspflicht gem. § 19 GBO

Alle nur möglicherweise Betroffenen haben die Rangänderung zu bewilligen. In Betracht kommen:

zurücktretender Gläubiger; evtl. Berechtigter am zurücktretenden Recht (§§ 880 Abs. 3, 876 BGB);

Grundstückseigentümer beim Rücktritt eines Grundpfandrechts (Ausnahme: § 1151 BGB).

17. Kapitel: Rangvorbehalt

Beispiel:

Grundstückseigentümer E, der von V ein unbelastetes Grundstück erworben hat, ist sich mit diesem über die Bestellung einer Hypothek zur Sicherung der dem V noch zustehenden Restkaufpreisforderung i. H. v. 50.000 € nebst 8 % Zinsen einig.

Da E das Grundstück in absehbarer Zeit zu bebauen beabsichtigt und hierzu noch ein Darlehen i. H. v. 100.000 € benötigt, will er schon jetzt einem späteren Kreditgeber zu dessen Sicherheit die 1. Rangposition freihalten.

E und V sind sich schließlich darüber einig, dass dem E die Befugnis zustehen soll, ein anderes Grundpfandrecht i. H. v. 100.000 € nebst bis zu 10 % Jahreszinsen ab Eintragung des vorbehaltenen Rechts mit Rang vor dem Recht des V eintragen zu lassen.

E beantragt und bewilligt die Eintragung einer Hypothek i. H. v. 50.000 € nebst 8 % Zinsen zugunsten des V mit dem Inhalt, dass er sich die Befugnis vorbehält, im Range vor der Hypothek des V ein Grundpfandrecht i. H. v. 100.000 € nebst bis zu 10 % Jahreszinsen ab ... eintragen zu lassen.

§ 1 Allgemeines

📖 Lesen Sie § 881 Abs. 1 BGB!

? Welches Bedürfnis besteht aus der Sicht des Grundstückseigentümers für die Eintragung eines Rangvorbehalts?

Im Eingangsbeispiel benötigt der Grundstückseigentümer zur Realisierung seines Bauvorhabens noch Fremdmittel. Der spätere Kreditgeber, der ihm evtl. noch nicht bekannt ist, beansprucht möglicherweise die 1. Rangposition, die ihm der Grundstückseigentümer im Rahmen des § 881 BGB schon vorzeitig freihalten kann, ohne die später sonst notwendige Rangänderung i. S. d. § 880 BGB herbeiführen zu müssen.

? Könnte der Grundstückseigentümer sein Ziel auch auf einem anderen rechtlichen Weg erreichen?

Die Eintragung einer vorrangigen Eigentümergrundschuld ermöglicht ihm die spätere Abtretung an den Kreditgeber und führt damit aus seiner Sicht zum selben Ergebnis. Darüber hinaus lassen sich auf diesem Wege unübersichtliche Rangverhältnisse, die ein Rangvorbehalt im Hinblick auf § 881 Abs. 4 BGB möglicherweise mit sich bringt, vermeiden, wenngleich er gegenüber der Eigentümergrundschuld den Vorteil der Unpfändbarkeit hat und im Übrigen die Eigentümergrundschuld dem Löschungsanspruch ausgesetzt ist.

? Wie entsteht der Rangvorbehalt?

Lesen Sie erneut das Eingangsbeispiel sowie § 881 BGB!

Oberflächliches Lesen des Gesetzestextes kann zu der falschen Annahme führen, zur Entstehung des Rangvorbehalts sei neben der Grundbucheintragung lediglich eine entsprechende Erklärung des Grundstückseigentümers notwendig.

Die in § 881 BGB genannte Befugnis ist zwar nur dem

Eigentümer

des Grundstücks vorbehalten, diese vorbehaltene Befugnis als Teil seines Eigentumsrechts schränkt aber gleichzeitig das Recht desjenigen ein, der sich das in Ausübung des Rangvorbehalts bestellte Recht im Range vorgehen lassen muss. Dies kommt in § 881 BGB – wenn auch zugegeben nur versteckt – zum Ausdruck:

„… bei der **Belastung** des Grundstücks mit einem Recht die Befugnis vorbehalten, …“.

Der Rangvorbehalt gehört folglich zum

Inhalt des mit ihm belasteten Rechts

und bedarf **materiellrechtlich** zu seiner Entstehung der

Einigung

zwischen dem Gläubiger des betroffenen Rechts und dem Grundstückseigentümer sowie der

Eintragung

im Grundbuch, und zwar auch dann, wenn er zum Inhalt eines bereits eingetragenen Rechts gemacht werden soll (§§ 873, 877 BGB).

☞ Prüfen Sie nunmehr, wer die Eintragung des Rangvorbehalts als Betroffener i. S. d. § 19 GBO zu bewilligen hat!

„Es kommt darauf an!“

Soll der Rangvorbehalt **gleichzeitig** mit dem belasteten Recht eingetragen werden, so hat der Grundstückseigentümer gem. § 19 GBO zu bewilligen[1], obwohl der Rangvorbehalt ihm eine Befugnis verschafft und er insoweit begünstigt wird.

? Erkennen Sie den Grund für die dennoch notwendige Bewilligung des Grundstückseigentümers?

Der Rangvorbehalt als eintragungsfähige Befugnis des Grundstückseigentümers ist Inhaltsbestandteil des mit ihm einzutragenden Rechts. Die Eintragung dieses Rechts hat der Grundstückseigentümer als Betroffener zu bewilligen ungeachtet der Tatsache, dass das Recht zum Teil einen Inhalt wiedergibt, der den Eigentümer auch begünstigt.

Die **nachträgliche** Eintragung des Rangvorbehalts als Inhalt eines bereits eingetragenen Rechts erfordert selbstverständlich die Bewilligung des Berechtigten dieses Rechts. Einer zusätzlichen Bewilligung des nur begünstigten Eigentümers bedarf es hier selbst dann nicht, wenn es sich bei dem mit dem Rangvorbehalt belasteten Recht um ein Grundpfandrecht handelt, welches nach Ausübung des Rangvorbehalts zurücktritt.

In der Literatur[2] wird z. T. die Auffassung vertreten, dass mit Rücksicht auf § 880 Abs. 2 BGB auch die nachträgliche Eintragung des Rangvorbehalts bei einem Grundpfandrecht die Bewilligung des Eigentümers erforderlich macht. Dem kann jedoch nicht gefolgt werden.

Eine Beeinträchtigung des Eigentümers durch Eintragung eines Rangvorbehalts ist *zur Zeit der Eintragung* des Rangvorbehalts – und nur darauf kommt es an – u. E. nicht erkennbar. Die Eintragung des Rangvorbehalts bewirkt noch keinen Rangrücktritt des mit dem Rangvorbehalt belasteten Grundpfandrechts und damit auch noch keine Verschlechterung der Anwartschaft des Eigentümers auf den Erwerb eines Eigentümergrundpfandrechts. Erst die spätere *Ausübung* des Rangvorbehalts beeinträchtigt insoweit die Rechte des Grundstückseigentümers. Die spätere Ausübung des Rangvorbehalts muss aber ohnehin der Grundstückseigentümer als alleiniger Betroffener i. S. d. § 19 GBO bewilligen[3].

? Ist der Rangvorbehalt übertragbar?

Lesen Sie § 881 Abs. 1, 3 BGB!

Gem. § 881 Abs. 3 BGB steht die vorbehaltene Befugnis dem jeweiligen Grundstückseigentümer zu. Der Rangvorbehalt ist also ein aus dem Eigentum erwach-

---

1 KG, JFG 8, 294, 299.

2 *Schöner/Stöber,* Rdn. 2131; *K/E/H/E/Eickmann,* Rdn. 22; *Demharter,* Rdn. 37, jeweils zu § 45 GBO.

3 KG, JFG 12, 289.

sendes Recht und als solches mit dem Eigentum grundsätzlich untrennbar verbunden.

? Was folgt daraus?

Als eine zum jeweiligen Grundstückseigentum gehörende Befugnis fehlt dem Rangvorbehalt die rechtliche Selbständigkeit. Er kann nicht Gegenstand besonderer Rechte sein und ist folglich isoliert, d. h. ohne Eigentum, weder übertragbar noch pfändbar. Auch die Eintragung einer Zwangssicherungshypothek an der vorbehaltenen Rangstelle muss deshalb außer Betracht bleiben[4].

§ 2 Inhalt

Das Grundbuchamt hat nicht nur die Eintragungsfähigkeit des Rangvorbehalts als solche, sondern im Rahmen der Prüfung des Bewilligungsinhalts insbesondere die vom Gesetzgeber für den zulässigen Rangvorbehalt verlangten inhaltlichen Einzelvoraussetzungen zu begutachten.

Fall:

Der Grundstückseigentümer beantragt und bewilligt die Eintragung eines näher bezeichneten Wohnungsrechts mit folgendem Inhalt:

„Der Eigentümer behält sich die Befugnis vor, im Range vor dem Wohnungsrecht eine Hypothek oder Grundschuld eintragen zu lassen".

? Mit welcher Begründung wird das Grundbuchamt die Bewilligung beanstanden?

Die Prüfung des Inhalts des Rangvorbehalts verlangt die Beachtung des

Bestimmtheitsgrundsatzes.

§ 881 BGB bringt dies im Übrigen deutlich zum Ausdruck:

„… ein anderes, dem Umfang nach bestimmtes Recht …"

Art und Umfang des vorbehaltenen Rechts müssen daher bezeichnet, bei vorbehaltenen Grundpfandrechten Kapital und Nebenleistungen zumindest dem Höchstbetrag nach angegeben sein.[5] Im Fall ist zwar die Art des vorbehaltenen Rechts bestimmt (Hypothek oder Grundschuld), nicht aber dessen Umfang.

? Welche Rechte können mit dem Rangvorbehalt belastet werden?

---

4 BGHZ 12, 238; DNotZ 1954, 378.

5 Zur Angabe des Zinsbeginns: BGH, Rpfleger 1995, 8/9; OLG Frankfurt, Rpfleger 1996, 340.

Der Rangvorbehalt kann grundsätzlich jedes dingliche Recht belasten, mit dem auch das Grundstück rechtsgeschäftlich belastbar ist.[6] Hierzu gehört auch die rechtsgeschäftlich bestellte Vormerkung zur Sicherung des Anspruchs auf Einräumung eines solchen Rechts sowie auf Eigentumsübertragung.

? Welchen Rechten kann der Rang vorbehalten werden?

Der Eigentümer kann die sich aus der Ausübung des Rangvorbehalts ergebenden Rangvorteile jedem eintragungsfähigen Grundstücksrecht verschaffen (Grundpfandrechte, Dienstbarkeiten, Reallasten) einschließlich der Vormerkung zur Sicherung des Anspruchs auf Einräumung eines solchen Rechts.

! **Merke:** Der Rangvorbehalt kann bedingt oder befristet oder auch inhaltlich beschränkt sein (z. B. zugunsten eines bestimmten Gläubigers).

Fall:

In Abteilung II ist bei dem Wohnungsrecht des B folgender Rangvorbehalt eingetragen:

„Der Eigentümer behält sich die Befugnis vor, im Range vor dem Wohnungsrecht eine Hypothek i. H. v. 50.000 € nebst bis zu 10 % Zinsen ab … eintragen zu lassen. Eingetragen am …".

Der Eigentümer hatte den Rangvorbehalt durch Eintragung einer mit 10 % verzinslichen Hypothek voll ausgenutzt. Nach Löschung der Hypothek beantragt und bewilligt der Eigentümer erneut die Eintragung einer Hypothek i. H. v. 50.000 € nebst 10 % Zinsen in Ausnutzung des bei dem Wohnungsrecht eingetragenen Rangvorbehalts.

? Welche Überlegungen stellt das Grundbuchamt an?

Das Grundbuchamt wird prüfen müssen, ob der Rangvorbehalt aufgrund der bereits erfolgten Ausnutzung gegenstandslos geworden und damit erloschen ist oder ob er nach Ausnutzung und späterer Löschung des vorgetretenen Rechts vom Eigentümer erneut ausgenutzt werden kann.

? Was sagt der Eintragungstext?

Die Grundbucheintragung lässt „auf den 1. Blick" weder die Möglichkeit der

einmaligen Ausnutzung

noch die der

wiederholten Ausnutzung

erkennen.

6 Ausnahme: Erbbaurecht wegen § 10 ErbbauRG.

? Was sagt der Gesetzestext?

Aus § 881 BGB geht jedenfalls nicht das Verbot der wiederholten Ausnutzung des Rangvorbehalts hervor. Die h. M.[7] nimmt deshalb zu Recht an, dass der Rangvorbehalt nach Löschung des in Ausnutzung des Rangvorbehalts vorgetretenen Rechts wiederholt ausgenutzt werden kann, es sei denn, dass das Grundbuch einschließlich der in Bezug genommenen Bewilligung die nur einmalige Ausnutzungsmöglichkeit erkennen lässt. Die wiederholte Ausnutzungsbefugnis ist also gesetzlicher Inhalt des Rangvorbehalts, die nur einmalige muss vereinbart sein.

? Was folgt aus den vorstehenden Überlegungen hinsichtlich des eintragungsfähigen Inhalts des Rangvorbehalts bzw. der insoweit vom Grundbuchamt zu prüfenden Eintragungsbewilligung?

Ist in der Eintragungsbewilligung die Möglichkeit der einmaligen Ausnutzung *nicht* erklärt, so kann der Rangvorbehalt wiederholt ausgenutzt werden. Eine entsprechende Grundbucheintragung ist insoweit entbehrlich.

Bringt die Eintragungsbewilligung hingegen die nur einmalige Ausnutzungsmöglichkeit zum Ausdruck, dann ist dies im Grundbuch entweder ausdrücklich oder durch Bezugnahme auf die Eintragungsbewilligung einzutragen.

§ 3
Ausnutzung

Die Ausnutzung des eingetragenen Rangvorbehalts erfolgt entweder durch Bestellung des Rechts in der vorbehaltenen Rangposition oder im Wege der Inhaltsänderung des bereits eingetragenen begünstigten Rechts, d. h. aufgrund der Einigung zwischen dem Eigentümer des Grundstücks und dem Gläubiger des begünstigten Rechts (§§ 873, 877 BGB).

? Warum bedarf es nicht der Zustimmung des Gläubigers/Berechtigten des aufgrund der Ausnutzung zurücktretenden Rechts?

Seine Zustimmung ist entbehrlich, da er bereits im Rahmen der Entstehungsvoraussetzungen des Rangvorbehalts sein Einverständnis zu den Wirkungen des ausgenutzten Rangvorbehalts erklärt hat.

? Wer hat die Ausnutzung des Rangvorbehalts zu bewilligen?

7 KG, JFG 5, 383; 6, 3_5; *RGRK/Augustin*, Rdn. 15 zu § 881 BGB; u. a.

Da die Befugnis zur Ausnutzung des Rangvorbehalts nur dem Grundstückseigentümer zusteht, kommt nur seine Bewilligung in Betracht.

Das Grundbuchamt hat hinsichtlich der in der Bewilligung erklärten Ausnutzung darauf zu achten, dass sich das begünstigte Recht im Rahmen des eingetragenen Rangvorbehalts bewegt und insbesondere den Umfang des Rangvorbehalts nicht *übersteigt*.

Gegen eine teilweise oder nur stufenweise Ausnutzung des Rangvorbehalts bestehen insoweit keine Bedenken.

Beispiel:

Eingetragener Rangvorbehalt für ein noch einzutragendes Grundpfandrecht i. H. v. 100.000 €. Der Eigentümer beantragt und bewilligt die Eintragung folgender Rechte in Ausnutzung des Rangvorbehalts:

20.000 € Hypothek für A

30.000 € Grundschuld für B

50.000 € Hypothek für C

Hier ist der Rangvorbehalt stufenweise in vollem Umfang ausgenutzt. Unter den begünstigten Rechten besteht grundsätzlich das Rangverhältnis des § 879 BGB.

! **Merke:** Der gem. § 18 GBVfg. sowohl beim vortretenden als auch beim zurücktretenden Recht einzutragende Rangvermerk muss mit Rücksicht auf die möglichen unterschiedlichen Wirkungen von Rangänderung (§ 880 BGB) und Rangvorbehalt (§ 881 BGB) zum Ausdruck bringen, dass die Rangänderung in Ausnutzung des Rangvorbehalts erfolgt:

„Das Recht Abteilung III Nr. 3 hat Rang vor dem Recht Abteilung III Nr. 1 unter Ausnutzung des bei dem Recht Abteilung III Nr. 1 eingetragenen Rangvorbehalts. Eingetragen am …“

§ 4
Wirkungen

Mit Ausnutzung des Rangvorbehalts tritt das mit dem Rangvorbehalt belastete Recht hinter das durch die Ausnutzung begünstigte Recht im Range zurück. Insoweit bestehen die Wirkungen einer Rangänderung i. S. d. § 880 BGB.

Zwischenrechte, d. h. Rechte, die nach Eintragung des mit dem Rangvorbehalt belasteten Rechts und vor Eintragung des begünstigten Rechts ohne einen entsprechenden Rangvorbehalt im Grundbuch eingetragen worden sind, können aber die Interessen des vorbehaltenen Rechts z. B. in der Zwangsversteigerung gefährden.

Wir wissen zwar, dass insbesondere § 880 Abs. 5 BGB weniger den Zuständigkeitsbereich des Grundbuchamtes als vielmehr den des Vollstreckungsgerichts (z. B. Zwangsversteigerungsgericht) betrifft (vgl. S. 330), dennoch sollten wir uns zum Problemverständnis die möglichen unterschiedlichen Wirkungen zwischen Rangänderung i. S. d. § 880 BGB und Rangvorbehalt i. S. d. § 881 BGB bewusst machen.

Beispiel:

Im Grundbuch sind in Abteilung III folgende Rechte und Rangvermerke eingetragen:

Nr. 1: 40.000 € Hypothek für A. – Dem Recht Nr. 3 ist der Vorrang eingeräumt.

Nr. 2: 80.000 € Hypothek für B

Nr. 3: 100.000 € Hypothek für C. – Das Recht hat Rang vor dem Recht Nr. 1

In der Zwangsversteigerung besteht mit Rücksicht auf § 880 Abs. 2, 5 BGB folgende Befriedigungsreihenfolge (alle Rechte sollen durch Zuschlag erloschen sein):

Nr. 1: 40.000 € für C

Nr. 2: 80.000 € für B

Nr. 3: 60.000 € für C

Nr. 4: 40.000 € für A

Bei einem angenommenen Versteigerungserlös i. H. v. 120.000 € würde C 40.000 €, B 80.000 € erhalten.

Abwandlung: Die Rangänderung erfolgt in Ausnutzung eines bei dem Recht Nr. 1 (A) eingetragenen Rangvorbehalts.

Lesen Sie zunächst § 881 Abs. 4 BGB!

Das mit dem Rangvorbehalt belastete Recht soll hier stärker geschützt werden als im Falle einer Rangänderung i. S. d. § 880 BGB für den Fall, dass nach Eintragung des Rangvorbehalts Rechte ohne einen entsprechenden Rangvorbehalt eingetragen werden:

Eine Rangänderung gem. § 880 BGB bewirkt zwischen den an der Rangänderung beteiligten Rechten einen Rangtausch. Dem zurücktretenden Gläubiger ist hier bekannt, dass er die volle, schlechtere Rangposition des vortretenden Gläubigers einnimmt und sich bei der Erlösverteilung nicht nur das vortretende Recht, sondern auch die vorhandenen Zwischenrechte in voller Höhe vorgehen lassen muss (vgl. vorstehendes Beispiel).

Beim Rangvorbehalt gem. § 881 BGB geht aber der Gläubiger des mit dem Rangvorbehalt belasteten Rechts davon aus, dass auch die nachfolgenden, vor Eintragung des vorbehaltenen Rechts eingetragenen Rechte (Zwischenrechte) mit einem entsprechenden Rangvorbehalt belastet werden und er demzufolge sich nur das vorbehaltene Recht im Range vorgehen lassen muss. Diese Erwartungen müssen gem. § 881 Abs. 4 BGB bei der Erlösverteilung beachtet werden. Dies bedeutet, dass eine darüber hinausgehende mögliche Beeinträchtigung nicht zu seinen Lasten, sondern zu Lasten des vorbehaltenen Rechtes geht.

Wem ist unter Beachtung dieser Überlegungen der Versteigerungserlös i. H. v. 120.000 € zuzuteilen?

A erhält	20.000 €	(120.000 € Erlös abzüglich des eingetragenen Erlösanspruchs des C i. H. v. 100.000 €);
B erhält	80.000 €	(120.000 € Erlös abzüglich des eingetragenen Erlösanspruchs des A i. H. v. 40.000 €, denn ihm gegenüber hat der Rangvorbehalt keine Wirkung);
C erhält	20.000 €	(= Resterlös).

Wenn Sie die Erlösverteilung aufgrund der eingetragenen Rangänderung gem. § 880 BGB der Erlösverteilung im Falle des eingetragenen und ausgenutzten Rangvorbehalts gem. § 881 BGB gegenüberstellen, werden Sie unschwer feststellen, dass der Rangvorbehalt bei Vorhandensein von Zwischenrechten ohne entsprechenden Rangvorbehalt zu Lasten des vorbehaltenen Rechts gehen kann (C erhält hier 20.000 € weniger).

§ 5
Erlöschen

Die **rechtsgeschäftliche** Aufhebung des **noch nicht ausgenutzten** Rangvorbehalts stellt eine

Inhaltsänderung i. S. d. § 877 BGB

dar und erfordert **materiellrechtlich** die

Einigung zwischen dem Gläubiger des mit ihm belasteten Rechts und dem Eigentümer sowie die Eintragung der Löschung im Grundbuch[8].

Das Grundbuchamt wird die Löschung mit Bewilligung des Eigentümers verfügen.

? Kann das Erlöschen des Rangvorbehalts auch außerhalb des Grundbuchs (kraft Gesetzes) eintreten?

Der Rangvorbehalt erlischt kraft Gesetzes:

- mit Untergang (Erlöschen) des mit ihm belasteten Rechts, denn das Erlöschen

8 *Schöner/Stöber*, Rdn. 2144; *Demharter*, Anm. 44 zu § 45 GBO; *RGRK/Augustin*, Rdn. 18 zu § 881 BGB; a. A.: *Müko/Wacke*, Rdn. 10 zu § 881 BGB: § 875 BGB entsprechend anwendbar.

des Rechts muss das Erlöschen seines gesamten Inhalts zur Folge haben, zu dem auch der Rangvorbehalt gehört;

- mit Ausnutzung, falls der Rangvorbehalt gem. den Vereinbarungen der Beteiligten nur einmalig ausgenutzt werden darf (beachte Grundbucheintragung und Bewilligung).

In diesen Fällen erfolgt die Eintragung des Erlöschens insbesondere unter Anwendung der §§ 22, 29 GBO.

§ 6
Zur Wiederholung

Fragen und Aufgaben zur Wiederholung 17. Kapitel	Antworten und Lösungen auf den Seiten
1. Beschreiben Sie die Bedeutung des Rangvorbehalts für den Grundstückseigentümer!	341, 342
2. Nennen Sie die Entstehungsvoraussetzungen zum Rangvorbehalt!	342
3. Wer hat die Eintragung des Rangvorbehalts zu bewilligen im Falle	
a) der gleichzeitigen Eintragung mit dem belasteten Recht;	343
b) der nachträglichen Eintragung bei einem bereits eingetragenen Recht?	343
4. Begründen Sie die Unübertragbarkeit/Unpfändbarkeit des Rangvorbehalts	343, 344
5. Welche besondere Prüfung obliegt dem Grundbuchamt im Rahmen des eintragungsfähigen Inhalts der Bewilligung?	344
6. Unter welchen Voraussetzungen kann der Rangvorbehalt nur einmal ausgenutzt werden?	345, 346
7. Wie erfolgt die Ausnutzung des Rangvorbehalts und wer hat die Eintragung zu bewilligen?	346, 347
8. Warum muss sich im Falle der Ausnutzung des Rangvorbehalts aus den eingetragenen Rangvermerken auch die Tatsache der Ausnutzung ergeben?	347

Fragen und Aufgaben zur Wiederholung 17. Kapitel	Antworten und Lösungen auf den Seiten
9. Was verstehen Sie unter einer „stufenweisen“ Ausnutzung des Rangvorbehalts?	347
10. Beschreiben Sie die unterschiedlichen Wirkungen von Rangänderung und Rangvorbehalt bei Vorhandensein von sog. Zwischenrechten (§ 881 Abs. 4 BGB)!	347, 348
11. Wie erlischt der Rangvorbehalt?	349, 350

§ 7
Zusammenfassung
(17. Kapitel)

Entstehung

Rangvorbehalt ist Inhalt des mit ihm zu belastenden Rechts und entsteht mit Einigung zwischen dem Gläubiger des betroffenen Rechts und dem Eigentümer sowie Eintragung im Grundbuch.

Eintragung erfolgt mit Bewilligung des Eigentümers, wenn Rangvorbehalt gleichzeitig mit dem betroffenen Recht eingetragen werden soll; bei nachträglicher Eintragung muss Gläubiger des betroffenen Rechts bewilligen.

Rangvorbehalt ist grundsätzlich nicht selbständig übertragbar und nicht pfändbar, da er mit Eigentum am Grundstück verbunden ist.

Inhalt

Grundbuchamt hat Bestimmtheitsgrundsatz zu beachten: Rangvorbehalt muss nach Art und Umfang bestimmt sein, Kapital und Nebenleistungen dem Höchstbetrag nach (einschl. Zinsbeginn).

Rangvorbehalt kann jedes eintragungsfähige Grundstücksrecht belasten (Ausnahme: Erbbaurecht) und zugunsten jedes eintragungsfähigen Grundstücksrechts erklärt werden (auch rechtsgeschäftlich bestellte Vormerkungen).

Inhalt

Rangvorbehalt kann wiederholt ausgenutzt werden, es sei denn, ein anderer Wille der Beteiligten ist erkennbar (beachte Bewilligung); bewilligte einmalige Ausnutzung muss daher im Grundbuch eingetragen werden; Bezugnahme genügt insoweit.

Ausnutzung

Ausnutzung erfolgt durch Bestellung bzw. Inhaltsänderung des begünstigten Rechts. Bewilligung des Eigentümers genügt.

Grundbuchamt hat u. a. zu prüfen, ob das begünstigte Recht den Umfang des Rangvorbehalts nicht übersteigt. Unterschreitung ist zulässig; auch stufenweise Ausnutzung möglich.

Wirkungen

Bei Vorhandensein von Zwischenrechten (nach Eintragung, aber vor Ausnutzung des Rangvorbehalts eingetragene, ohne mit Rangvorbehalt belastete Rechte) kann Rangvorbehalt anders als Rangänderung i. S. d. § 880 BGB wirken (vgl. § 881 Abs. 4 BGB):

Rangvorbehalt kann insoweit zu Lasten des vorbehaltenen Rechts gehen (vgl. Erlösverteilung in der Zwangsversteigerung).

Erlöschen

Rechtsgeschäftliche Aufhebung ist Inhaltsänderung i. S. d. § 877 BGB. Daher erforderlich: Einigung zwischen dem Gläubiger des mit dem Rangvorbehalt belasteten Rechts und dem Eigentümer sowie Eintragung im Grundbuch (str.);

Verfahrensrechtlich genügt in jedem Fall Bewilligung des Eigentümers gem. § 19 GBO.

Erlöschen kraft Gesetzes (z. B.):

mit Erlöschen des mit dem Rangvorbehalt belasteten Rechts oder mit Ausnutzung des Rangvorbehalts, falls Rangvorbehalt nur einmalig ausgenutzt werden kann.

Eintragung erfolgt hier grundsätzlich unter Anwendung der §§ 22, 29 GBO.

18. Kapitel: Verfügungsbeschränkungen

Beispiel:

Grundstückseigentümer E lässt sein Grundstück am 01.02. auf an K (§§ 873, 925 BGB). K beantragt mit Eingang vom 10.02. die Eigentumsumschreibung. Dem Grundbuchamt liegt auch ein Ersuchen des Insolvenzgerichts auf Eintragung des Insolvenzvermerks vor (Eingang: 12.02.). Aus dem Ersuchen ergibt sich, dass über das Vermögen des E am 11.02. das Insolvenzverfahren eröffnet worden ist.

§ 1 Allgemeines

I. Bedeutung

Sinn und Zweck des Grundbuchs ist es, jedermann zuverlässige Auskunft über die Rechtsverhältnisse am Grundstück zu geben. Es ist also in erster Linie dazu bestimmt, den Rechtsverkehr über das rechtliche Schicksal des **Grundstücks** und der an ihm bestehenden **Rechte** zu informieren (Eigentum, beschränkte dingliche Rechte). Der Rechtsverkehr darf grundsätzlich auf die Richtigkeit des Grundbuchs vertrauen, was u. a. durch die Beweisvermutung des § 891 BGB gewährleistet ist.

Die widerlegbare Vermutung des § 891 BGB erstreckt sich aber nur auf den namentlich eingetragenen Rechtsinhaber, nicht auf dessen rechtliche Eigenschaften bzw. Befugnisse im Besonderen.

Wir müssen uns daher fragen:

? Welche grundbuchrechtliche Bedeutung kommt der Eintragung von Verfügungsbeschränkungen des Rechtsinhabers zu, wenn diese doch nicht unmittelbar die Grundstücksrechte, sondern vielmehr die Verfügungsfreiheit des Rechtsinhabers erfassen?

Lesen Sie § 892 Abs. 1 S. 2 BGB!

Beschränkungen in der Verfügungsfreiheit des Rechtsinhabers entstehen in der Regel außerhalb des Grundbuches. Eine im Grundbuch nicht eingetragene Verfügungsbeschränkung ermöglicht den rechtswirksamen Erwerb eines dinglichen Rechts, wenn der Erwerber in Ansehung des Nichtbestehens einer Verfügungsbeschränkung im guten Glauben war.

Die Eintragung einer Verfügungsbeschränkung im Grundbuch hat den Zweck, den guten Glauben hinsichtlich ihres Nichtbestehens zu zerstören und somit die Interessen **bestimmter Personen** zu wahren, sie also vor einem möglichen Rechtsverlust zu schützen. Wir nennen sie deshalb auch **relative** Verfügungsbeschränkungen. Ihre Eintragungsfähigkeit ergibt sich aus § 892 Abs. 1 S. 2 BGB.

Den relativen Verfügungsbeschränkungen stehen die *absoluten* Verfügungsbeschränkungen gegenüber.

? Worin unterscheiden sich relative und absolute Verfügungsbeschränkungen?

Während die relativen Verfügungsbeschränkungen nur den Schutz *bestimmter* Personen oder Personenkreise bezwecken, wirken die sog. absoluten Verfügungsbeschränkungen gegenüber jedem, und zwar grundsätzlich losgelöst vom guten oder bösen Glauben eines Beteiligten. Man kann auch sagen:

Bei Verstoß gegen eine relative Verfügungsbeschränkung ist die Verfügung nur bestimmten Personen gegenüber unwirksam, im Übrigen aber wirksam;

der Verstoß gegen eine absolute Verfügungsbeschränkung führt hingegen zur absoluten Nichtigkeit der Verfügung (§ 134 BGB).

? Absolute Verfügungsbeschränkungen sind grundsätzlich nicht eintragungsfähig! Können Sie das begründen?

Wenn die Eintragung einer Verfügungsbeschränkung im Grundbuch den guten Glauben eines Beteiligten ausschließen soll, der gute Glaube an das Nichtbestehen einer absoluten Verfügungsbeschränkung aber ohne rechtliche Bedeutung bleibt, dann besteht für die Eintragung einer absoluten Verfügungsbeschränkung im Grundbuch keine Notwendigkeit. Ihre Eintragung wäre demnach überflüssig.

! **Merke:** Eintragungsfähig sind grundsätzlich nur **relative** Verfügungsbeschränkungen. Sie entstehen in der Regel außerhalb des Grundbuchs und wirken gutgläubigen Dritten gegenüber mit Eintragung im Grundbuch.

Absolute Verfügungsbeschränkungen sind nur dann eintragungsfähig, wenn der Gesetzgeber ihre Eintragung besonders vorsieht (vgl. §§ 23 Abs. 3; 32 InsO) oder an ihre Eintragung besondere Rechtsfolgen geknüpft sind (vgl. §§ 81 Abs. 1; 91 Abs. 2 InsO).

Beispiele:

- absolute, *nicht eintragungsfähige* Verfügungsbeschränkungen;

- Vermögensbeschlagnahme i. S. d. §§ 290, 292, 443 StPO;
- Verkehrsbeschränkungen i. S. d. § 2 GrdstVG; in diesen Fällen tritt bei Verstoß aber nur schwebende Unwirksamkeit der Verfügung ein;
- § 1365 BGB.

II. Prüfungspflichten des Grundbuchamtes

Lesen Sie zunächst noch einmal das Eingangsbeispiel auf S. 353!

In den Fällen des § 20 GBO hat das Grundbuchamt die Wirksamkeit der materiellrechtlichen Einigung zu prüfen, aber auch die Befugnis zur Abgabe der verfahrensrechtlichen Bewilligung ist Ausfluss der materiellrechtlichen Verfügungsbefugnis. Wer mithin nach materiellem Recht verfügungsbefugt ist, dem steht auch die verfahrensrechtliche Bewilligungsbefugnis zu.

Das Grundbuchamt hat von Amts wegen die **Verfügungsbefugnis** des Verfügenden zu prüfen[1]. Dabei ist zu beachten, dass die Verfügungsbefugnis nicht nur bei Abgabe der Erklärung (§§ 19, 20 GBO) sondern auch noch zum Zeitpunkt der Vollendung des Rechtserwerbs, also zum Zeitpunkt der Eintragung, vorliegt, denn erst die Eintragung schließt die Verfügung ab.

> ! **Merke:** Auch das Grundbuchamt darf sich hinsichtlich der Prüfung der Verfügungsbefugnis grundsätzlich auf die Vermutung des § 891 BGB berufen, es sei denn, dass begründete Zweifel an der Richtigkeit des Grundbuches bzw. des ihm unterbreiteten Sachverhalts bestehen.

Stellt das Grundbuchamt im Rahmen dieser Prüfung fest, dass die Verfügungsbefugnis infolge einer Verfügungsbeschränkung vor der Eintragung weggefallen ist, so kann die Erklärung des Verfügenden grundsätzlich nicht mehr verwertet werden, es sei denn, dass die Anwendung folgender Vorschriften in Betracht kommt:

- § 185 BGB: Zustimmung des durch die Verfügungsbeschränkung Geschützten

oder

- § 878 BGB[2]: materielle Bindung an die Einigung (§§ 873 Abs. 2 BGB, 875 Abs. 2 BGB) **und** Antragstellung **vor** Wirksamwerden der Verfügungsbeschränkung.

> ! **Merke:** Auch im Rahmen der Prüfung des § 19 GBO muss die materiellrechtliche Bindung an die **Einigungserklärung** bzw. **Aufgabeerklärung** des Betroffenen eingetreten sein, denn nur so besteht die materiellrechtliche Verfügungsbefugnis fort und nur dann liegt auch die Bewilligungsbefugnis vor.

---

1 BGH, Rpfleger 1961, 234 u. a.

2 § 878 BGB ist auch im Grundbuchverfahren anwendbar.

oder

- § 892 Abs. 2 BGB[3]: unter Beachtung des Rechtsgedankens aus § 892 Abs. 2 BGB muss das Grundbuchamt, wenn die Voraussetzungen des § 185 bzw. § 878 BGB nicht vorliegen, den Eintragungsantrag erledigen, vorausgesetzt
- der Antrag ist vor dem Antrag auf Eintragung der Verfügungsbeschränkung eingegangen und erledigungsreif.
- Insoweit muss das Grundbuchamt von der Gutgläubigkeit des Erwerbers ausgehen, solange sie nicht durch konkrete Anhaltspunkte entkräftet ist. Von der Rechtsprechung wird die Anwendung des § 892 BGB abgelehnt, da das Grundbuchamt nicht zum gutgläubigen Erwerb verhelfen dürfe.[4]

Eine übersichtliche Problemdarstellung finden Sie in *Eickmann/Böttcher,* Grundbuchverfahrensrecht, 5. Kap., § 3 III, S. 100 ff.

Verstößt die Verfügung gegen eine dem Grundbuchamt bekannte, nicht eintragungsfähige **absolute** Verfügungsbeschränkung, ist der Eintragungsantrag grundsätzlich zurückzuweisen.

! **Merke:** Bei Verfügungen eines Ehegatten darf das Grundbuchamt grundsätzlich vom gesetzlichen Güterstand ausgehen[5]. Die in § 1365 BGB geregelte Verfügungsbeschränkung hat nach der BGH-Rechtsprechung absoluten Charakter; Zustimmung des Geschützten ist jedoch möglich; das Grundbuchamt braucht die Zustimmung des anderen Ehegatten oder den Nachweis weiteren Vermögens aber nur zu verlangen, wenn **konkrete** Anhaltspunkte dafür vorliegen, dass es sich bei dem Grundstück des Ehegatten wirtschaftlich um sein Vermögen im Ganzen handelt.

§ 2
Arten von Verfügungsbeschränkungen

I. Insolvenzeröffnung

Lesen Sie § 80 InsO!

Mit Eröffnung des Insolvenzverfahrens verliert der Insolvenzschuldner das Verwaltungs- und Verfügungsrecht hinsichtlich aller zur Insolvenzmasse gehörenden

3 *K/E/H/E/Munzig,* Rdn. 100 zu § 19 GBO; *Müko/Kohler,* Rdn. 66 ff. zu § 892 BGB; *Eickmann,* Rpfleger 1972, 77; *Reul,* MittBayNot 2013, 16 ff., u. a.

4 RGZ 71, 38; OLG Karlsruhe, Rpfleger 1998, 68; BayObLG, Rpfleger 1994, 453; u. a.; die Ansichten werden von der Literatur zunehmend unter Hinweis auf den Normzweck des § 892 Abs. 2 BGB verworfen: u. a.: *K/E/H/E/Munzig,* Rdn. 100 zu § 19 GBO.

5 BayObLG, DNotZ 1960, 316.

pfändbaren Gegenstände und Rechte (§§ 35, 36 InsO). Das **Verfügungsrecht** steht nunmehr dem **Insolvenzverwalter** zu.

Fall:

Grundstückseigentümer E lässt in notarieller Urkunde sein Grundstück am 01.04. auf an K (§§ 873, 925 BGB). Mit Eingang vom 02.04. wird die Eigentumsumschreibung beantragt. Dem Grundbuchamt liegt im Übrigen das Ersuchen des Insolvenzgerichts auf Eintragung des Insolvenzvermerks vor (Eingang: 03.04.), aus dem sich ergibt, dass über das Vermögen des E am 03.04. das Insolvenzverfahren eröffnet worden ist.

? Welche Überlegungen sind anzustellen?

☞ Wiederholen Sie zunächst die Ausführungen auf der S. 355!

Das Grundbuchamt hat von Amts wegen die Verfügungsbefugnis zu prüfen, die bis zum Zeitpunkt der Eintragung fortdauern muss. Es wird daher die Eigentumsumschreibung auf K nur verfügen, wenn E im Zeitpunkt der Eintragung des Eigentumswechsels noch die Verfügungsbefugnis besitzt.

Aus dem vorliegenden Ersuchen des Insolvenzgerichts geht hervor, dass E mit Eröffnung des Insolvenzverfahrens am 03.04. gem. §§ 80, 27 InsO seine Verfügungsbefugnis verloren hat.

? Kann dennoch die Eigentumsumschreibung erfolgen?

📖 Lesen Sie §§ 81 Abs. 1; 91 Abs. 1, 2 InsO!

Diese Norm lässt den Erwerb eines Rechts an zur Insolvenzmasse gehörenden Gegenständen (hier: Eigentum am Grundstück) nach Eröffnung des Insolvenzverfahrens mit Wirkung gegenüber den Insolvenzgläubigern grundsätzlich nicht zu, selbst, wenn kein Fall des § 81 InsO vorliegt;[6] gem. § 91 Abs. 2 InsO bleiben jedoch die Vorschriften der §§ 878, 892, 893 BGB unberührt, d. h.

der Eigentumserwerb kann sich trotz Insolvenzeröffnung noch vollziehen, wenn zugunsten des Erwerbers eine der genannten Normen anzuwenden ist.

☞ Prüfen Sie selbst!

Voraussetzungen des § 878 BGB:

- abgegebene Erklärung des Berechtigten gem. § 873 BGB;
- Bindungswirkung dieser Erklärung gem. § 873 Abs. 2 BGB;

6 § 91 Abs. 1, 2 InsO versteht sich als Ergänzung zu § 81 InsO für die Fälle, in denen die Verfügungshandlung vor Insolvenzeröffnung „eingeleitet" (Abgabe der Erklärung), aber erst nach Insolvenzeröffnung abgeschlossen wird (z. B. durch Eintragung), BGH, DNotJ Dokumenten Nr. 9 zr 136–11.

- Antragstellung (= Eingang beim Grundbuchamt)

vor Insolvenzeröffnung.

Die genannten Voraussetzungen des § 878 BGB liegen vor:

- E hat die Auflassungserklärung am 01.04. abgegeben (§§ 873, 925 BGB),
- die durch notarielle Beurkundung der *Einigungserklärungen* am 01.04. bindend geworden ist (§ 873 Abs. 2, 1. Alt. BGB);
- der Antrag auf Eigentumsumschreibung ist am 02.04. gestellt, die Insolvenzeröffnung erfolgte erst am 03.04.

Ergebnis:

Die Insolvenzeröffnung wirkt sich auf die Verfügungsbefugnis des E nicht aus. Seine Erklärung bleibt wirksam.

? Wie wird das Grundbuchamt entscheiden, wenn in vorstehendem Fall der Antrag des E erst am 04.04. und das Ersuchen auf Eintragung der am 03.04. erfolgten Insolvenzeröffnung am 05.04. beim Grundbuchamt eingeht?

Die Voraussetzungen des § 878 BGB liegen nicht vor. Zwar ist die Auflassungserklärung des E bereits am 01.04. bindend geworden (s. o.), aber der Antrag auf Eigentumsumschreibung erst nach Insolvenzeröffnung beim Grundbuchamt eingegangen.

? Was folgt daraus?

Liegen die Voraussetzungen des § 878 BGB nicht vor, so kann K an dem Grundstück (= Masse) kein Recht (= Eigentum) mehr erwerben. Durch die Eintragung würde das Grundbuch also unrichtig!

? Muss das Grundbuchamt den Antrag nun zurückweisen?

Gem. § 185 BGB kann die Verfügung eines Nichtberechtigten mit Genehmigung des Berechtigten wirksam werden. Da gem. § 80 InsO die Verfügungsbefugnis auf den InsO-Verwalter übergeht, könnte dieser die Verfügung des E genehmigen. Das Grundbuchamt sollte sich daher für eine Zwischenverfügung entscheiden zum Zwecke der Beibringung der InsO-Verwalter-Genehmigung.

Genehmigt der InsO-Verwalter, dann erfolgt die Eigentumsumschreibung. Wird die Genehmigung nicht vorgelegt, wird das Grundbuchamt den Antrag auf Eigentumsumschreibung zurückweisen.

Anstelle einer Zwischenverfügung hätte das Grundbuchamt sich aber auch den die Anwendung des § 892 Abs. 2 BGB befürwortenden Meinungen anschließen (vgl. Fußnote 3), und die Eigentumsumschreibung verfügen können, da der Antrag auf Eigentumsumschreibung vor dem Ersuchen auf Eintragung des InsO-Vermerks eingegangen ist und (unterstellt) die verfahrensrechtlichen Eintragungsvoraussetzungen gegeben sind

und

die Voraussetzungen des § 892 Abs. 2 BGB vorliegen, wobei von der Gutgläubigkeit des Erwerbers auszugehen ist, es sei denn, diese ist durch konkrete Anhaltspunkte entkräftet.

! **Merke:** Die Anwendung des § 892 BGB muss aber immer bei „echten" absoluten Verfügungsbeschränkungen außer Betracht bleiben, weil diese selbst bei Gutgläubigkeit des Erwerbers die Nichtigkeit der Verfügung bewirken (§ 134 BGB).

Fall:

Grundstückseigentümer E bestellt am 01.04. in öffentlich beglaubigter Form zu Gunsten des B eine Hypothek und bewilligt in derselben Urkunde die entspr. Eintragung, die B unter Vorlage der genannten Urkunde am 02.04. beantragt.

Dem Grundbuchamt liegt auch das Ersuchen des Insolvenzgerichts (Eingang: 03.04.) auf Eintragung der am 03.04. erfolgten InsO-Eröffnung vor.

☞ Prüfen Sie § 19 GBO!

Die zur Bewilligungsberechtigung notwendige Verfügungsbefugnis des Eigentümers muss im Zeitpunkt der Eintragung der Hypothek noch vorliegen. Unter den Voraussetzungen der §§ 91 Abs. 2 InsO, 878 BGB hätte die vor Eintragung der Hypothek erfolgte Insolvenzeröffnung keine Auswirkungen auf die Verfügungsbefugnis. Die Erklärung des Eigentümers i. S. d. § 873 BGB bliebe dann wirksam. Im Fall hat der Berechtigte (Eigentümer E) zunächst eine Erklärung gem. § 873 BGB abgegeben (Bestellungserklärung). Der Antrag ist am 02.04., also vor Insolvenzeröffnung gestellt (03.04.).

Dem Grundbuchamt muss jedoch im Rahmen der Prüfung des § 878 BGB auch der Nachweis erbracht werden, dass die vom *Berechtigten abgegebene Erklärung* vor Insolvenzeröffnung **bindend** geworden ist.

📖 Lesen Sie § 873 Abs. 2 BGB!

Die „Erklärungsbindung" i. S. d. § 878 BGB setzt voraus, dass entweder

- die **Einigungserklärungen notariell beurkundet** (§§ 8 ff. BeurkG) oder – wenn auch wenig praxisnah – vor dem Grundbuchamt abgegeben oder bei diesem eingereicht sind

oder

- der Berechtigte dem anderen Teil vor Insolvenzeröffnung die **Eintragungsbewilligung ausgehändigt** hat.

Im Fall ist der Nachweis der vor Insolvenzeröffnung eingetretenen „Erklärungsbindung“ erbracht worden, da der Gläubiger spätestens seit dem 02.04. im Besitz der Eintragungsbewilligung vom 01.04. ist und angenommen werden darf, dass er diese von dem Berechtigten (Eigentümer E) ausgehändigt erhalten hat.

Lesen Sie zur Problematik die Beispiele 25–29 in *Eickmann/Böttcher*, Grundbuchverfahrensrecht, S. 105 ff.!

Fall:

Grundstückseigentümer E lässt sein Grundstück am 01.04. auf an B (§§ 873, 925 BGB). Die Eigentumsumschreibung wird mit Eingang vom 02.04. beantragt. Dem Grundbuchamt liegt auch das Ersuchen des InsO-Gerichts auf Eintragung eines allgemeinen **Verfügungsverbots** i. S. d. § 21 Abs. 2 Nr. 1, 2 InsO vor (Eingang: 03.04.), welches mit Erlass i. S. d. § 27 InsO analog am 03.04. wirksam geworden ist.

? Welche Überlegungen sind anzustellen?

Lesen Sie § 21 Abs. 2 Nr. 1, 2 i. V. m. §§ 22, 24, 81, 91 Abs. 1, 2 InsO, 878 BGB!

Der Verstoß gegen das allgemeine Verfügungsverbot führt zur absoluten Unwirksamkeit der Verfügung.[7]

Das allgemeine Verfügungsverbot i. S. d. vorgenannten Normen hat also dieselbe Wirkung wie die Insolvenzeröffnung.

Allerdings liegt hier keine Verfügungshandlung des E nach Erlass des Verfügungsverbots vor. Auf den § 91 InsO verweist aber § 24 InsO nicht. Die Eintragung ist also vorzunehmen[8].

II. Nachlassverwaltung

Lesen Sie zunächst die §§ 1975, 1984, 1985 BGB!

Die Anordnung der Nachlassverwaltung hat den Zweck, die Nachlassgläubiger zu befriedigen. Sie soll zur Erfüllung dieses Zweckes die Sicherstellung des Nachlasses gewährleisten. Mit der Wirksamkeit des Anordnungsbeschlusses (Zustellung an die Erben gem. § 16 Abs. 2 FGG) verliert der Erbe die Verwaltungs- und Verfügungsbefugnis über den Nachlass. Diese Rechte stehen fortan dem Nachlassverwalter zu. Grundsätzlich besteht daher nach Anordnung der Nachlassverwaltung für die

7 Bei dem besonderen Verfügungsverbot im Rahmen des § 21 Abs. 1 InsO handelt es sich wohl um eine relative Verfügungsbeschränkung, da § 21 Abs. 1 InsO in § 24 Abs. 1 InsO nicht genannt.

8 BGH, open jur 2012, 68935.

Erben dieselbe Rechtslage wie im Insolvenzverfahren für den Insolvenzschuldner. Insoweit sei hier auf die vorstehenden Ausführungen zur Insolvenzeröffnung verwiesen.

! **Merke:**

- Die Verfügungsbefugnis des Erben über seinen *Erbanteil* (§ 2033 BGB) wird von der Anordnung der Nachlassverwaltung nicht berührt.
- Auch der Testamentsvollstrecker verliert infolge angeordneter Nachlassverwaltung das Verwaltungs- und Verfügungsrecht, d. h. während der Dauer der Nachlassverwaltung ruht die Testamentsvollstreckung.
- Zwangsvollstreckungen der *Nachlass*gläubiger (§ 1967 Abs. 2 BGB) sind sowohl in den Nachlass als auch unter bestimmten Voraussetzungen in das Eigenvermögen des Erben zulässig (vgl. §§ 781 ff. ZPO); anders aber im Insolvenzverfahren nach Insolvenzeröffnung (vgl. § 89 InsO).
- Zwangsvollstreckungen der *Privat*gläubiger des Erben in den Nachlass sind unzulässig (§ 1984 Abs. 2 BGB).

III. Testamentsvollstreckung

Die Ernennung des Testamentsvollstreckers erfolgt durch formgerechte letztwillige Verfügung (§ 2197 BGB). Als Vertrauensperson des Erblassers hat er das Recht und die Pflicht, den Willen des Erblassers zu vollziehen, d. h. den Nachlass im Interesse der Erben zu verwalten.

Lesen Sie die §§ 2205, 2211 BGB!

Zur ordnungsgemäßen Verwaltung des Nachlasses gehört insbesondere das Recht, über

Nachlassgegenstände zu verfügen.

Diese Verfügungsbefugnis steht nur dem Testamentsvollstrecker zu. Der Erbe ist also *insoweit* in seiner Verfügungsbefugnis beschränkt (§ 2211 BGB).

? Von welchem Zeitpunkt an besteht die Verfügungsbeschränkung?

Die Verfügungsbeschränkung besteht schon mit Eintritt des Erbfalles, gegenüber einem gutgläubigen Dritten bleibt sie jedoch ohne Wirkung (§ 2211 Abs. 2 BGB).

Aus diesem Grunde bedarf es gem. § 52 GBO bei Eintragung der Erben grundsätzlich von Amts wegen der gleichzeitigen Eintragung des Testamentsvollstreckervermerks (Ausnahme: Beschränkung der Rechte des Testamentsvollstreckers gem. § 2208 BGB oder Überlassung von Nachlassgegenständen i. S. d. § 2217 BGB).

Dem Grundbuchamt ist zu diesem Zwecke die Tatsache der Testamentsvollstreckung nachzuweisen.

? Welche Urkunden weisen die Testamentsvollstreckung nach?

Die **Anordnung der Testamentsvollstreckung** ergibt sich aus dem

- Erbschein (§ 2364 BGB)

oder aus der

- öffentlich beurkundeten Verfügung von Todes wegen nebst Eröffnungsprotokoll.

Zur **Eintragung** des Testamentsvollstreckervermerks im Grundbuch genügt jedoch die Vorlage des Erbscheins nicht.

? Können Sie das begründen?

Lesen Sie die §§ 2364 BGB, 52 GBO!

Die Eintragung des Testamentsvollstreckervermerks setzt u. a. voraus, dass der Gegenstand der Testamentsvollstreckung unterliegt. Der Erbschein kann diesen Nachweis nicht erbringen, da sich aus ihm lediglich die Anordnung der Testamentsvollstreckung als solche entnehmen lässt.

Zur *Eintragung des Testamentsvollstreckervermerks* gem. § 52 GBO bedarf es daher entweder der Vorlage des

- Testamentsvollstreckerzeugnisses gem. § 2368 BGB

oder der

- öffentlich beurkundeten Verfügung von Todes wegen nebst Eröffnungsprotokoll.

? Wann beginnt das Amt des Testamentsvollstreckers?

Der zum Testamentsvollstrecker Ernannte hat die vorerwähnten Rechte und Pflichten erst mit dem Zeitpunkt der – grundsätzlich formlos möglichen – Annahme des Amtes gegenüber dem Nachlassgericht, die erst nach Eintritt des Erbfalles erfolgen kann. Die ihm nunmehr gem. den §§ 2205, 2211 BGB zustehende *Verfügungsbefugnis* kann er gem. § 35 Abs. 2, 1 S. 2 GBO dem Grundbuchamt gegenüber nachweisen durch Vorlage

- des Testamentsvollstreckerzeugnisses gem. § 2368 BGB (Urschrift oder Ausfertigung[9]), welches den Erblasser, den Testamentsvollstrecker und ggf. inhaltliche Beschränkungen und Erweiterungen der Testamentsvollstrecker-Rechte wiedergibt

oder

- der öffentlich beurkundeten Verfügung von Todes wegen (beglaubigte Abschrift) nebst Eröffnungsprotokoll **und** Annahmenachweis i. S. d. § 2202 BGB.

Der Testamentsvollstrecker hat grundsätzlich die alleinige Verfügungsbefugnis. Zu **unentgeltlichen** Verfügungen ist er jedoch nicht berechtigt (§ 2205 BGB). Das Grundbuchamt hat daher auch zu prüfen, ob sich der Testamentsvollstrecker im Rahmen seiner Verfügungsbefugnis bewegt, also auch die Frage der Entgeltlichkeit.

Der Nachweis der Entgeltlichkeit kann durch freie Beweiswürdigung i. S. d. § 286 ZPO erbracht werden. Insoweit genügt es, wenn sich aus dem dem Grundbuchamt unterbreiteten glaubhaften Sachverhalt die Entgeltlichkeit entnehmen lässt, d. h. konkrete Anhaltspunkte für eine Unentgeltlichkeit der Verfügung nicht ersichtlich sind.

Nach der Rechtsprechung ist die Entgeltlichkeit einer Verfügung und damit die Wirksamkeit der Verfügung z. B. anzunehmen, wenn die maßgebenden Beweggründe in den Eintragungsunterlagen im Einzelnen angegeben werden und verständlich und der Wirklichkeit gerecht werdend erscheinen sowie begründete Zweifel an der Recht- und Pflichtmäßigkeit der Handlung nicht erkennbar sind.

Beispiele:

- Auflassung des Grundstücks an einen unbeteiligten Dritten. Dem Grundbuchamt wird auch das Grundgeschäft zur Einsichtnahme vorgelegt, aus dem sich die Art der Kaufpreiszahlung ergibt, sowie ein Wertgutachten;
- Bestellung eines Grundpfandrechts zur Darlehenssicherung, wenn vorgetragen wird, dass das Darlehen zur Sanierung und Modernisierung verwendet wird.

? Warum werden die Voraussetzungen des § 878 BGB bei Verfügungen des Erben über einen Nachlassgegenstand und angeordneter Testamentsvollstreckung grundsätzlich nicht vorliegen?

Die Anwendung des § 878 BGB setzt u. a. eine Erklärung des **Berechtigten** *vor* Eintritt der Verfügungsbeschränkung (hier: Testamentsvollstreckung) voraus. Wenn aber der Erbe bereits mit dem Erbfall seine Berechtigung und damit seine Verfügungsbefugnis verliert, wird die von ihm vorgenommene Verfügung zwangsläufig *nach* Entstehung der absoluten Verfügungsbeschränkung erfolgen. Er ist also „von Anfang an" Nichtberechtigter.

---

9 *Demharter*, Rdn. 60 zu § 35 GBO; a. A.: LG Köln, Rpfleger 1977, 29: begl. Abschrift genügt.

Lesen Sie zur Testamentsvollstreckung: *Eickmann,* Grundbuchverfahrensrecht, 9. Kap. § 3 I–IV!

IV. Nacherbfolge

Lesen Sie die §§ 2100, 2112–2115 BGB!

Nacherbe ist, wer **Erbe wird, nachdem** vorher ein anderer, der Vorerbe, Erbe geworden ist.

Gem. §§ 2103, 2139 BGB erlangt der Nacherbe die Stellung eines Vollerben von dem Zeitpunkt an, den der Erblasser bestimmt hat. Gleichzeitig verliert der Vorerbe seine Erbenstellung. Er ist nunmehr gem. § 2130 BGB verpflichtet, die Erbschaftsgegenstände dem Nacherben herauszugeben.

Das Nacherbenrecht erfasst

- Grundstücke und Grundstücksrechte sowie Vormerkungen, Widersprüche und Rechte an Grundstücksrechten

sowie

- die dingliche Surrogation i. S. d. § 2111 BGB.

Beispiel:
Der Vorerbe tilgt aus Nachlassmitteln die hypothekarisch gesicherte Forderung. Die Nacherbfolge erstreckt sich gem. § 2111 BGB nunmehr auf die gem. §§ 1163 Abs. 1 S. 2; 1177 BGB entstandene Eigentümergrundschuld.

Das Recht des Nacherben ist gem. § 51 GBO zugleich mit der Eintragung des Vorerben von Amts wegen im Grundbuch bei den vorgenannten Rechten pp. zu vermerken. Zur Eintragung des Nacherbenvermerks muss dem Grundbuchamt die angeordnete Nacherbfolge nachgewiesen werden.

Dieser Nachweis kann gem. § 35 GBO erbracht werden durch

- Erbschein (§ 2363 BGB)

oder

- öffentlich beurkundete Verfügung von Todes wegen nebst Eröffnungsprotokoll.

!

Merke: Der Nacherbenvermerk muss folgenden Inhalt haben:
- Anordnung der Nacherbfolge;
- Voraussetzungen des Eintritts der Nacherbfolge;
- Bezeichnung des Nacherben (vgl. § 15 GBVfg.) so genau wie möglich; bei mehrfacher Nacherbfolge sind sämtliche Nacherben, auch evtl. Ersatznacherben, anzugeben;

- ggf. die Ernennung eines Testamentsvollstreckers zur Wahrung der Rechte des Nacherben;
- evtl. Befreiungen des Vorerben.

Für den Vorerben stellt der Nachlass ein Sondervermögen dar, welches von seinem Vermögen im Übrigen rechtlich zu trennen ist. Gem. § 2112 BGB kann der Vorerbe zwar über die Nachlassgegenstände verfügen, allerdings grundsätzlich nur unter den sich aus den §§ 2113–2115 BGB ergebenden Beschränkungen (Ausnahme: der Vorerbe ist von den in § 2136 BGB genannten Beschränkungen und Verpflichtungen befreit; hier kann er z. B. über Grundstücke unbeschränkt *entgeltlich* verfügen).

Verfügt der Vorerbe über zur Erbschaft gehörende Gegenstände (s. o.), so ist diese Verfügung – falls sie das Nacherbenrecht vereitelt oder beeinträchtigt –

mit dem Eintritt des Nacherbfalles unwirksam,

und zwar *jedem* gegenüber. Die Nacherbfolge gehört deshalb zu den

absoluten Verfügungsbeschränkungen.

? Welche grundbuchrechtliche Bedeutung hat diese Verfügungsbeschränkung, wenn doch die Unwirksamkeit der Verfügung erst zu einem späteren Zeitpunkt eintritt?

Lesen Sie § 2113 Abs. 3 BGB!

Der hier vorgesehene Gutglaubensschutz, der eigentlich die relative Verfügungsbeschränkung kennzeichnet, verlangt gleichzeitig den Schutz des Nacherben vor Verlust oder Beschränkung seiner Rechte infolge gutgläubigen Erwerbs durch Dritte. Die Nacherbfolge als absolute Verfügungsbeschränkung müssen wir deshalb mit Rücksicht auf § 2113 Abs. 3 BGB grundbuchrechtlich wie eine relative Verfügungsbeschränkung behandeln.

Das Grundbuchamt muss im Rahmen der Prüfung der Verfügungsbefugnis des Vorerben die Rechte des Nacherben schützen. Dieser Schutz wird gewährleistet durch

- Eintragung des Nacherbenvermerks unter den Voraussetzungen des § 51 GBO (vgl. auch § 892 Abs. 1 S. 2 BGB)

oder

- Zustimmung des Nacherben, solange der Nacherbenvermerk im Grundbuch nicht eingetragen ist

oder

- Nachweis der entgeltlichen Verfügung des Vorerben – bei befreiter Vorerbschaft – (vgl. insoweit die Ausführungen zum Begriff der Entgeltlichkeit auf S. 363).

! **Merke:** Ist der Nacherbenvermerk eingetragen, können weitere Eintragungen erfolgen, unabhängig davon, ob sie auf entgeltlichen oder unentgeltlichen Verfügungen des befreiten oder unbefreiten Vorerben beruhen. Der eingetragene Nacherbenvermerk bewirkt somit keine Grundbuchsperre, denn nunmehr ist der Nacherbe geschützt (s. o.).

Ausnahme: Löschung eines der Nacherbfolge unterliegenden Rechts, denn der bei dem Recht eingetragene Nacherbenvermerk würde mit Löschung des Rechts gegenstandslos und damit untergehen. Die Löschung des Rechts kann daher nur mit Zustimmung des Nacherben bzw. bei befreiter Vorerbschaft unter Nachweis der Entgeltlichkeit erfolgen.

V. Erbanteilsverpfändung

Gem. § 2033 Abs. 2 BGB kann ein Miterbe über seinen **Anteil an den einzelnen Nachlassgegenständen** nicht verfügen. Unberührt bleibt aber das Recht, über den

Anteil am Nachlass (Erbanteil)

zu verfügen (§ 2033 Abs. 1 BGB). Hierzu gehört u. a. auch die

Verpfändung des Erbanteils,

die mit notariell beurkundetem Verpfändungsvertrag zwischen dem Miterben (Schuldner) und dem anderen Teil (Pfandgläubiger) wirksam wird (§§ 1273, 1274 Abs. 1 S. 1; 398, 413, 2033 Abs. 1 S. 2 BGB).

? Welche rechtliche Wirkung hat die Verpfändung des Erbanteils?

Lesen Sie § 1276 Abs. 1, 2 BGB!

Die wirksame Verpfändung des Erbanteils stellt für den Miterben (Schuldner) eine Verfügungsbeschränkung dar, denn Verfügungen über den verpfändeten Erbanteil, die den Pfandgläubiger beeinträchtigen, sind nunmehr nur mit Zustimmung des Pfandgläubigers möglich.

Die Verpfändung erfasst zunächst den

Erbanteil als Ganzes.

Dieser wird aber wirtschaftlich verkörpert durch die einzelnen Nachlassgegenstände, über die die Erben grundsätzlich gemeinschaftlich gem. § 2040 BGB verfügen könnten.

Fall:

In Abteilung I des Grundbuches sind A, B und C in Erbengemeinschaft eingetragen. A hat seinen Erbanteil wirksam an P verpfändet. Die Erben A, B, C veräußern das Grundstück nunmehr an K, der als neuer Eigentümer im Grundbuch eingetragen wird.

P ist der Meinung, die Eigentumsübertragung sei ihm gegenüber unwirksam, weil sie ohne seine Zustimmung erfolgt sei.

? Wie ist die Rechtslage?

Lesen Sie § 1276 Abs. 1, 2 BGB!

Die Übertragung des Nachlassgrundstücks an K bedeutet eine inhaltliche Veränderung des Erbanteils, weil sein wirtschaftlicher Wert nunmehr verringert wird. Zur Grundstückauflassung bedurfte es gem. § 1276 Abs. 1, 2 BGB der Zustimmung des Pfandgläubigers P. Insoweit stellt die Verpfändung des Erbanteils eine Verfügungsbeschränkung für sämtliche Miterben dar.

? Könnte K dennoch wirksam Eigentum erworben haben?

„Es kommt darauf an!"

Lesen Sie § 892 Abs. 1 S. 2 BGB!

Wenn K in Ansehung der Erbanteilsverpfändung gutgläubig war, dann bleibt sie ihm gegenüber ohne Wirkung, d. h. er hat das Eigentum am Grundstück gutgläubig und somit wirksam erworben.

Der Pfandgläubiger P hätte die Beeinträchtigung seines Pfandrechts – man spricht hier auch von der wirtschaftlichen Aushöhlung des Erbanteils – verhindern können, und zwar durch rechtzeitigen Antrag auf Eintragung der Erbteilsverpfändung im Grundbuch.

Die Eintragungsfähigkeit ergibt sich aus § 892 Abs. 1 S. 2 BGB.

! **Merke:** *Nach Eintragung* der Erbanteilsverpfändung kann jede weitere Eintragung – unter Übernahme des Pfandvermerks – erfolgen, da der Pfandgläubiger infolge der eingetragenen Verfügungsbeschränkung gegen den gutgläubigen Dritten geschützt ist (Ausnahme: Löschungen; vgl. Begründung bei Nacherbfolge S. 366).

? Welche besonderen Nachweise sind dem Grundbuchamt zur Eintragung der Verpfändung vorzulegen?

Die Eintragung der Erbanteilsverpfändung kann erfolgen aufgrund

- Berichtigungsbewilligung des betroffenen Miterben

oder

- Unrichtigkeitsnachweis gem. § 22 Abs. 1 GBO (Vorlage des notariellen Verpfändungsvertrages).

? Ist der Erbanteil auch vollstreckungsrechtlich pfändbar?

Lesen Sie § 859 Abs. 1, 2 ZPO!

Die vorstehenden Ausführungen gelten auch für die Pfändung des Erbanteils. Diese wird wirksam mit Zustellung des Pfändungsbeschlusses an den Drittschuldner (§ 829 Abs. 3 ZPO). Drittschuldner sind die übrigen Miterben.

VI. Verfügungsbeschränkung im Rahmen von Erbanteilskauf und -übertragung

Fall:

Im Grundbuch sind A und B in Erbengemeinschaft eingetragen. Eingetragener Miterbe A überträgt in notarieller Urkunde seinen Erbanteil auf X.

In derselben Urkunde verkauft und überträgt X seinen Erbanteil auf Y unter der aufschiebenden Bedingung der Kaufpreiszahlung durch Y.

Unter Vorlage der notariellen Urkunde wird die Eintragung des X als neuer Miteigentümer beantragt.

? Welche Überlegungen stellt das Grundbuchamt an?

Gegen die Eintragung des X im Wege der Grundbuchberichtigung gem. § 22 Abs. 1 GBO bestehen keine grundsätzlichen Bedenken.

? Welche Wirkung hat aber die aufschiebend bedingte Übertragung des Erbanteils von X auf Y?

Lesen Sie § 161 Abs. 1 BGB!

Die aufschiebend bedingte Erbanteilsübertragung von X auf Y hat die Wirkung einer

absoluten Verfügungsbeschränkung des X zu Gunsten des Y

mit der Maßgabe, dass jede weitere Verfügung des X, die von ihm während der Schwebezeit (bis zur Kaufpreiszahlung) über den Erbanteil getroffen wird, unwirksam ist, als der vom Eintritt der Bedingung abhängige Übergang des Erbanteils auf Y vereitelt oder beeinträchtigt würde:

Beispiel:

Die Miteigentümer B und X (s. o.) veräußern ein Nachlassgrundstück an K („Aushöhlung“ des Erbanteils). K hat keine Kenntnis von der vorgenannten Verfügungsbeschränkung.

? Was bedeutet das grundbuchrechtlich im vorstehenden Fall?

Gem. §§ 161 Abs. 1, 3; 892 Abs. 1 S. 2 BGB ist die Verfügungsbeschränkung eintragungsfähig, d. h. sie ist hier von Amts wegen zu Gunsten des Y einzutragen (vergleichbar mit der Regelung des § 51 GBO).[10]

Lesen Sie insoweit auch *Schöner/Stöber,* Rdn. 969–971!

§ 3
Zur Wiederholung

Fragen und Aufgaben zur Wiederholung 18. Kapitel	Antworten und Lösungen auf den Seiten
1. Welche Bedeutung kommt der Eintragung von Verfügungsbeschränkungen zu?	353
2. Wie unterscheiden sich relative und absolute Verfügungsbeschränkungen?	354
3. Warum sind absolute Verfügungsbeschränkungen grundsätzlich nicht eintragungsfähig?	354
4. Nennen Sie Beispiele für nicht eintragungsfähige absolute Verfügungsbeschränkungen!	354, 355
5. Welche besonderen Prüfungspflichten obliegen dem Grundbuchamt?	355, 356
6. Unter welchen Voraussetzungen ist der Verlust oder die Beschränkung der Verfügungsbefugnis vor Eintragung für den Rechtserwerb unschädlich?	355
7. Schildern Sie den „Meinungsstreit“ zur Anwendung des § 892 Abs. 2 BGB im Grundbuchverfahren!	358
8. Unter welchen Voraussetzungen muss das Grundbuchamt eine Verfügungsbeschränkung i. S. d. §§ 1365, 1366 BGB beachten?	356

10 BayObLG, Rpfleger 1994, 343.

Fragen und Aufgaben zur Wiederholung 18. Kapitel	Antworten und Lösungen auf den Seiten
9. Nennen Sie die Voraussetzungen des § 878 BGB!	357, 358
10. Was fällt Ihnen zum allgemeinen Verfügungsverbot i. S. d. § 21 Abs. 2 InsO ein?	360
11. Nennen Sie Zweck und Wirkung der Nachlassverwaltung!	360, 361
12. Zur Eintragung des Testamentsvollstreckervermerks reicht die Vorlage des Erbscheins nicht aus! Begründung?	362
13. Nennen Sie Rechte und Pflichten des Testamentsvollstreckers!	361
14. Welche Urkunde/n ist/sind dem Grundbuchamt zum Nachweis der Verfügungsbefugnis des Testamentsvollstreckers vorzulegen?	362
15. Wie kann die „Entgeltlichkeit" i. S. d. § 2205 BGB nachgewiesen werden?	363
16. Beschreiben Sie die Rechtsposition des Nacherben!	364
17. Worauf erstreckt sich das Nacherbenrecht?	364
18. Wie kann dem Grundbuchamt zur Eintragung des Nacherbenvermerks die Nacherbfolge nachgewiesen werden?	364, 365
19. Warum hat das Grundbuchamt bei Verfügungen des Vorerben über Nachlassgegenstände die Rechte des Nacherben zu beachten, obwohl eine den Nacherben beeinträchtigende Verfügung erst im Falle des Eintritts der Nacherbfolge unwirksam wird?	365
20. Unter welchen Voraussetzungen muss das Grundbuchamt bei Verfügungen des Vorerben die Zustimmung des Nacherben verlangen?	365, 366
21. Nennen Sie die Wirksamkeitsvoraussetzungen zur Verpfändung des Erbanteils!	366
22. Welches Rechtsinteresse hat der Pfandgläubiger an der Eintragung der Erbteilspfändung im Grundbuch?	367
23. Welche Bedeutung kommt § 161 BGB im Grundbuchverfahren zu?	368, 369

§ 4
Zusammenfassung
(18. Kapitel)

Allgemeines	Eintragung der Verfügungsbeschränkung im Grundbuch soll den guten Glauben hinsichtlich ihres Nichtbestehens zerstören. Eintragungsfähig sind nur relative Verfügungsbeschränkungen bzw. solche, deren Eintragung der Gesetzgeber ausdrücklich vorsieht (z. B. § 32 InsO). Echte absolute Verfügungsbeschränkungen sind nicht eintragungsfähig, da selbst bei gutem Glauben des Dritten der Verstoß gegen eine absolute Verfügungsbeschränkung die Verfügung nichtig macht (§ 134 BGB).
Prüfungspflichten des Grundbuchamtes	Grundbuchamt hat die Verfügungsbefugnis von Amts wegen zu prüfen. Verfügungsbefugnis muss im Zeitpunkt der Eintragung noch vorliegen.
Prüfungspflichten des Grundbuchamtes	Wegfall oder Beschränkung der Verfügungsbefugnis vor Eintragung hindert die Eintragung nicht, wenn die Voraussetzungen des § 185 BGB oder des § 878 BGB oder des § 892 Abs. 2 BGB vorliegen. Anwendung des § 892 BGB im Grundbuchverfahren allerdings streitig.
Insolvenzeröffnung	Gemeinschuldner verliert mit Insolvenzeröffnung die Verfügungsbefugnis. Diese steht nunmehr dem Insolvenzverwalter zu (§ 80 InsO). § 81 InsO erfasst **Verfügungshandlungen** des Schuldners nach Eröffnung. § 91 InsO erfasst die Fälle, bei denen die Verfügungshandlung vor Eröffnung liegt und nach Eröffnung die Eintragung erfolgen soll (beachte: § 91 InsO findet im Eröffnungsverfahren keine Anwendung); Über §§ 81, 91 InsO sind auch die §§ 878, 892, 893 BGB anwendbar.
Nachlassverwaltung	Zweck: Sicherstellung des Nachlasses zum Zwecke der Befriedigung der Nachlassgläubiger. Erbe verliert Verfügungsbefugnis über Nachlassgegenstände mit Wirksamkeit des Anordnungsbeschlusses (Zustellung an die Erben).

Testamentsvollstreckung	Testamentsvollstrecker hat die alleinige Verwaltungs- und Verfügungsbefugnis über Nachlassgegenstände (§§ 2205, 2211 BGB). Testamentsvollstreckung beginnt mit dem Erbfall.
Testamentsvollstreckung	Eintragung des Testamentsvollstreckervermerks im Grundbuch setzt Vorlage des Testamentsvollstreckerzeugnisses oder der öffentlich beurkundeten Verfügung von Todes wegen nebst Eröffnungsprotokoll voraus. Erbschein genügt nicht. Bezugnahme auf die Nachlassakten möglich (§ 34 GBO analog). Auch zum Nachweis der Verfügungsbefugnis des Testamentsvollstreckers sind die vorgenannten Nachweisurkunden vorzulegen. Testamentsvollstrecker darf grundsätzlich nur entgeltlich verfügen. Nachweis der Entgeltlichkeit kann im Rahmen des § 286 ZPO (freie Beweiswürdigung) erbracht werden.
Nacherbfolge	Nacherbenrecht erfasst Grundstücke, Grundstücksrechte, Vormerkungen, Widersprüche und Rechte an Grundstücksrechten sowie die dingliche Surrogation i. S. d. § 2111 BGB. Eintragung des Nacherbenvermerks im Grundbuch erfolgt aufgrund Erbscheins oder öffentlich beurkundeter Verfügung von Todes wegen nebst Eröffnungsprotokoll.
Nacherbfolge	Verfügt der Vorerbe über einen Nachlassgegenstand (z. B. Grundstück), muss Grundbuchamt die Rechte des Nacherben wahren (vgl. § 2113 Abs. 3 BGB). Schutz des Nacherben ist gewährleistet, wenn Nacherbenvermerk eingetragen ist bzw. gleichzeitig eingetragen wird oder der Nacherbe zustimmt oder bei befreiter Vorerbschaft der Vorerbe entgeltlich verfügt.
Erbanteilsverpfändung	Verpfändung des Erbanteils wird außerhalb des Grundbuches wirksam (§§ 1273, 1274, 398, 413, 2033 BGB). Folge: Verfügungsbeschränkung i. S. d. § 1276 BGB. Eintragung der Verpfändung im Grundbuch zur Verhinderung der wirtschaftlichen Aushöhlung des Erbanteils möglich (§ 892 Abs. 1 S. 2 BGB).
Verfügungsbeschränkung gem. § 161 BGB	Eintragungsfähig gem. §§ 161 Abs. 3; 892 BGB zur Sicherung von Leistung und Gegenleistung im Rahmen von Erbanteilskauf/-übertragung.

Anhang: Muster-Grundbuch

Einlegeblatt 1

Amtsgericht **Düren** **Grundbuch von** **Kreuzau** **Blatt 9876** **Bestandsverzeichnis**

Laufende Nummer der Grundstücke	Bisherige laufende Nummer der Grundstücke	Bezeichnung der Grundstücke und der mit dem Eigentum verbundene Rechte					Größe		
		Gemarkung (Vermessungsbezirk)	Karte		Liegenschaftsbuch	Wirtschaftsart und Lage	ha	a	m²
			Flur	Flurstück					
		a	b		c/d	e			
1	2	3					4		
1		Kreuzau	10	312		Gebäude- und Freifläche, Weideweg 8a		11	00
2		Kreuzau	13	334		Gebäude- und Freifläche, Berliner Straße		05	44
		Kreuzau	13	336		Weg			8
3		Untermaubach	13	335		Landwirtschaftsfläche Auf dem Hau	01	03	01
4		Düren	10	23		Gebäude- und Freifläche Am Markt 4		05	70

Bestand und Zuschreibungen		Abschreibungen	
Zur lfd. Nr. der Grundstücke		Zur lfd. Nr. der Grundstücke	
5	6	7	8
1, 2, 3	Von Düren Blatt 0444 hierher übertragen am 16. April 2002 Tebbe Mandel Von Düren Blatt 0173 hierher übertragen am 15. Mai 2002 Tebbe Mandel		

Fortsetzung auf Einlegeblatt

Abt. I

Amtsgericht Düren **Grundbuch von** Kreuzau **Blatt** 9876 **Erste Abteilung** Einlegeblatt 1

Laufende Nummer der Eintragungen	Eigentümer	Laufende Nummer der Grundstücke im Bestandsverzeichnis	Grundlage der Eintragung
1	2	3	4
1	Ernst Eigen, geb. am 04. August 1957, Kreuzau	1, 2, 3	Aufgelassen am 20. Februar 2002, eingetragen am 16. April 2002 Tebbe Mandel
		4	Aufgelassen am 27. März 2002, eingetragen am 15. Mai 2002 Tebbe Mandel

Laufende Nummer der Eintragungen	Eigentümer	Laufende Nummer der Grundstücke im Bestandsverzeichnis	Grundlage der Eintragung
1	2	3	4

Einlegeblatt 1 **Abt. II**

Amtsgericht Düren **Grundbuch von** Kreuzau **Blatt** 9876 **Zweite Abteilung**

Laufende Nummer der Eintragungen	Laufende Nummer der betroffenen Grundstücke im Bestandsverzeichnis	Lasten und Beschränkungen
1	2	34
1	4	Vormerkung zur Sicherung des Anspruchs auf Eigentumsübertragung für den Karl Köster, geb. am 17. Juli 1949, wohnhaft in Düren. Mit Bezug auf die Bewilligung vom 26. Januar 2006 - UR.-Nr. 8/2006, Notar Alt, Düren -, eingetragen am 19. Februar 2006. Tebbe Mandel
2	1	Wohnungsrecht für Maria Eigen, geb. am 19.11.1921. Mit Bezug auf die Bewilligung vom 06. Januar 2012 - UR.-Nr. 28/2012, Notar Neu, Düren -, eingetragen am 19. Februar 2012. Teichert

Veränderungen		Löschungen	
Laufende Nummer der Spalte 1		Laufende Nummer der Spalte 1	
4	5	6	7

Abt. III

Einlegeblatt 1

Amtsgericht Düren **Grundbuch von** Kreuzau **Blatt** 9876 **Dritte Abteilung**

Laufende Nummer der Eintragungen	Laufende Nummer der belasteten Grundstücke im Bestandsverzeichnis	Betrag	Hypotheken, Grundschulden, Rentenschulden
1	2	3	4
1	3	50.000,00 €	Fünfzigtausend Euro Grundschuld mit zwölf vom Hundert jährlich zu verzinsen für den Kaufmann Gregor Grote, geb. am 14. Mai 1950, aus Köln. Sofort vollstreckbar gegen den jeweiligen Eigentümer. Im Übrigen mit Bezug auf die Bewilligung vom 10. August 2002 - UR.-Nr. 110/02, Notar Alt, Düren -, brieflos eingetragen am 14. Oktober 2002. Tebbe Mandel
2	2	20.000,00 €	Sicherungshypothek zum Höchstbetrage von zwanzigtausend Euro für die Sparkasse Düren in Düren, mit Bezug auf die Bewilligung vom 29. Oktober 2002 -UR.-Nr. 177/02, Notar Alt, Düren -, eingetragen am 18. November 2002. Tebbe Mandel
3	1,2	15.000,00 €	Fünfzehntausend Euro Grundschuld mit neun vom Hundert Jahreszinsen für Klara Klug, geb. am 14. April 1951, wohnhaft in Düren. Sofort vollstreckbar gegen den jeweiligen Eigentümer. Unter Bezugnahme auf die Bewilligung vom 22. Oktober 2002 - UR.-Nr. 180/02, Notar, Düren - eingetragen am 10. Dezember 2002. Tebbe Mandel
4	1	80,000,00 €	Achtzigtausend Euro Grundschuld mit zehn vom Hundert Jahreszinsen für den Kaufmann Eckhard Klaut, Düren. Unter Bezugnahme auf die Bewilligung vom 12. Januar 2003 - UR.-Nr. 10/03, Notar Alt, Düren - brieflos, eingetragen am 27. Februar 2003. Tebbe Mandel

Veränderungen			Löschungen		
Laufende Nummer der Spalte 1	Betrag		Laufende Nummer der Spalte 1	Betrag	
5	6	7	8	9	10
4	80.000,00 €	Abgetreten mit den Zinsen seit dem 17. April 2003 an den Kaufmann Rudolf Reich, Düren. Eingetragen am 12. Mai 2003 Tebbe Mandel			
4	80.000,00 €	Über das Vermögen des Kaufmann Rudolf Reich, Düren ist das Insolvenzverfahren eröffnet. Aufgrund des Ersuchens des Amtsgerichts Bonn vom … -Az. … eingetragen am … Tebbe Mandel			

Stichwortverzeichnis
(Zahlen = Seiten)